2026

잘 정리된 표와 그림으로 완성하는

더 파이널 기업법

상법 · 공인회계사법 · 외부감사법

도정환

기업법 Ⅰ - CONTENTS

제1편 영리법인 : 회사

제1장 ㅣ 기본개념

제2장 ㅣ 기본개념

제3장 | 유한회사

제2편 상법총칙과 상행위

제1장 상법전체에 적용되는 일반원칙 : 상법총칙

기업법Ⅱ- CONTENTS

제1편 공인회계사법

제1장 | 공인회계사

제2장 | 회계법인

제3장 | 공인회계사회

제2편 외부감사법

제1장 | 기초다지기

제2장 | 감사대상회사와 감사인

제3장 | 금융위원회와 증권선물위원회

제1권 기업법 Ⅰ

- 영리법인 : 회사
- 상법총칙과 상행위

PART 1

영리법인 : 회사

CHAPTER 1 기본개념

CHAPTER 2 주식회사

CHAPTER 3 유한회사

CHAPTER 4 합명회사, 합자회사 및 유한책임회사

01 CHAPTER 기본개념

1절 법인의 개념과 사업자의 분류

• 법인이란 "법의 힘으로 재산관계(☞ 신분관계 ×)에 있어서 자연인에 준하는 권리와 의무의 주체가 될 수 있는 자격을 부여받은 인격체"를 말한다.

사업자의 분류

- 사업자
  - 개인사업자
  - 단체사업자
    - 공동사업자
      - 일반조합
      - 합자조합
      - 익명조합
    - 법인사업자
      - 영리법인
        - 상사회사 (상법상 5개 유형의 회사와 담보부사채신탁법상 상행위를 하는 회사)
        - 민사회사
      - 수익사업을 하는 비영리법인

2절 회사의 5가지 유형과 조직변경

1. 회사의 5가지 유형

• 회사란 "상행위나 그 밖의 영리를 목적으로 하여 설립한 법인"을 말한다(§169).

• 합명회사와 합자회사는 "인적회사"라고 하고, 유한회사와 주식회사는 "물적회사"라고 하며, 물적회사는 원칙적으로 지분의 양도가 자유롭고 사원(또는 주주)은 유한책임을 진다.

• 유한책임회사는 내부관계에서는 인적회사이지만, 외부관계에서는 물적회사의 성격도 있지만, 본서에서는 기본적으로 인적회사로 분류하였다.

[비교] 5가지 회사유형의 주요특징

구 분		합 명	합 자	유 책	유 한	주 식
(1) 사원의 구성		무한책임사원 2인 이상	무한 : 1인 이상 유한 : 1인 이상	유한책임사원 1인 이상	사원(유한책임) 1인 이상	주주(유한책임) 1인 이상
(2) 인적회사 성격	1) 무한책임	사원 전부	무한책임사원만	−	−	−
	2) 사원의 업무집행[1]	○	○ (무한책임사원)	△ (사원 · 비사원)	−	−
	3) 정관 · 등기 사원이름기재	정관 · 등기	정관 · 등기	정관	정관	−
	4) 지분양도시 동의조건	사원 전원	무한 : 사원 전원 유한 : 무한사원 전원	사원 전원[2]	−	−
	5) 1인 1의결권	○	○	○	× (1좌당)[3]	× (1주당)[3]
(3) 물적회사 성격	1) 유한책임	−	유한책임사원	모든 사원	모든 사원	모든 주주
	2) 설립시 사원출자의무	−	−	○	○	○
	3) 소유와 경영의 분리	−	−	△ (사원 · 비사원)	○ (이사)	○ (이사회)
	4) 감사	−	−	−	△ (선택)	○ (원칙 : 필수)[4]

❶ 경영자를, 합명회사와 합자회사는 "업무집행사원"이라 하고, 유한책임회사는 "업무집행자"라고 하며, 유한회사와 주식회사는 "이사"라고 한다. 사원이 아닌 자도 업무집행을 할 수 있는 유한책임회사는 정관으로 사원 또는 사원이 아닌 자를 "업무집행자"로 정하여야 한다(☞ 필수사항, §278-12).

❷ 비업무집행사원은 업무집행사원 사원전원의 동의가 있으면 지분을 양도할 수 있다. 다만, 업무집행사원이 없는 경우(☞ 비사원이 업무집행자가 된 경우)에는 원칙대로 사원전원의 동의를 받아야 한다(§287-8 ②).

❸ 유한회사는 정관에 다르게 정할 수 있으나(§575), 주식회사는 다르게 정할 수 없다(§371 ①). 다만, 주식회사의 경우 의결권을 배제하거나 제한하는 종류의 주식(☞ 보통주식과 다른 종류의 주식)은 발행할 수 있다(§344-3).

❹ 자본금이 10억원 미만인 소규모주식회사는 감사를 선임하지 않아도 된다(§409 ④).

2. 회사의 유형과 관련된 조직변경

(1) 다른 유형의 회사로 변경

상법상 인정되는 다른 유형의 회사로 변경

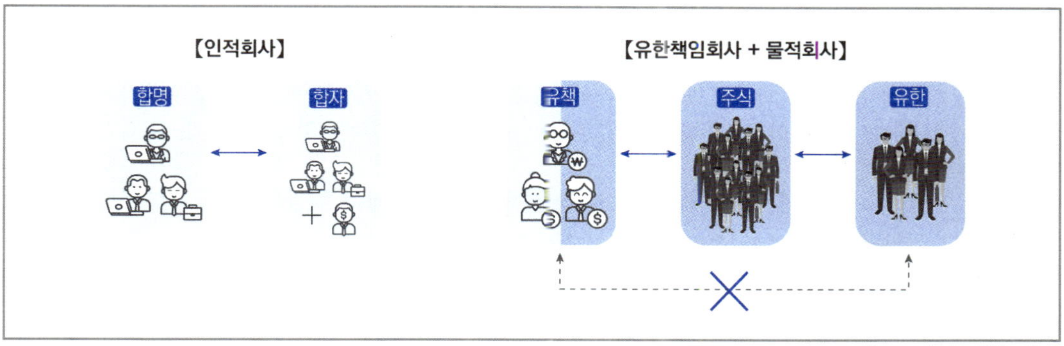

[비교] 다른 회사의 유형으로 변경할 때 필요한 절차(§242, §286, §287-43, §604, §605, §607)

구 분		인적회사간(유책 제외)		유한책임회사와 주식회사간		물적회사간	
(1) 변경유형		합명 → 합자	합자 → 합명	유책 → 주식	주식 → 유책	유한 → 주식	주식 → 유한
(2) 변경절차	1) 공통	총사원 동의	총사원 동의	총사원 동의	총주주 동의	총사원 동의[1]	총주주 동의
	2) 추가	–[2]	–	① 법원인가[3] ② 채권자보호 ③ 순재산보충[4]	① 사채상환[3] ② 채권자보호 ③ 순재산보충[4]	① 법원인가[3] ② 채권자보호 ③ 순재산보충[4]	① 사채상환[3] ② 채권자보호 ③ 순재산보충[4]

❶ 정관에 규정이 있는 경우 사원총회의 특별결의(☞ 총사원 의결권의 3/4 이상, 총사원의 1/2 이상)로 총사원의 동의를 대신할 수 있다(선택사항, §607 ①단서).

❷ 상법은 기존의 채권자를 보호하기 위하여 무한책임사원에서 유한책임사원으로 된 자는 변경등기전 생긴 채무에 대하여 변경등기후 2년까지 무한책임을 부담하도록 하고 있다(§244).

❸ 상대적으로 설립절차가 간단한 유한책임회사나 유한회사를 먼저 설립한 뒤 주식회사로 변경하는 우회절차를 차단하기 위하여 법원의 인가가 필요한 것이다. 또한 유한책임회사나 유한회사의 경우 사채의 발행이 허용되지 않으므로 주식회사가 유한책임회사나 유한회사로 변경하기 위해서는 기존의 사채를 모두 상환하여야 한다.

❹ **[비교] 주식회사와 유한회사간의 조직변경시 순재산 보충의무**(☞ 순재산 전보책임, §604, §605, §607)

유한회사가 주식회사로 조직변경할 경우, 주식회사의 발행가액 총액은 유한회사의 순재산을 초과할 수 없다. 마찬가지로 주식회사가 유한회사로 조직변경할 경우, 유한회사의 자본금(☞ 발행가액 ×) 총액은 주식회사의 순재산을 초과할 수 없다. 만약 주식회사의 발행가액 총액이나, 유한회사의 자본금 총액이 조직변경 전 회사의 순재산을 초과할 경우 이사 등은 다음과 같은 순재산 보충의무를 진다.

구 분	유한회사 → 주식회사	주식회사 → 유한회사
1) 보 충 상 황	유한회사 순재산 < 주식회사 주식발행가액	주식회사 순재산 < 유한회사 자본금
2) 보 충 금 액	차이금액	차이금액
3) 보충책임자	결의당시의 이사, 사원, 감사	결의당시의 이사, 주주(☞ 감사×)

(2) 다른 유형의 회사와 합병 등

모든 유형의 회사는 다른 유형의 회사와 자유롭게 합병할 수 있으나, 다음과 같은 예외가 존재한다.

자유로운 합병에 대한 예외

① 다른 유형의 회사들이 합병을 하는 경우 합병후 존속법인이나 신설법인은 반드시 유한책임회사나 물적회사(☞ 사원의 유한책임)여야 한다(§174 ②).

② 해산 후의 회사도 다른 회사와 합병할 수 있지만, 그 합병의 상대방은 반드시 존립중인 회사(☞ 해산 후 회사 간의 합병은 불가)여야 하고, 합병 후의 존속법인도 반드시 존립중인 회사여야 한다(§174 ③).

- 회사의 합병으로 인하여 신회사(☞ 신설회사)를 설립하는 경우에는 정관의 작성 기타 설립에 관한 행위는 각 회사에서 선임한 설립위원이 공동으로 하여야 한다(§175 ①). 흡수합병은 설립되는 회사가 없으므로 설립위원에 대한 별도의 규정도 없다.
- 각 회사는 합병결의와 동일한 요건으로 설립위원을 선임한다.

3절 회사의 성립 · 해산과 그 능력

1. 회사의 성립과 해산

사람의 출생과 사망에 비유한 회사와 성립과 해산

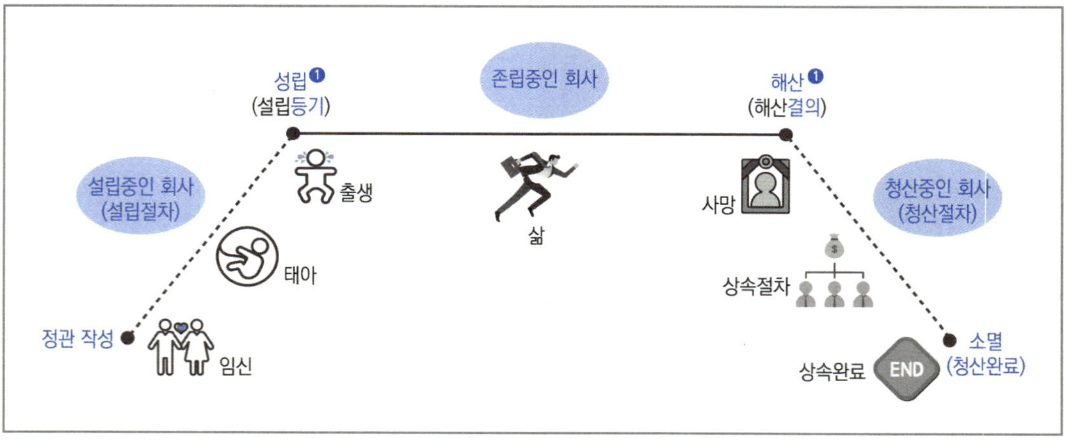

❶ 회사는 설립등기를 함으로써 성립하지만, 해산시에는 해산등기가 아니라 해산결의로서 해산의 효과가 발생한다. 한편, 회사의 주소는 본점소재지에 있는 것으로 한다(§170).

(1) 회사의 설립절차와 성립요건

회사는 다음과 같은 설립절차를 완료한 후에, 본점소재지에 설립등기를 함으로써 성립한다(§172).

[비교] 회사유형별 주요설립절차

주요설립절차	합명	합자	유책	유한	주식
1) 정관 작성	○	○	○	○	○
2) 출자 이행	–	–	○	○	○
3) 임원 선임	–	–	△	○	○

(2) 회사의 해산과 청산절차

해산사유가 발생할 경우, 청산의 목적 범위 내에서 청산절차간 수행할 수 있다(§245).

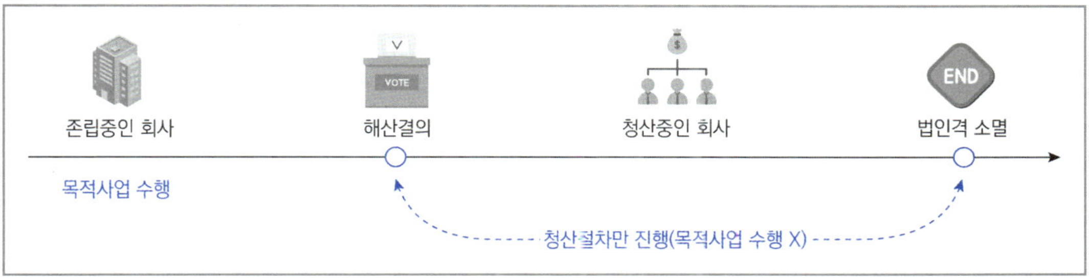

1) 해산사유

<table>
<tr><th colspan="2">구 분</th><th>합 명</th><th>합 자</th><th>유 책</th><th>유 한</th><th>주 식</th></tr>
<tr><td colspan="2">(1) 공통사유 5가지</td><td colspan="3">① 정관으로 정한 사유(존립기간의 만료 등)[1]
② 총사원의 동의·사원(주주)총회 특별결의[1][2]</td><td colspan="2">③ 합병
④ 파산
⑤ 법원의 해산명령·해산판결[3][4]</td></tr>
<tr><td rowspan="2">(2) 개별 사유</td><td>1) 사원 결원</td><td>⑥ 사원수 1명 이하[1]</td><td>⑥ 무한 또는 유한사원수 0명[1]</td><td>⑥ 사원수 0명</td><td></td><td></td></tr>
<tr><td>2) 기타</td><td></td><td></td><td></td><td></td><td>⑥ 분할, 분할합병
⑦ 휴면회사의 해산의제[1][5]</td></tr>
</table>

❶ 회사를 계속할 수 있는 해산사유에 해당하며, 자세한 내용은 뒤의 [2) '해산사유발생시 후속절차' - 나. '[예외] 회사 계속 결의']에서 정리하였다.

❷ 유한회사의 특별결의는 ① 사원의결권의 3/4 이상과 ② 총사원수 1/2 이상의 동의가 있어야 하고(§585), 주식회사의 특별결의는 ① 출석의결권 3/2 이상과 ② 발행주식의 1/3 이상의 동의가 있어야 한다(§434).

❸ 법원의 해산명령과 해산판결을 비교하여 정리하면 다음과 같다.

구 분	법원의 해산명령(§176)	법원의 해산판결(§241, §520)
(1) 성 격	회사제도가 남용되는 경우에 법원이 공익을 위하여 회사를 해산시켜 법인격을 박탈하는 제도(☞ 변론기회가 주어지지 않는 비소송사건)	회사가 존속능력을 상실한 경우 사원이나 주주의 청구에 의해 해산을 판결하는 제도
(2) 사 유	1) 설립목적이 불법인 경우 2) 정당한 사유없이 설립후 1년 내에 영업 미개시 또는 1년 이상 영업 휴지 3) 이사, 업무집행사원, 또는 업무집행자가 법령 또는 정관에 위반하여 회사의 존속을 허용할 수 없는 행위를 한 경우	1) 합명, 합자, 유책 : 부득이한 사유 2) 유한, 주식 : 다음과 같은 부득이한 사유 ① 회사의 업무가 현저한 정돈상태(☞ 아무런 업무가 진행되지 않는 상태)를 계속하여 회복할 수 없는 손해가 생기거나 생길 염려가 있는 때 ② 회사재산의 관리 또는 처분의 현저한 실당(☞ 현저히 잘못된 경우)으로 인하여 회사의 존립을 위태롭게 한 때
(3) 청 구 인	1) 이해관계자, 2) 검사 또는 3) 법원(직권)	1) 합명, 합자, 유책 : 각 사원 2) 유한, 주식 : 10% 이상의 소수사원(주주)
(4) 청구인의 담보제공	회사의 청구에 의하여 이해관계인의 청구가 악의임을 소명한 경우 법원이 담보제공을 명령	–

❹ 상법은 법원이 직권 또는 재량으로 결정할 수 있는 사항을 규정하고 있으며, 그 내용은 다음과 같다.

법원의 직권	법원의 재량
① 해산명령(§176 ①) ② 특정 해산사유시 청산인 선임(§252) ③ 소수주주에 의한 임시총회 소집청구시 주주총회 의장의 선임(§366 ②) ④ 집행임원에 의한 이사회 소집청구시 이사회 의장의 선임(§408-7 ②) ⑤ 사채권자집회의 인가 청구비용의 부담(§508 ②) ⑥ 상업장부의 제출(§32)	① 창립총회 결의취소소송(§308 ②) ② 주주총회 결의취소소송(§379) ③ 사원총회 결의취소소송(§578) ④ 이사의 회사에 대한 손해배상액 감경(2002다60467)

❺ 최후 등기 후 5년이 경과된 회사가 법원의 공고에 따라 "영업을 폐지하지 않았음"을 신고하지 않은 경우로서, 그 신고기간이 만료된 때에 해산한 것으로 본다(§520-2).

2) 해산사유 발생시 회사의 후속절차

가. [원칙] 기본적인 4가지 후속절차

4가지 후속절차	내 용
1) 해산등기의 실행❶❷	① 본점소재지에서 해산사유가 있은 날로부터 2주일 내 ② 주식회사가 해산한 경우, 파산의 경우를 제외하고, 이사는 지체없이 주주에 대해 통지하여야 함(§521)
2) 청산절차의 진행❸	① 합병, 분할 · 분할합병 및 파산의 사유로 해산하는 경우 청산절차가 필요 없음 ② 청산인은 청산절차와 관련한 재판상 또는 재판외의 모든 행위를 대표할 권한이 있는 자로서(§254 ③), 다음의 청산절차 수행

	㉠ 현존사무의 종결(☞ 목적사업 마무리) ㉡ 채권의 추심(회수)과 채무의 변제(지급) ㉢ 재산의 환가(부동산의 처분 등) ㉣ 사원에게 잔여재산 분배
3) 청산완료의 내부승인과 책임해제	청산인은 청산완료시 청산완료에 대한 내부승인을 받아야 함❹
4) 청산종결등기의 실행❷	청산절차의 종료에 대해 사원의 승인이나 사원총회 또는 주주총회의 승인을 얻은 경우 본점소재지에서 2주일 내

❶ 공통해산사유 중 ① 합병의 경우 합병등기(☞ 합병존속법인은 변경등기, 합병신설법인은 설립등기, 피합병법인은 해산등기)를 해야 하고, ② 파산의 경우 법원이 직접 해산등기에 준하는 파산등기를 하기 때문에 해산등기를 할 필요가 없다(§228, §528 ①). 또한 주식회사의 개별해산사유 중 분할이나 분할합병도 분할등기나 분할합병등기를 하여야 하고, 휴면회사의 해산의제도 법원이 직접 해산등기를 하기 때문에 별도의 해산등기를 할 필요가 없다(§530-11 ① → §528, 상업등기법§100 ①).

❷ 해산등기와 청산종결등기는 설립등기와 달리 창설적 효력이 없고, 보고적 효력만 있다.

❸ 청산절차는 법정청산과 임의청산(☞ 법정청산 외)으로 분류할 수 있다. 임의청산이라 하더라도 사원지분에 대한 압류권자나 그 채권자(☞ 사원의 채권자)들을 보호할 안전장치로서 채권자보호절차와 사원지분의 압류권자로 부터 동의를 얻도록 하고 있다(§247 ④). 만약 동의 없이 재산을 처분한 경우 압류권자는 그 지분에 상당하는 금액의 지급을 청구할 수 있다(§249). 또한, 회사의 재산처분이 회사채권자에게 손해를 발생시킨 경우 채권자는 법원에 그 처분의 취소를 청구할 수 있다(☞ 채권자취소권, §248). 법정청산과 임의청산의 적용요건은 다음과 같다.

구 분	법정청산(§250)	임의청산(§247)
1) 합명·합자	① 다음의 해산사유로 해산 ㉠ 사원이 1인 ㉡ 해산명령, 해산판결 ② ① 외의 사유로 해산하는 경우로서 임의청산을 선택하지 않은 경우	① 다음의 해산사유가 아닐 것 ㉠ 사원이 1인 ㉡ 해산명령, 해산판결 ② 정관 또는 총사원의 동의 ③ 채권자보호절차 ④ *if*, 지분압류권자의 동의
2) 유책·유한·주식	법정청산만 인정	인정 ×

❹ 회사유형별 청산절차종료 후 승인절차는 다음과 같다.

구 분	합명 · 합자 · 유책	유한 · 주식
1) 작성서류	계산서	결산보고서
2) 제출대상	각 사원	사원(주주)총회
3) 승인권자	① 각 사원으로부터 승인을 얻어야 함 ② 각 사원이 1월내 이의 미제기시 승인간주 (☞ 청산인이 부정행위를 한 경우 제외)	사원(주주)총회의 보통결의
4) 청산인의 책임해제	–	보통결의시 책임해제 간주 (☞ 청산인이 부정행위를 한 경우 제외)

나. [예외] 회사계속 결의(청산중인 회사 → 존립중인 회사)

[비교] 청산중인 회사가 회사계속을 할 수 있는 특정해산사유와 계속요건

구 분		합 명	합 자	유 책	유 한	주 식
특정 해산 사유	공통	① 정관으로 정한 사유(존립기간의 만료 등) ② 총사원 동의 · 사원(주주)총회 특별결의				
	사원 결원	③ 사원수 1명 이하	③ 무한 또는 유한 사원수 0명			
	기타					③ 휴면회사의 해산의제
계속 요건	공통	총사원 동의 · 사원(주주)총회 특별결의				
	사원 결원	새로운 사원가입	새로운 사원가입 또는 합명회사로 조직변경❶			
	기타					주주총회 특별결의

❶ 합자회사는 잔존한 무한책임사원 또는 유한책임사원 전원의 동의(☞ 만장일치)로 새로 유한책임사원 또는 무한책임사원을 가입시켜서 회사를 계속할 수 있으며(§285 ②), 유한책임사원 전원이 퇴사한 경우 무한책임사원은 그 전원의 동의로 합명회사로 변경하여 계속할 수 있다(§286 ②).

2. 회사의 능력

(1) 행위능력과 권리능력

- 회사에는 어떤 행위를 할 수 있는 기관이 존재하므로 행위능력이 인정된다.
- 또한 권리와 의무의 주체가 될 수 있는 권리능력이 인정되고, 유한책임회사의 경우 회사도 업무집행자가 될 수 있다(§287-15). 그러나 회사의 권리능력은 다음과 같은 제한을 받는다.

회사의 권리능력의 제한

구 분	제한내용
1) 법인의 성격에서 발생하는 제한	신체상의 자유권, 생명권, 친족권, 상속권이 없음❶
2) 회사의 사업목적에 따른 제한	회사의 권리능력은 그 사업목적 범위 내에서만 인정됨❷
3) 상법에 따른 제한	① 모든 회사는 다른 회사의 무한책임사원이 될 수 없다. ② 청산중인 회사는 청산절차만 수행할 수 있다.

❶ 회사는 상속인이 될 수 없지만, 유언이나 사전유증계약(☞ 유언에 의해 사망시 효력이 발생하는 사전증여계약)을 통해 상속재산을 분배받을 수는 있다.

❷ 회사의 사업목적에 따른 제한과 관련하여, 판례는 "회사의 권리능력은 회사의 설립근거가 된 법률과 회사의 정관상의 목적에 의하여 제한되나 그 목적범위 내의 행위라 함은 정관에 명시된 목적 자체에 국한되는 것이 아니고 그 목적을 수행하는데 있어 직접 또는 간접으로 필요한 행위는 모두 포함되며 목적수행에 필요한지 여부도 행위의 객관적 성질에 따라 추상적으로 판단할 것이지 행위자의 주관적, 구체적 의사에 따라 판단할 것은 아니다(대판86다카1349)"라고 하였다.

(2) 범죄능력과 불법행위능력

회사는 일반적인 범죄능력(☞ 폭행, 절도와 같은 위법행위를 할 수 있는 사실상의 능력)이 없다. 그러나, 불법행위능력(☞ 불법행위의 책임을 부담할 수 있는 능력)은 있다. 회사의 대표기관과 사용인에 대한 불법행위에 대한 회사의 불법행위능력은 다음과 같다.

[회사의 불법행위능력] 대표기관의 불법행위 vs 사용인의 불법행위

대표기관의 불법행위	사용인의 불법행위
그 대표기관과 연대❶하여 제3자에 대한 손해배상책임을 부담	단독으로 손해배생책임을 부담한 뒤, 그 사용인에 대해서는 구상권을 행사

❶ 부진정연대책임에 해당한다. 한편, 회사의 업무집행과 관련하여 회사의 대표기관이 고의 또는 과실로 제3자에게 손해를 발생시킨 경우 회사와 연대하여 상법상 손해배상책임뿐만 아니라, 민법 제750조의 불법행위책임도 부담한다(2011다50165).

❷ 민법 제756조(사용자의 배상책임)을 준용한다.

02 주식회사
CHAPTER

1절 주식회사의 3가지 기본요소

- 주식회사의 3가지 기본요소는 주식, 자본금 및 주주의 유한책임이다.
- 주식은 ① 회사입장에서 자본금(= 주식수 × @액면가)의 구성단위가 되고, ② 주주입장에서는 주주의 지위를 나타낸다.
- 자본금은 제3자와의 거래에 있어서 신용의 기초가 되므로, 원칙적으로 회사의 자본은 자본금 이상으로 유지되어야 하는데, 이것을 자본충실의 원칙이라고 부른다.
- 주주의 유한책임이란, 주주는 회사와의 내부관계에서 출자에 대한 책임만 질 뿐, 회사의 외부관계자인 채권자(☞ 제3자)에 대해서는 책임을 지지 않는다는 것을 의미한다.

2절 주식회사의 성립과 해산

1. 설립절차와 성립

(1) 설립시 3가지 기본절차(발기설립)

1) 기본절차1 : 발기인의 정관 작성

가. 정관의 기재사항

(가) 정관의 8가지 절대적 기재사항

구 분	8가지 절대적 기재사항[1]
1) 기본사항	① 상호
	② 목적
	③ 본점소재지
2) 주식관련 사항	④ 발행예정 주식총수[2]
	⑤ 설립시 발행주식수[3]
	⑥ 주당 액면가액[4]

3) 사람관련 사항	⑦ 발기인의 인적사항(성명(또는 법인명), 주민(법인)등록번호, 주소)❸
4) 기타사항	⑧ 공고방법

❶ 절대적 기재사항이 누락될 경우 해당 정관은 무효가 된다.

❷ 이사회는 발행예정 주식총수 범위내에서 주식을 발행할 수 있다(☞ 수권자본제도).

❸ 설립등기의 필수적 기재사항에서 제외되는 2가지 사항이다.

❹ 무액면주식을 발행한 회사의 경우 주당 액면가액이 없으므로 기재하지 않아도 된다.

❺ 공고방법은 다음과 같으며(§289 ③~⑥), 전자적 방법에 의한 공고로서 인터넷 홈페이지를 통해 공고할 경우에는 ① 인터넷 홈페이지 주소를 등기해야 하고(령§6 ①), ② 해당 내용을 일정기간까지 계속 공고해야 할 뿐만 아니라, ③ 공고기간 후에도 누구나 그 내용을 열람할 수 있게 해야 한다.

원 칙	[예외] 정관에 기재한 경우(상대적 기재사항)
일간신문에 게재	전자적 방법 : 홈페이지에 게재❶

(나) 정관의 상대적 기재사항과 변태설립사항

정관의 기재사항 중 절대적 기재사항 외의 나머지 기재사항은 모두 상대적 기재사항이고, 그 중 대표적인 사항이 변태설립사항이다([2) '설립시 예외사항과 그 절차'] 참고).

나. 원시정관의 효력발생요건(시기)

일반 주식회사(☞ 원칙)	자본금 10억원 미만의 소규모주식회사	
	1) 발기설립	2) 모집설립
공증인의 인증	발기인이 정관에 기명날인(서명)시	공증인의 인증

다. 회사성립 후 정관의 변경

(가) 회사성립 후 정관의 변경절차

기본절차	추가절차
주주총회 특별결의❶	종류주주총회 특별결의❷

❶ 총회소집통지서에는 의제뿐만 아니라 의안의 요령을 기재하여야 한다(§433 ②).

❷ 정관변경사항 등이 우선주 등의 종류주식(☞ 보통주식과 다른 종류의 주식)의 주주에게 손해를 미치게 될 경우, 종류주주총회의 결의도 거쳐야 하며, 종류주주총회의 결의가 있어야 해당 정관변경의 효력이 발생한다. 상법은 다음의 3가지 상황을 종류주주총회의 특별결의가 필요한 경우로 정하고 있다.

종류주주총회의 결의가 필요한 3가지 상황

① 정관변경으로 어느 종류주주에게 손해를 미치게 될 때

② 주식의 종류에 따라 신주의 인수, 주식의 병합 · 분할 · 소각 또는 회사의 합병 · 분할로 인한 주식의 배정에 관하여 특수하게 정하는 경우

③ 회사의 합병 · 분할 · 분할합병 · 주식교환 · 주식이전으로 종류주주에게 손해를 미치게 될 때

> **【판례1】** "손해"의 의미란, 어느 종류의 주주에게 ① 직접적으로 불이익을 가져오는 경우, ② 외견상 형식적으로는 평등한 것이라고 하더라도 실질적으로는 불이익한 결과를 가져오는 경우도 포함되며, ③ 어느 종류의 주주의 지위가 정관의 변경에 따라 유리한 면이 있으면서 불이익한 면을 수반하는 경우도 해당된다(2004다44575).
>
> **【판례2】** 정관변경에 관하여 종류주주총회의 결의가 아직 이루어지지 않았다면, 그러한 정관변경의 효력이 아직 발생하지 않을 뿐이고, 그러한 정관변경을 결의한 주주총회결의 자체의 효력에는 아무런 하자가 없다(2004다44575).

❸ 주주총회의 특별결의요건과 동일하다(☞ 출석의결권의 2/3 이상 찬성 & 찬성의결권은 발행주식총수의 1/3 이상). 주주총회의 각 결의요건을 비교하면 다음과 같다.

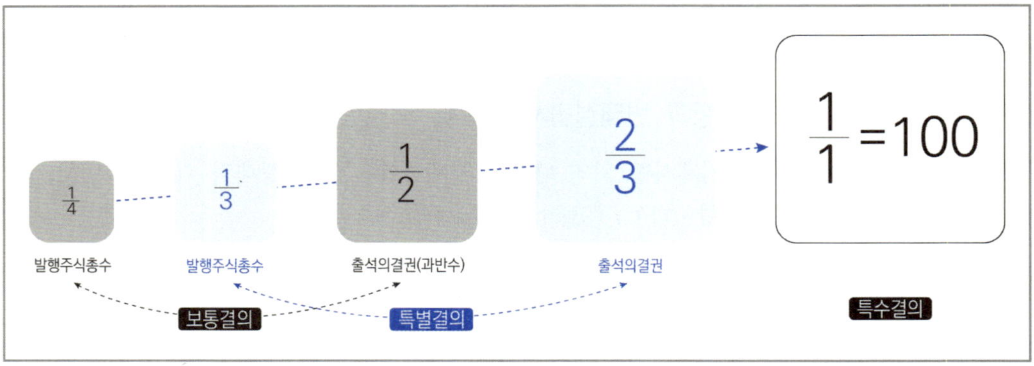

(나) 변경된 정관의 효력발생요건(☞ 시기)

[정관의 효력발생요건] 원시정관 vs 회사성립후 변경된 정관

원시정관	회사성립후 변경된 정관
공증인의 인증	주주총회의 특별결의 성립시❶

❶ 종류주주총회의 결의가 필요한 경우 그 결의가 성립한 때에 효력이 발생한다.

2) 기본절차2 : 발기인의 주식인수와 전액납입

가. 발기인의 주식발행사항의 결정

- 회사설립시에는 발기인 전원이 동의하여 다음의 주식발행사항을 정해야 하며, 정관으로 다르게 정할 수도 있다(§291).
- 회사성립 이후에는 정관에서 다르게 정하지 않는 한, 정관에서 정한 발행예정 주식총수의 범위 내에서 이사회가 주식발행사항을 결정한다(§416, §451 ②).

발기인 전원의 동의로 결정하여야 하는 주식발행사항(§291)

① 주식의 종류와 수[1]
② 액면주식 : 할증발행할 경우 그 수와 금액(☞ 할인발행은 불가[2])
③ 무액면주식 : 주식의 발행가액, 그 발행가액 중 자본금으로 계상하는 금액[3]

❶ 회사가 설립시에 발행하는 주식의 총수는 정관의 절대적 기재사항이지만, 주식의 종류와 그 종류별 주식의 수는 절대적 기재사항이 아니다.
❷ ① 회사를 설립할 때와 ② 회사 성립후 2년까지는 할인발행을 허용하지 않고, 그 후에는 ① 주주총회의 특별결의와 ② 법원의 인가를 얻을 경우 할인발행(☞ 액면미달의 발행)이 가능하다(§417).
❸ 회사 성립후에는 이사회가 결정한다.

나. 발기인의 주식인수와 납입지정은행에 납입

(가) 서면에 의한 주식인수

[서면의 형식] 발기설립 vs 모집설립

발기설립	모집설립	
	발기인	제3자
서면	서면	주식청약서

(나) 발기인의 인수가액 전액납입과 요구시 납입은행의 증명서 발급의무

발기인의 출자유형별 이행방법과 이행시기

구 분		이행방법
(1) 금전출자	1) 납입시기	발기인이 주식총수를 인수한 때 지체없이
	2) 납입방법	납입은행의 납입장소에 납입[1][2]
(2) 현물출자	1) 이행시기	납입기일에 지체없이
	2) 이행방법	① 출자목적재산 인도 ② 등기, 등록 기타 권리의 설정 또는 이전을 요하는 경우 관련 서류를 완비하여 교부

❶ 발기인은 납입을 맡을 은행(☞ 은행 외 금융기관도 가능)과 그 납입장소(☞ 지점명)를 지정하여야 한다.
❷ 납입금을 보관한 은행 등은 ① 발기인 또는 ② 이사의 청구를 받으면 그 보관금액에 관하여 다음과 같이 증명서를 발급하여야 한다(§318 ①).

납입은행의 납입보관증명서와 잔고증명서 발급의무

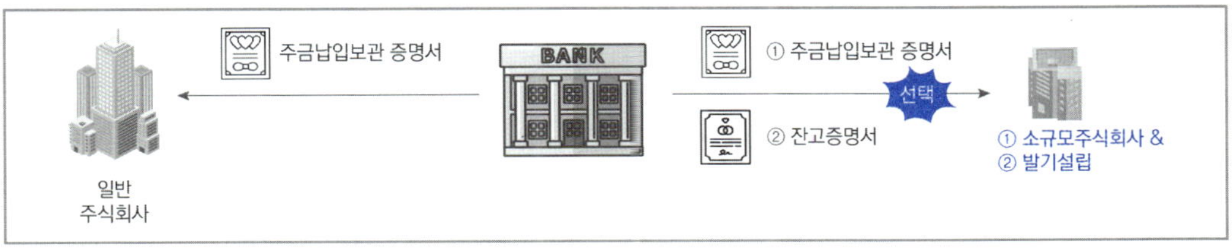

가장납입은 다음과 같이 ① 통모가장납입과 ② 위장납입으로 분류된다.

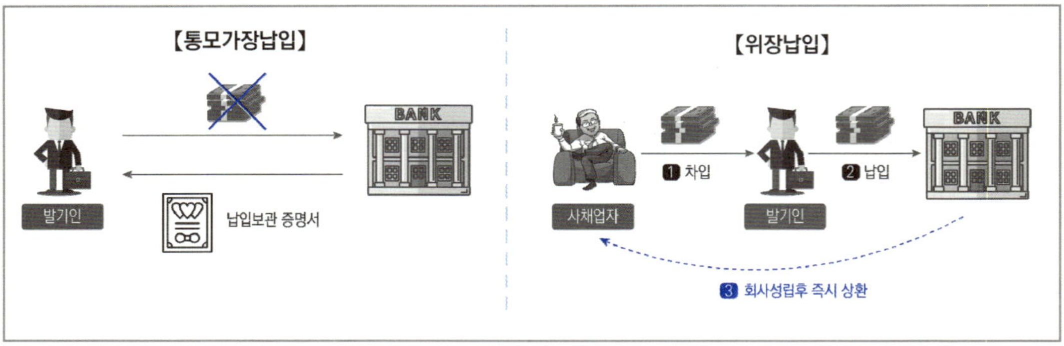

[납입의 효력과 형법상 죄목] 통모가장납입 vs 위장납입

구 분	통모가장납입	위장납입
1) 납입의 효력	×	○❶
2) 형법상 죄목	납입가장죄	납입가장죄❷

❶ 위장납입은 비록 바로 인출은 했지만 납입행위는 있었기 때문에 그 효력은 인정한다.

❷ 납입의 효력을 인정하면서 "업무상횡령죄"가 아닌 **"납입가장죄"**를 적용하는 것이 특이하다.

다. 발기인의 주식인수로 인한 설립중인 회사의 성립과 설립된 회사에 대한 권리의무의 승계

[성립시기] 발기인조합 vs 설립중인 회사

발기인조합	설립중인 회사
2인 이상이 상호출자하여 공동사업을 경영할 것을 약정(☞ 합의 또는 계약)한 때❶	발기인이 주식을 1주 이상 인수한 때

❶ 민법 제703조(조합의 의의)를 준용한다.

[설립된 회사에 대한 권리의무 승계] 발기인조합❶ vs 설립중인 회사

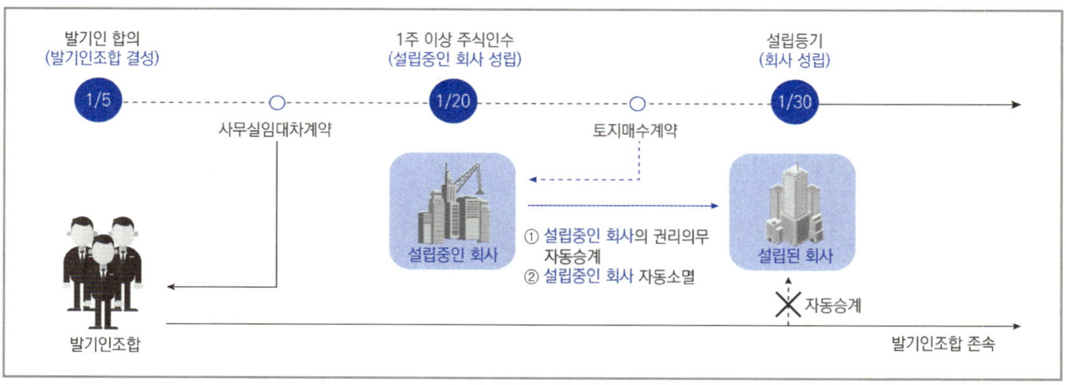

❶ 조합은 채권계약의 한 종류이므로, 그 계약이 설립된 회사로 바로 전환된다고 볼 수 없고, 회사가 성립된 이후에도 계속 존재한다. 따라서 발기인조합이 체결한 계약은 설립된 회사에 바로 승계되지 않으므로 별도의 승계절차를 거쳐야 한다.

> 【판례1】 발기인 개인 또는 발기인조합에 귀속된 권리의무를 설립후의 회사에 귀속시키기 위하여는 양수나 채무인수 등의 특별한 이전행위가 있어야 한다(90누2536).
>
> 【판례2】 설립중인 회사란 주식회사의 설립과정에서 발기인이 회사의 설립을 위하여 필요한 행위로 인하여 취득하게 된 권리의무가 회사의 설립과 동시에 그 설립된 회사에 귀속되는 관계를 설명하기 위한 강학상(☞ 학문상)의 개념이다(93다50215).

라. 발기인의 권리주 양도와 회사에 대한 효력

권리주 양도의 효력

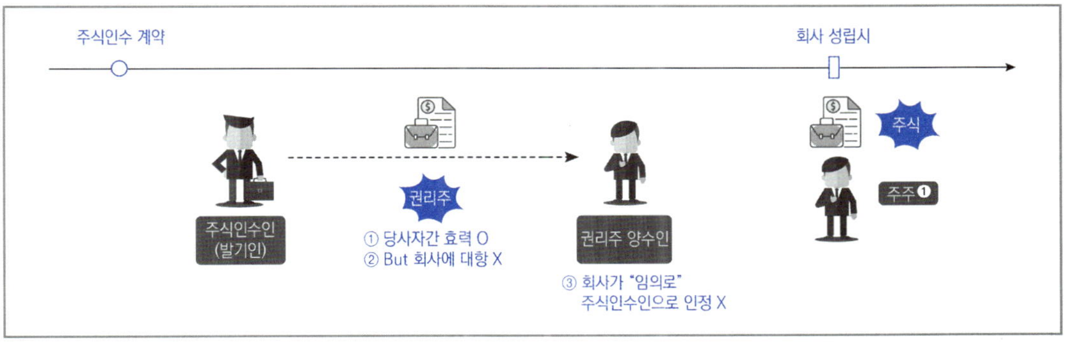

❶ 회사 성립후 회사에 대한 명의개서청구 등 적절한 절차를 거쳐야 주주로 인정받을 수 있다.

3) 기본절차3 : 발기인의 이사와 감사 선임

주식회사 설립시 이사와 감사의 선임 관련 사항

구 분	해당 내용
1) 선임시기	금전출자의 납입과 현물출자의 이행이 완료된 때
2) 선임권자와 결의요건	발기인, 의결권❶의 과반수
3) 이사와 감사의 기능	설립사항의 법경과 정관의 위반여부조사❷❸
4) 이사와 감사의 조사후 보고대상	발기인

❶ 인수주식 1주에 대해 1개의 의결권을 가진다(§296 ②).

❷ 회사가 설립된 후에 이사(회)는 업무집행기능을 수행하게 되지만, 회사설립 전에는 업무가 집행되지 않으므로 감사와 함께 조사기능을 수행하게 된다.

❸ 발기인이 이사나 감사인 경우 조사에 참여할 수 없다. 만약 이사와 감사의 전원이 발기인에 해당할 경우 이사는 공증인에게 조사와 보고를 하게 하여야 한다(§298 ③).

[이사선임의 결의요건] 회사성립 전(§296 ①, §309) **vs 회사성립 후**(§368 ①)

회사성립 전		[비교] 회사성립 후
1) 발기설립	2) 모집설립	
발기인 의결권의 과반수	① 출석인수인 의결권의 2/3 이상 & ② 인수주식총수의 과반수	① 출석의결권의 과반수 & ② 발행주식총수의 1/4 이상

발기인조합의 3가지 결의요건(§289 ①, §291, §296 ①, 민§706 ②)

구 분	상법의 별도규정		민법의 조합규정
1) 결의요건	발기인 총동의	발기인 의결권의 과반수	발기인 과반수
2) 해당 사항	① 정관작성 ② 주식발행사항 결정	이사 · 감사의 선임	그 외 사항들

(2) 설립시 2가지 예외사항과 그 절차

1) 예외사항1 : 변태설립사항 4가지와 관련 절차

가. 변태설립사항 4가지와 효력요건

구 분		4가지 변태설립사항
(1) 4가지 사 항	1) 발기인에 대한 지급금액 관련	① 회사가 부담할 설립비용, 발기인이 받을 보수액[1] ② 발기인이 받을 특별이익[1]과 이를 받을 자의 성명
	2) 현물[2]출자 관련[3]	③ 현물출자를 하는 자의 성명과 그 목적인 재산의 종류, 수량, 가격과 이에 대하여 부여할 주식의 종류와 수 ④ 회사성립후에 양수할 것을 약정[4]한 재산의 종류, 수량, 가격과 그 양도인의 성명
(2) 효력요건		정관에 기재(☞ 상대적 기재사항)

❶ 설립비용은 실비정산의 개념이다. 그리고 발기인이 받을 보수는 노동이나 시간투자에 대한 대가이지만, 특별이익은 특별공로에 대한 대가이다. 한편, 설립시 발기인이 주식대금을 차입하여 납입한 경우 그 차입금에 대한 이자는 회사의 설립비용에 해당하지 않는다(64다1940).

❷ 현물이란 유가증권이나 부동산 등 금전 이외의 재산을 말한다.

❸ "현물출자"나 "재산인수약정"을 우회할 가능성에 대한 예방책으로서, 상법은 ① 회사가 성립한 후 2년 내에, ② 회사성립 전부터 존재하던 재산(☞ 성립 전부터 사용하기로 예정한 자산)을, ③ 자본금의 5% 이상(☞ 1/20 이상)의 대가로 취득하는 계약을 체결할 경우 주주총회의 특별결의를 얻도록 하는 "사후설립(☞ 회사성립 후 설립 관련 재산인수약정)" 규정을 두고 있다.

❹ "재산인수 약정"이라고 하며, 그 예로 매매예약이나 매매계약이 있다. 재산인수는 실질적으로 엄격한 절차를 필요로 하는 현물출자의 방법을 우회(☞ 주주가 금전출자로 회사를 설립한 후 자기의 재산을 양도하여 그 출자한 금전을 회수) 하기 위하여 사용되는 경우가 많아서 상법은 재산인수도 현물출자와 같은 엄격한 절차를 거치도록 하고 있다.

[비교] 현물출자 vs 재산인수 vs 사후설립

구 분		현물출자	재산인수약정	사후설립
1) 계약의 성격		출자	매매	매매
2) 시기	① 계약체결	회사성립 전	회사성립 전	회사성립 후
	② 계약이행	회사성립 전	회사성립 후	회사성립 후
3) 상법상 규제방법(☞ 효력요건)		정관에 기재	정관에 기재	총회의 특별결의

나. 변태설립사항이 있는 경우 4가지 관련 절차

변태설립사항이 있는 경우 4가지 관련 절차

① 정관에 기재[1]
② 변태설립사항의 이행(☞ 발기인에게 금액 지급, 현물출자 이행 또는 재산인수약정 체결)
③ 이사의 검사인 선임청구[2]
④ 검사인의 조사와 법원에 보고[3]

❶ 정관에 기재하지 않으면 효력이 없다. 후술하는 모집설립의 경우 주식청약서에도 기재해야 한다.

❷ ① 발기설립시에는 이사가(§298 ④), ② 모집설립시에는 발기인이, 법원에 검사인의 선임을 청구하여야 한다(§310 ①).

❸ ① 발기설립의 경우 법원은 ㉠ 검사인 또는 ㉡ 공증인의 조사보고서 또는 ㉢ 감정인의 감정결과와 발기인의 설명서를 심사하여, 변태설립사항을 부당하다고 인정한 때에는 이를 변경하여 각 발기인에게 통고(☞ 어떤 행위를 하도록 알리는 것)할 수 있다(§300 ①). ② 모집설립의 경우에는 법원이 아니라 창립총회가 변경할 권한이 있다(§314 ①).

[변태설립사항과 관련] 검사인의 대체(§299-2) vs 검사절차의 생략(§299 ②)

구 분			대체인 또는 요건
(1) 검사인 대체	1) 발기인에 대한 지급금액 관련		공증인으로 대체[1]
	2) 현물출자 관련		감정인으로 대체[1]
(2) 검사절차 생략	1) 발기인에게 지급하는 금액 관련		-(☞ 생략 불가)
	2) 현물출자 관련	소액 생략	재산총액이 ① 5,000만원 이하 & ② 자본금의 1/5(☞ 20%) 이하
		시세○ 생략	다음 모두에 해당 ① 재산종류 : 거래소의 시세○ 유가증권 & ② 정관가격 : 대통령령으로 정한 시세 이하[2]

❶ 공증인이나 감정인이 검사인을 대신하여 법원에 조사 또는 감정결과를 법원에 보고하여야 한다(§299-2).

❷ 대통령으로 정하는 시세란, min[① 3가지 종가의 산술평균액(㉠ 효력발생일전 1개월 간의 평균종가, ㉡ 효력발행일전 1주일 간의 평균종가, ㉢ 효력발생일 직전 거래일의 종가), ② 효력발생일 직전 거래일의 종가]를 말한다(령§7 ②).

2) 예외사항2 : 발기인 외 제3자의 모집설립

[설립절차] 발기설립 vs 모집설립

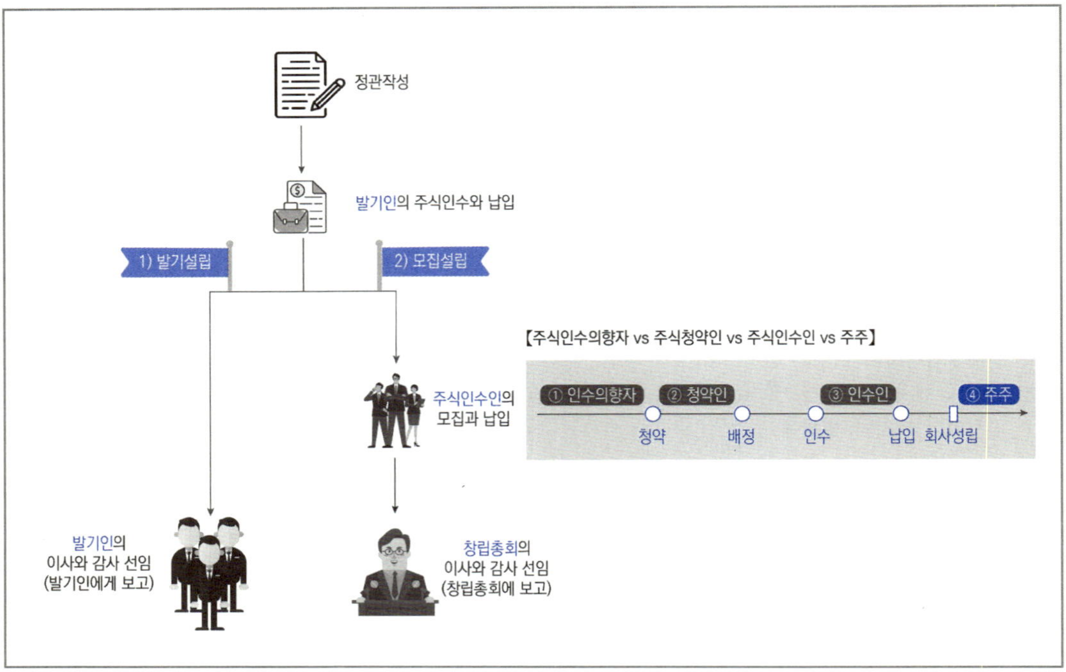

모집설립시 추가되거나 대체되는 절차

구 분	주 체	추가되거나 대체되는 절차
(1) 주주모집 관 련	1) 주식인수의향자	주식청약서에 필요사항❶을 기재하여 청약
	2) 발기인	주식청약자에게 주식배정❷
	3) 주식인수인	납입
(2) 창립총회 관 련	1) 발기인	① 납입완료 후 창립총회 소집 ② 창립총회에 회사창립에 관한 사항을 서면으로 보고
	2) 창립총회	이사와 감사를 선임❸
	3) 이사와 감사	설립사항의 법령 · 정관 위반여부를 조사 → 창립총회에 보고

❶ 주식청약서는 다음의 10가지 사항을 포함하여 발기인이 작성하여야 한다.

구 분	주식청약서의 10가지 기재사항
1) 정관 관련(3가지)	① 정관의 절대적 기재사항, 변태설립사항 ② 정관의 인증연월일, 공증인의 성명 ③ *if*, 회사의 존립기간, 해산사유
2) 주식 관련(4가지)	① 설립당시의 주식발행사항 ② 각 발기인이 인수한 주식의 종류와 수

	③ 납입을 맡을 은행 기타 금융기관, 납입장소 ④ 일정한 시기까지 창립총회를 종결하지 아니한 때에는 주식인수를 취소할 수 있다는 뜻
3) 기타사항(3가지)	① *if*, 주식의 양도시 이사회의 승인 규정 ② *if*, 명의개서대리인의 성명 · 주소 및 영업소 ③ *if*, 배당할 이익으로 주식소각을 결정한 규정

❷ 회사설립 후에는 주주가 가진 주식수에 비례하여 기존 주주에게 배정하여야 하지만, 회사설립시에는 기존 주주가 없으므로 발기인이 임의로 배정할 수 있다.

❸ 발기설립의 경우 발기인이 이사와 감사를 선임한다.

가. 주식청약 무효주장 및 주식인수 취소 · 무효주장 불가

- 주식청약인은 그 주식청약이 진심이 아니었다(☞ 비진의)는 이유로 주식청약의 무효를 주장할 수 없고, 발기인이 그 사실을 알고 있었다 하더라도 마찬가지이다(§302 ③).
- 주식인수자는 회사성립 후에 사기 · 강박 · 착오를 이유로 주식인수를 취소할 수 없고, 주식청약서의 요건의 흠결을 이유로 주식인수의 무효를 주장할 수 없다. 또한, 회사성립 전에 창립총회에서 권리를 행사한 경우에도 그 취소나 무효를 주장할 수 없다(§320 ②).

비진의로 인한 청약 무효주장 불가 vs 사기 · 강박 · 착오와 청약서 흠결로 인한 인수 취소 · 무효주장 불가

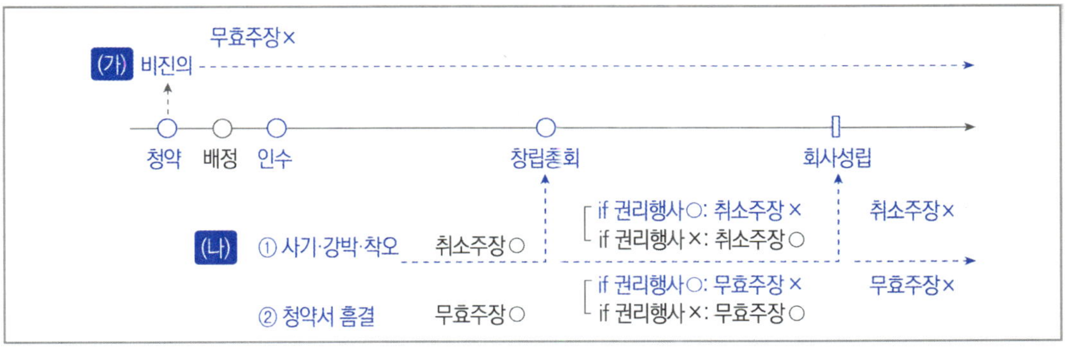

나. 주식인수인의 납입과 미납시의 실권절차

구 분	내 용
1) 주식인수인의 납입	① 주식의 총수가 인수된 때에는 발기인은 지체없이 주식인수인이 주식청약서에 기재된 납입장소에 인수가액의 전액을 납입시키도록 함 ② 발기인이 납입금의 보관자(☞ 은행의 변경)나 납입장소(☞ 은행지점의 변경)를 변경할 때에는 법원의 허가를 얻어야 함
2) 미납시의 실권절차	① 발기인은 일정한 기일을 정하여 그 기일내에 납입을 하지 않으면, 그 권리를 잃는다는 뜻을 기일의 2주전에 그 주식인수인에게 통지❶ ② 주식인수인이 그 기일내에 납입의 이행을 하지 않으면, 주식인수인으로서의 권리를 잃게 되고❷, 발기인은 다시 그 주식에 대한 주주를 모집할 수 있음

❶ 주식인수인 또는 주식청약인에 대한 통지나 최고는 주식인수증 또는 주식청약서에 기재한 주소 또는 그 자로부터 회사에 통지한 주소로 하면 되고, 그러한 통지나 최고는 보통 그 도달할 시기에 도달한 것으로 본다(§304).

❷ 회사성립 전 주식인수인의 미납과 달리, 회사성립 후 신주발행시(☞ 회사성립 후 유상증자)에는 주식인수인이 납입을 하지 않을 경우 실권절차 없이 자동으로 그 권리를 잃게 된다(§423 ②, [4절 2. (1) '신주발행의 7가지 기본절차'] 참고).

다. 창립총회

창립총회와 관련된 주요 사항

구 분	결의사항	결의요건❹
1) 해야 하는 사항	① 이사와 감사의 선임 ② 이사와 감사의 설립사항 조사결과 수령❶	① 출석의결권 2/3 이상 찬성 & ② 인수된 주식 총수의 과반수
2) 할 수 있는 사항	① 변태설립사항이 부당하다고 인정되는 경우 그 변경❷ ② 정관 변경 결의❸ ③ 설립 폐지 결의❸	

❶ 발기설립의 경우 이사와 감사는 설립경과 조사 후 그 결과를 발기인에게 보고하지만(§298), 모집설립의 경우에는 창립총회에 보고하여야 한다(§313).

❷ 발기설립의 경우에는 검사인이 검사결과를 법원에 보고하므로 법원이 변태설립사항을 변경할 권한이 있지만, 모집설립의 경우에는 검사인이 창립총회에 보고하므로, 창립총회가 변태설립사항을 변경할 권한이 있다(§314).

❸ 창립총회 소집통지서에 해당 안건이 기재되지 않은 경우에도 창립총회에서 그 안건을 결의할 수 있다(§316).

❹ 주주총회의 각 결의요건과 창립총회의 결의요건을 비교하면 다음과 같다.

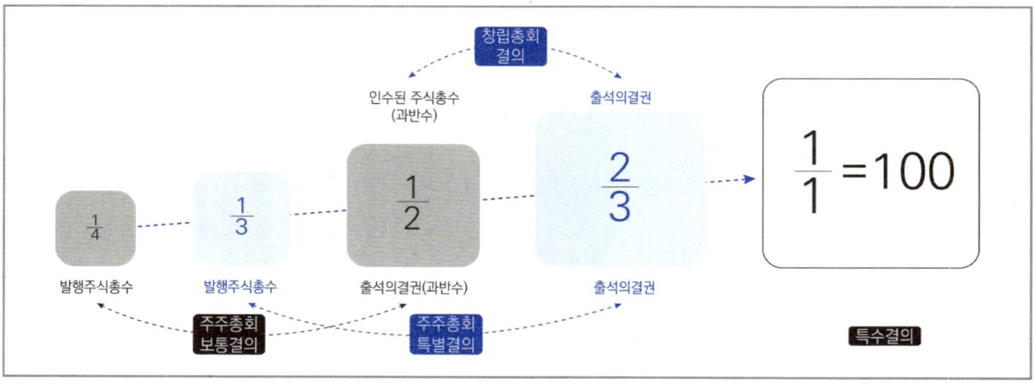

(3) 설립등기와 회사성립

1) 설립등기의 효력

① 설립등기를 함으로써 법인격을 취득한다(☞ 등기의 창설적 효력).
② 설립중의 회사는 설립후 회사(☞ 존속중인 회사)로 전환되므로, 설립중의 회사는 회사성립과 동시에 소멸한다.
③ 모집설립의 경우로서 설립등기를 한 후에는(☞ 회사성립 후에는) 주식인수인은 주식청약서의 요건의 흠결을 이유로 인수의 무효를 주장할 수 없고, 사기·강박·착오를 이유로 인수를 취소할 수 없다❶.

❶ 창립총회에 출석하여 그 권리를 행사한 자는 회사의 성립전에도 ③과 같은 이유로 무효를 주장하거나 취소를 주장할 수 없다(§320 ②).

2) 설립등기의 기한

설립방법에 따른 설립등기기한의 기산일과 종료일(§317 ①)

구 분	발기설립	모집설립
1) 기 산 일	검사인의 조사 · 보고와 법원의 변경처분 절차가 종료한 날	창립총회가 종료한 날 또는 창립총회의 변태설립사항 변경절차가 종료한 날
2) 종 료 일	2주내	2주내

기타등기의 등기소재지[1]와 등기기한(§181, §182, §183, §317 ④)

구 분	본점 이전 등기	지점[2] 설치·이전 등기	기타 변경등기
1) 소 재 지	종전 또는 새 소재지	본점소재지	본점소재지
2) 등기기한	이전 · 설치 · 변경일 ~ 2주내		

❶ 상법의 개정으로 지점등기규정은 삭제되었다.
❷ 지점의 소재지와 설치 연월일을 등기한다.

3) 설립등기의 18가지 기재사항

구 분	[비교] 정관의 절대적 기재사항 (8가지)	설립등기의 기재사항(18가지)		
		공통기재사항 (6가지)	추가기재사항(12가지)	
			필수(4가지)	상대적(8가지)
1) 기 본 사 항	① 상호 ② 목적 ③ 본점소재지	① 〃 ② 〃 ③ 〃		① 지점소재지
2) 주 식 관 련 사 항	④ 발행예정 주식총수 ⑤ 설립시 발행주식수[1] ⑥ 주당 액면가액	④ 〃 ⑤ 〃	① 발행주식 : 총수, 종류와 각종 주식의 내용과 수[1] ② 자본금의 액	② 명의개서대리인의 상호 및 본점 소재지 ③ 주식양도시 이사회 승인규정 ④ 주식매수선택권 규정 ⑤ 배당이익으로 주식 소각을 결정한 규정 ⑥ 전환주식발행 사항

구 분	[비교] 정관의 절대적 기재사항 (8가지)	설립등기의 기재사항(18가지)		
		공통기재사항 (6가지)	추가기재사항(12가지)	
			필수(4가지)	상대적(8가지)
3) 사 람 (기관) 관 련	⑦ 발기인 인적사항[2]		③ 이사(집행임원) · 감사 (위원회위원) 인적사항 ④ 대표이사(집행임원) 인적사항[2]	⑦ 공동대표이사 (집행임원) 규정
4) 기 타	⑧ 공고방법	⑥ 〃		⑧ 존립기간, 해산사유

[1] 정관에는 설립시에 발행되는 주식수가 기재되지만, 등기에는 현재까지 발행된 주식수가 기재된다.

[2] 인적사항으로서, ① 발기인과 ② 대표이사의 경우에는 성명, 주민등록번호 및 주소가 기재되지만, 다른 임원의 경우에는 성명과 주민등록번호만 기재된다. 대표이사의 개인주소는 의사표시의 수령과 소송서류의 송달장소로서 의미가 있다.

(4) 설립절차와 관련된 기타 고려사항

1) 설립절차와 관련된 발기인, 이사와 감사, 검사인의 책임

책임부담자	책임의 종류	상대방	요건 또는 상황	책임의 내용
(1) 발기인[1]	1) 회사불성립책임[2]	제3자 등	회사불성립	① 설립행위에 대한 연대 책임[3] ② 설립비용 부담
	2) 인수담보책임[2]	회사	회사성립후 설립시 발행주식이 ① 미인수, ② 청약취소	공동 인수간주[4]
	3) 납입담보책임[2]	회사	회사성립후 설립시 발행주식이 미납입	연대 납입[4]
	4) 손해배상책임	회사	설립관련 임무해태 (☞ 악의 · 과실)	연대 손해배상[5,6,7]
		제3자	설립관련 임무해태 (☞ 악의 · "중"과실)	"제3자에 대하여도" 연대 손해배상[7]
(2) 검사인	손해배상책임	회사 · 제3자	설립경과조사 임무해태 (☞ 악의 · "중"과실)	손해배상[7]

[1] 주식청약서 기타 주식모집에 관한 서면에 성명과 회사의 설립에 찬조하는 뜻을 기재할 것을 승낙한 자(유사발기인)는 발기인과 동일한 책임이 있는데, 이것을 "유사발기인의 책임"이라고 한다(§327).

[2] ① 회사불성립책임, ② 인수담보책임 및 ③ 납입담보책임은 발기인의 과실이 없어도 부담하는 무과실책임이다.

[3] 예를 들어, 출자금의 반환책임 등이 있다.

❹ 발기인이 ① 인수담보책임을 이행할 경우 주식인수인이 되지만, ② 납입담보책임을 이행할 경우에는 그 주식의 인수인이 되는 것이 아니라, 미납입한 주식인수인에게 납입금액에 대한 구상권을 행사할 수 있게 된다.

❺ 발기인의 임무해태로 회사에 손해가 발생하였으나 회사가 발기인에 대한 손해배상조치를 취하지 않을 경우 발행주식총수의 1% 이상을 가진 주주(☞ 1% 이상 소수주주)는 회사를 대표하여 발기인에게 손해배상을 요구하는 소송을 제기할 수 있으며, 이것을 "주주의 대표소송"이라고 한다(§324 → §403).

❻ 발기인의 회사에 대한 손해배상책임은 총주주의 동의(☞ 만장일치)로 면제할 수 있다(§324 → §400).

❼ 모집설립시 이사와 감사의 회사와 제3자에 대한 손해배상책임과 관련하여, 제323조에서는 "① 이사 또는 감사가 조사·보고와 관련한 임무해태로 회사나 제3자에 대하여 손해배상책임을 지는 경우로서, ② 발기인도 책임을 질 때에는, 이사·감사·발기인은 연대하여 손해를 배상할 책임이 있다"라고만 규정하고 있고, 회사와 제3자에 대한 일반적인 책임은 제399조(회사에 대한 책임)와 제401조(제3자에 대한 책임)에서 규정하고 있다.

2) 설립무효확인소송의 제기

가. 설립무효확인소송의 요건

회사부존재확인소송 vs 설립무효확인소송 vs 설립취소소송

구 분	회사부존재확인소송	설립무효❶확인소송	설립취소❶소송
1) 원 인	실체가 있다고 할 수 없을 정도로 중대한 하자❷ 존재	실체는 있으나, 객관적❸ 하자 존재	실체는 있으나, 주관적❸ 하자 존재
2) 예 시	등기서류를 허위로 작성하여 법인을 설립한 경우	① 정관의 절대적 기재사항 누락 ② 모집설립에서 창립총회 미개최	미성년자가 부모의 허락 없이 사원이 된 경우
3) 주식회사 적용여부	가 능	가 능	불 가

❶ 무효는 처음부터 효과가 없는 것을 말하고, 취소는 취소행위를 통해서 무효가 되는 것을 말한다.

❷ 예를 들어, 설립절차없이 설립등기만 한 경우를 말한다.

❸ 주관적 하자는 개인적인 사유(예 미성년자가 법정대리인의 동의 없이 발기인이 된 경우)와 관련되어 있고, 객관적 하자는 개인적 사유 외의 하자로서 설립절차의 중요한 하자 등과 관련되어 있다.

[주요 요건] 설립무효확인소송(§328) vs 결의부존재확인·무효확인·취소소송

구 분	설립무효확인소송	주주총회 결의		
		결의부존재확인소송	결의무효확인소송	결의취소소송
1) 하자원인·정도	객관적 하자	중대한 결의형식 하자	중대한 결의내용 하자	경미한 ① 결의형식 하자 ② 결의내용 하자
2) 원고자격	주주·이사·감사	소송이익이 있는 자	소송이익이 있는 자	주주·이사·감사
3) 소송제기기한	회사성립일～2년	제한 없음	제한 없음	결의일～2월
4) 법원의 재량기각	불 가	불 가	불 가	인 정

나. 설립무효확인소송의 결과에 따른 효과

(가) 설립무효가 인용된 경우(원고승소)

설립무효판결의 효력(§190)

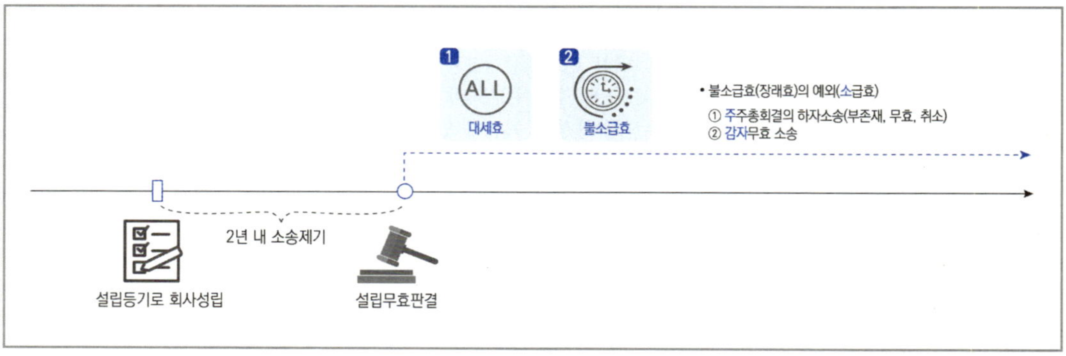

설립무효판결시 사실상 회사의 후속절차

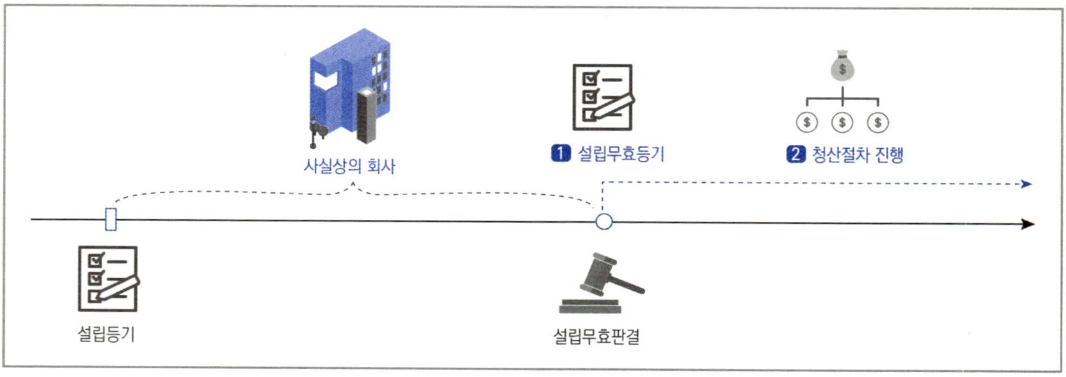

(나) 설립무효가 기각된 경우 패소원고의 책임

원고가 ① 악의 또는 ② 중대한 과실(☞ 경과실×)이 있는 경우에는 회사에 대하여 연대하여 손해를 배상할 책임이 있다(§328 ② → §191).

2. 해산과 청산절차

해산과 청산절차는 [1장 기본개념]에서 정리하였으므로, 여기서는 추가적으로 회사유형별 청산인과 청산절차에 대하여 살펴본다.

(1) 청산인의 선임과 해임절차

구 분			합명·합자·유책	유한·주식
(1) 선임	1) 자율 선임	1순위	총사원 과반수의 결의	정관, 주주(사원)총회의 보통결의
		2순위	업무집행사원(자)	이사
	2) 법원 선임	청산인 × 경우	–❶	이해관계인의 청구
		특정 해산사유❷	① 이해관계인·검사의 청구 ② 법원이 직권으로 선임	〃 (☞ 좌동)
(2) 해임	1) 자율 해임❸		총사원 과반수의 결의	주주(사원)총회의 보통결의
	2) 법원 해임		–	다음 하나에 해당하는 경우로서 3% 이상 소수주주(사원)의 청구 ① 청산인이 현저하게 부적임 ② 청산인이 중대한 위반행위

❶ 유한회사 · 주식회사에 이사(☞ 자율선임시 2순위)가 없는 경우는 있어도, 합명회사 · 합자회사 · 유한책임회사에 업무집행사원(자)이 없는 경우는 거의 없기 때문이다.

❷ 공정한 청산절차가 진행되어야 하는 해산사유로서, ① 법원의 해산명령이나 해산판결은 모든 회사에 적용되는 특정 해산사유이고, ② 사원이 1인이 된 때는 합명회사와 합자회사에 적용되는 특정 해산사유이다(§252, §287-45, §542, §613).

❸ 다만, 법원이 선임한 청산인은 총사원이나 총회의 결의로도 해임할 수 없다(§261, §539 ①).

(2) 청산인의 직무(협의의 청산절차)

기본적인 4가지 청산절차(☞ 청산인의 청산직무, §254 ①)

① 현존사무의 종결(☞ 목적사업 마무리)
② 채권의 추심(☞ 회수)과 채무의 변제(☞ 지급)
③ 재산의 환가(☞ 부동산의 처분 등)
④ 사원에게 잔여재산 분배

가. 청산인의 재산조사 · 보고의무와 물적회사의 대차대조표 등에 대한 감사

(가) 청산인의 재산조사 · 보고의무

구 분	합명 · 합자 · 유책	유한 · 주식
1) 조사시기	취임 후 지체없이	〃 (☞ 좌동)
2) 작성서류	① 재산목록, ② 대차대조표	〃 (☞ 좌동)
3) 보고대상	각 사원	① 주주(사원)총회(+ 승인) ② 법원(☞ 주주(사원)총회 승인 후)

(나) 대차대조표 등에 대한 감사(☞ 주식회사와 유한회사에 한함)

감사가 설치되어 있는 주식회사와 유한회사의 경우 위의 재산조사와 보고의무에 추가하여, 다음의 절차 수행하여야 한다.

[주식 · 유한] 대차대조표 등에 대한 감사 및 승인절차

수행자	감사 및 승인절차		
	시기	절차	관련 서류
1) 청 산 인	정기총회 4주 전	감사에게 제출	① 대차대조표 ② 그 부속명세서 ③ 사무보고서
2) 감 사	정기총회 1주 전	청산인에게 제출	감사보고서
3) 청 산 인	정기총회 1주 전	본점에 비치	① 대차대조표 ② 그 부속명세서 ③ 사무보고서 ④ 감사보고서
4) 청 산 인	정기총회일	승인 요구	① 대차대조표 ② 사무보고서

[주식 · 유한] 대차대조표 등에 대한 감사 및 승인절차(§534)

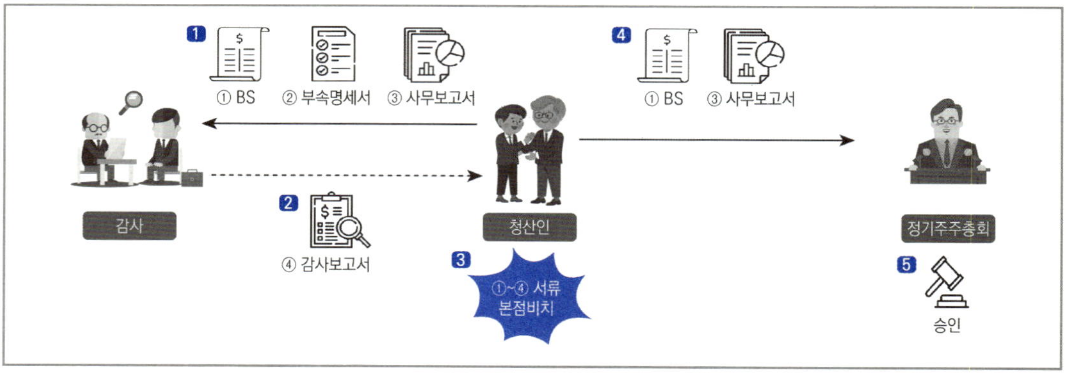

나. 채무의 변제

(가) 채권신고 공고와 통지를 통한 채무파악(☞ 주식회사와 유한회사에 한함)

채권신고 공고 · 통지(§535)

구 분		내 용
(1) 공고	1) 청산인의 최고기한	청산인의 취임일 ~ 2월내
	2) 채권자의 신고기간	2월 이상[1]

	3) 공고횟수	2회 이상
(2) 통지		알고 있는 채권자에게 개별통지❷

❶ 청산인은 회사의 재산이 모든 채무를 변제하는 데 충분하지 않을 수 있으므로, 그 신고기간 내에는 특정 채권자에 대하여 미리 변제해서는 안 된다. 그러나 ① 소액채권, ② 담보채권, ③ 변제하더라도 다른 채권자를 해할 염려가 없는 채권에 대하여는 법원의 허가를 얻어서 변제할 수 있다(§536).

❷ 알고 있는 채권자의 경우에는 신고하지 않더라도 청산인은 그 채권자에 대한 채무를 변제하여야 한다(§535 ②).

- 채권신고 공고와 통지에도 불구하고 채권신고를 하지 않아 청산에서 제외된 채권자는 "주주(☞ 신고한 채권자×)"에게 분배되지 아니한 잔여재산에 대해서만 변제를 청구할 수 있다(§537 ①).
- 만약 청산인이 일부의 주주에 대해서만 재산분배를 한 경우로서, '분배되지 아니한 잔여재산'은 실제 분배되지 않은 잔여재산에서 다른 주주들에게 같은 비율만큼 지급했어야 할 분배금액을 차감한 금액을 말한다(§537 ②).

(나) 변제금액의 결정

구 분	변제금액 관련
1) 모든 유형의 회사	① 만기가 경과되지 않은 채무도 변제할 수 있음❶ ② 조건부채권 · 만기가 불확실한 채권 · 금액이 불확실한 채권의 경우 법원이 선임한 감정인의 평가에 따라 변제하여야 함
2) 합명 · 합자회사	회사의 현존재산이 그 채무를 변제하는 데 부족할 때에는 청산인은 변제기에도 불구하고 각 사원에 대하여 출자를 청구할 수 있음❷

❶ 만기가 경과되지 않은 채무로서, ① 이자가 없거나, ② 이자율이 상법상 법정이자율인 6%보다 낮을 경우, 6%로 할인하여 지급하여야 한다(§542 → §259).

❷ 그 출자액은 각 사원의 출자의 비율로 정한다(§258).

다. 재산의 환가와 영업의 양도

합명회사 · 합자회사 · 유한책임회사의 경우 청산인이 회사 영업의 전부 또는 일부를 양도하기로 한 때에는 총사원 과반수의 결의를 얻어야 한다(§257).

라. 잔여재산의 분배

- 회사의 채무를 변제한 후에 회사재산을 사원에게 분배할 수 있으며, 다툼이 있는 채무에 대해서는 그 변제에 필요한 재산을 보유하고 나머지 재산을 분배할 수 있다(§260).
- 주식회사와 유한회사의 경우 각 주주가 가진 주식의 수에 따라 주주에게 분배하여야 한다(§538, §612(☞ 단, 유한회사는 정관에서 다르게 정할 수 있음)). 다만, 주식회사의 잔여재산분배우선주 등 종류주식의 경우에는 주식의 종류별로 다르게 분배할 수 있다(§538 단서).

마. 청산 후 관련 서류의 보존

구 분		합명 · 합자 · 유책	유한 · 주식
(1) 보존기한	1) 장부 등 중요서류	청산종결 등기후 10년	〃 (☞ 좌동)
	2) 전표, 유사서류	청산종결 등기후 5년	〃 (☞ 좌동)
(2) 보존인과 보존방법의 결정		총사원 과반수 결의로 결정	① 청산인, 또는 ② 기타 이해관계인의 청구에 의해 법원이 결정

3절 주식회사의 기관

1. 주식회사의 필수기관과 그 기능

① 주주총회는 "중대한 의사결정"을, ② 이사회는 "업무집행"을, ③ 감사는 "이사의 업무집행을 감사(☞ 감시)"한다.

2. 주주총회

(1) 주주총회의 권한, 소집시기별 분류, 개최형태

1) 주주총회의 권한

- 주주총회는 의사결정기구로서 결의(☞ 투표 등)를 통해 그 권한을 행사하며, 결의사항은 ① 상법과 ② 정관에서 정한 사항으로 제한된다(§361).
- 원칙적으로 상법에서 정한 주주총회 결의사항은 정관으로도 이사회의 결의사항으로 위임할 수 없지만(☞ 3가지 예외사항 제외), 이사회가 결정하거나 승인할 사항을 정관에 주주총회의 결의사항으로 정할 수는 있다(☞ 엄격한 적용만 가능).

중요도에 따른 주주총회 결의사항과 그 결의요건

구 분		원 칙	예 외	
		보통결의사항	특별결의사항	특수결의사항
(1) 중요도		일반적인 결의사항	중대한 결의사항	매우 중대한 결의사항
(2) 예시	1) 설립		• 정관 변경	• 발기인 책임면제
	2) 기관	• 이사 · 감사 선임 • 청산인의 선임 · 해임	• 이사 · 감사 해임	• 이사 · 감사의 책임면제 • 小 주주총회 소집절차 생략[1] • 小 서면결의[1]
	3) 주식	• 자기주식 취득[2][3] • 결손금 보전목적의 자본금(또는 법정준비금) 감소	• 주식분할 · 주식병합 • 주식매수선택권 부여 • 주식의 할인발행 • 자본금의 감소	
	4) 사채		• 제3자에게 CB/BW 발행	
	5) 회계	• 재무제표의 승인[3] • 정기배당[3], 주식배당 • 법정준비금의 감소		
	6) 조직·지배구조 변경	• 지배주주의 매도청구권	• 중요한 영업양수도 · 임대 • 합병, 분할, 분할합병 • 주식의 포괄적 교환 · 이전	• 조직변경(☞ 합병×)으로 주주의 부담 가중[4]
	7) 기타	• 청산종료 승인	• 사후설립 • 해산 · 회사의 계속	• 유한회사로 변경 • 유한책임회사로 변경
(3) 결의요건		① 출석의결권 과반수 & ② 발행주식총수 1/4 이상	① 출석의결권 2/3 이상 & ② 발행주식총수 1/3 이상	총주주의 동의 (☞ 만장일치)

❶ 자본금 10억원 미만의 주식회사(☞ 소규모주식회사, 小)에게만 적용된다(§363 ④).

❷ 배당가능이익 범위 내의 자기주식취득을 말한다(§341 ①). 정관에서 "이사회의 결의로 이익배당을 할 수 있다"고 정한 경우에는 주주총회의 결의 대신 이사회의 결의로 자기주식을 취득할 수 있다(§341 ②).

❸ 정관으로 이사회 결의사항으로 정할 수 있다(§341 ②, §449-2 ①, §462 ②).

❹ 분할 및 분할합병(☞ 합병×), 주식의 포괄적 교환 · 이전으로 각 회사의 주주의 부담이 가중되는 경우를 말한다(§360-3 ⑤, §360-16 ④, §530-3 ⑥). 예를 들어, 분할존속법인이 분할회사의 채무를 모두 부담하게 될 경우, 주주총회의 분할승인과는 별도로 각 주주로부터 동의를 얻어야 한다.

2) 소집시기에 따른 주주총회의 분류, 그 소집결정권자와 소집권자

구 분	정기주주총회	임시주주총회
1) 소집시기	매년 또는 매기 1회 일정한 시기❶	필요한 경우에 수시로 소집
2) 소집결정권자	이사회	① 원칙 : 이사회 ② 예외 : 다음의 자가 이사회에 소집청구❷ ㉠ 3% 이상 소수주주 ㉡ 감사 · 감사위원회
3) 소집(권)자	대표이사❸	대표이사❸
4) 결의사항	재무제표 승인 + 다른 모든 결의사항	재무제표 승인 외 다른 모든 결의사항

❶ 회계기간이 1년 미만인 회사의 경우에는 매기에 소집하여야 한다(☞ 회계기간이 6개월인 경우 1년에 2번).

❷ ① 3% 이상의 소수주주 또는 ② 감사(위원회)가 ① 회의의 목적사항과 ② 소집이유를 적어 이사회에 임시주주총회의 소집을 청구할 수 있고, 그럼에도 이사회가 임시주주총회의 소집절차를 밟지 않는 경우, 법원의 허가를 얻어 직접 총회를 소집할 수 있다(§366, §412-3). 다만, 3% 이상의 소수주주는 회의의 목적사항과 소집이유를 ① 서면과 ② 전자문서(☞ 이메일 등)로 적어서 이사회에 제출하면 되지만(§366 ①), 감사(위원회)의 경우 서면으로만 청구할 수 있다(§412-3 ①)는 차이점이 있다.

❸ 정관으로 대표이사 외의 자를 소집자로 정할 수 있다. 한편, 판례에 의하면 이사회의 결의가 있었다 하더라도 대표이사가 아닌 일반 이사가 주주총회를 소집할 경우 주주총회 결의취소 소송의 원인이 된다(☞ [(3) 3) 나.(가) '일반주주 등이 제기할 수 있는 3가지 소송'] 참고). 대표이사 아닌 이사가 이사회의 소집 결의에 따라서 주주총회를 소집한 것이라면 위 주주총회에 있어서 소집절차상 하자는 주주총회결의의 취소사유에 불과하고 그것만으로 바로 주주총회결의가 무효이거나 부존재가 된다고 볼 수 없다(93도698).

3) 주주총회의 개최형태 ➡ 대면개최와 서면결의

대면개최	서면결의
원 칙	소규모주식회사로서, 다음 하나에 해당하는 경우 ① 주주전원이 서면결의에 동의한 경우 ② 주주전원이 서면으로 결의의 목적사항에 동의한 경우(☞ 서면결의 간주)

[주주총회의 개최형태] 대면개최 vs 서면결의

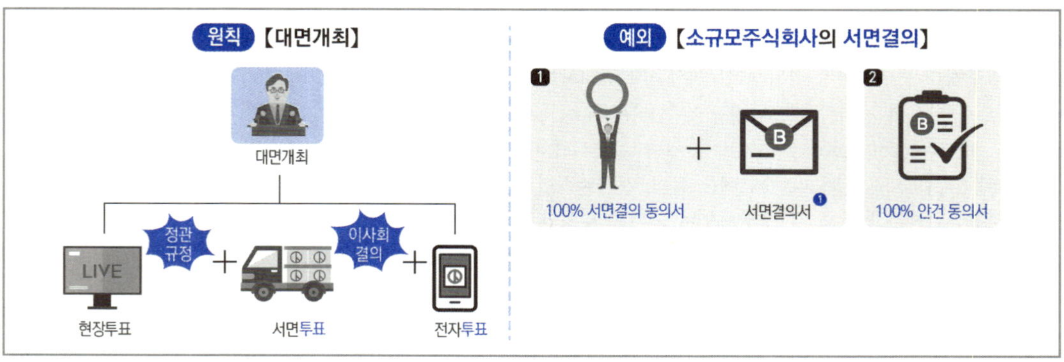

❶ 서면결의의 진행에 대해서만 주주전원이 동의하면 되고, 해당 안건에 대해서는 모두 동의하지 않아도 된다.

(2) 주주총회의 소집통지

1) 소집통지절차의 생략가능여부

원칙적으로 주주총회의 서면에 의한 소집통지절차는 생략할 수 없다. 다만, 다음과 같은 예외적인 경우에는 생략이 가능하다.

소집통지절차의 생략 vs 소집통지절차가 누락되어도 결의사항이 유효한 경우

생략가능한 경우(§363)		소집통지절차 누락 but 결의사항은 유효(판례)	
1) 모든 주주 대상	2) 해당 주주 대상	1) 1인 주식회사❶	2) 1인 주식회사 외❷
① 소규모주식회사 & ② 주주전원의 동의	3년간 소집통지가 도달되지 않은 주주	주주총회의사록이 작성된 경우 등	주주전원이 ① 총회 참석 & ② 총회 개최에 동의 & ③ 총회 안건에 찬성

❶ ① 소집절차가 없었던 경우뿐만 아니라, ② 주주총회를 개최한 사실이 없는 경우에도 그 결의사항은 유효하며, 주주총회의사록이 작성되지 아니한 경우라도, 다른 증거에 의하여 주주총회 결의가 있었던 것으로 볼 수 있다(2004다25123).

❷ 사후적으로 3가지의 조건 충족시 이사회 결의와 소집절차가 없었더라도 주주총회의 결의는 유효하다(2000다69927).

2) 소집통지대상 주주, 형식 및 시기

구 분	원 칙	예 외	
1) 통지대상	의결권 있는 주주	의결권 없는 주주 포함	주식매수청구권 행사가능시❶
2) 통지형식	서면	동의한 각 주주	전자문서(이메일)
3) 통지시기❷	주주총회 2주 전	소규모 회사	주주총회 10일 전

❶ 의결권이 없는 주주라도 해당 안건에 대해 반대시 주식매수청구권이 인정되는 경우(☞ 중요한 영업의 양도 등)에는, 소집통지를 하여 주식매수청구권을 행사할 수 있는 기회를 주어야 한다(§363 ⑦).

❷ 통지시기는 발송일(☞ 도달일 ×)을 기준으로 한다(§363 ①).

3) 소집통지서의 3가지 기재사항

3가지 기재사항	세부내용
1) 개최일시	–
2) 소집지	본점소재지 또는 인접지여야 함
3) 회의의 목적사항	① 원칙 : 이사회가 결정 ② 예외 : 의결권 있는 3% 이상의 소수주주가 제안 가능(☞ 주주제안권)

[예시] 임시주주총회 소집통지서

20×1년 제1차 임시주주총회 소집통지서

－아 래－

1. 일 시 : 20×1년 8월 26일(금) 오전 10시
2. 소 집 지 : 서울시 강남구 삼성동 1번지(본사 회의실(☞ 소집장소))
3. 회의목적사항 :
가. 보고사항 : 신규 막걸리 런칭 경과보고
나. 부의안건
제1호 안건 : 정관변경의 건(☞ 의제)❶
제1-1호 안건 : 정관 제1조 회사상호 변경(☞ 의안의 요령)❶
제2호 안건 : 이사 선임의 건(☞ 의제)❶
제2-1호 안건 : 이사 丙 신규선임의 건(☞ 의안)❶

❶ 의제는 안건의 제목을, 의안의 요령은 안건의 요약을, 의안은 구체적인 안건을 의미한다. 예를 들어, 정관의 변경이 안건인 경우 "정관변경의 건"은 의제가 되고, 정관의 내용 중 "정관 제1조 회사상호 변경건"이라고 하면 의안의 요령이 되며, "정관 제1조의 회사상호를 OOO에서 XXX로 변경 건"이라고 구체적으로 제시하게 되면 의안이 된다. 소집통지에서는 반드시 가장 상위 개념인 의제가 포함되어야 하며, 정관을 변경하는 경우에는 의안의 요령도 반드시 기재하여야 한다(§433 ②).

주주제안권과 이사와 이사회의 후속절차(§363-2)

<table>
<tr><th>구 분</th><th colspan="3">내 용</th></tr>
<tr><td rowspan="6">(1) 주주제안권</td><td colspan="2">1) 제안 주주의 범위</td><td>의결권 있는❶ 3% 이상 소수주주</td></tr>
<tr><td colspan="2">2) 제안상대방</td><td>이사(☞ 이사회×)</td></tr>
<tr><td rowspan="2">3) 제안사항</td><td>기본사항</td><td>회의의 목적사항</td></tr>
<tr><td>추가사항</td><td>소집통지에 의안의 요령을 기재할 것을 청구할 수 있음❷</td></tr>
<tr><td colspan="2">4) 제안기한</td><td>주주총회일 6주전❸</td></tr>
<tr><td colspan="2">5) 제안형식</td><td>① 서면 또는 ② 전자문서</td></tr>
<tr><td colspan="3">(2) 주주제안권 행사시 이사의 후속절차</td><td>이사회에 보고</td></tr>
<tr><td colspan="3">(3) 이사의 보고시 이사회의 후속절차</td><td>① 다음의 경우 외에는 목적사항으로 채택
㉠ 법령과 정관에 위반
㉡ 대통령령이 정한 사유에 해당❹
② 주주제안을 한 자가 주주총회에서 해당 의안을 설명할 기회를 요청한 경우 기회 부여</td></tr>
</table>

❶ 대부분의 소수주주권은 의결권 없는 주식을 포함한 발행주식총수를 기준으로 하지만, 주주제안권과 집중투표실시 청구권은 의결권 있는 발행주식총수를 기준으로 한다는 점에 유의하여야 한다.

❷ 이사는 그 청구와 상관없이 의안의 요령을 소집통지서에 기재할 수 있다.

❸ 주주총회가 정기주주총회일 경우에는 직전 정기주주총회일의 6주 전에 제안하면 된다.

❹ 대통령령이 정한 사유란, ① 주주총회에서 의결권의 10% 미만의 찬성밖에 얻지 못하여 부결된 내용과 같은 내용의 의안을 부결된 날부터 3년 내에 다시 제안하는 경우, ② 주주 개인의 고충에 관한 사항인 경우, ③ 주주가 권리를 행사하기 위하여 일정 비율을 초과하는 주식을 보유해야 하는 소수주주권에 관한 사항인 경우, ④ 상장회사인 경우로서 임기 중에 있는 임원의 해임에 관한 사항인 경우, ⑤ 회사가 실현할 수 없는 사항 또는 제안 이유가 명백히 거짓이거나 특정인의 명예를 훼손하는 사항인 경우를 말한다(령§12).

4) 주주총회의 개최철회와 주주총회의 연기 · 속행과의 비교

[통지절차의 필요여부] 개최철회 vs 연기 · 속행

주주총회의 철회	주주총회의 연기 · 속행
필요(☞ ① 이사회의 결의와 ② 서면통지)❶	필요 ×❷

❶ 이사회의 결의와 서면으로 소집통지가 철회되었다면, 일부 주주 등에 의한 총회의 결의가 있었다 하더라도 그 결의는 부존재에 해당한다.

❷ 주주총회의 연기나 속행은 주주총회가 적법하게 성립한 것이므로, 다시 소집통지절차를 밟을 필요는 없다(§372 ②).

(3) 주주총회의 의사진행

1) 주주총회의 의사진행자 ➡ 의장

• 정관(☞ 일반적으로 대표이사)에 정한 자가 의장이 되며, 만약 정관에 규정이 없을 경우 총회 개최시 의장부터 선임하여야 한다(§366-2).

• 의장은 총회의 질서를 유지하고 의사를 정리하며, 고의로 의사진행을 방해하기 위한 발언·행동을 하는 등 현저히 질서를 문란하게 하는 자에 대하여 그 발언의 정지 또는 퇴장을 명할 수 있다(§366-2).

【판 례】 총회의장이 의사진행을 할 수 있는 상황인데도 자진퇴장한 경우 출석의결권의 과반수 동의로 임시의장을 선출하여 결의한 경우 그 결의는 적법하다(2001다12973).

2) 안건의 표결 ➡ 주주의 의결권과 결의요건

가. 주주의 의결권

(가) 의결권의 수

주주평등의 원칙에 따라 주주에게는 1주당 1개의 의결권이 주어지며(§369 ①), 이것은 강행규정이므로 정관이나 주주총회의 결의로도 특정 주주나 주식에게 더 많은 의결권을 부여할 수 없다. 그러나 다음과 같은 경우 의결권이 배제되거나, 의결권이 제한된다.

의결권이 배제되거나 제한되는 경우

4가지 의결권 배제주식		2가지의 의결권 제한주식	
주식의 종류	발행주식수 제외여부❶	주식의 종류	발행주식수 제외여부❶
① 의결권 없는 종류주식	○	① 의결권 제한 종류주식	○
② 자기주식	○	② 감사선임시 3% 초과주식	○❷
③ 10% 초과 상호보유주식	○		
④ 특별이해관계 있는 주주의 주식	×❸		

❶ "○"에 해당할 경우, 출석의결권의 과반수와 발행주식총수의 1/4 이상(☞ 보통결의요건)과 같은 결의요건을 판단할 때 발행주식총수(☞ 정족수)와 출석의결권에서 모두 제외된다(§371).

❷ 감사선임시 3%의 초과주식은 상법에는 출석의결권에서만 제외되는 것으로 규정되어 있지만(§409 ②), 그 논리적 문제 때문에 판례에서는 발행주식총수에서도 제외된다고 판단하였다.

❸ 발행주식총수에는 산입되고, 출석의결권에서만 제외된다. 감사선임시 3%의 초과주식과 같이 논리적 문제가 발생할 수 있지만, 관련 규정이나 판례가 없는 상황이다.

❑ 10%초과 상호보유주식

- 상호보유주식의 의결권 배제는 ① 회사가 단독으로 보유하고 있는 경우뿐만 아니라 ② 모회사와 자회사를 합하여, 또는 ③ 자회사가 단독으로, 10%를 초과하여 보유한 경우에도 적용하고(§369 ③), 그 지분율의 판단 기준일은 주주총회 개최일이 된다.
- 어떤 회사 주식의 10%를 초과하여 취득하게 될 경우 그 사실을 그 회사에게 지체없이 통지하여야 한다(§342-3).

❑ 특별이해관계 있는 주주의 주식(☞ 직접적인 이익당사자인 경우)

특정 주주가 특별이해관계인에 해당하는지 여부의 예시

특별이해관계인 ○	특별이해관계인 ×
① 이사 · 감사❶의 보수결정 결의 ② 이사 · 감사❶의 책임면제 결의 ③ 재무제표 승인후 이사 · 감사❶의 책임추궁 결의❷ ④ 해당 주주와 회사간의 중요한 영업양수도 등	① 이사 · 감사❶의 선임 · 해임 결의❸ ② 재무제표의 승인결의

❶ 해당 주주가 현재 이사 · 감사이거나, 이사 · 감사가 되는 경우를 말한다.

❷ 정관에 따라 주주총회를 대신해 이사회가 재무제표와 부속명세서를 승인한 후 2년 내에 정기총회에서 다른 결의(☞ 책임추궁 결의)가 없으면 이사와 감사의 책임을 해제한 것으로 본다(§450 ①, §542 ②).

❸ 이사와 감사를 선임하거나 해임할 경우 주주인 이사와 감사는 특별이해관계인에는 해당하지 않지만, 감사를 선임(☞ 해임×)할 때에는 그 의결권이 제한된다. 즉, 보유주식이 3%를 초과할 경우 3%까지만 의결권을 행사할 수 있다.

❑ 감사선임시 3% 초과 주식

• 비상장주식회사의 경우 감사의 선임시에만 제한할 뿐, 해임시에는 제한이 없다.

• 상장회사의 경우에는 감사나 감사위원회의 선임뿐만 아니라 해임시에도 의결권이 제한된다(§542-12 ②, ③).

(나) 의결권의 행사방법

❑ 대리인을 통한 의결권 행사 ➡ 가능

대리인을 통한 의결권 행사와 관련한 주요 내용(§368 ②)

구 분		내 용
(1) 회사에 의한 주주의 대리권 제한	1) 행사 자체의 제한	무효
	2) 대리인의 자격제한	회사의 이익이나 주주총회의 개최에 부당한 영향이 있을 경우에 한해 합리적 제한 가능
(2) 주주의 대리권 부여	1) 대리권의 범위	포괄적 · 구체적 위임 모두 가능
	2) 대리권 부여후 직접 의결권 행사	가능
(3) 대리인의 의결권 행사	1) 대리권의 증명서면	① 원칙 : 위임장 원본 ② 예외 : 위임장 사본 + 충분한 위임사실 입증서류[1]
	2) 주주의 의사와 다르게 의결권 행사	가능(☞ 주주에게 손해배상책임을 부담할 수 있음)
	3) 대리인의 재위임	가능(☞ 주주가 반대시에는 불가)

❶ 사본이나 팩스로 출력된 위임장은 원본으로 볼 없다(2003다29616). 다만, 사본이라고 하더라도 다른 서류에 의하여 위임사실이 충분히 입증될 경우에는 대리권을 증명하는 서면이 될 수 있다(94다34579).

【판례 1】 대리인의 자격을 주주로 한정하는 취지의 주식회사의 정관 규정은 주주총회가 주주 이외의 제3자에 의하여 교란되는 것을 방지하여 회사 이익을 보호하는 취지에서 마련된 것으로서 합리적인 이유에 의한 상당한 정도의 제한이라고 볼 수 있으므로 이는 유효하다. 또한 위와 같은 정관규정이 있다 하더라도 주주인 국가, 지방공공단체 또는 주식회사 소속의 공무원, 직원 또는 피용자 등이 그 주주를 위한 대리인으로서 의결권을 대리행사 하는 것은 허용되어야 한다(2005다22701).

【판례 2】 주식회사의 주주권 행사는 포괄적으로 위임할 수 있고, 수임자는 위임자나 그 회사 재산에 불리한 영향을 미칠 사항에 관하여도 그 주주권을 행사할 수 있다(69다688).

❑ 투표방법 ➡ 현장투표, 서면투표(우편투표) 또는 전자투표

총회의 투표방법은 현장투표(☞ 거수, 기립, 현장용지투표, 현장전자투표 등)가 원칙이지만, 예외적으로 다음과 같은 요건이 충족되는 경우 각 주주의 선택에 따라 총회의 현장에 참석하지 않고 투표하는 서면투표(우편투표)와 전자투표(☞ 전자적 방법)가 인정된다.

[현장투표의 예외] 서면투표(§368-3) vs 전자투표(§368-4)

구 분	서면투표	전자투표
1) 적용요건	정관에 규정	이사회 결의
2) 서면통지서 포함사항	서면투표용지와 참고자료 첨부	전자투표 행사내용 통지❶
3) 감사선임시 결의요건 완화	-	결의요건 중 발행주식수의 1/4 이상 미적용❷

❶ 주주에게 ① 전자투표양식과 ② 참고자료를 전자적 방법으로 제공하여야 한다(☞ 일반적으로 관련 URL링크를 제공).
❷ 따라서 감사선임시 출석의결권의 과반수만 찬성하면 통과된다(§409 ③).

❑ 주주의 의결권 불통일행사와 회사의 거부권

- 2개 이상의 의결권을 가지고 있는 주주는 주주총회 3일 전에 회사에게 서면이나 전자문서로 그 사실과 이유를 미리 통지한 경우(☞ 3일 전 도달)에 한하여, 표결시 동일한 안건에 대해 동시에 찬성과 반대에 투표할 수 있다.
- 회사는 그 의결권 불통일행사를 거부할 수 있지만, 예외적으로 주주가 ① 신탁을 받은 경우나 ② 다른 사람을 위하여 주식을 가지고 있는 경우에는 거부할 수 없다(§368-2).

[의결권 불통일행사와 회사의 거부권] 주주 본인 vs 주주의 수탁자 등

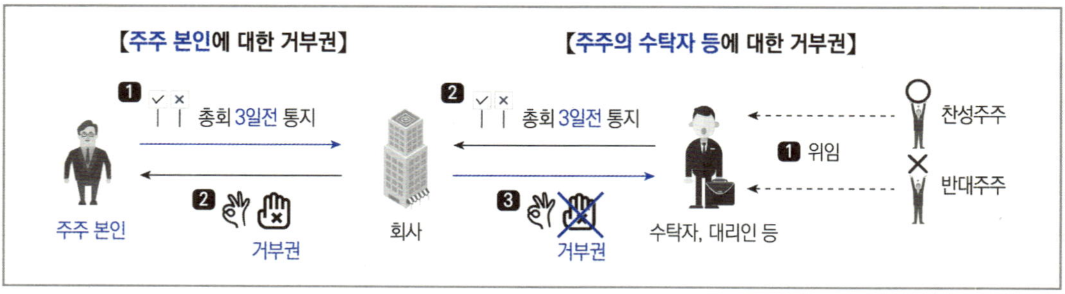

【판 례】 3일의 기간이 부여된 취지에 비추어 보면, 비록 불통일행사의 통지가 주주총회 회일의 3일 전이라는 시한보다 늦게 도착하였다고 하더라도 회사가 스스로 총회운영에 지장이 없다고 판단하여 이를 받아들이기로 하고 이에 따라 의결권의 불통일행사가 이루어진 것이라면, 그것이 주주평등의 원칙을 위반하거나 의결권 행사의 결과를 조작하기 위하여 자의적으로 이루어진 것이라는 등의 특별한 사정이 없는 한, 그와 같은 의결권의 불통일행사는 적법하다(2005다2270).

나. 결의요건

(가) 결의사항과 그 결의요건

- 결의사항은 그 중요도에 따라 보통결의사항, 특별결의사항, 특수결의사항으로 분류된다.
- 해당 사항을 결의하게 되면 일부의 주주가 결의한 것이라도 그 효과는 주주 모두에게 미친다.

(나) 정관에 결의요건을 변경하는 것이 가능한지 여부

구 분	1) 보통결의요건	2) 특별결의요건	3) 특수결의요건
1) 완화	○	×	×
2) 가중	○	○	×

3) 주주총회의 결의에 반대하는 주주 등의 대응방안 2가지

가. [대응방안1 ➡ 주주] 주식매수청구권의 행사

(가) 행사가능한 사항의 범위

구 분	행사가능한 사항
1) 주식 관련	정관에 주식양도시 이사회의 승인을 얻어야 하는 규정이 있는 상황에서, 이사회가 어떤 주주의 주식양도승인을 거부한 경우
2) 조직 · 지배구조 변경 관련	주주총회의 특별결의로 다음 사항을 결의한 경우 ① 중요한 영업양수도 · 임대 ② 합병 · 분할합병 ③ 주식의 포괄적 교환 · 이전

(나) 반대하는 주주의 범위

- 회사의 조직변경은 의결권이 없는 주주에게도 그 영향을 미치게 되므로, 의결권이 없는 주주에게도 주식매수청구권이 인정된다. 따라서 회사는 의결권이 없는 주주에게도 해당 안건이 포함된 총회소집통지서를 발송하여야 한다.
- 주주가 주식매수청구권을 행사하기 위해서는 그 소집통지서를 받은 후 회사에 대해 반대의사를 서면으로 통지하여야 한다.

(다) 주식매수청구권의 3가지 행사절차

구 분		3가지 행사절차
(1) 사전절차		① 총회 전에 반대의사를 서면통지❶
(2) 행사시 절차	1) 주주	② 총회결의일 ~ 20일내(매수청구기간)에 회사에 주식매수 청구❶
	2) 회사	③ 매수청구"기간" 종료일 ~ 2개월내 주식매수❷

❶ 회사의 조직변경은 원칙적으로 주주총회의 특별결의사항이지만, 모든 주주들이 사전에 동의하는 등 주총의 특별결의가 형식에 불과할 것으로 예상되는 경우 이사회가 그 결의를 대신할 수 있는데 그러한 조직변경의 예가 ① 간이영업양수도, ② 간이합병, ③ 간이분할합병, ④ 간이주식교환 등이다. 이 경우 주주총회가 개최되지 않으므로 소집통지서가 있을 수 없고, 총회에서 결의가 가결될 수도 없고, 총회결의일도 있을 수 없다. 대신에 회사는 주주들에게 "주주총회의 승인 없이 간이영업양수도 등을 한다"라는 사실에 대한 통지는 하여야 하는데, 반대주주는 회사가 그 통지를 한 날부터 2주 이내에 반대의사 통지를 한 후, 그 2주가 경과한 날로부터 20일내에 회사에 주식매수를 청구하면 된다. 자세한 내용은 7절에 정리하였다.

❷ 주식매수청구권은 형성권(☞ 단독의사표시(행위)로서 법률의 효과가 발생하는 권리)이므로 회사는 선택의 여지없이 그 주식을 매수해야 하고, 2개월이 경과할 경우 회사는 주주에게 지연이자를 지급해야 한다. 주식매수청구는 결국 주식의 매매로 이어지므로 그 매매가격이 매우 중요하다. 가격의 결정은 ① 회사와 주주 간 협의가 우선이고, ② 매수청구기간의 종료일 ~ 30일내에 협의가 이루어지지 않을 경우 회사나 주주가 법원에 매수가액의 결정을 청구할 수 있다.

나. [대응방안2 ➡ 이해관계자] 소송제기

(가) 주주 · 이사 · 감사 및 기타 소송이익자가 제기할 수 있는 소송

결의를 무효화하기 위하여 제기할 수 있는 3가지 소송(§376, §380)

구 분			결의취소소송	결의무효확인소송	결의부존재확인소송
차이점	(1) 하자의 원인과 정도❶		경미한 ① 결의형식의 하자 ② 결의내용의 하자	중대한 – 결의내용의 하자	중대한 결의형식의 하자 –
	(2) 원고자격		주주❷, 이사, 감사	소송의 이익이 있는 자❸	
	(3) 소송제기기한		결의일 ~ 2월내	제한 없음	
	(4) 법원의 재량기각❹		인정	불가	
공통점	(1) 피고		회사		
	(2) 주주의 담보제공		① 주주 ≠ 이사 · 감사 : 회사가 소송을 제기한 주주가 악의임을 소명한 경우, 회사의 청구에 의해 법원이 명령 ② 주주 = 이사 · 감사 : 담보제공의무 없음		
	(3) 판결의 효력	1) 원고 승소	대세효, 소급효❺		
		2) 원고 패소	원고에게 악의 · 중대한 과실이 있는 경우, 연대하여 회사에 대하여 손해배상책임을 부담		
	(4) 기타	1) 관할법원	본점소재지 지방법원		
		2) 공고의무	소송제기시 회사는 지체없이 공고		
		3) 등기	결의사항이 등기된 경우로서 결의가 무효가 될 경우, 본점소재지에서 등기		

❶ [비교] 소송의 하자의 원인과 정도

구 분	결의취소소송	결의무효확인소송	결의부존재확인소송
1) 결의형식	소집절차 또는 결의방법이 ① 법령 또는 정관에 위반 또는 ② 현저하게 불공정		소집절차 또는 결의방법에, 총회결의가 존재한다고 볼 수 없을 정도
2) 결의내용	정관에 위반	법령에 위반	

❷ "주주"란 주주명부에 기재된 주주를 말하며, 주식을 양수하였으나 주주명부에 기재되지 않은 주주는 소송을 제기할 수 없다. 그러나 ① 회사로부터 소집통지를 받아 주주총회에 참석한 주주도 회사가 다른 주주에게 소집통지를 하지 않은 소집절차의 하자를 원인으로 결의취소의 소송을 제기할 수 있고, ② 결의 당시에는 주주가 아니었으나 이후에 주식을 양수하여 주주가 된 자도 소송을 제기할 수 있다.

❸ "소송의 이익이 있는 자"란 총회의 결의에 대해 무효판결을 받았을 때 이익을 얻게 되는 자를 말하며, 그 범위는 주주, 이사, 감사뿐만 아니라 채권자 등도 포함될 수 있다.

❹ 결의의 내용, 회사의 현황과 제반사정을 고려하여 그 취소가 부적당하다고 인정되는 때에는 법원은 그 청구를 기각할 수 있다(§379). 판례에 따르면 법원은 당사자의 주장이 없는 경우에도 직권으로 그 청구를 기각할 수 있다. 다만, 결의취소에 대한 법원의 재량기각은 하자의 보완을 요건으로 하지 않는 기각으로서, 법원이 심리 중에 원인이 된 하자가 보완되고 회사의 현황과 제반사정을 참작하여 무효 또는 취소하는 것이 부적당하다고 인정하는 때의 청구기각(☞ 신주발행무효소송, 감자무효소송, 합병무효소송, 분할무효소송 등)과는 차이가 있다.

❺ 결의하자의 소송은 예외적으로 제❶❾❿조(판결의 효력)의 본문만을 준용하고 있으므로 소급효가 인정된다. 그 외에 감자무효소송도 소급효가 인정된다.

[예시] 소집절차의 하자 vs 결의방법의 하자 vs 결의내용의 하자

구 분			예
(1) 결의형식	1) 소집절차	① 소집결정권 관련	• 이사회 결의없이 주주총회 소집
		② 소집권한 관련	• 대표이사 외의 자가 소집절차 진행
		③ 소집통지 관련	• 통지기간 미준수 • 통지의 전부 또는 일부를 누락
	2) 결의방법	① 주주참석 관련	• 주주가 아닌 자가 총회에 참석 • 특정 주주가 총회에 참석하는 것을 방해
		② 진행 관련	• 의장이 아닌 자가 의장으로 총회 진행
		③ 안건 관련	• 소집통지서에 없었던 안건을 결의
(2) 결의내용			• 배당가능이익이 부족한 데도 배당을 결의 • 이사의 선임권한을 이사회로 위임하는 결의

【판례 1】 주주총회에서 여러 개의 안건이 상정되어 각기 결의가 행하여진 경우 제소기간의 준수 여부는 각 결의마다 별도로 판단되어야 한다(2007다51505).

【판례 2】 주주총회에 참석하여 의결권을 행사한 주주도 다른 주주에 대한 소집절차의 하자를 이유로 주주총회결의 취소의 소를 제기할 수도 있다(2001다45584).

【판례 3】 당사자의 주장이 없더라도 법원이 직권으로 재량에 의하여 취소청구를 기각할 수도 있다(2001다45584).

(나) 특별이해관계인인 주주만이 제기할 수 있는 소송

[비교] 일반주주 등의 결의취소 소송(§376) **vs 특별이해관계 있는 주주의 부당결의 취소 · 변경 소송**(§381)

구 분		[비교] 주주 · 이사 · 감사의 결의취소 소송	특별이해관계인인 주주의 부당결의 취소 · 변경 소송
차이점	1) 하자의 원인	[결의형식 관련] ① 소집절차 · 결의방법이 ② 정관 · 법령에 위반하거나(☞ or), ③ 현저하게 불공정한 경우 [결의 내용 관련] 정관에 위반	① 결의가 ② 현저하게 부당하고(☞ and), ③ 그 주주가 의결권을 행사할 수 있었더라면 저지가 가능했던 경우
	2) 원고자격	주주, 이사, 감사	특별이해관계인인 주주
	3) 법원의 재량기각	인정	불가❷
공통점❶	소송제기기한	결의일 ~ 2월내	

❶ ① 하자의 원인, ② 원고자격, 및 ③ 법원의 재량기각 외에 소송제기기한 등의 다른 사항들은 공통점에 해당한다.
❷ 특별이해관계인인 주주에게 직접적인 손해가 발생할 수 있기 때문이다.

4) 주주총회의 의사진행과 관련한 기타고려사항

가. 총회 관련 사항을 조사할 검사인의 선임

조사대상에 따른 검사인의 2가지 유형(§367)

구 분	유형1	유형2
1) 조사대상	① 이사의 제출서류 ② 감사의 (감사)보고	① 소집절차의 적법성❶ ② 결의방법의 적법성❶
2) 선임절차	총회가 선임	① 총회전에 회사 또는 1% 이상 소수주주가 법원에 선임청구 ② 법원이 선임

❶ 결의의 형식과 관련된 사항으로서, 하자가 있을 경우 그 중대성에 따라서 결의취소 소송이나, 결의부존재확인 소송의 사유가 될 수 있다.

나. 주주총회 의사록의 작성

- 각 총회마다 의사록(☞ 회의록)이 작성되어야 하며, 그 의사록에는 의사의 ① 경과요령(☞ 경과요약)과 ② 그 결과를 기재하고, ③ 의장과 출석한 이사가 기명날인 또는 서명하여야 한다(§373).
- 이사는 정관과 주주총회 의사록을 본점과 지점에 비치하여야 하고, 주주와 회사채권자는 영업시간 내에 언제든지 해당 서류를 열람 또는 등사를 청구할 수 있다(§396).

3. 이사, 이사회 및 대표이사

(1) 이사, 이사회 및 대표이사 간의 관계

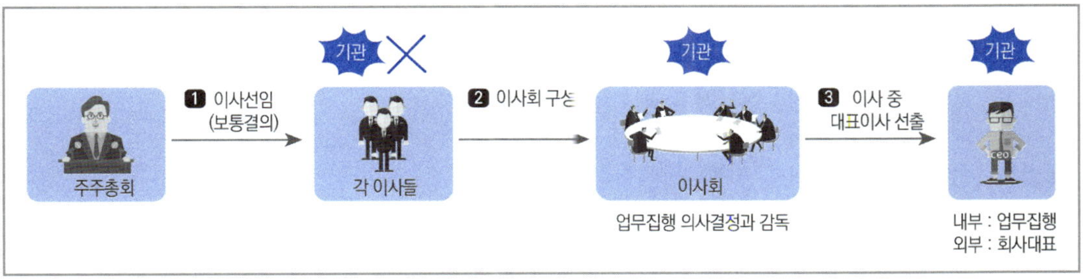

(2) 이사

1) 이사의 분류와 자격

가. 이사의 분류

분류기준	분 류		설 명
(1) 등기	1) 등기이사❶		주주총회에서 선임되어 등기부에 이사로 등재
	2) 비등기이사		등기부에 등재되지 않은 이사
(2) 상무종사 (☞ 상근여부)	1) 상무(사내, 상근)이사❷		상무에 종사하는 이사
	2) 비상무이사❷	사외이사❸	비상무이사로서, 상법상 자격제한에 해당사항이 없는 자
		기타비상무이사	비상무이사 중 사외이사 외 이사
(3) 대표권	1) 대표이사		대내적으로 업무집행하고, 대외적으로 회사대표
	2) 이사		대표이사 외의 이사

❶ 상법상 이사는 등기이사를 의미한다.

❷ 이사의 성명과 주민등록번호는 법인등기부상 등기사항이며, 등기할 때 이사의 종류도 명시된다(§317 ② 8호).

❸ 사외이사의 선임여부는, ① 비상장회사의 경우에는 선택사항이지만, ② 상장회사의 경우에는 필수사항이다. 즉, 상장회사는 이사의 1/4 이상을 사외이사로 구성하여야 하고, 자산총액이 2조 이상인 상장회사는 ① 사외이사가 3명 이상이어야 하고, ② 이사총수의 과반수가 되어야 한다(§542-8 ①, [8절 1. '상장회사의 특례'] 참고).

나. 이사의 자격과 자격제한

원칙적으로 이사의 자격에는 제한이 없으므로, 미성년자도 이사가 될 수 있다. 다만, 예외적으로 다음과 같은 제한이 있다.

이사의 자격제한

자격제한 근거	내용
1) 이사의 성격	법인은 이사가 될 수 없음❶
2) 상법	1) 감사는 동시에 회사 또는 자회사의 이사가 될 수 없음 2) 다음의 자는 사외이사가 될 수 없음❷❸ ① 최대주주 본인, 배우자, 직계존비속 ② 현재 및 과거 2년 내 상무이사 · 감사❹ · 피용자 ③ 이사 · 감사의 배우자, 직계존비속 ④ 법인인 최대주주의 이사 · 감사 · 피용자 ⑤ 모회사 또는 자회사의 이사 · 감사 · 피용자 ⑥ 중요한 이해관계에 있는 법인의 이사 · 감사 · 피용자 ⑦ 회사의 이사 · 피용자가 이사로 있는 다른 회사의 이사 · 감사 · 피용자
3) 정관	일정 수 이상의 주식을 가진 주주만(☞ 자격주) 이사가 될 수 있다고 정한 경우❺

❶ 유한책임회사의 경우 법인도 업무집행자가 될 수 있다.

❷ 후술하는 집행임원제도를 도입한 회사의 경우 사내이사나 이사는 집행임원을 포함한다.

❸ 사외이사로 선임된 사람이 선임된 후에 사외이사가 될 수 없는 자에 해당하게 될 경우 그 사람은 사외이사직을 상실한다.

❹ 제382조(이사의 선임, 회사와의 관계 및 사외이사) 제3항은 과거 2년 이내의 감사만 규정하고 있지만, 제411조(겸임금지)에 의해 감사는 이사를 겸직할 수 없으므로 함께 포함하였다.

❺ 자격주로서 이사가 된 자는 "그 수"의 주권을 감사(위원회)에게 공탁하여야 한다(§387).

사외이사의 7가지 자격제한

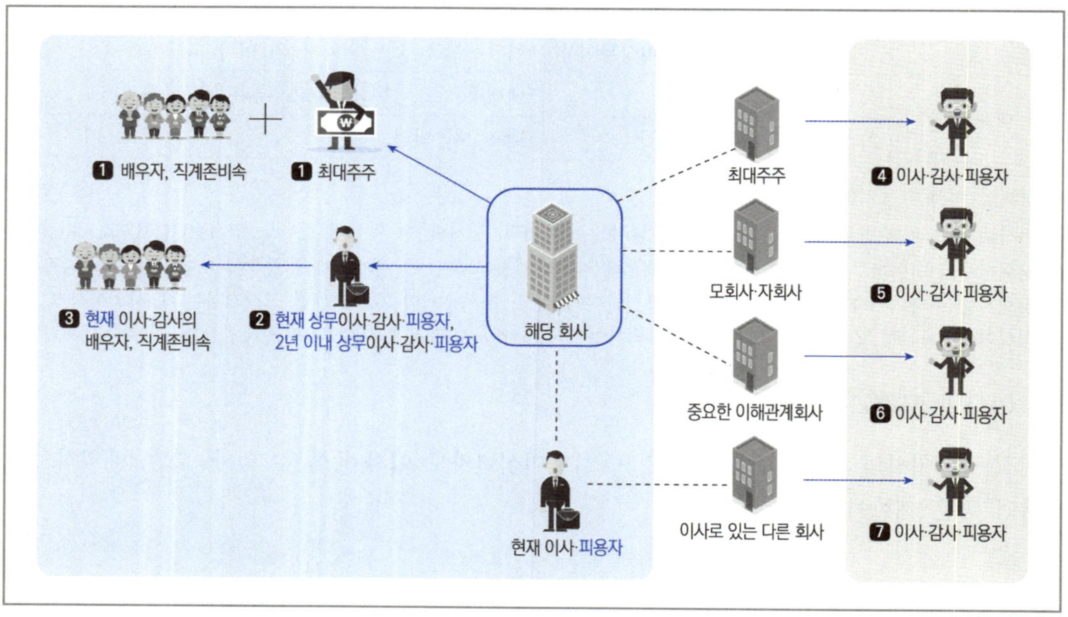

2) 이사의 선임과 종임

가. 이사의 선임

구 분	원 칙	예 외	
		예외사항	예외 적용요건
1) 선임권자	주주총회(보통[1])	–	–
2) 투표방법	단순투표	집중투표(☞ 누적투표)	① 2인 이상 선임시 & ② 정관에 다르게 정하지 않은 경우[2] & ③ 3% 이상 소수주주의 청구
3) 이사 수	3인 이상	1인 또는 2인	소규모회사
4) 임 기	3년 이내	최종임기의 정기주총 종료시점까지 연장	정관에 규정이 있는 경우
5) 보 수	정관에 규정	주주총회의 결의	정관에 보수를 정하지 않은 경우

❶ 이사의 선임과 해임은 주주총회의 권한이지만, ① 선임은 보통결의로, ② 해임은 특별결의로 한다는 점에서 차이가 있다. 회사와 이사의 관계는 민법의 위임에 관한 규정을 준용하지만(§382 ②), 회사(대표이사)와 별도의 위임계약(임용계약)의 체결여부와는 관계없이 총회에서 선임된 이사는 총회의 결의시에 이사의 지위를 획득하게 된다.

❷ 상법이 집중투표제도를 일반적으로 인정한다는 의미이며, 정관에 집중투표제도의 배제규정을 둘 경우에는 실시할 수 없다는 것이다.

(가) 집중투표제도

• 집중투표제도란 ① "2인" 이상의 이사를 선임할 경우, ② 1주당 "선임할 이사"의 수(☞ 후보자의 수 ×)만큼 의결권을 부여해 주고, 그 의결권을 이사 후보자 1인 또는 수인에게 집중하여 투표할 수 있게 하는 제도이다.

• 집중투표방식으로 이사를 선임하는 경우 최다수의 표를 얻은 후보자부터 순차적으로 이사에 선임된다(§382-2 ④). 따라서 선임할 이사의 수에 포함된 다수득표자는 보통결의요건(☞ 출석의결권의 과반수)을 충족하지 않아도 순차적으로 이사에 선임된다.

비상장주식회사가 집중투표방식을 실시하기 위한 요건(§382-2)

요 건		내 용
(1) 선임이사 수		2인 이상
(2) 정관		금지(배제)규정이 없을 것(☞ 정관에 허용한 경우 ×)
(3) 청구[1]	1) 청구권자	의결권 있는 3% 이상 소수주주
	2) 청구시기	총회 7일 전
	3) 청구방법	서면 또는 전자문서

❶ 의결권 있는 3% 이상의 주주가 서면으로 집중투표방식을 청구할 경우 회사는 총회가 종결될 때까지 그 서면을 본점에 비치하고 주주가 영업시간 내에 열람할 수 있게 하여야 한다(§382-2 ⑥).

(나) 선임하여야 할 이사의 수(☞ 이사 원수[員數])

원칙	[예외] 소규모주식회사
3인 이상	1인 또는 2인❶

❶ 상법상 이사회를 구성할 수 없으므로, 원칙적으로 이사회 결의사항을 주주총회에서 결의하여야 한다. 다만, 다음의 사항은 대표이사(☞ 대표이사를 정하지 않은 경우 이사)가 이사회의 기능을 대신한다. 또한 이사나 감사의 "이사회 보고의무"는 생략된다. 따라서 이사회를 대신하여 주주총회에도 보고할 의무가 없다.

1~2인 이사를 둔 소규모주식회사에서 대표이사가 이사회 기능을 대신하는 사항

구 분		내 용	관련 조문
(1) 의사결정 권한	1) 기 관	• 주주총회의 소집 결정 • 전자투표방법 선택	§362 §368-4 ①
	2) 주 식	• 회사보유 자기주식의 소각	§343 ①단서
	3) 사 채	• 대규모 재산의 차입 승인	§393 ①
	4) 회 계	• 중간배당	§462-3 ①
	5) 조직변경	• 중요한 자산(☞ 사업×)의 처분·양도	§393 ①
	6) 기 타	• 지점의 설치·이전·폐지 • 지배인의 선임·해임	§393 ① §393 ①
(2) 임시총회의 소집청구 요청대상		• 3% 이상 소수주주의 임시주주총회의 소집청구 • 감사의 임시주주총회의 소집청구	§366 ① §412-3 ①
(3) 기타		• 주주제안이 있는 경우 이사는 이를 이사회에 보고하고, 이사회는 예외사항을 제외하고는 이를 총회 목적사항으로 결정 • 주주의 인수주식을 다른 종류주식으로 전환할 수 있음을 정한 경우로서, 이사회의 전환할 주식 등에 대한 주주 등 통지의무	§363-2 ③ §346 ③

(다) 이사의 임기

원칙	[예외] 3년 초과가능
3년을 초과할 수 없음	정관으로 정한 경우, 이사의 임기종료일이 최종연도 결산일과 정기주주총회 사이에 속하는 경우 이사의 임기가 3년을 초과하더라도 그 임기는 정기주주총회가 끝날 때까지 연장할 수 있음

이사의 임기가 3년을 초과하여 연장되는 경우와 연장되지 않는 경우

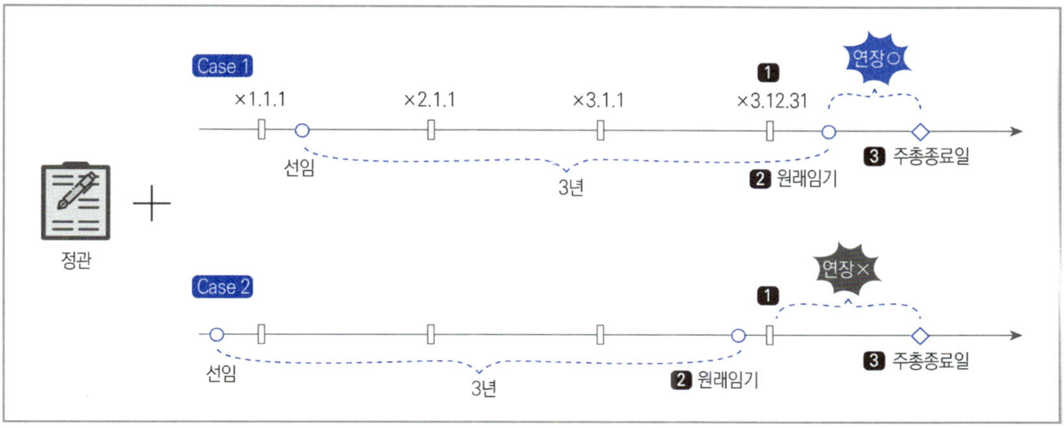

❶ 위의 Case는 임기 중에 최종결산기(×3.12.31)가 도래하여 임기가 연장되지만, 아래의 Case는 임기만료 후에 최종결산기가 도래하였기 때문에 임기가 연장되지 않는다. 한편, 최종결산기에 관한 정기주주총회란, 임기 중에 도래하는 최종의 결산기에 관한 정기주주총회를 말하고, 임기 만료 후 최초로 도래하는 결산기에 관한 정기주주총회 또는 최초로 소집되는 정기주주총회를 의미하는 것은 아니다(2010다13541).

(라) 이사의 보수

구 분	내 용
1) 보수수령 이사의 범위	① 상법상 이사라면 모두 보수를 받을 수 있음 ② 실질적으로 업무를 수행하지 않는 명목상 이사도 상법상 책임을 부담하므로 보수를 받을 수 있음
2) 보수의 결정❶❷	① 정관에서 정함 ② 정관에 정하지 않은 경우 총회의 보통결의로 정함❸
3) 보수의 범위	① 정관이나 주주총회에서 정한 이사의 보수한도는 그 명목여하에 불구하고 모든 대가가 포함 ② 퇴직보상금은 형식적으로는 보수에 해당하지 않는다 하더라도 퇴직보상금을 지급하기 위해서는 주주총회의 결의를 얻어야 함(2004다49570)

❶ 각 이사에게 배분된 보수의 합계는 총액한도와 일치할 필요는 없고 그 범위 내에 해당하기만 하면 된다. 또한 이사의 보수는 그 이사가 수행하는 직무에 비례하여 합리적인 수준이어야 하고, 회사의 재무상태나 영업실적 등이 고려되어야 한다.

❷ 이사의 보수한도 결정은 위임자인 주주총회의 전속적 권한이므로 정관이나 주주총회 결의로도 이사회에 위임할 수 없다.

❸ 정관이나 주주총회의 결의로 퇴직위로금이 결정되었다면 새로운 주주총회에서 퇴임한 특정이사에 대하여 그 퇴직위로금을 박탈하거나 이를 감액하는 결의를 하였다 하여도 이는 상법 제388조(이사의 보수)의 법리와 이사의 보수청구권의 성질상 그 효력이 없다(77다1742).

나. 이사의 종임

이사의 종임사유

종임사유
- 임기만료
- 임기만료 외
  - 사임 ❶
  - 해임 : 주주총회에 의한 해임 → 법원에 의한 해임
  - 기타 ❷

❶ 민법 제689조(위임의 상호해지의 자유)에 따라 이사는 사임의 의사표시로서 언제든지 사임할 수 있지만, 그 사임에 대한 의사표시가 상대방에게 도달된 경우 특별한 사정이 없는 한 마음대로 철회할 수 없다(20009다31260).

❷ 임기만료 외의 기타사유로는 민법 제690조(사망 · 파산 등과 위임의 종료)의 위임계약 종료사유(☞ 일방의 사망이나 파산, 이사의 성년후견개시)에 해당하는 경우나 이사가 정관에서 정한 자격을 상실한 경우 등이 있다. 그 외에도 회사가 합병 등 외의 사유로 해산할 경우 이사는 청산인이 되므로 그 직위자체로 보면 종임사유가 된다.

(가) 이사의 임기만료와 사임으로 이사의 원수가 부족해진 경우 : 퇴임이사 → 임시이사

퇴임이사❶	임시이사❶
① 어느 이사가 종임사유 중 임기만료 또는 사임(☞ 해임 · 기타사유 ×)으로 종임하여 이사의 원수가 부족해진 경우, ② 그 사임이사는 신규이사를 선임할 때까지 ③ 이사와 동일한 권리의무를 갖고 그 이사직을 유지하여야 함	① 사임한 이사가 직무를 수행하는 것이 불가능하거나 부적합한 때에, ② 이사, 감사, 기타 이해관계인의 청구에 의하여, ③ 법원이 임시적으로 이사 선임가능

❶ 이사와 동일한 권리의무를 가지며, 그 권한이 "상무에 한정"되는 직무대행자와는 구분된다.

(나) 이사의 해임

이사해임권자의 2가지 유형(§385)

구 분	주주총회에 의한 해임	3% 이상 소수주주의 청구에 의해 법원이 해임
1) 이사의 책임사유	책임사유가 없어도 언제든지 해임 가능	① 직무에 관한 부정행위 또는, ② 법령 · 정관 위반
2) 선행요건	–	주주총회에서 이사해임 부결
3) 해임절차	주주총회의 특별결의❶	① 3% 이상 소수주주가, ② 결의일로부터 1개월 내에, ③ 법원에 청구하여 법원이 해임
4) 회사의 이사에 대한 손해배상 부담 요건	그 임기만료 전에 정당한 이유없이 해임한 경우❷	–

❶ 이사의 선임은 주주총회의 보통결의에 의한다.

❷ 정당한 이유가 없었다는 것은 손해배상을 요구하는 해임된 이사가 입증하여야 한다(2004다49570). 한편, 이사의 임기를 정하지 않은 때에는 이사의 임기의 최장기인 3년을 경과하지 않는 동안에 해임되더라도 그로 인한 손해의 배상을 청구할 수 없다(2001다23928).

(다) 법원에 의한 이사의 직무집행정지 · 직무대행자선임 가처분

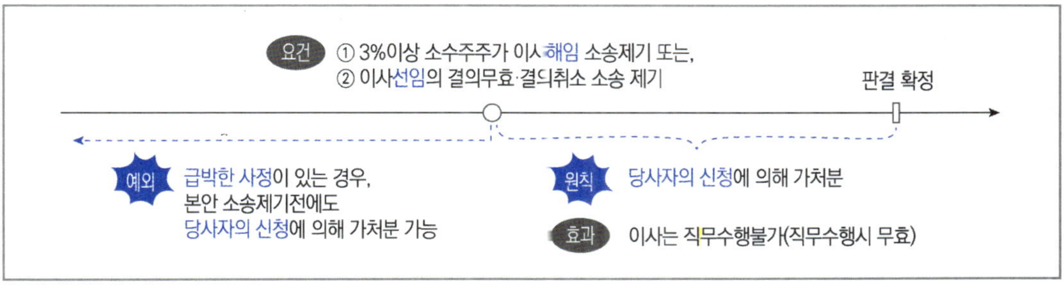

【판 례】 법원의 직무집행정지 가처분결정에 의해 회사를 대표할 권한이 정지된 대표이사가 그 정지기간 중에 체결한 계약은 절대적으로 무효이고, 그 후 가처분신청의 취하에 의하여 보전집행이 취소되었다 하더라도 집행의 효력은 장래를 향하여 소멸할 뿐 소급적으로 소멸하는 것은 아니라 할 것이므로, 가처분신청이 취하되었다 하여 무효인 계약이 유효하게 되지는 않는다(2008다4537).

❑ 직무대행자의 권한

[업무권한의 범위] 직무대행자 vs 퇴임이사 · 임시이사

직무대행자	[비교] 퇴임이사 · 임시이사
상무에 속하는 행위❶	상무와 상무 외의 행위(☞ 일반 이사와 동일)

❶ 상무에 속하는 행위란, 회사의 경영에 중요한 영향을 미치지 않는 보통의 업무를 말한다(91다4355). 직무대행자가 그 외의 행위를 한 경우 회사는 선의의 제3자에 대하여 책임을 진다. 다만, 법원의 허가를 얻은 경우에는 상무 외의 행위도 할 수 있다.

【판 례】 주식회사 이사의 직무집행을 정지하고 그 직무대행자를 선임하는 가처분은 ① 그 성질상 당사자 사이뿐만 아니라 제3자에게도 효력이 미치며, ② 가처분에 반하여 이루어진 행위는 제3자에 대한 관계에 있어서도 무효인 한편, ③ 가처분에 의하여 선임된 이사 직무대행자의 권한은 법원의 취소판결이 있기까지 유효하게 존속하고 그 판결이 있어야만 소멸한다(91다4355).

3) 이사의 의무

- 이사의 의무
  - 1) 기본적인 의무
    - ① 선량한 관리자로서의 주의의무(직무 충실의무 등)
    - ② 비밀유지 의무
  - 2) 특정행위 금지의무
    - ① 경업 금지의무
    - ② 겸직 금지의무
    - ③ 사업기회유용 금지의무
    - ④ 자기거래 금지의무
  - 3) 기타 의무
    - ① 보고의무
    - ② 정관 등 비치·공시의무

가. 기본적인 의무(☞ 해야 하는 의무)

이사는 법령과 정관의 규정에 따라 회사를 위하여 그 직무를 충실하게 수행하여야 하고(☞ 충실의무), 재임 중 뿐만 아니라 퇴임 후에도 직무상 알게 된 회사의 영업상 비밀을 누설하여서는 안된다.

나. 특정행위 금지의무(☞ 하지 말아야 하는 의무)

이사의 4가지 특정행위 금지의무(§397, §397-2, §398)

구 분	(1) 경업	(2) 겸직	(3) 사업기회유용	(4) 자기거래
1) 개념	이사가 자기 · 제3자의 계산으로 회사의 영업부류❶에 속한 거래 행위	이사가 동종영업❶을 하는 다른 회사의 무한책임사원 · 이사가 되는 행위	이사가 현재 또는 미래의 회사의 사업기회❷를 자기 · 제3자의 이익을 위하여 이용하는 행위	이사 · 주요주주 등❸이 자기 · 제3자의 계산으로 회사와 거래하는 행위❹
2) 허용요건	이사회 보통승인(☞ 과반수 출석과 과반수 승인)		이사회 특별승인❺(☞ 총이사의 2/3 이상)	
3) 위반시 회사의 대응 또는 효과	1년내❻ 이사회의 결의로서 개입권 행사 ① 자기계산 : 회사 거래로 간주 ② 제3자 계산 : 이사에게 이익 양도청구	–	다음 이사에 대해 손해배상❼ 청구 ① 해당 이사 ② 행위승인 이사	① 회사와 이사간 : 무효❽ ② 회사와 제3자간 : 제3자의 악의를 증명하여 무효❽ 주장

❶ 영업부류는 동종영업뿐만 아니라 비슷한 업종을 포함한 개념으로서(☞ 영업부류 > 동종영업), 동종영업보다 넓은 개념이다. 따라서 업종을 기준으로 했을 때 경업이 겸직보다 더 넓게 적용된다.

❷ 사업의 기회란 다음의 2가지를 의미한다(§397-2 ①).

> ① 직무를 수행하는 과정에서 알게 되거나 회사의 정보를 이용한 사업기회
> ② 회사가 수행하고 있거나 수행할 사업과 밀접한 관계가 있는 사업기회

❸ 이사 · 주요주주 등이란 다음의 자를 의미하며(§398), 좀 더 쉽게 이해할 수 있도록 아래에 그림으로 표현하였다.

① 이사 또는 주요주주(☞ 누구의 명의로 하든지 자기계산으로 의결권의 10% 이상 소유 또는 사실상의 영향력 행사자)
② 위 ①의 배우자 및 직계존비속
③ 위 ①의 배우자의 직계존비속
④ 위 ①~③이 단독 · 공동으로 의결권 있는 발행주식 총수의 50% 이상을 가진 회사 및 그 자회사
⑤ 위 ①~③이 ④의 회사와 합하여 의결권 있는 발행주식총수의 100분의 50 이상을 가진 회사

자기거래 금지의무가 적용되는 이사와 주요주주의 범위

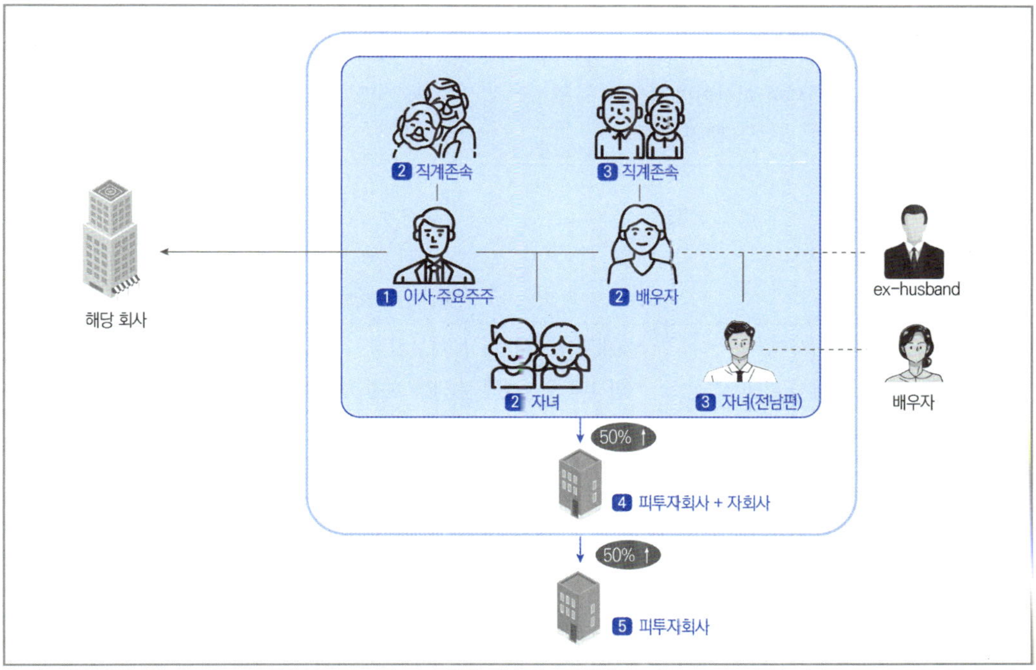

❹ 자기거래는 직접거래뿐만 아니라 이사와 회사의 이해가 충돌되어 회사의 이익을 해칠 수 있는 간접거래(예 제3자에게 이사의 채무를 보증하는 행위)를 포함한다.

❺ 이사회 승인 전에 미리 이사회에 해당 거래에 관한 중요사실을 밝혀야 하며, 거래 수행시 그 거래의 내용과 절차는 공정하여야 한다(§398).

❻ 거래가 있은 날(☞ 안 날×)로부터 1년을 말한다.

❼ 이사 또는 제3자가 얻은 이익은 손해로 추정한다(§397-2 ②).

❽ 이사와 회사 간의 자기거래 무효는 회사만이 주장할 수 있고, 이사나 제3자는 주장할 수 없다(2011다67651).

【판례1】 이사가 회사에 대하여 담보 약정이나 이자 약정 없이 금전을 대여하는 행위와 같이 성질상 회사와 이사 사이의 이해충돌로 인하여 회사에 불이익이 생길 염려가 없는 경우에는 이사회의 승인을 거칠 필요가 없다(2009다55808).

【판례2】 형식상으로는 제3자와의 거래이지만, 실질적으로 이사개인에게 이익이 되고 회사에 불이익을 주는 행위도 금지되는 자기거래에 포함된다(84다카1591).

【판례3】 상법 제398조의 취지가 회사 및 주주에게 예기치 못한 손해를 끼치는 것을 방지함에 있다고 할 것이므로, 그 채무부담행위에 대하여 사전에 주주 전원의 동의가 있었다면 회사는 이사회의 승인이 없었음을 이유로 그 책임을 회피할 수 없다(2002다20544).

【판례4】 회사가 이사의 자기거래가 이사회의 승인을 얻지 못하여 무효라는 것을, 제3자에 대하여 주장하기 위해서는, 거래의 안전과 선의의 제3자를 보호할 필요상, 이사회의 승인을 얻지 못하였다는 것뿐만 아니라, 제3자가 이사회의 승인 없음을 알았다는 사실을 입증하여야 한다. 비록 제3자가 선의였다 하더라도 이를 알지 못한 데 중대한 과실이 있음을 입증한 경우에는 악의인 경우와 마찬가지이다. 이 경우 중대한 과실이란, 제3자가 조금만 주의를 기울였더라면 그 거래가 이사와 회사간의 거래로서 이사회의 승인이 필요하다는 점과 이사회의 승인을 얻지 못하였다는 사정을 알 수 있었음에도 불구하고, 만연히 이사회의 승인을 얻은 것으로 믿는 등 거래통념상 요구되는 주의의무에 현저히 위반하는 것을 말한다(2003다64688).

다. 기타 의무

구 분		의무의 내용
(1) 보고의무	1) 이사회	• 3개월에 1회 이상 업무집행 상황보고(☞ 분기별 보고, §412-2)
	2) 감사(위원회)❶	• 회사에 현저하게 손해를 미칠 염려가 있는 사실 발견시(§393 ④)
(2) 정관 등 비치 · 공시의무		• 정관, 주주총회의 의사록을 본점과 지점에 비치❷ • 주주명부, 사채원부를 본점에 비치❷❸

❶ 그 외에도 이사는 재무제표(부속명세서 포함)와 영업보고서를 정기총회 6주전에 감사에게 제출하여야 하고, 감사는 이에 대해 감사를 실시하고 감사보고서를 작성하여 재무제표 등을 받은 날로부터 4주 내에 이사에게 제출하여야 한다(§447-3, §447-4).

❷ 주주와 채권자는 영업시간 내에 언제든지 해당 서류의 열람이나 등사(☞ 복사)를 청구할 수 있다(§396 ②). 판례에 의하면, 회사가, 주주 또는 채권자의 열람이나 등사청구가 정당한 목적이 없다는 점을 입증하면 그 청구를 거절할 수 있다(2015다235841, 회사가 증명책임 부담).

❸ 명의개서대리인(☞ 한국예탁결제원 등)을 둔 때에는 명의개서대리인의 영업소에 비치할 수 있다.

4) 이사의 손해배상책임

가. 회사와 제3자에 대한 손해배상책임사유와 경영판단법칙

[이사의 손해배상책임 사유] 회사(§399) **vs 제3자**(§401)

구 분	회사에 대한 손해배상책임	제3자❶에 대한 손해배상책임
1) 손해배상 책임사유	① 고의 또는 과실(☞ 경과실 포함)❷로 ② 법령 또는 정관에 위반한 행위를 하거나 ③ 그 임무를 게을리한 경우	① 고의 또는 중대한 과실❷로 ② 그 임무를 게을리한 경우

2) 예 시	• 경업 · 겸직 · 사업기회유용 · 자기거래 금지의무 위반 • 배당가능이익을 초과한 자기주식 취득 • 분식회계 • 다른 이사에 대한 감시의무 위반	• 배당가능이익을 초과한 배당 • 분식회계

❶ 주주가 이사의 책임사유로 직접적인 손해를 입은 경우에는 제3자의 범위에 포함되지만, 간접적인 손해(예 이사의 책임사유로 회사의 순자산이 감소하여 배당가능이익이 감소한 경우)를 입은 경우에는 제3자에 포함되지 않는다(2003다29661).

❷ 이사는 회사와 위임관계에 있으므로 과실(☞ 채무불이행 책임, 소멸시효 10년)만으로 책임을 지지만, 제3자와는 직접적인 계약이 없으므로 중대한 과실이 있는 경우에만 책임을 진다.

법원은 합리적인 경영판단으로 인한 손해는 이사에게 손해배상책임을 물을 수 없다고 판단하고 있다(☞ 경영판단의 법칙).

경영판단 법칙의 5가지 적용요건(2006다33333)

① 행위가 법령에 위반 × &
② 내용이 현저히 불합리 × &
③ 필요한 정보를 충분히 수집, 조사, 검토 &
④ 회사의 최대 이익에 부합한다고 합리적으로 신뢰 & 신의성실에 따라 경영상 판단 &
⑤ 통상의 이사가 합리적으로 선택할 수 있는 범위 내에 있는 것

나. 손해배상책임을 지는 이사의 범위

손해배상책임을 지는 이사의 범위

① 손해배상책임 사유가 있는 이사
② 이사회 결의에 찬성한 이사와 의사록에 반대의사가 기재되지 않은 이사❶
③ 업무집행지시자와 업무집행자
④ 주주총회에서 적법하게 선임되었으나 등기되지 않은 이사

❶ 이사의 손해배상책임 사유가 이사회의 결의에 의한 것인 때에 한한다. 한편, 이사가 이사회에 출석하여 결의에 기권하였다고 의사록에 기재된 경우에 그 이사는 "이의를 한 기재가 의사록에 없는 자"라고 볼 수 없으므로, 이사회 결의에 찬성한 것으로 추정할 수 없다(2016다260455).

❷ 상법상 손해배상책임에 있어서 이사로 간주되는 업무집행지시자와 업무집행자는 다음과 같다.

손해배상책임에 있어서 이사로 보는 업무집행지시자와 업무집행자의 범위

1) 업무집행지시자	① 회사에 대한 영향력을 이용하여 이사에게 업무집행을 지시한 자(예 회장)
2) 업무집행자	② 이사의 이름으로, 직접 업무를 집행한 자
	③ 이사가 아니면서 명예회장 · 회장 · 사장 · 부사장 · 전무 · 상무 · 이사 기타 회사의 업무를 집행할 권한이 있는 것으로 인정될 만한 명칭을 사용하여, 회사의 업무를 집행한 자

다. 회사에 대한 손해배상책임의 감면(☞ 제3자에 대한 손해배상책임의 감면 ×)

구 분	주주에 의한 면제	정관에 의한 감면
1) 감면요건	주주❶전원의 동의❷	정관으로 정한 경우
2) 감면금액	전액	① 일반이사 : 손해배상금액 − (최근1년 연간보수❸ × 6배) ② 사외이사 : 손해배상금액 − (최근1년 연간보수❸ × 3배)
3) 감면배제 책임사유	−	① 이사가 고의 또는 중대한 과실을 행한 경우 ② 4가지 특정행위 금지의무❹를 위반한 경우

❶ 의결권 없는 주주도 포함된다.

❷ 주주총회의 결의 외에 각 주주로부터 동의를 받아도 가능하며(2002다11441), 주주총회의 결의에 의하는 경우로서 해당 이사가 주주인 경우 이사는 특별이해관계인으로서 그 의결권이 제한된다.

❸ 상여금과 주식매수선택권 행사이익(☞ 보수의 범위에는 해당 ×)이 포함된다.

❹ 경업 · 겸직 · 사업기회유용 · 자기거래 금지의무를 위반한 경우를 말한다.

【판 례】 손해분담의 공평이라는 손해배상제도의 이념에 비추어 법원이 재량으로 해당 이사의 임무위반 사정을 고려하여 손해배상액을 제한할 수 있다(2002다60467).

5) 이사의 의무위반에 대한 주주 등의 대응방안 3가지

이사의 의무위반에 대한 주주 등의 대응방안 3가지

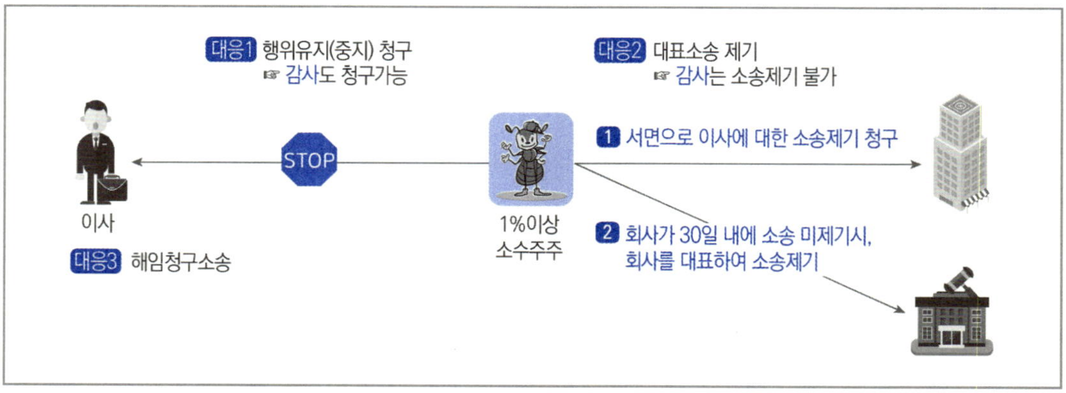

가. [대응방안1 ➡ 주주, 감사] 위법행위 유지청구권 행사(☞ 이사의 위법행위 중지청구)

이사의 법령 ·정관에 위반한 행위로 인해 회사에 회복할 수 없는 손해가 생길 염려가 있는 경우에는, ① 감사 또는 ② 1% 이상 소수주주는 회사를 위하여 이사에 대하여 그 행위를 중지(☞ 유지)할 것을 청구할 수 있다.

나. [대응방안2 ➡ 주주] 대표소송 제기

(가) 일반적인 대표소송

주주의 대표소송(§403~§406-2)

구 분			관련 내용
소수주주 관련	(1) 소송전	소송요건	① 1% 이상 소수주주가 서면으로, 회사에게 이사에 대한 손해배상 청구소송을 제기하도록 청구 ② 그러나 회사가 그 청구를 받은 날로부터 30일 내[1]에 소송을 제기하지 않는 경우
	(2) 소송 진행시	1) 소송고지	지체없이 회사에 대하여 소송의 고지
		2) 지분변동과 소송효력	① 지분율이 1% 미만으로 감소한 경우 : 소송의 효력에 영향 × ② 주식을 보유하지 않게 된 경우 : 소송 각하
		3) 소송취하 가능여부	법원의 허가없이 소송의 취하, 청구의 포기 · 인낙, 화해[2] 불가
	(3) 소송후 (결과)	1) 승소시	① 회사에게 소송비용과 관련 비용 청구 가능 ② 회사가 소송비용 지급시 이사 또는 감사에게 구상권 행사가능
		2) 패소시	악의[3]인 경우 외에 회사에 대한 손해배상책임 없음
회사 관련	(1) 소송참가 가능여부		참가가능[4]
	(2) 담보제공청구 가능여부		대표소송을 제기한 주주의 악의를 소명하여 그 주주에게 상당한 담보를 제공하게 할 것을 법원에 청구할 수 있음

❶ 그 30일 내에 회사에 회복할 수 없는 손해가 생길 염려가 있는 경우에는 즉시 회사를 위하여 소송을 제기할 수 있다(§403 ④).

❷ 소송의 취하란 소송자체를 취소하는 것이다. 청구의 포기는 원고가 자신의 주장이 법적 근거가 없다는 것을 인정하는 것이고, 청구의 인낙이란 청구의 포기와 반대되는 개념으로서 피고가 원고의 주장이 이유있다고 승인하는 것이며, 화해란 원고와 피고가 서로 양보하여 합의하는 것이다.

❸ 다른 일반적인 소송의 경우에는 패소주주가 악의나 중과실이 있는 경우에 손해배상책임을 지지만, 대표소송의 경우에는 대표소송을 장려하기 위하여 중과실이 있는 경우에도 회사에 대해 손해배상책임을 지지 않는다.

❹ 회사가 소송에 참가할 경우 소송의 법적 성질은 "공동소송참가"에 해당한다. 제3자가 소송에 공동으로 참가한다는 점에서는 "공동소송적 보조참가"와 비슷한 개념이지만, 공동소송참가는 제3자가 별도의 소송을 제기한다고 가정할 경우 기존의 소송의 결과가 제3자가 제기한 소송의 결과와 동일하게 확정되어야 한다는 점에서 공동소송적 보조참가와 다르다(☞ 공동소송적 보조참가의 경우 기존 참가인의 소송결과와 제3자의 소송결과가 다르게 확정될 수 있다).

(나) 자회사의 이사에 대한 다중대표소송

- 다중대표소송이란 모회사의 1% 이상 소수주주가 자회사를 대표하여 자회사의 이사의 책임을 묻는 소송을 말한다.
- 소송이 진행되는 동안 ① 모회사의 지분율이 50% 이하로 감소하더라도 소송의 효력에 영향이 없지만, ② 주식을 보유하지 않게 되는 경우 그 소송은 무효가 된다.

다. [대응방안3 ➡ 주주] 해당 이사의 해임청구소송 제기

- 주주총회는 언제든지 특별결의로 이사를 해임할 수 있다(§385 ①).
- 만약 이사가 그 직무에 관하여 부정행위 또는 법령이나 정관에 위반한 중대한 사실이 있음에도 불구하고, 주주총회에서 그 해임을 부결한 때에는, 발행주식총수의 3% 이상의 소수주주는 총회의 결의가 있은 날부터 1월내에 그 이사의 해임을 법원에 청구할 수 있다(§385 ②).

(3) 이사회

1) 이사회의 권한과 이사회 내 위원회

가. 이사회의 권한

구 분		내 용	관련 조문
(1) 의사결정 권한	1) 기관	• 주주총회의 소집결정 · 전자투표방법 선택 • 이사회 소집권자의 결정 • 대표이사의 선정 • 이사의 경업 · 겸직 승인 • 이사의 사업기회유용 · 자기거래 승인❶ • 감사위원회 위원의 해임 승인❶	§362, §368-4 §390 §389 §397 §397-2, §398 §415-2 ③
	2) 주식	• 신주발행의 승인 • 주주의 주식양도 승인❷ • 총회 대신 자기주식의 취득 승인❸ • 회사보유 자기주식의 처분 · 소각 승인 • 주식매수선택권의 취소	§416 §335-2 §341 ② §342, §343 ①단서 §340-3
	3) 사채	• 사채발행의 승인 • 대규모 재산의 차입 승인	§469 §393 ①
	4) 회계	• 재무제표 · 영업보고서의 승인 • 총회 대신 재무제표의 승인 · 정기배당 결정❸ • 중간배당	§447, §447-2 ① §449-2, §462 ② §463-3
	5) 조직 · 지배구조변경	• 중요한 자산❹의 처분 · 양도 • 간이합병 · 소규모합병의 승인 • 간이주식교환 · 소규모주식교환 승인	§393 ① §527-2 ①, §527-3 ① §360-9, §360-10
	6) 기타	• 지점의 설치 · 이전 · 폐지 • 지배인의 선임 · 해임	§393 ① §393 ①
(2) 직무감독 권한		• 이사의 직무집행을 감독	§393 ②
(3) 보고수령 권한	1) 대표이사	• 다른 이사 · 피용자의 업무❺	§393 ③
	2) 이사	• 이사 본인의 업무 집행상황(☞ 3개월에 1회 이상)	§393 ④
	3) 감사	• 이사의 법령 · 정관에 위반한 행위❻	§391-2 ②

❶ 예외적으로 이사 총수의 2/3 이상의 동의가 있어야 한다.

❷ 정관에서 정한 경우에만 이사회가 그 권한을 가진다.

❸ 원래 주주총회의 보통결의사항이지만 정관에서 정한 경우 이사회 결의로 대신할 수 있는 3가지 사항이다.

❹ 중요한 영업양수도에 대한 결정권한은 주주총회가 가진다

❺ 이사(☞ 이사회×)가 요구한 경우에 대표이사는 이사회에 보고할 의무가 있다.

❻ 위반한 행위를 "한" 경우뿐만 아니라 "할 염려가 있는" 경우를 포함한다.

나. 이사회 내 위원회

구 분		내 용
(1) 위원회의 설치	1) 설치 요건	정관에 위원회의 구정이 존재
	2) 위원회의 원수	2인 이상(단, 감사위원회는 3인 이상❶)
	3) 선임과 해임 권한	이사회
(2) 위원회의 소집		이사회 규정 준용(☞ 원칙 : 각 이사가 소집)
(3) 위원회의 결의	1) 결의 사항	이사회가 위임한 사항의 결정. 단, 다음은 위임불가 ① 정관에서 정하는 사항 ② 주주총회의 승인을 요하는 사항의 제안 ③ 대표이사의 선임 및 해임 ④ 위원회의 설치와 그 위원의 선임 및 해임
	2) 결의 요건	이사회 규정 준용(☞ 과반수 출석과 과반수 찬성)
	3) 결의 효력	이사회와 동일
	4) 결의시 수행절차	① 각 이사에 통지 ② 각 이사는 이사회의 소집을 요구하여, 이사회는 해당 사항을 재결의 할 수 있음. 단, 감사위원회의 결의사항은 재결의 불가

❶ 사외이사가 2/3 이상이어야 한다(§415-2 ②).

2) 이사회의 2가지 소집절차

가. 소집결정

구 분		[비교] 주주총회	이사회
1) 소집 결정권자	원칙	이사회	각 이사
	예외	다음의 자 이사회에 소집청구 가능❶ ① 3% 이상의 소수주주 ② 감사	다음의 자 이사회 직접소집가능 ① 이사회 결의로 소집할 이사를 정한 경우 그 이사❷ ② 감사
2) 소집자		대표이사	각 이사

❶ 이사회가 총회소집의 절차를 밟지 않는 경우 법원의 허가를 얻어 직접 총회를 소집할 수 있다(§366, §412-3).

❷ 다른 이사는 소집결정권자인 이사에게 이사회의 소집을 요구할 수 있으며, 소집결정권자인 이사가 정당한 이유없이 이사회의 소집을 거절하는 경우 다른 이사가 이사회를 소집할 수 있다(§390 ②).

나. 소집통지

<table>
<tr><th>구 분</th><th colspan="2">[비교] 주주총회</th><th>이사회</th></tr>
<tr><td>(1) 통지 대상</td><td colspan="2">의결권 있는 주주</td><td>이사 및 감사</td></tr>
<tr><td>(2) 통지 형식</td><td colspan="2">서면❸</td><td>제한 없음❹</td></tr>
<tr><td>(3) 통지 시기</td><td colspan="2">총회 2주 전❶</td><td>이사회 1주 전❷</td></tr>
<tr><td rowspan="3">(4) 통지 생략</td><td>1) 소규모 회사</td><td>주주전원이 동의시</td><td rowspan="3">이사와 감사 전원이
동의하는 경우</td></tr>
<tr><td>2) 1인 회사</td><td>총회의사록 작성시</td></tr>
<tr><td>3) 1인 회사 외</td><td>다음 요건 모두 충족시
① 주주전원이 총회에 참석
② 총회 개최에 동의
③ 안건에 찬성하는 경우</td></tr>
</table>

❶ 소규모주식회사의 경우 총회일의 10일 전에 통지할 수 있다.

❷ 정관으로 단축할 수 있다.

❸ 각 주주의 동의를 받아 전자문서로 통지를 발송할 수도 있다.

❹ 주주총회와 달리 회의의 목적도 통지할 필요가 없다. 왜냐하면 주주는 회의의 목적사항을 보고 총회의 참석여부를 판단할 권리가 있지만, 이사는 수임자의 의무로서 회의의 목적사항에 상관없이 회의에 참석하여야 하기 때문이다.

3) 이사회의 의사진행

가. 안건의 표결 ➡ 이사의 의결권과 결의요건

(가) 이사의 의결권

❑ 의결권의 수와 제한

의결권의 수	의결권의 제한
1인당 1개의 의결권	수행금지가 된 4가지의 특정행위에 대한 승인을 할 때, 그 해당 이사는 특별이해관계인으로서 의결권을 행사할 수 없음❶

❶ 그 의결권은 출석한 이사의 의결권수에도 산입되지 않는다.

❑ 의결권의 행사방법

이사들은 수임인으로서 충실의무가 있기 때문에, 주주에게 인정되는 대리인에 의한 의결권행사나 서면결의가 인정되지 않는다.

[의결권의 행사방법] 주주총회 vs 이사회

구 분		[비교] 주주총회	이사회
(1) 원칙		현장투표	현장투표
(2) 대면개최시 투표방법의 예외	1) 서면투표	정관에 규정	–
	2) 전자투표	이사회가 결의	–
	3) 원격통신수단	–	정관 규정에서 금지하지 않는다면 가능[1]
(3) 대면개최의 예외	4) 서면결의	소규모 회사로서 다음 중 하나 ① 주주전원이 서면결의에 동의 ② 주주전원이 서면으로 안건동의	–

1. 해외 출장이 잦을 수 있는 이사들의 현실적인 상황을 고려하여 Zoom 등을 통한 회의참가를 허용한 것이며, 정관에서 달리 정한 경우(☞ 정관에서 원격통신수단에 의한 결의를 금지한 경우)는 제외한다.

(나) 결의요건

구 분		원 칙	예 외
(1) 결의요건[1]	1) 출석요건	과반수 &	–
	2) 찬성요건	출석이사의 과반수	총이사의 2/3 이상
(2) 결의사항		예외 3가지 외	① 이사의 사업기회유용 승인 ② 이사의 자기거래 승인 ③ 감사위원회 위원의 해임

1. 정관으로 그 비율을 높일 수 있지만, 낮추는 것은 허용되지 않는다.

나. 이사회의 의사진행과 관련한 기타고려사항

(가) 이사회와 관련된 감사의 권한과 의무

감사의 권한	감사의 의무
이사회에서의 의견진술권	① 이사가 법령 · 정관에 위반한 행위를 하거나 할 염려가 있다고 인정한 때, ② 이사회에 보고하여야 함

(나) 이사회 의사록의 작성

구 분	[비교] 주주총회	이사회
(1) 기재사항	① 의사의 경과요령 · 결과 ② –	① 의사의 안건[1] · 경과요령 · 결과 ② 반대하는 이사 이름[2] · 반대이유
(2) 날인 또는 서명자	의장과 출석 이사	출석 이사와 감사

구 분		[비교] 주주총회	이사회
(3) 비치 · 공시의무		본점과 지점	–
(4) 열람 · 등사 청구권	1) 권리자	주주와 채권자	주주
	2) 내용	영업시간 내 열람 · 등사 청구 가능	〃 (☞ 좌동)❸

❶ 의사의 안건은 주주총회 소집통지서에는 포함되지만 이사회의 소집통지서에는 포함되지 않는다.

❷ 어느 이사가 법령 · 정관의 위반행위로 회사(☞ 고의 · 과실)나 제3자(☞ 고의 · 중과실)에 대해서 손해배상책임을 지는 경우로서, 그 행위가 이사회의 결의에 의한 것일 때에 의사록에 반대하는 이사에 기재가 되지 않은 이사도 책임을 지기 때문에 기재한다.

❸ 회사는 이유를 붙여 이를 거절할 수 있으며, 주주는 법원의 허가를 얻어 이사회의사록을 열람 · 등사할 수 있다.

(4) 대표이사

1) 대표이사의 권한

- 내부적으로는 회사의 업무를 집행하고, 외부적으로 회사를 대표한다.
- 업무집행권은 대표이사의 고유권한이면서 동시에 의무이므로, 대표이사가 다른 이사에게 모든 업무집행권을 위임하고 업무를 전혀 집행하지 않는 것은 이사로서의 충실 및 선관의무를 위반하는 것이 된다(2002다7044).
- 업무집행권에는 이사회 구성원으로서 다른 이사(☞ 직원 포함)의 업무집행을 감시할 권한과 책임이 포함된다.

가. 대표권의 제한

대표권의 제한사유

구 분	제한사유
(가) 내부적 제한	정관이나 이사회 결의 등에 의한 제한
(나) 내부적 & 법률에 의한 제한	공동대표이사제도의 도입으로 인한 제한
(다) 법률에 의한 제한	회사와 이사 간에 소송 발생시 회사측 소송대표자로서의 제한

(가) 내부적 제한 ➡ 정관이나 이사회 결의 등

- 회사의 자체적인 내부적 제한은 공시할 수 있는 사항이 아니므로, 그 대표권의 제한을 이유로 거래의 상대방인 선의의 제3자에게 그 거래가 무효라고 주장할 수 없다.
- 판례는 그 제3자의 범위와 관련하여 선의의 제3자가 ① 무과실이나 경과실이 있는 경우에만 그 거래가 유효하고, ② 중과실이 있는 경우에는 무효가 된다고 하였다(2015다45451).

(나) 내부적 & 법률에 의한 제한 ➡ 공동대표이사제도의 도입

회사는 다수의 대표이사를 둘 수 있으며, 그 경우 각 대표이사가 회사를 대표한다(☞ 원칙). 다만, 공동대표이사로 정한 경우에는 공동으로 회사를 대표하게 된다.

공동대표이사제도의 도입 · 변경 · 폐지 권한 등

구분	내용
1) 도입 · 변경 · 폐지 권한	① 원칙 : 이사회 ② 예외 : 정관에 주주총회로 정한 경우 주주총회
2) 대표행위의 효력	① 어느 공동대표이사가 다른 공동대표이사에게 그 권한을 포괄적으로 위임할 수 없음 ② 단독으로 한 대표행위는 원칙적으로 효력이 없음. 그러나, 다른 공동대표이사는 이를 추인할 수 있으며, 추인한 경우 효력 발생 ③ 제3자가 공동대표이사 중 어느 1인에게 의사표시를 한 경우에도 효력이 있음
3) 대표행위의 책임	① 어느 공동대표이사가 단독으로 한 불법행위의 경우 제3자의 보호를 위하여 회사가 손해배상책임을 부담 ② 회사가 "공동대표이사"에게 "대표이사"라는 명칭을 사용하여(☞ 표현) 법률행위를 하는 것을 용인하거나 방임한 경우, 회사는 그 표현책임을 부담

공동대표이사제도를 선택한 경우 대표행위의 효력과 책임

(다) 법률에 의한 제한 ➡ 회사와 이사 간에 소송 발생시

- 감사(위원회)가 회사를 대표한다.
- 해임된 이사는 더 이상 이사가 아니므로 그 이사의 범위에서 제외한다.
- 주주가 대표소송을 제기하기 전에 회사에 대하여 이사의 책임을 추궁할 소의 제기를 청구하는 경우에도 감사(위원회)가 회사를 대표한다(§394 ①).
- 다만, 감사위원회 위원도 이사에 해당하므로, 감사위원회 위원이 소송의 당사자(☞ 원고 또는 피고)인 경우에는 감사위원회 또는 이사는 법원에 회사를 대표할 자를 선임하여 줄 것을 신청하여야 한다(§394 ②).

나. 대표이사가 권한을 초과한 행위를 하거나, 자기를 위해 행위를 한 경우 그 효력

상 황		원칙	예 외
(1) 권한 초과행위	1) 주주총회 결의사항	무효❶	그 대표이사가 지배주주인 경우 유효(☞ 판례)
	2) 이사회 결의사항	무효❶	거래상대방이 선의 & 경과실이면 유효
(2) 권한 이내행위 but 자기 · 제3자를 위함		유효❷	거래상대방이 악의, 또는 중과실이면 무효

❶ 대표이사는 권한이 없는 행위를 한 것이므로 그 거래는 무효가 되는 것이고, 이것을 "무권대리"라고도 한다.

❷ 행위의 목적은 회사를 위한 것이 아니었다고 하더라도, 대표이사는 권한내에서 행위를 한 것이므로 원칙적으로 유효가 되는 것이다. 다만, 그 결과적인 효과는 내부적 제한과 차이가 없다.

2) 대표이사의 선정과 종임

가. 대표이사의 선정

구 분	원 칙	예 외
1) 선정권자	이사회❶	정관으로 정한 경우 주주총회
2) 대표이사의 수	1인	다수❷

❶ 이사회가, 주주총회가 선임한 이사들 중에서 그 대표를 선정(선임)한다.

❷ 대표이사가 다수인 경우 각 자가 회사를 대표하는 것이 원칙이지만, 공동대표이사로 정한 경우 공동으로 회사를 대표하게 된다.

나. 대표이사의 종임

(가) 대표이사의 종임사유

- 이사의 자격을 상실하면 대표이사의 자격도 상실한다.
- 대표이사의 해임에 대해서는 명문규정이 없지만, 이사회가 이사들 중에서 대표이사를 선정하는 것이므로 이사회가 그 보통결의로서 대표이사를 해임할 수 있다. 만약 정관으로 주주총회에서 대표이사를 선정하기로 한 경우에는 주주총회가 그 보통결의로서 대표이사를 해임할 수 있다. 다만, 대표이사의 자격을 상실하였다 하더라도 반드시 이사의 자격을 상실하는 것은 아니다.

(나) 대표이사의 임기만료, 사임 등으로 대표이사가 결원이 된 경우

- 퇴임한 대표이사는 새로운 대표이사가 취임할 때까지 대표이사로서의 권리와 의무가 있다(☞ 퇴임 대표이사).
- 또한 필요한 경우 법원은 이사, 감사, 기타의 이해관계인의 청구에 의하여 대표이사의 직무를 일시적으로 수행할 자를 선임할 수 있다(☞ 임시대표이사).

3) 표현대표이사(☞ 실제는 아니지만 외관상 대표이사)

표현대표이사의 행위와 관련하여, 회사가 선의의 제3자에 대해 책임을 부담하기 위한 3가지 요건

3가지 요건	내 용
1) 외관의 존재	표현대표이사❶가 사장, 부사장, 전무, 상무 등 대표권한이 있는 명칭을 사용
2) 외관의 부여	회사❷가 그 명칭의 사용을 명시적·묵시적으로 허락
3) 외관의 신뢰	제3자❸는 중과실❹없이 표현대표이사가 대표권이 있다고 믿음

❶ 부존재하는 주주총회에 의해 선임된 이사(☞ 무자격이사)도 표현대표이사가 될 수 있다(84다카963).

❷ 실제 대표이사 또는 이사 정원의 과반수(☞ 이사회에서 대표이사를 선정하는 결의요건)가 명칭을 사용하도록 허락하였어야 하고, 지배주주 등이 허락한 경우에는 회사의 외관부여 책임이 존재하지 않는다(91다5365).

❸ 제3자 뿐만 아니라 그 제3자로부터 어음 등을 취득한 상대방도 포함된다(2002다65073).

❹ 표현대표이사의 행위에 대한 회사의 책임은 등기되지 않은 경우에도 적용되는 것이므로, 제3자가 회사의 등기부등본을 열람하지 않은 것은 중대한 과실에 해당되지 않는다(77다2436).

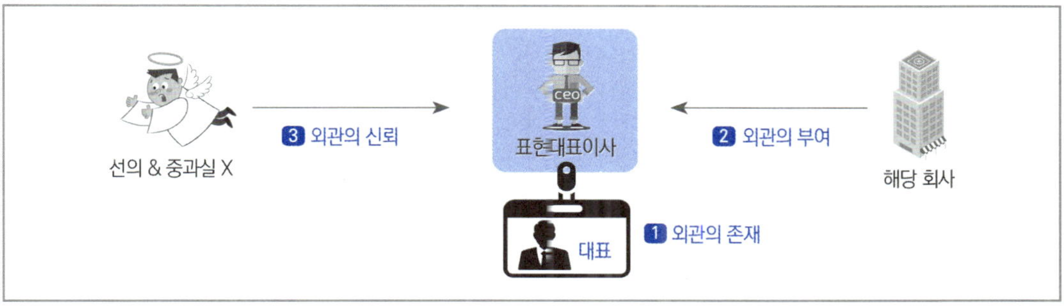

(5) 집행임원

1) 집행임원제도와 도입목적

이사회의 업무집행기능과 업무집행 감독기능을 분리하기 위해 도입되었다. 즉, 집행임원은 업무집행만 하고, 이사회는 업무집행의 감독만 하는 것이다.

[비교] 기존의 이사회 기능 vs 집행임원제도의 이사회와 집행임원의 기능

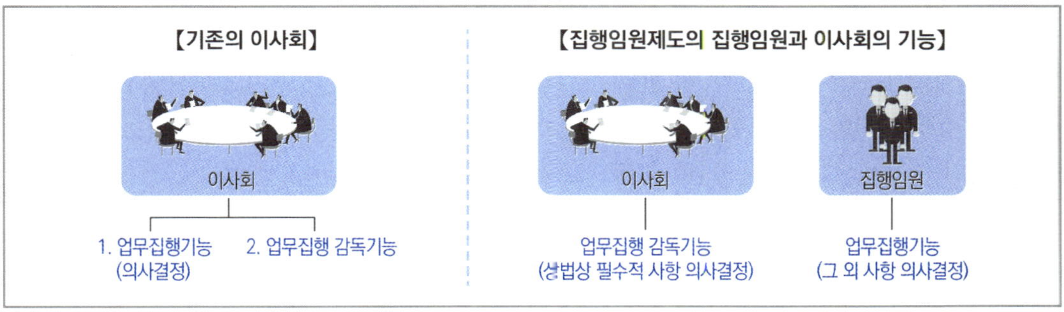

2) 이사회와 집행임원의 권한과 집행임원의 의무와 책임

가. 이사회와 집행임원의 권한

이사회의 권한	집행임원의 권한
① 집행임원의 업무집행 감독 ② 집행임원에게 업무집행에 관한 의사결정의 위임❶ ③ 집행임원과 대표집행임원의 선임 · 해임 ④ 집행임원의 보수 결정❷ ⑤ 집행임원이 다수 : 집행임원의 직무 분담 및 지휘 · 명령관계, 기타 집행임원의 상호관계에 관한 사항 결정 ⑥ 집행임원과 회사 간 소송 : 대표할 자의 선임(☞ 감사×)❺	① 업무집행 ② 위임받은❸ 업무집행에 관한 의사결정 ③ 이사회 소집청구권❹

❶ 상법에서 이사회 권한사항으로 정한 경우는 제외한다.

❷ 정관에 규정이 없거나 주주총회의 승인이 없는 경우에 한정한다.

❸ 정관이나 이사회의 결의에 의하여 위임받은 사항을 말한다.

❹ 필요하면 회의의 목적사항과 소집이유를 적은 서면을 이사(☞ 소집권자가 있는 경우에는 그 소집권자)에게 제출하여 이사회 소집을 청구할 수 있다(§408-7 ①). 집행임원의 이사회 소집청구에도 불구하고, 이사가 지체없이 이사회 소집의 절차를 밟지 않을 경우, 집행임원은 법원의 허가를 받아 이사회를 소집할 수 있다(☞ 이사회 의장은 법원이 이해관계자의 청구 · 직권으로 선임, §408-7 ②). 한편, 감사도 필요하면, 이사에게 이사회 소집을 청구할 수 있는데, 감사의 소집청구에도 불구하고, 이사가 지체없이 이사회를 소집하지 않을 경우 감사는 법원의 허가 없이도 직접 이사회를 소집할 수 있다(§412-4 ①, ③).

❺ 이사와 회사 간에 소송이 발생할 경우에는 감사가 회사를 대표하지만(§394 ①), 집행임원과 회사 간에 소송이 발생할 경우에는 이사회가 회사를 대표할 자를 선임한다(§408-2 ③ 3호).

나. 집행임원의 의무와 책임

집행임원도 업무집행기능을 수행하므로, 이사회 구성원으로서 업무집행을 하는 이사와 유사한 의무와 책임을 부담한다. 예를 들어, 이사가 3개월에 1회 이상 업무의 집행상황을 이사회에 보고하여야 하는 것과 마찬가지로, 집행임원도 ① 3개월에 1회 이상 업무의 집행상황을 이사회에 보고하여야 하고, ② 이사회의 요구가 있으면 언제든지 이사회에 출석하여 요구한 사항을 보고하여야 한다(§408-6).

3) 집행임원의 원수와 임기

가. 집행임원의 원수

- 별도의 기준이 없으므로 1명 이상이면 된다.
- 만약 다수의 집행임원을 선임할 경우에는 이사회가 대표집행임원을 선임하여야 하고, 집행임원이 1명인 경우에는 그 집행임원이 자동적으로 대표집행임원이 된다.
- 대표집행임원에 대해서는 다른 규정이 없으면 대표이사의 규정이 준용되고, 표현대표이사의 규정도 준용된다.

나. 집행임원의 임기

구 분	[비교] 이 사	집행임원
1) 임기의 한도	3년	2년[1]
2) 정관에서 정한 경우 임기의 연장	그 임기 중의 최종 결산기에 관한 정기주주총회[2]의 종결시까지	그 임기 중의 최종 결산기에 관한 정기주주총회가 종결한 후, 가장 먼저 소집하는 이사회[2]의 종결시까지

❶ 정관에서 다르게 정할 수 있다.

❷ 이사는 주주총회에서 선임되고, 집행임원은 이사회에서 선임되기 때문이다.

4) 집행임원 설치회사의 추가 고려사항

구 분	내 용
1) 집행임원 설치여부	회사의 선택이므로, 어떤 주식회사든 설치가능
2) 대표이사 설치 불가	집행임원이 대표이사의 업무집행기능을 수행하기 때문임
3) 이사회 의장	① 이사들 중[1]에서 이사회 의장 선임 ② 정관에 규정이 없으면 이사회에서 의장 선임
4) 집행임원과 회사의 법적 관계	이사와 마찬가지로 위임규정 적용

❶ 이사회 의장은 이사이기만 하면 되므로, 사외이사가 이사회 의장이 되어야 하는 것은 아니다.

4. 감사와 감사위원회

감사는 이사회와 구분되는 별도의 기관인 반면, 감사위원회는 이사회 내 위원회에 해당한다.

[비교] 이사회 내 일반위원회 vs 감사위원회

【일반위원회】

① 2인 이상 구성
② 이사회가 결의사항에 대해 재결의 가능

【감사위원회】

① 3인 이상 (사외이사 : 2/3 이상)
② 이사회가 결의사항에 대해 재결의 불가[1]
③ 의무적으로 대표위원 선정 (다수도 가능)
④ 회사의 비용으로 전문가의 도움을 받을 수 있음

❶ 감사위원회도 다른 일반위원회와 마찬가지로 그 결의한 사항을 각 이사에게 통지는 하여야 한다.

(1) 감사와 감사위원회의 권한

감사와 감사위원회는 회계를 포함한 이사의 직무집행을 감사하는 본질적인 권한을 가진다.

감사와 감사위원회의 보충적인 권한

구 분	보충적인 권한	내 용
1) 이사 관련	① 영업 관련 보고요구권	회사와 자회사의 영업에 관한 보고요구
	② 업무 · 재산상태 조사권	회사와 자회사❶의 업무와 재산상태를 조사❷
	③ 위법행위유지청구권	이사가 법령 또는 정관에 위반한 행위를 하여 회사에 회복할 수 없는 손해가 생길 염려가 있는 때
	④ 손해발생 관련 보고수령권	이사가 회사에 현저한 손해를 미칠 염려가 있는 사실을 발견한 때에는 즉시 보고
2) 이사회 관련	① 소집청구권	회의의 목적사항, 소집이유를 기재한 서면을 이사❸에 제출하여 이사회 소집 청구
	② 소집통지 수령권	이사회의 소집통지를 받을 권한
	③ 의견진술권	이사회에 출석하여 의견진술
	④ 의사록 기명날인권	출석이사와 함께 의사록에 기명날인 또는 서명
3) 주주총회 관련	① 소집청구권	회의의 목적사항, 소집이유를 기재한 서면을 이사회❸에 제출하여 임시총회 소집 청구
	② 감사해임에 대한 의견진술권	다른 감사의 해임뿐만 아니라 감사본인의 해임에 대해서도 의견진술
4) 소송 관련	① 소송제기권	설립무효 · 총회결의취소(☞ 무효 · 부존재 포함) · 신주발행무효 · 감자무효 · 합병무효 · 분할무효 · 분할합병무효 등의 소송 제기
	② 회사대표권	회사와 이사 간에 소송시 회사 대표

❶ 회사는 언제든지(§412 ②), 자회사의 경우에는 감사가 요구한 영업의 보고를 하지 않거나 보고의 내용을 확인할 필요가 있는 때에 한하며(§412-5 ①), 자회사는 정당한 이유없이 영업의 보고나 업무나 재산상태에 대한 조사를 거부하지 못한다(§412-5 ①, ②).

❷ 회사의 비용으로 전문가의 도움을 구할 수 있다.

❸ 이사회의 소집권자는 이사이고, 주주총회의 소집권자는 이사회이기 때문에 청구대상이 다른 것이다. 또한, 이사가 지체없이 이사회를 소집하지 않을 경우에는 감사가 이사회를 소집할 수 있고(☞ 집행임원의 경우 법원의 허가를 받아 소집), 이사회가 지체없이 주주총회를 소집하지 않을 경우에는 법원의 허가를 얻어서 직접 총회를 소집할 수 있다.

(2) 감사와 감사위원회의 설치의무

회사는 상법이나 정관 규정에 따라 감사와 감사위원회 중 하나를 설치하여야 한다. 따라서 감사위원회를 설치한 경우에는 감사를 둘 수 없다(§415-2 ①).

[비교] 감사를 둔 회사 vs 감사위원회를 설치한 회사

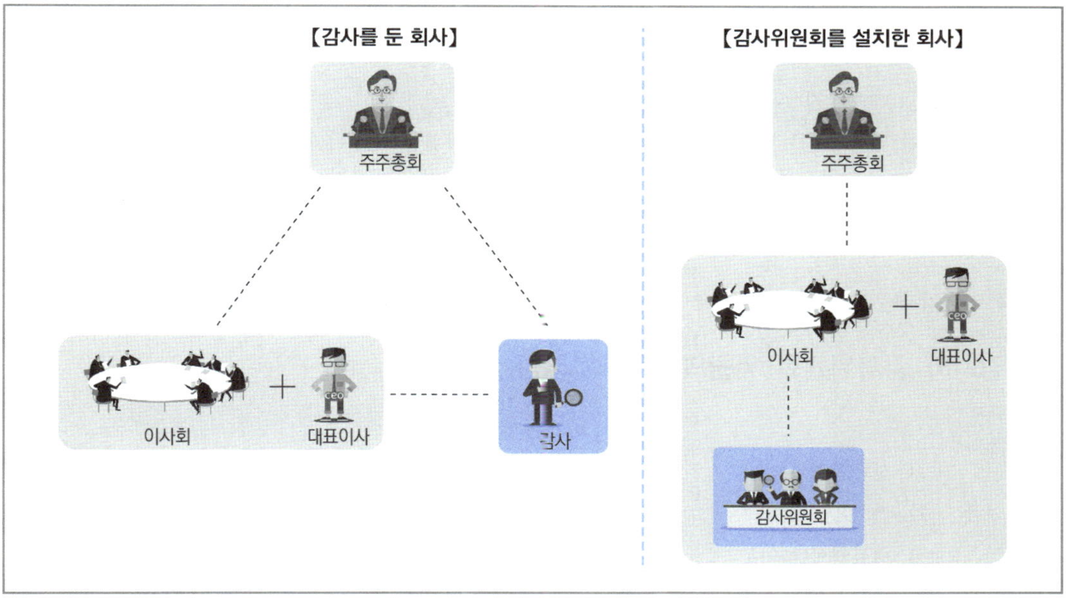

상장여부 · 규모별 감사와 감사위원회의 설치대상회사

상장여부	규 모		감사 · 감사위원회 설치의무
1) 비상장	자 본 금	① 10억 미만	의무 없음❶
		② 10억 이상	감사 또는 일반 감사위원회❷
2) 상 장	자 산	① 1천억 미만	감사 또는 일반 감사위원회
		② 1천억 이상 ~ 2조 미만	상근감사 또는 특례 감사위원회❸
		③ 2조 이상	특례 감사위원회❸

❶ 회사와 이사 간에 소송이 발생한 경우 감사가 회사를 대표하는데, 감사나 감사위원회를 설치하지 않은 소규모주식회사의 경우에는 법원에 회사를 대표할 자를 선임하여 줄 것을 신청하여야 한다(§40 ⑤). 이때, 감사의 회사와 자회사의 이사에 대한 영업에 관한 보고와 업무재산에 대한 조사권한은 주주총회가 가지게 된다(§409 ⑥).

❷ 회사가 감사위원회를 설치하기 위해서는 ① 정관에 정하여야 하고, ② 감사위원회 위원의 수는 다른 이사회 내 위원회와 달리 3명 이상의 이사로 구성하여야 하며, ③ 그 중 2/3 이상을 사외이사로 구성하여야 한다.

❸ 특례 감사위원회는 상장회사의 특례규정에 따라 설치하는 감사위원회로서, 일반 감사위원회의 요건 외에 ① 총회에서 총회에서 감사위원을 선임 · 해임하고, 이사 선임시 1명 이상의 감사위원을 별도로 선임할 것, ② 회계 또는 재무전문가가 1명 이상일 것, ③ 위원회의 대표는 사외이사일 것 등의 요건을 추가로 충족하여야 한다.

(3) 감사와 감사위원회 위원의 자격과 자격제한, 선임 · 해임 및 임기

1) 감사와 감사위원회 위원의 자격과 자격제한

감 사	감사위원회 위원
① 특별한 제한 없음 ② 다만, 감사는 이사의 직무집행을 감시하므로 회사 또는 자회사의 이사, 지배인 기타의 사용인이 될 수 없음❶	① 감사위원회는 이사회 내 위원회이므로, 이사만이 감사위원회 위원이 될 수 있음 ② 2/3 이상이 사외이사여야 하므로, 사외이사의 자격제한에 해당하지 않아야 함

❶ 자회사의 감사는 모회사의 이사를 겸임할 수 있다.

2) 감사와 감사위원회 위원의 선임과 해임

구 분		감 사❶	감사위원회 위원
(1) 선임	1) 선임권자	주주총회	이사회❷
	2) 결의요건	보통결의❸	과반수 출석 & 과반수 결의
	3) 의결권제한 여부	○	×
(2) 해임	1) 해임권자	주주총회	이사회❹
	2) 결의요건	특별결의❺	이사 총수의 2/3 이상 결의
	3) 의결권제한 여부	×	×

❶ 판례에 의하면 감사는 이사와 마찬가지로, 주주총회의 결의만으로(☞ 감사의 승낙 전제) 감사의 지위를 얻게 되며, 대표이사와 별도의 임용계약은 필요하지 않다.

❷ 주주총회에서 이사를 선임한 후, 이사회가 선임된 이사 중에서 감사위원회 위원을 선임한다. 다만, 특례 감사위원회의 경우 주주총회에서 감사위원회 위원을 선임 · 해임할 뿐만 아니라, 감사위원회 위원 중 1명(정관으로 정한 경우 2명 이상도 가능)은 주주총회 결의로 다른 이사들과 분리하여 감사위원회 위원이 되는 이사로서 선임하여야 한다 (§542-12 ②, 아래 그림 참고).

❸ ① 출석의결권의 과반수 찬성과 ② 발행주식총수의 1/4 이상 찬성을 말하며, 3%를 초과한 주식을 가진 주주는 그 초과주식에 대하여 의결권을 행사할 수 없다. 한편, 정관에서 3%보다 더 낮은 비율을 정할 수는 있으나, 더 높일 수는 없다. 전자투표의 경우에는 출석의결권의 과반수만 있으면 되고, 발행주식총수 1/4 이상 요건이 적용되지 않는다.

❹ 감사위원회 위원에서만 해임될 뿐 이사에서 해임되는 것은 아니다.

❺ ① 출석의결권의 2/3 이상 찬성과 ② 발행주식총수 1/3 이상 찬성을 말한다.

자산 2조원 이상의 상장회사가 감사위원회 위원을 선임하는 방법

3) 감사와 감사위원회 위원의 임기

[임기 비교] 감사(☞ 감사위원회 위원×❶) vs 이사 vs 집행임원

감 사	[비교] 이 사	[비교] 집행임원
취임후 3년 내의 최종의 결산기에 관한 정기총회의 종결시까지❷	① 3년을 초과하지 못함 ② 정관으로, 이사의 임기종료일이 최종 연도 결산일과 정기주주총회 사이에 속하는 경우 이사의 임기가 3년을 초과하더라도 그 임기는 정기주주총회가 끝날 때까지 연장할 수 있음	① 정관에 다른 규정이 없으면, 2년을 초과하지 못함 ② 정관으로, 그 임기 중의 최종 결산기에 관한 정기주주총회가 종결한 후, 가장 먼저 소집하는 이사회의 종결 시까지로 정할 수 있음

❶ 감사위원회 위원의 임기는 이사로서 이사의 임기기간 내에서만 가능하다.
❷ 이사나 집행임원과 달리, 정관으로도 감사의 임기를 연장할 수 없다.

(4) 감사와 감사위원회 위원의 의무와 손해배상책임

1) 감사와 감사위원회 위원의 의무

구 분		내 용
(1) 기본의무		① 선량한 관리자로서의 주의의무(민§681) ② 비밀유지의무
(2) 특정행위 금지의무	1) 감사	없음
	2) 감사위원회 위원	이사에 해당하므로 금지의무 부담함
(3) 기타의무	1) 감사의무	① 재무제표 · 부속명세서 · 영업보고서를 정기총회 6주 전에 이사로부터 제출받아 감사한 후 ② 재무제표 등을 받은 날로부터 4주 내에 감사보고서 작성하여 이사에게 제출
	2) 보고의무	위반행위를 하거나 염려가 있을 때 이사회에 보고
	3) 조사 · 의견진술의무	① 이사가 총회에 제출할 의안 및 서류 조사 & ② 법령 · 정관의 위반, 현저하게 부당한 사항이 있는지 여부에 대하여 주주총회에 의견진술
	4) 감사록 작성의무	감사를 실시한 감사가 감사의 실시요령과 그 결과 기재 후 기명날인 또는 서명

❶ 감사는 감사로서의 의무만 부담하지만, 감사위원회 위원은 이사로서, 그리고 이사의 직무집행에 대한 감사기능을 수행하는 자로서의 의무도 부담한다.

2) 감사와 감사위원회 위원의 손해배상책임

가. 손해배상책임 사유

[회사와 제3자에 대한 손해배상책임 사유 비교] 감사와 감사위원회 위원 vs 이사

대 상	감사 · 감사위원회 위원	[비교] 이사
1) 회 사	• 임무를 해태한 경우	① 고의 또는 과실로, ② **법령 또는 정관에 위반한 행위를 하거나** 그 임무를 게을리한 경우
2) 제3자	① 고의 또는 **중대한** 과실로, ② 그 임무를 해태한 경우	① 고의 또는 **중대한** 과실로, ② 그 임무를 게을리한 경우

나. 회사에 대한 손해배상책임의 감면(☞ 제3자에 대한 손해배상책임의 감면×)

이사와 마찬가지로 ① 주주전원이 동의하거나 ② 정관으로 정한 경우에는 회사에 대한 감사와 감사위원회 위원의 손해배상책임을 전액 또는 일정초과금액을 감면할 수 있다(§415 → §400).

다. 주주의 대표소송제기

이사의 책임추궁을 위한 주주의 대표소송과 마찬가지로 감사와 감사위원회 위원에 대해서도 주주의 대표소송이 인정된다.

4절 주식과 자본금의 변동

1. 주식과 주주

(1) 주식 관련

1) 주식, 주권과 전자등록

[비교] 주식 vs 주권

주 식	주 권
주주의 지위	주주의 지위를 나타내는 유가증권

가. 주권

(가) 회사측면에서의 주권(☞ 주권 발행자)

구 분	내 용
1) 주권발행의무와 발행시기	회사는 ① 회사성립 후 또는 ② 신주(☞ 회사성립 후 증자시)의 납입기일 후, 지체없이 주권 발행❶
2) 주권의 효력발생시기	상법상 주권의 발행시기에 주권을 발행한 뒤, 그 주식을 주주에게 교부한 때부터 효력 발생(99다67529)
3) 주권❷의 7가지 기재사항	① 회사 상호 ② 회사 성립년월일 ③ 발행할 주식의 총수 ④ 1주당 액면금액(☞ 액면주식일 경우) ⑤ 주식(☞ 주권)의 발행연월일❸ ⑥ *if* 종류주식의 종류와 내용 ⑦ *if* 주식양도시 이사회 승인 규정

❶ 회사가 상법상 발행시기 전에 주권을 발행한 경우 그 주권은 무효이다(§355 ③).

❷ 주권에는 필요기재사항과 일련번호를 기재하고, 대표이사가 기명날인 또는 서명하여야 한다.

❸ 기명주식에서 주주의 이름이나 주식(☞ 주권)의 발행연월일이 기재되지 않았다고 하더라도 이것이 주식의 본질에 관한 사항은 아니므로 주권의 무효사유가 될 수 없다(92다24093).

(나) 주주측면에서의 주권(☞ 주권 소지자)

❑ 주권의 소지와 불소지

- 원칙적으로, ① 회사는 주권을 발행하여 주주에게 교부하여야 하고, ② 주주는 그 주권을 소지하여야 한다.
- 그러나 정관에 다른 규정(☞ 주주는 주권을 소지해야 한다는 규정 등)이 없다면, 주주는 주권을 소지하지 않겠다는 뜻을 회사에 신고한 후 주권을 소지하지 않을 수 있다.

[주권의 불소지] 주권발행 전 vs 주권발행 후

구 분		주권발행 전	주권발행 후
(1) 기본요건		정관에 다른 규정이 없을 것	〃 (☞ 좌동)
(2) 주주	1) 불소지 신고	주권불소지의 뜻을 회사에 신고❶❷	〃 & 회사에 주권을 제출
	2) 불소지 취소	언제든지 가능❸	〃
(3) 회사		주권을 발행해서는 안되고, 지체없이 ① 주주명부와 복본❹ : 주권미발행 사실 기재 ② 주주에게 그 뜻(사실)을 통지	다음 중 1가지 ① 주권을 무효로 함 ② 명의개서대리인에게 임치

❶ 주권발행 전에 주주의 주권불소지 신고가 있는 경우 회사는 주권을 발행할 수 없다(§358-2 ②).

❷ 주주가 주권이 발행되기 전에 주권불소지를 신고하였음에도 주권이 발행된 경우 그 주권은 선의취득의 대상이 될 수 없다.

❸ 주권불소지 신고를 한 경우라도, 주주가 주식을 양도할 경우에는 양수자에게 주권을 교부하여야 하므로, 회사에 주권의 발행 또는 반환을 청구하여야 한다.

❹ 원본과 동일한 효력을 가진다.

❑ 주권의 선의취득

① 선의이면서 ② 중과실 없이 주권을 취득한 경우, 그 주권의 소유권을 취득한다.

주권 선의취득의 3가지 요건

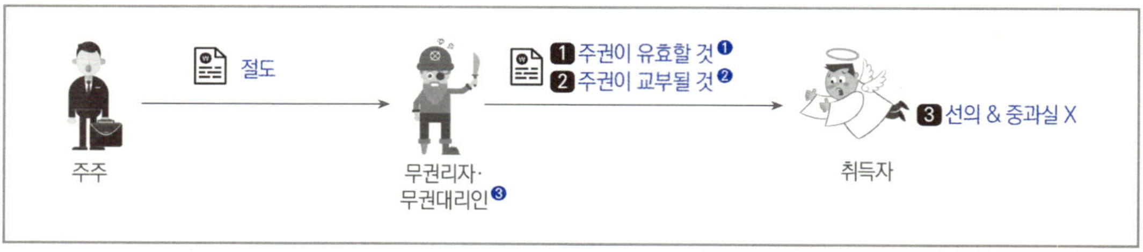

❶ 따라서, ① 상법상 주식의 발행시기 전에 발행된 주권, ② 회사가 주권을 발행한 후 주주가 주권의 불소지를 신고하여 무효화된 주권, ③ 위조된 주권 등은 무효이므로 선의취득의 대상이 될 수 없다.

❷ 상법은 주식의 양도요건으로서 주권을 교부하도록 규정하고 있다. 따라서 선의취득도 주권을 교부받아야 하므로, 주권의 교부가 없어도 권리를 갖게 되는 상속이나 합병은 선의취득의 대상이 될 수 없다(☞ 상속이나 합병은 그 하자도 승계됨).

❸ 판례는 주권의 양도자가 ① 무권리자이거나, ② 무권대리인인 경우에도 주권의 선의취득을 인정하고 있다(95다49646).

❑ 주권을 분실한 주주의 주권에 대한 공시최고절차와 제권판결

절 차	내 용
1) 분실한 주권의 무효절차	공시최고❶의 절차
2) 새로운 주권의 발급청구절차	법원의 제권판결을 얻은 후 회사에 주권의 재발행 청구

❶ "최고"란 상대방에게 어떤 행위를 하도록 요구하는 것인데, 주권을 분실한 경우 공시최고는 분실된 주권에 대해 권리가 있는 자에게 그 권리를 주장하라고 요구하는 것이다. 따라서 주권을 선의취득한 제3자가 그 기간내에 권리를 주장하지 않은 경우 제권판결시 그 권리를 잃게 된다.

나. 주식의 전자등록(☞ 주권 미발행)

주권제도의 변천

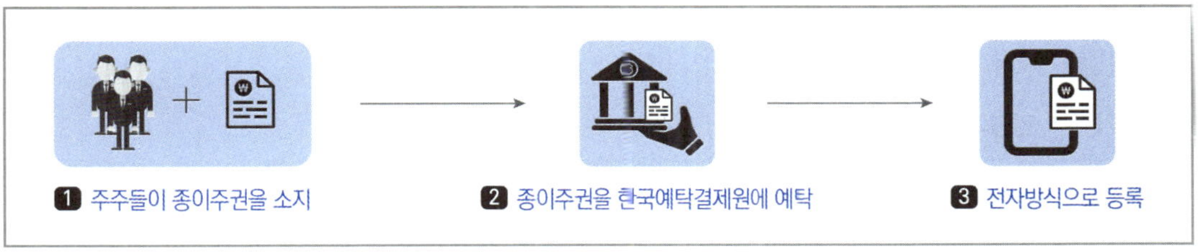

주식의 전자등록과 관련한 주요 내용(§356-2)

구 분	내 용
1) 전자등록의 요건[1]	정관에 기재
2) 등록된 주식의 양도나 입질[2]의 효력발생 요건	전자등록부에 등록
3) 전자등록된 주식의 선의 취득 인정여부[3]	전자등록부를 선의로 중대한 과실 없이 신뢰하고 권리를 등록한 경우 권리를 적법하게 취득

❶ 상장주식회사는 반드시 전자등록을 하여야 하고, 비상장주식회사는 선택사항이다.

❷ 동산이나 유가증권 등을 담보로 하여 금전을 대여해 주는 행위를 말한다. 입질[入質]에서 "질[質]"은 인질[人質]의 "질[質]"과 같은 한자어이다.

❸ 전자등록부에 주주로서 주식을 등록한 자는 적법하게 권리를 보유한 것으로 추정된다.

2) 주식의 분류

가. 액면주식과 무액면주식

- 회사는 액면주식과 무액면주식 중 1가지를 선택하여야 하며, 정관의 변경을 통하여 액면주식을 무액면주식으로 하거나, 무액면주식을 액면주식으로 전환할 수 있다.
- 일부의 전환은 허용되지 않으며(§329 ①), 액면주식이나 무액면주식으로 전환하더라도 기존의 자본금이 달라져서는 안 된다(§451 ③).
- 액면주식을 무액면주식으로, 또는 무액면주식을 액면주식으로 전환할 경우, 회사는 ① 1개월 이상의 기간을 정하여 그 뜻과 그 기간 내에 주권을 회사에 제출할 것을 공고하고 ② 주주명부에 기재된 주주와 질권자에 대하여는 개별적으로 통지하여야 한다.

[자본금] 액면주식 vs 무액면주식

액면주식	무액면주식
발행주식수 × 액면금액[1]	① 이사회[2]에서 결정 ② 그 자본금은 발행가액의 1/2 이상

❶ 액면금액은 100원 이상으로 균일하여야 한다. 액면주식을 선택한 경우 주당 발행가액은 원칙적으로 액면금액에 미달할 수 없고, 설립후 2년이 경과한 후에 특정요건을 충족한 경우에만 액면금액 미만으로 발생할 수 있다.

❷ 예외적으로 정관으로 주주총회에서 결정하기로 정할 수 있다.

나. 기명주식과 무기명주식

[무기명식 인정여부] 주식 vs 채권(§474 ① 10호)

주 식	[비교] 채 권
×	○

다. 보통주식과 5가지 종류주식

- ① 이익배당, ② 잔여재산분배, ③ 의결권 행사, ④ 주식의 상환, ⑤ 주식의 전환 등 5가지 유형의 종류주식(☞ 보통주식과 다른 종류의 주식)이 있다.
- 주주의 권리는 ① 주주 개인의 재산적 이익과 관련된 "자익권"과 ② 회사의 이익과 관련된 "공익권"으로 분류할 수 있다. ① 자익권의 대표적인 예가 "이익배당권"(☞ 회사 존속시)과 "잔여재산분배권"(☞ 회사 청산시)이고, ② 공익권의 대표적인 예가 의결권이다. 이 두 가지에 대해서 다른 것을 정한 종류주식이 바로 이익배당 · 잔여재산분배에 관한 종류주식과 의결권 배제 · 제한에 관한 종류주식이다.

종류주식의 분류와 5가지 유형

<table>
<tr><th>분 류</th><th>유 형</th><th>내 용</th><th colspan="2">정관기재사항</th></tr>
<tr><td rowspan="2">(1) 자 익 권 관 련</td><td>1) 이익배당</td><td>이익배당시 우선권</td><td colspan="2">① 배당재산의 종류
② 배당재산의 가액의 결정방법
③ 이익을 배당하는 조건</td></tr>
<tr><td>2) 잔여재산 분배</td><td>청산시 잔여재산분배 우선권</td><td colspan="2">① 잔여재산의 종류
② 잔여재산의 가액의 결정방법
③ 기타 잔여재산분배에 관한 내용</td></tr>
<tr><td>(2) 공 익 권 관 련</td><td>3) 의결권 행사</td><td>의결권의 배제 · 제한</td><td colspan="2">① 의결권을 행사할 수 없는 사항
② if 의결권행사 · 부활 조건</td></tr>
<tr><td rowspan="2">(3) 기 타</td><td rowspan="2">4) 상환</td><td rowspan="2">이익으로 소각</td><td>회사 상환권</td><td>주주 상환권</td></tr>
<tr><td>① 상환가액
② 상환기간
③ 상환방법
④ 상환할 주식수</td><td>① 주주가 상환을 청구할 수 있다는 뜻❶
② 상환가액
③ 상환청구기간
④ 상환방법</td></tr>
</table>

		회사 전환권	주주 전환권
5) 전환	다른 종류의 주식[2]으로 교환	① 전환사유[3] ② 전환조건 ③ 전환기간 ④ 전환으로 발행할 주식수와 내용	① 전환조건 ② 전환청구기간 ③ 전환으로 발행할 주식수와 내용

❶ 회사가 상환권을 갖는 것이 원칙이고, 주주가 상환권을 갖는 것은 예외이기 때문에 정관에 그 뜻을 별도로 기재하도록 요구하는 것이다.

❷ 보통주식을 포함하는 개념이며, 실무적으로도 대부분 보통주식으로 전환된다. 교환의 대상이 되는 주식은 신주만 가능하고 구주(☞ 자기주식)는 불가하다.

❸ 회사가 전환권을 갖는 경우 일정한 사유가 발생한 경우에만 전환권을 행사할 수 있어서 그 사유를 정관에 기재하게 한 것이다.

[정관[1]의 기재사항] 필수적 기재사항(§344 ②) **vs 기저하지 않아도 되는 사항**(§344 ③)

필수적 기재사항	기재하지 않아도 되는 사항
① 각 종류주식의 내용 ② 각 종류주식의 수	① 신주의 인수[2] ② 주식의 병합 · 분할 · 소각 ③ 합병 · 분할로 인한 주식의 배정

❶ 총회의 특별결의로 어느 종류주주에게 손해를 미치게 되는 정관을 변경하는 등의 경우에는 총회의 특별결의에 추가하여 그 종류주주총회의 결의를 거쳐야 한다.

❷ 예를 들면, "회사가 유상증자 결의로써 보통주를 발행하는 경우, 우선주는 보통주와 동일하게 주식수에 비례한 신주인수권을 갖는다"라고 정한 경우를 말한다.

(가) 이익배당 종류주식(☞ 이익배당우선주)

상법은 배당에 관한 내용을 다르게 정할 수 있다고만 하고 있으나, 실무적으로는 최저 배당률을 정해 놓은 경우 배당순서에 대해 우선권을 주거나, 보통주보다 높은 배당률을 부여하고 그 대신에 우선주에 의결권을 행사를 배제하거나 제한하는 경우도 많다.

(나) 잔여재산 종류주식(☞ 잔여재산분배우선주)

"잔여재산분배우선주"란 회사가 청산할 때 잔여재산을 먼저 분배받을 수 있는 우선권을 부여한 종류주식이다.

(다) 의결권 배제 · 제한 종류주식

의결권 배제 · 제한 종류주식은 발행주식총수의 1/4을 초과하지 못한다. 만약 1/4을 초과할 경우 회사는 지체없이 필요한 조치(☞ 보통주식의 추가발행 등)를 취하여야 한다.

(라) 상환 종류주식(☞ 이익소각주식)

- 상환 종류주식도 사채와 같이 상환을 해야 하지만(☞ 부채 성격), 이자를 지급하지 않아도 되는 장점이 있고(☞ 자본 성격), 이익이 발생할 경우에만 상환하면 된다.
- 상환 종류주식은 ① 이익배당, ② 잔여재산분배, 및 ③ 의결권 배제·제한 종류주식에 대해서만 결합하여 발행할 수 있다. 따라서 상환권만 부여된 종류주식이나, 전환 종류주식에 상환권만 부여할 수는 없다.
- 상환권은 회사뿐만 아니라 주주에게도 부여할 수 있다.

상환 종류주식에 관한 주요 내용(§345)

구 분		내 용
(1) 상환절차	1) 회사상환권주식	• 주주가 상환청구기간에 상환을 청구
	2) 주주상환권주식	• 주식상환일 2주 전에 주주와 주주명부상 권리자❶에게 통지
(2) 상환대가		• 현금, 다른 유가증권(☞ 다른 종류의 주식×)❷, 그 밖의 자산 지급
(3) 상환효과		• 상환주식의 소각으로 발행주식수가 감소하며, 변경등기 필요 • 이익으로 소각하는 것이므로 상환우선주자본금은 변동이 없고❸, 다음과 같이 이익잉여금과 보통예금이 동시에 감소 이익잉여금(☞ 상환우선주자본금×) ××× / 보통예금 ×××

❶ 질권자 등을 말하며, 주주와 권리자에 대한 통지는 공고로 대신할 수 있다.

❷ 회사의 주식을 상환대가로 지급하게 되면, 결국 전환주식의 전환효과와 동일하게 되므로, 회사의 주식으로 지급할 수 없다. 한편, 상환 종류주식은 이익으로 소각하는 것이므로, 상환대가는 이익잉여금을 초과할 수 없다.

❸ 상환주식수는 감소되었음에도 상환우선주자본금은 그대로이기 때문에, 실무적으로 매우 헷갈리는 대표적인 사항이다. 이러한 회계처리는 배당가능이익의 범위 내에서 취득한 자기주식을 이익잉여금과 상계처리하여 소각하는 이익소각과 동일하다.

【판 례】 정관이나 상환주식인수계약 등에서 특별히 정한 바가 없으면 주주가 회사로부터 상환금을 지급받을 때까지는 상환권을 행사한 이후에도 여전히 주주의 지위에 있다(2017다251564).

(마) 전환 종류주식(☞ 신주교환주식)

- "전환 종류주식"이란 회사에 의하여 또는 주주의 청구에 의하여 보통주식을 포함한 다른 종류의 "신"주식(☞ 구주식×)으로 교환할 수 있는 주식을 말한다.
- 전환 종류주식도 그 전환권은 회사뿐만 아니라 주주에게도 부여할 수 있다.

전환 종류주식의 발행과 전환절차

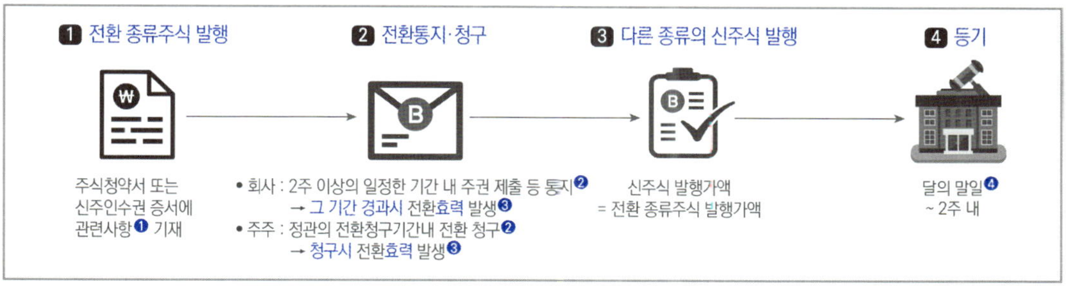

❶ ① 주식을 다른 종류의 주식으로 전환할 수 있다는 뜻, ② 전환의 조건, ③ 전환으로 인하여 발행할 주식의 내용, ④ 전환청구기간 · 전환기간을 주식청약서 또는 신주인수권증서에 기재하여야 한다(§347).

❷ 회사전환권주식의 경우, 이사회는 ① 전환할 주식, ② 2주 이상의 일정한 기간 내에 그 주권을 회사에 제출하여야 한다는 뜻, ③ 그 기간 내에 주권을 제출하지 아니할 때에는 그 주권이 무효로 된다는 뜻을 주주와 주주명부상 권리자에게 통지하여야 한다(§346 ③). 주주전환주식의 경우로서 주주가 전환을 청구할 때에는 주권과 함께 청구서 2통에 ① 전환하고자 하는 주식의 종류, 수와 청구년월일을 기재한 뒤 ② 기명날인 또는 서명하여야 한다(§349).

❸ 전환기간 또는 전환청구기간 중에 전환된 주주는 그 기간 중의 총회의 결의에 관하여는 의결권을 행사할 수 없다(§350 ②).

❹ 회사전환권주식의 경우 2주 이상의 주권제출기간의 마지막 날이 속하는 달의 말일을 말하고, 주주전환권주식의 경우 전환청구일이 속하는 달의 말일을 말한다(§351).

3) 주식병합과 주식분할

자본금은 "발행주식수 × 액면금액"으로 산출되는데, 발행주식수를 기준으로 ① 발행주식수를 통합하여 줄이는 것을 "주식병합", ② 발행주식수를 나누어서 늘리는 것을 "주식분할"이라고 한다.

주식병합과 주식분할의 유형, 예시(☞ 2 : 1 병합과 1 : 2 분할) 및 상법상 허용여부

구 분		처 리		주식수	액면	자본금	자본금 증감	허용 여부
				100주	1,000	100,000		
(1) 주식 병합	1) 액면병합	주식수↓	& 액면↑	50주❶	2,000	100,000	–❷	○
	2) 기타병합	〃	& 액면유지	50주❶	1,000	50,000	감소❸	○
(2) 주식 분할	1) 액면분할	주식수↑	& 액면↓	200주	500	100,000	–	○
	2) 기타분할	〃	& 액면유지	200주	1,000	200,000	증가	×❹

❶ 액면병합은 주식수가 감소하는 대신 액면금액이 증가하므로 원칙적으로 자본의 감소가 발생하지 않지만, 위의 2대 1 병합의 경우 기존에 1주만 가진 주주는 액면병합 후 0.5주(☞ 단주)를 받아야 하는데, 0.5주는 받을 수 없으므로 여러 단주에 해당하는 신주를 경매하여 각 주수에 따라 그 대금을 주주에게 지급하여야 한다.

❷ 단주가 발생할 경우 현금으로 청산되어 자본금의 감소가 발생하게 된다.

❸ 기타(주식)병합은 반드시 자본의 감소가 발생하므로, 상법은 주식병합과 관련된 내용을 "자본의 감소"편에서 규정하고 있다.

❹ 실질적인 자본의 증가없이 자본금만 증가하게 되어 자본충실의 원칙에 위배되므로 상법상 인정되지 않는다. 따라서 주식분할은 액면분할만 인정되므로, 주식분할은 곧 액면분할을 의미한다.

[절차, 단주처리 및 효력발생시기] 주식병합 vs 주식분할

구 분		주식병합	주식분할
(1) 절차	1) 결의와 정관변경	① 주주총회의 특별결의 ② 액면금액이 변경되는 경우 정관변경	〃 (☞ 좌동)
	2) 주권제출 공고와 통지❶	1월 이상의 주권제출기간을 정하여, ① 공고 : 주식병합의 뜻, 주권제출 ② 개별통지 : 주주명부상 주주와 질권자	〃
	3) 채권자 보호절차❶	① 총회 결의후 2주내에, 1월 이상의 기간 동안 이의제출 공고 ② 사채권자는 사채권자집회의 결의를 통해서만 이의제출	해당 사항 없음
	4) 신주권의 교부	구주권을 제출한 주주에게 신주권 교부❷	〃
	5) 변경등기	본점소재지 2주일 내	〃
(2) 단주의 처리		단주에 대해서 발행한 신주를 경매❸하여 지급	해당 사항 없음
(3) 효력발생시기		다음 중 늦은 날 ① 주권제출기간 종료일 ② 채권자보호절차 종료일	〃 ❹

❶ 주권제출과 채권자 이의제출 공고는 일반적으로 동시에 진행된다.

❷ 구주권을 회사에 제출할 수 없는 자가 있는 경우(☞ 구주권이 담보로 제공된 경우 등), 회사는 그 자의 청구에 의하여 3월 이상의 기간을 정하고 이해관계인(☞ 담보권자 등)에 대하여 그 주권에 대한 이의가 있으면 그 기간 내에 제출할 뜻을 공고하고 그 기간이 경과한 후에 신주권을 청구자에게 교부할 수 있다(§442 ①).

❸ 단, ① 시세있는 주식의 경우에는 거래소를 통하여 매각하고, ② 시세없는 주식은 법원의 허가를 받아 경매 외의 방법으로 매각할 수 있다(§443 ①, 실무적으로 법원의 허가 없이 단주처리를 하는 경우가 많아 문제가 되고 있다). 한편, 상법은 예외적으로만 자기주식의 취득을 인정하고 있는데, 그 중 1가지 예외사유가 단주처리를 위해 자기주식을 취득하는 경우이다(§341-2).

❹ 주식분할의 효력발생시기는 주식병합의 효력발생시기를 준용한다(§329-2 ② → §441). 그러나 주식분할의 경우 순자산이 감소하지 않아 채권자보호절차는 밟지 않아도 되므로 채권자보호절차 종료일은 적용되지 않는다.

4) 주식의 기타고려사항 ➡ 주식매수선택권

"주식매수선택권"이란 ① 정관으로 정하는 바에 따라 ② 주주총회의 특별결의로 ③ 회사의 설립, 경영 및 기술혁신 등에 기여했거나 할 수 있는 내부 임직원에게 ④ 미리 정한 가액(☞ 행사가격)으로 ⑤ 신주나 자기주식을 매수하거나 그 차액을 지급받을 수 있는 권리(☞ 옵션)를 부여하는 제도를 말한다.

가. 주식매수선택권의 부여조건

부여조건	구체적인 내용
1) 정 관 기 재	정관에 다음의 5가지 사항을 기재할 것 ① 일정한 경우 주식선택권을 부여할 수 있다는 뜻 ② 일정한 경우 주식선택권의 부여를 이사회 결의로 취소할 수 있다는 뜻 ③ 부여대상자의 자격요건 ④ 행사주식의 종류 · 수 ⑤ 행사기간
2) 부여대상자	회사의 이사, 집행임원, 감사 및 피용자[1]로서, 회사의 설립, 경영 및 기술혁신 등에 기여했거나 할 수 있는 자
3) 부여제외자	다음의 자는 부여대상자에서 제외 ① 의결권 있는 발행주식총수의 10% 이상의 주식을 가진 주주(☞ 주요주주)[2] ② 이사 · 집행임원 · 감사의 선임과 해임 등 회사의 주요 경영사항에 대하여 사실상 영향력을 행사하는 자[2]
4) 부 여 한 도	발행주식총수의 10% 이내

❶ 회사의 임직원을 말한다.

❷ 배우자와 직계존비속을 포함한다. 주요주주는 ① 자기거래를 할 수 없고, ② 주식매수선택권도 부여받을 수 없다.

나. 주식매수선택권의 부여 및 행사 절차

절 차		구체적인 내용
(1) 부여	1) 주주총회 특별결의	총회는 다음의 5가지 사항을 특별결의요건으로 결의 ① 부여대상자의 성명 ② 각자 행사시 발행 · 양도할 주식종류 · 수 ③ 행사기간 ④ 행사방법[1] ⑤ 행사가격[2] · 조정사항
	2) 계약체결	계약체결후 상당한 기간 내에 계약서 작성
	3) 계약서 비치 · 열람	행사기간 종료시까지 본점에 비치[3]
(2) 행사	1) 주식매수선택권자	총회결의일로부터 2년 이상 재임 또는 재직 후 행사[4]
	2) 회사	행사가액으로 ① 신주발행, ② 자기주식 양도, ③ 차액 지급

❶ ① 신주발행방법, ② 자기주식양도방법, ③ 차액(= 시가 − 행사가) 현금지급방법 등 3가지가 있다.

❷ 신주발행방법의 행사가격은 부여일을 기준으로 Max[① 실질가액(시가), ② 액면가액]으로 한다. 회사가 무액면주식을 발행한 경우에는 권면액을 1주당 자본금으로 계상되는 금액으로 한다. 또한 자기주식교부방법의 경우에는 부여일의 실질가액 이상이어야 한다(§340-2 ④). 따라서, 부여 당시에는 이익(☞ 부여당시에 행사가격으로 행사한다고 가정할 경우의 이익)이 발생하지 않는다.

❸ 주주는 영업시간 내에 열람할 수 있다.

④ 주식매수선택권을 행사할 수 있는 자(☞ 의무재임(직) 기간 충족)가 사망할 경우 그 상속인이 상속을 받아서 행사할 수 있으며(§340-4 ②), 주주명부 폐쇄기간 중에도 주식매수선택권의 행사는 가능하지만, 그 기간에 개최된 총회에서는 의결권을 행사할 수 없다(§340-5 → 350 ②). 또한, 본인의 귀책사유가 아닌 다른 사유로 의무재임(직) 기간 내에 퇴임(직)한 경우에도 주식매수선택권을 행사할 수 없다.

(2) 주주 관련

[비교] 주주와 주식 vs 주식인수인과 권리주

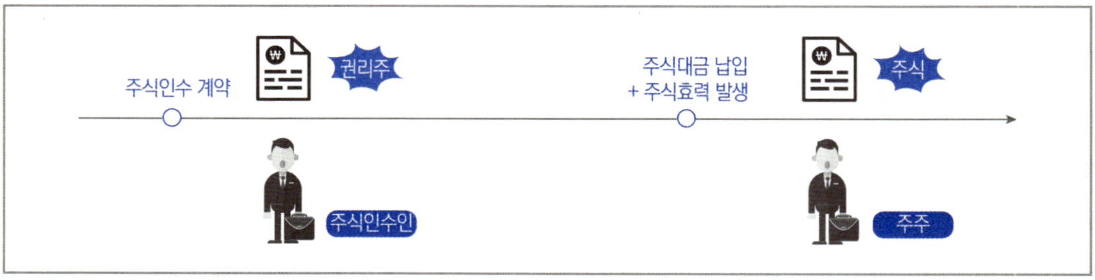

❶ 주식은 주주의 지위를 의미하고, 권리주는 주식인수인의 지위를 의미한다.

1) 주주의 주식소유형태

- 주식을 공동으로 소유하는 것도 가능하며, 공동소유자는 인수대금을 연대하여 납부할 책임을 지며, 권리를 행사할 1인을 정하여야 하고(☞ 공동소유주식의 경우 주주권을 분할하여 행사 불가), 정하지 않은 경우 회사는 공동소유자 중에 1인에 대해서만 통지나 최고를 하면 된다(§333).
- 주식공유의 예로서, 주주가 사망하여 다수의 상속인이 그 주식을 상속받은 경우 상속재산분할을 하기 전까지 그 주식은 공동소유가 되며, 또 합병후 합병무효판결이 될 경우, 합병후 취득한 주식은 합병당사자들의 공동소유가 된다(§239 ②).
- 주식의 공동소유는 인정되지만, 1주의 공동소유주식에 대해 특정 공동소유자의 일부지분만 양도하는 분할양도는 인정되지 않는다.

2) 주주명부

가. 주주명부의 효력(☞ 명의개서의 효력)

구 분	효 력	효력의 내용
(1) 주주측면	1) 추 정 력	• 주주명부상 주주는 주주로 추정(☞ 간주×)되므로 그 권리를 입증하지 않아도 됨 • 따라서 회사가 주주명부상 주주가 무권리자임을 주장하기 위해서는 회사가 그 사실을 입증해야 함
	2) 대 항 력	• 주주명부상 주주는 회사에 대해 권리를 주장(☞ 대항, 행사)할 수 있음 • 따라서 주식양수인이 주주로서 회사에 대해 권리를 행사하기 위해서는 회사에 대해 반드시 주주명부상 명의개서를 신청하여야 함

(2) 회사측면	면 책 력	• 주주명부는 회사의 통지·최고의 기준이 되므로, 주주명부에 기재한 주소(또는 주주나 질권자가 회사에 통지한 주소)로 하면 됨 • 따라서 주주명부상 주주가 실질주주가 아니라고 하더라도 회사는 책임을 부담하지 않음❶

❶ 회사가, 주주명부상 주주가 실질주주가 아니라는 사실을 알았다고 하더라도, 주주명부상 주주가 그 권리를 행사할 때 이를 부인할 수도 없고, 주주명부에 기재되지 않은 실질주주의 권리행사를 인정할 수도 없다(2015다255258). 따라서 회사가 주주명부상 주주가 실질주주가 아니라는 사실을 알았다고 하더라도 주주명부상 주주에게 통지 등을 하였을 경우 그 책임을 부담하지 않는다.

나. 주주명부의 2가지 유형과 각 기재사항

구 분		기재사항
(1) 일반주주명부	1) 주주 관련	• 성명, 주소(☞ 주민(법인)등록번호×)
	2) 주식 관련	① 소유주식의 종류, 수 ② 각 주식의 취득일
	3) 주권 관련	• 주권 번호
	4) *if* 전환주식 관련	① 주식을 다른 종류의 주식으로 전환할 수 있다는 뜻 ② 전환조건 ③ 전환청구기간과 전환기간 ④ 전환으로 인하여 발행할 주식의 내용
(2) 전자주주명부❶		• 위의 사항에 e-mail주소 추가

❶ 전자주주명부는 ① 정관에 따라 ② 일반주주명부의 기재사항에 전자우편주소(e-mail)를 추가로 기재하여, ③ 전자문서로 관리하는 주주명부이다(§352-2).

다. 주주명부의 폐쇄와 기준일

• 주식거래로 주주의 변동이 빈번한 상황을 고려하여 주주총회의 의결권 행사나 이익배당 등의 권리행사를 할 주주와 질권자를 확정하기 위한 주주명부의 폐쇄(☞ 명의개서정지)와 기준일의 설정을 인정하고 있다.

• 주주명부폐쇄기간에도 기존주주는 주식을 양도할 수 있지만, 주식양수인은 명의개서신청이 불가하므로 주주로서의 권리는 행사할 수 없다.

[비교] 주주명부의 폐쇄 vs 기준일

주주명부의 폐쇄❶	기준일
① 폐쇄기간의 2주전에 공고❷ ② 폐쇄기간은 3개월을 초과하지 못 함	① 기준일의 2주전에 공고❷ ② 권리행사일의 3개월 내의 날로 정하여야 함

❶ 실무적으로 주주명부의 폐쇄를 적용할 경우 주주명부폐쇄만 단독으로 적용하는 경우는 거의 없고, 기준일과 병용해서 적용하는 것이 일반적이다.

❷ 정관에 폐쇄기간이나 기준일을 정한 경우 별도의 공고를 하지 않아도 된다.

[비교] 주주명부의 폐쇄 vs 기준일

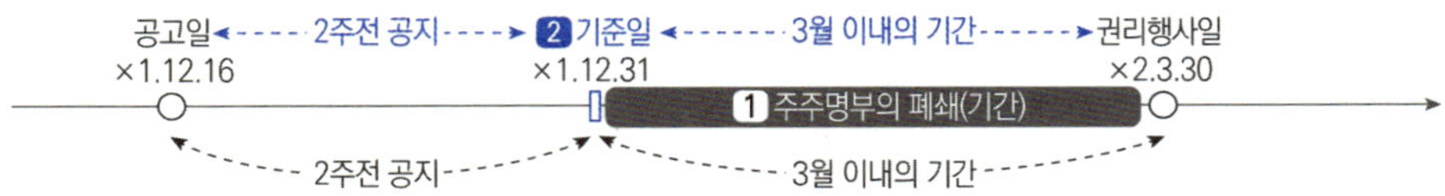

라. 주주명부의 기타고려사항

(가) 주주명부의 명의개서 관리

- 회사는 정관에 정하는 바에 따라 명의개서대리인(☞ 한국예탁결제원, KB국민은행, KEB하나은행 등)을 둘 수 있다.
- 명의개서대리인을 둔 경우 **법인등기, 주식청약서, 신주인수권증서 및 사채청약서**(☞ 사채원부의 명의개서)에 **기재**하여야 한다.

(나) 이사의 주주명부 등 비치 · 공시의무와 주주 등의 주주명부 열람권

- 이사는 ① **정관, 주주총회의 의사록**을 **본점**과 **지점**에, ② **주주명부, 사채원부**를 **본점**(☞ 지점×)에 비치하여야 한다. 이 경우 명의개서대리인을 둔 때에는 주주명부나 사채원부 또는 그 복본을 명의개서대리인의 영업소에 비치할 수 있다(§396 ①).
- 한편, ① **주주**와 ② **회사채권자**는 영업시간 내에 언제든지 관련 서류의 열람 또는 복사를 청구할 수 있지만(§396 ②), 회사가 주주의 주주명부 등의 열람 · 복사 청구에 정당한 목적이 없다는 점을 증명하면, 회사는 이를 거절할 수 있다(2015다235841).

관련 서류 열람권자와 회사의 거부권

열람권자의 범위		열람가능서류	회사거부권 명문규정	기재장소
1) 주주만	단독	이사회의사록	○	–
	3% 이상	회계장부와 서류	○	–
2) 주주, 채권자		① 정관 ② 주주총회의사록 ③ 재무제표, 영업 · 감사보고서	× ×❶ ×	본점과 지점 본점과 지점 본점과 지점
		④ 주주명부 ⑤ 사채원부 ⑥ 합병 · 분할계약서 등	×❷ × ×	본점 본점 본점
3) 사채권자, 사채관리회사		사채권자집회 의사록	×	본점

❶ 주주총회의 결의로 주식매수선택권을 부여할 경우, 그 주식매수선택권 계약서를 본점에 비치하여 주주가 영업시간 내에 열람할 수 있도록 하여야 한다(§340-3 ④).

❷ 판례는 회사가 주주나 채권자의 "주주명부 등"의 열람청구가 정당한 목적이 없다는 점을 증명하면, 그 열람청구를 거절할 수 있다고 하였다(2015다235841).

3) 주주평등의 원칙, 주주의 권리와 책임한도

가. 주주평등의 원칙

- 주식수에 따라 의결권이 부여되는 것을 "주주평등의 원칙"이라고 한다.
- 따라서 회사가 주주평등의 원칙에 위반하여 일부 주주에게만 우월한 권리나 이익을 부여하기로 하는 약정은 특별한 사정이 없는 한 무효가 된다(2002다63671).

나. 주주의 권리(☞ 주주권)

주주권의 분류			권리의 예시
(1) 자익권	1) 투자수익 관련		• 이익배당청구권(§462, §462-3)
	2) 투자회수 관련		• 주식양도권(§335) • 주식매수청구권(§374-2) • 잔여재산분배청구권(§538) 등
	3) 기타 관련		• 신주인수권(§418) • 주권교부청구권(§355) • 주권불소지권(§358-2 ②) 등
(2) 공익권	1) 단독주주권		• 의결권(§369) • 신주발행 유지청구권(§424) • ○○ 취소 · 무효 · 부존재 판결청구권(☞ 해산판결청구권 제외) • ○○ 열람권(☞ 회계장부열람권 제외)
	2) 소수 주주권	1% 이상	① 이사의 위법행위 유지청구권(§402) ② 대표소송권(§403) ③ 다중대표소송권(§406-2) ④ 총회소집절차 · 결의방법 검사인선임청구권(§367)
		3% 이상	① 회계장부 열람권(§466) ② 회사의 업무 · 재산상태 검사인선임청구권(§467) ③ 임시총회 소집청구권(§366) ④ 주주제안권[1](§363-2) ⑤ 이사 · 감사 · 청산인의 해임청구권(§385, §415, §539) ⑥ 집중투표 실시청구권[1](§382-2)
		10% 이상	• 회사의 해산판결청구권(§520)

❶ ① 주주제안권과 ② 집중투표 실시청구권만 의결권 있는 발행주식의 3% 이상이어야 한다.

다. 일반주주의 책임한도와 타인명의 주식인수인의 납입책임(☞ 유한책임)

(가) 일반주주의 책임한도

상법은 주주의 의무에 대해서는 별도로 규정하고 있지 않고, 그 책임한도에 대해서만 "주주의 책임은 그가 가진 주식의 인수가액을 한도로 한다(§331)"라고 규정하고 있다.

(나) 타인명의 주식인수인의 납입책임

가설인 명의·타인명의 도용한 경우	승낙을 얻어 타인명의를 빌린 경우
단독으로 인수가액을 납입할 책임	그 타인과 함께 인수가액 납입책임

4) 주주의 주식양도

가. [원칙] 자유로운 양도

주주의 주식 양도권리는 주주의 본질적인 권리이기 때문에 법에서 정한 사유 외의 사유로서 양도자체를 실질적으로 금지하는 약정은 무효이다. 따라서 주주는 회사와 경쟁관계, 분쟁 중에 있는 자에게도 주식을 양도할 수 있다(2008다37193).

(가) 주식양도의 3가지 절차

주권의 교부는 주식양도의 효력요건이고, 주주명부상 명의개서는 주식양수인의 회사에 대한 대항요건이다.

주식양도의 3가지 절차

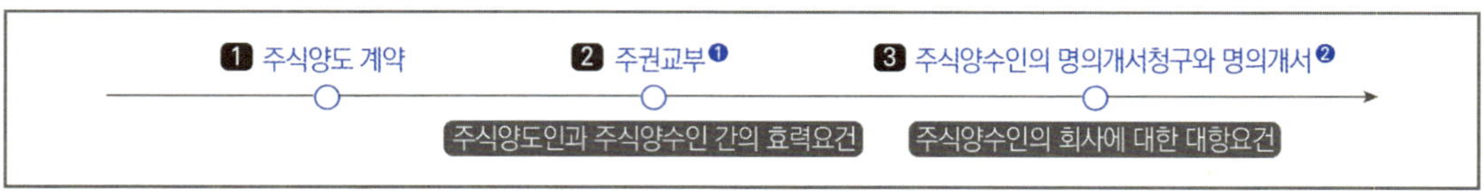

❶ 만약, 주식양도자가 회사에 주권불소지를 신고한 경우에는 주식양도자는 회사로부터 주권의 발행을 요구하여 교부받은 뒤에 주식양수자에게 교부하여야 한다.

❷ 주식양"수"인이 단독(☞ 주식양수인과 주식양수인이 함께 ×)으로 회사에 주권을 제시하여 명의개서를 청구하면 되고(94다25735), 회사(또는 명의개서대리인)는 형식적인 요건만 확인하고 명의개서를 하면 된다(2017다231980). 즉, 주식양수인이나 회사 모두 주식양수인의 실질적인 권리를 입증하거나 확인할 필요가 없다(∵ 거래가 빈번하다면 실질적인 권리의 확인절차가 현실적으로 불가하기 때문이다). 또한, 회사가 정당한 이유없이 주주명부의 명의개서를 거부하거나 지연하는 경우, 주식양수인은 주주명부에 주주로서 기재되어 있지 않더라도 주주로서 권리를 행사할 수 있다(92다40952). 따라서 회사가 총회시 주주명부에 기재되지 않은 주식양수인에게 통지의무를 이행하지 않을 경우 "결의하자소송의 원인"이 될 수 있다.

【판 례】 회사가 실제 주식을 인수하거나 양수하고자 하였던 자가 따로 존재한다는 사실을 알았든 몰랐든 간에, 주주명부상 주주의 주주권 행사를 부인할 수 없으며, 주주명부에 기재를 마치지 아니한 자의 주주권 행사를 인정할 수도 없다(2015다248342).

(나) 예외적인 방법으로 주식을 양도한 경우 회사에 대한 효력

❑ 주권발행전 주식양도의 회사에 대한 효력

주권발행전의 주식양도는 회사에 대하여 효력이 없지만(§335 ③), 회사성립후 또는 신주의 납입기일 후 6월이 경과한 때에는 효력이 있다(§335 ③).

주권발행전 주식양도의 시기별 회사에 대한 효력

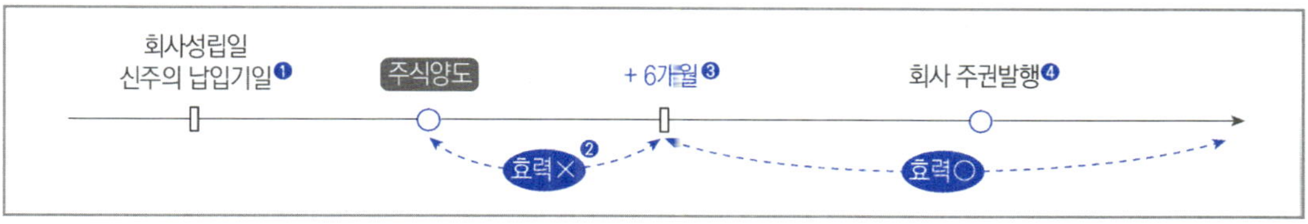

❶ 원칙적으로 회사가 주권을 발행하여야 하는 시기이다.

❷ 회사에 대한 효력이 없을 뿐이지, 주식양도인과 주식양수인 간에는 효력이 있으므로 주식양수인은 주식양도인에게 주권의 인도를 청구할 수 있는 권리(☞ 채권적 효력)를 가지게 된다. 또한, 회사에 대하여 효력이 없으므로, 주식양수인은 회사에 대해서 명의개서나, 자기에게 주식을 발행·교부해 달라고 할 수 없고, 주식양수인은 주주명부상 주주가 아니므로 회사도 명의개서를 해 주거나(☞ 명의개서를 해주더라도 효력이 없다), 주권을 교부할 수 없다. 만약 이 시기에 주권이 발행된다면, 회사는 발행된 주권을 주주명부상 주주인 주식양도인에게 교부하고, 주식양도인은 그 주식을 다시 주식양도인에게 교부하여야 한다.

❸ 회사가 주권을 발행하기 전에 주식을 양도한 경우라도, 회사가 회사성립일 또는 신주의 납입기일로부터 6개월이 경과할 때까지 주권을 발행하지 않는다면, 그 6개월이 경과한 때에 회사에 대해 효력이 있다.

❹ 회사성립일 또는 신주의 납입기일로부터 6개월이 경과한 대부터 회사가 주권을 발행하기 전까지는, ① 주식양도인이 주식의 양도사실을 회사에 통지하거나 ② 회사가 양도사실을 승낙할 경우(☞ 민법상 지명채권양도의 대항요건) 주식양수인은 주주명부의 명의개서를 할 수 있다. 그 외에도 주식양수인은 주식양도인의 협력을 받을 필요 없이 단독으로 자신이 주식을 양수한 사실을 증명하여 회사에 대하여 명의개서를 청구할 수 있다(92다16386). 또한, 주식양수인이 회사 이외의 제3자에게 대항하기 위하여는 지명채권의 양도에 준하여 확정일자 있는 증서에 의한 양도통지 또는 승낙을 갖추어야 한다(94다36421).

주권발행전 주식의 이중양도시 이중양수인 중 실질권리자를 정하는 기준(2005다45537)

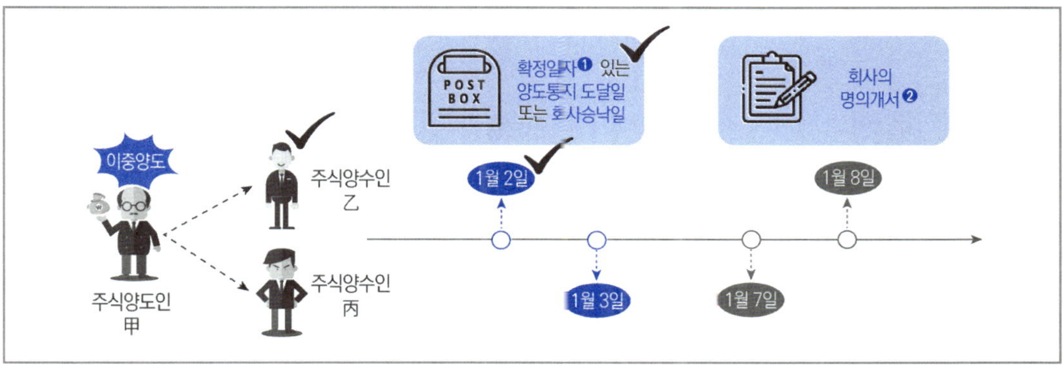

❶ "확정일자"란 법원, 등기소, 동사무소, 공증사무소 등 공적인 기관이 계약서의 체결날짜를 확인하기 위해 도장을 찍어준 날짜를 말한다. 가장 대표적인 확정일자의 예는 주민센터가 임대차계약에 찍어주는 "전입신고 확정일자"이다.

❷ 주주명부에 기재된 명의상의 주주는 회사에 대한 관계에 자신의 실질적 권리를 증명하지 않아도 주주의 권리를 행사할 수 있는 자격수여적 효력을 인정받을 뿐이지, 주주명부의 기재에 의하여 창설적 효력을 인정받는 것은 아니다. 따라서 실질적으로 주식을 취득하지 못한 사람이 명의개서를 받았다고 하여 주주의 권리를 행사할 수 있는 것이 아니다.

【판례1】 이중양수인 상호간의 우열은 지명채권 이중양도의 경우에 준하여 확정일자 있는 양도통지가 회사에 도달한 일시 또는 확정일자 있는 승낙의 일시의 선후에 의하여 결정하는 것이 원칙이다(2005다45537).

【판례2】 확정일자 제도의 취지에 비추어 볼 때 원본이 아닌 사본에 확정일자를 갖추었다 하더라도 대항력의 판단에 있어서는 아무런 차이가 없다(2005다45537).

❑ 권리주를 양도한 경우 회사에 대한 효력

- 상법은 양도자체를 제한하지는 않지만, 회사에 대한 효력을 제한하고 있다.
- 권리주 양도도 "주권발행전 주식양도"와 마찬가지로 권리주양도인과 권리주양수인 간에는 효력이 있고, 권리주양수인은 권리주양도인에 대해서 향후에 주권이 발행·교부될 경우 이를 교부해 달라고 할 수 있는 권리(☞ 채권적 효력)를 갖게 된다. 따라서 권리주양도인이 회사에 대하여 주식인수인로서의 납입의무를 부담해야 하고, 권리주양도인이 회사로부터 주권을 교부받아 권리주양수인에게 교부하여 명의개서를 하지 않는 이상, "주권발행전 주식양도"와 달리 일정 기간이 경과해도 회사에 대하여 효력이 없다.

[회사에 대한 효력] 권리주 양도 vs 주권발행전 주식양도

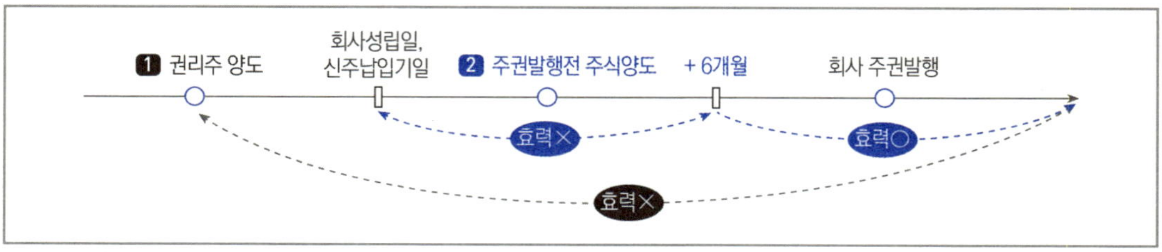

❑ 타인명의로 명의개서한 경우 회사에 대한 효력

회사가 주주명부상 주주 외에 실제주주가 따로 존재한다는 사실을 알았든 몰랐든 간에 주주명부상 주주권 행사를 부인할 수 없고, 명의개서를 하지 않는 자의 주주권 행사를 인정할 수도 없다(2015다248342).

나. [예외1] 정관에 따른 양도제한 ➡ 주식양도시 이사회 승인 요건

(가) 주주의 양도승인 청구절차

이사회 승인에 의한 주식의 양도절차(§335-2)

주식양도인(주주) 또는 주식양수인❶	회사
회사에 서면❷으로 주식양도 승인 청구	1월 이내❸에 서면으로 양도승인여부 통지

❶ 주식양수인도 주식양도인을 대신하여 회사에 주식양도승인을 청구할 수 있다.
❷ ① 양도상대방, ② 주식종류, ③ 주식수를 기재하여야 한다.
❸ 1월 경과시 승인으로 간주(☞ 추정×)한다.
❹ 이사회가 없는 소규모주식회사의 경우 이사회 대신 주주총회가 승인여부를 결정한다(§383 ④).

(나) 이사회가 주식양도 승인을 거부할 경우 주주의 2가지 대응절차

❑ [대응방안1] 양도상대방 지정청구

양도상대방 지정청구의 4가지 절차(§335-2 ~ §335-5)

구 분		양도상대방 지정청구 절차	
순서	주 체	기 한❶	절 차
1	주주	거부통지 수령일 ~ 20일	양도상대방 지정청구
2	회사	지정청구일 ~ 2주(14일)	양도상대방 지정후 주주 · 양도상대방에게 서면 통지
3	양도상대방	지정통지 수령일 ~ 10일	양도주주에게 주식매도청구
4	주주와 양도상대방	주식매도청구일 ~ 30일	매수가격 협의 실패시 법원에 매수가액 결정청구 가능❷

❶ 기한은 회사의 승인여부통지기간인 1월(30일)부터 20일 → 2주(14일) → 10일까지 계속 줄어들다가 기간은 다시 30일로 늘어난다.
❷ 주주나 양도상대방 모두 청구가능하다.

양도상대방 지정청구의 4가지 절차

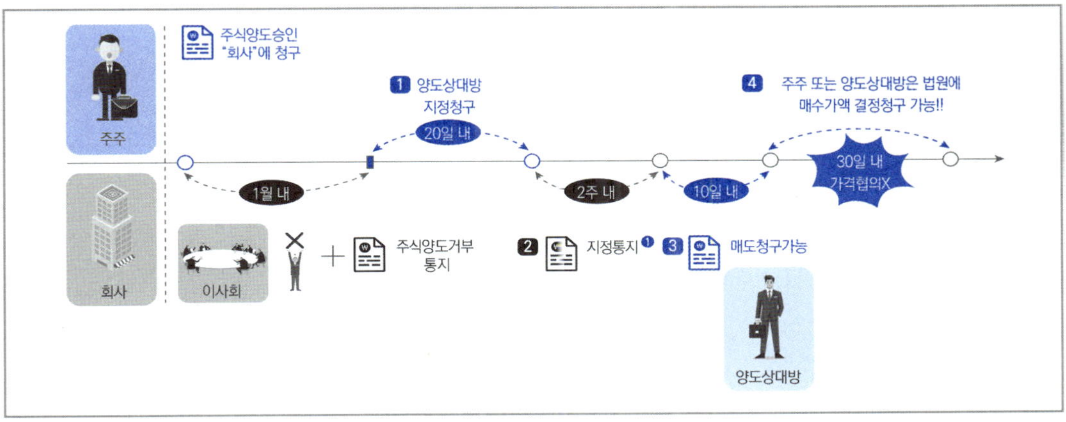

❶ 회사는 주주와 지정된 양도상대방에게 서면으로 통지하여야 한다.

❑ [대응방안2] 주식매수청구권의 행사

주식매수청구권의 2가지 행사절차(§374-2)

구 분		주식매수청구 절차	
순서	주 체	기 한	절 차
1	주주	거부통지 수령일 ~ 20일(매수청구기간)❶	회사에 대해 주식매수 청구
2	주주와 회사	매수청구기간 종료일 ~ 2개월	매수가격 협의 후 매매

❶ 주주의 매수청구기간 종료일부터 30일 이내에 협의가 이루어지지 않는 경우, 법원에 매수가액의 결정을 청구할 수 있다.

주식매수청구권의 2가지 행사절차

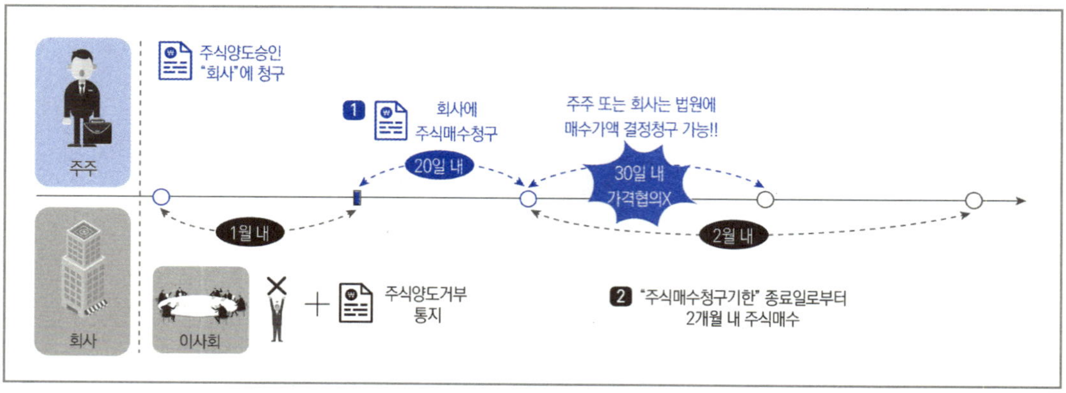

다. [예외2] 상법에 따른 취득제한 ① ➡ 회사의 자기주식 취득제한

(가) 배당가능이익 내의 자기주식 취득

❑ 자기주식 취득한도(☞ 회계상 미처분이익잉여금)

자기주식의 취득한도(§341 ①단서)

대차대조표상 순자산❶ − (자본금 + 자본준비금❷ + 이익준비금❸ + 미실현이익❹)

❶ 자본을 말한다.
❷ 자본잉여금을 말한다.
❸ 법정이익준비금으로 적립하였거나 당기에 적립하여야 할 금액을 말한다.
❹ 재평가잉여금누계액 등의 기타포괄손익누계액을 말한다.

❑ 자기주식 취득방법

자기주식 취득방법(§341 ①, 령§9 ①)

① 시세 있는 거래소에서 취득[1]
② 각 주주가 가진 주식수에 따라 균등한 조건으로 다음 중 하나의 방법으로 취득
㉠ 모든 주주(☞ 특정 주주×)에게 자기주식 취득의 통지 · 공고를 하여 주식을 취득[2]
㉡ 자본시장법에 따른 공개매수

❶ 상장회사가 적용하는 방법이다.

❷ 비상장주식회사가 적용하는 방법이며, 이때, "균등한 조건"이란 반드시 주식수에 비례하여 취득하는 것이 아니라, 기회를 균등하게 주는 것을 의미하기 때문에 모든 주주에게 통지 · 공고의무를 부여한 것이다(☞ 실무의 핵심적용사항).

❑ 자기주식 취득절차

모든 주주에게 자기주식의 취득통지 · 공고하여 주식을 취득하는 방법의 6가지 취득절차(§341 ②, 령§10)

절 차		내 용
(1) 회사	1) 주주총회[1]의 사전결의	주주총회는 다음 사항을 미리 결정 ① 취득대상 주식의 종류 · 수 ② 취득가액 총액한도 ③ 1년을 초과하지 않는 범위에서 자기주식 취득기간
	2) 이사회 결의	이사회는 다음 사항을 결정 ① 자기주식 취득목적 ② 취득대상 주식의 종류 · 수 ③ 1주당 취득대가로 지급할 금액 · 재산 ④ 총취득대가로 지급할 금액총액 ⑤ 양도신청기간[2] ⑥ 금전교부시기[3]와 기타 주식취득조건
	3) 회사의 주주에 대한 통지	양도신청기간 2주 전에 각 주주에게 서면 · 전자문서로 다음 사항 통지 ① 회사 재무현황 ② 자기주식 보유현황 ③ 위 이사회 6가지 결의사항
(2) 주주의 주식양도 신청		서면으로 양도할 주식의 종류와 수를 신청
(3) 회사와 주주간의 양도계약 성립		양도신청기간이 끝나는 시점에 양도계약 성립
(4) 회사의 서류 비치와 주주 등의 열람		지체없이 자기주식 취득내역서 작성후 본점에 6개월간 비치[4]

❶ 정관에서 이사회의 결의로 이익배당을 할 수 있다고 정한 경우, 이사회의 결의로 대신할 수 있다.

❷ 양도신청기간은 20일 ~ 60일이어야 한다.

❸ 양도신청기간 종료 후 1개월 내에 지급되어야 한다.

❹ 주주와 채권자는 영업시간 내에 언제든지 자기주식 취득내역서를 열람할 수 있으며, 회사가 정한 비용을 지급하고 그 서류의 등본이나 사본의 교부를 청구할 수 있다(령§9 ②).

❑ 자기주식 처분절차

원칙적으로 자기주식의 취득은 주주총회에서 결의하지만, 자기주식의 처분은 정관에 다른 규정(☞ 주주총회에서 결의한다는 등)이 없는 한 이사회가 결정하며, 상법은 자기주식의 처분과 관련한 처분방법, 처분기간 등의 제한에 대한 별도의 규정을 두고 있지 않으므로 이사회가 결정하면 된다.

❑ 자기주식의 기타고려사항

기타고려사항	내 용
1) 자기주식 취득에 대한 이사의 손해배상책임 (§341 ③, ④)	• 회사는 당기말의 배당가능한도가 음수❶가 될 우려가 있는 경우 자기주식을 취득할 수 없음 • 그럼에도 불구하고 자기주식을 취득한 경우 이사는 연대하여 회사에 대하여 그 음수에 해당하는 금액을 배상하여야 함 • 다만, 이사(☞ 회사×)가 당기말의 배당가능한도가 음수가 될 우려가 없다고 판단하는 데 주의를 게을리 하지 않았다는 것을 입증하게 되면 손해배상책임을 부담하지 않음
2) 자기주식의 질취한도 (§341-3)	• 회사가 채무자로부터 그 담보로서 자기주식을 받을 경우 발행주식총수의 1/20(☞ 5%)을 초과할 수 없음 • 다만, 합병 · 다른 회사 영업전부의 양수❷나 권리를 실행함에 있어서 그 목적을 달성하기 위한 경우❷에는 1/20을 초과할 수 있음

❶ "대차대조표상 순자산 < (자본금 + 자본준비금 + 이익준비금 + 미실현이익)"이 되는 상황을 말한다.

❷ 아래 (나)의 ①과 ②의 사유를 말한다.

(나) 부득이한 경우의 자기주식 취득

자기주식의 취득에 제한을 받지 않는 부득이한 경우(§341-2)

① 회사의 합병 또는 다른 회사의 영업전부의 양수로 인한 경우❶
② 회사의 권리를 실행함에 있어 그 목적을 달성하기 위하여 필요한 경우❶
③ 단주의 처리를 위하여 필요한 경우
④ 주주가 주식매수청구권을 행사한 경우

❶ 자기주식의 질취한도(☞ 발행주식총수의 1/20)의 제한이 적용되지 않는다(§314-3 단서).

라. [예외2] 상법에 따른 취득제한 ② ➡ 자회사의 모회사주식 취득제한

(가) 자회사의 범위

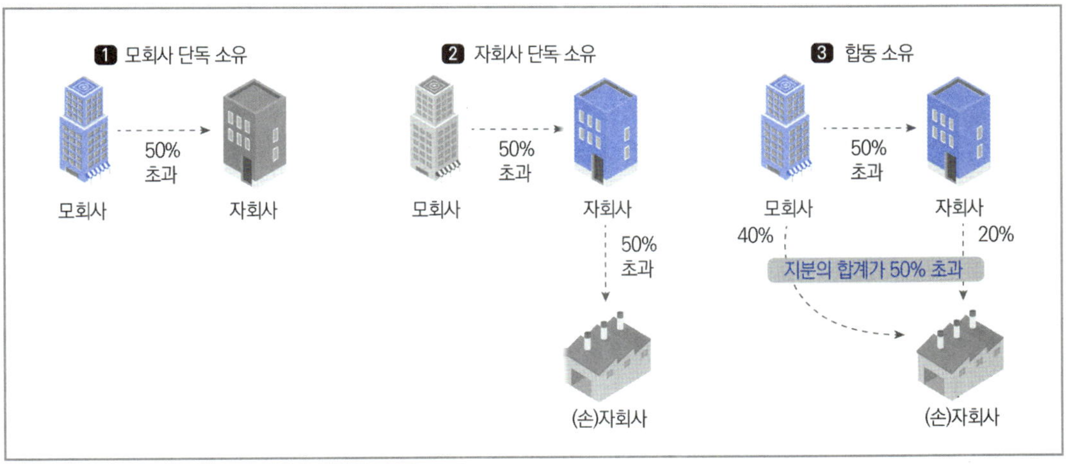

(나) 부득이한 경우의 모회사주식의 취득

자회사는 ① **모회사주식에 대해서 의결권을 행사할 수 없고**(§369 ③), ② 취득일로부터 **6개월 이내에** 모회사주식을 **처분**하여야 한다.

자회사가 모회사주식을 취득할 수 있는 3가지 부득이한 경우(§342-2)

① 주식의 **포괄적 교환·이전**으로 인한 때
② 회사의 **합병** 또는 **다른 회사의 영업전부의 양수**로 인한 때❶
③ 회사의 **권리를 실행**함에 있어 그 목적을 달성하기 위하여 필요한 때❶

❶ 자기주식을 취득할 수 있는 경우에도 해당한다. 자기주식이나 모회사주식을 취득할 수 있는 부득이한 사유와 처분기한을 비교하면 다음과 같다.

[부득이한 취득사유와 처분기한] 자기주식 취득 vs 모회사주식 취득

구 분		[비교] 자기주식 취득	모회사주식 취득
1) 부득이한 사유	공통	① 합병·다른 회사 영업전부 양수 ② 권리의 실행 목적	① 합병·다른 회사 영업전부 양수 ② 권리의 실행 목적
	차이	① 단주의 처리 ② 주주의 주식매수청구권 행사	① 주식의 포괄적 교환·이전
2) 처분기한		–	취득일 ~ 6개월

5) 주주의 주식담보제공

가. 주식의 입질[入質](☞ 주식을 담보로 제공)

(가) 주식에 대한 질권의 효력요건과 제3자에 대한 대항요건

질권의 효력요건(☞ 질권설정절차)	제3자에 대한 대항요건
주주가 질권자에게 그 주권을 교부	주권을 계속 점유

【판 례】 주권발행 전의 주식양도도 인정되고, 주권발행 전에 주식의 담보제공을 금지하는 법률규정도 없으므로 주권발행 전에 주식에 대한 질권설정도 가능하다. 다만, 상법 제338조(주식의 입질) 제1항은 주권이 발행된 기명주식의 경우에 해당하는 규정이므로, 주권발행 전의 주식의 입질은 권리질권설정의 일반원칙인 민법 제346조[권리질권의 설정방법]에 의하여 질권을 설정할 수 있다(99그1).

(나) 질권의 2가지 유형과 유형별 효력

질권설정자(☞ 주주)의 청구에 따라 주주명부에 질권자의 성명과 주소를 ① 기재하는 질권을 "등록질(권)"이라고, ② 기재하지 않는 것을 "약식질(권)"이라고 한다.

[질권의 효력] 등록질 vs 약식질

구 분	등록질	약식질
1) 명문 규정으로 인정 ○	① 물상대위권 ② 잔여재산분배 ③ 이익배당❶ ④ 주권교부청구권❶❷ ⑤ 공탁청구권❶❸	① 물상대위권
2) 통설로 인정 ×	신주인수권 행사로 인한 신주❹	① 이익배당 ② 주권교부청구권 ③ 공탁청구권 ④ 신주인수권 행사로 인한 신주❹

❶ 등록질에만 있는 효력이다.

❷ 등록질권자는 회사에 대해 병합·분할·전환으로 발행되는 주식에 대한 주권의 교부를 청구할 권리를 가진다.

❸ 채권이 상환되기 전(☞ 변제기 전)이라면, 질권자는 회사에 대해 배당금 등에 대한 공탁을 요구할 수 있다(§340 ② → 민353 ③). "공탁"이란 금전 등을 법원의 공탁소에 맡기는 것을 말한다.

❹ 주주가 신주인수권을 행사하여 "별도의 재산"으로 신주발행대금을 납입하고 신주를 취득한 것이므로, 신주에 대해서 질권의 효력을 자동적으로 인정하게 되면 주주에 대한 추가적 부담이 되기 때문에 인정되지 않는다.

❑ 물상대위권의 추가고려사항

- "물상대위"란 문자 그대로 "(다른) 물건[物] 위에[上] 대신[代] 위치[位]한다"는 뜻인데, 원래 질권의 대상은 구주식이었지만, 주식소각, 분할, 전환 또는 병합을 하게 되면 구주식은 소멸되고, 그 대가로 받게 되는, 금전 또는 신주식(☞ 분할후, 전환후, 병합후)에 대해서도 질권자로서 권리를 행사할 수 있게 하는 것이다.
- 등록질과 약식질 모두 물상대위가 인정되지만, 약식질권자는 그 권리를 행사하기 위하여 압류절차를 진행하여야 한다.

❑ 무상증자시 무상주에 대한 추가고려사항

무상증자를 하게 되면 주식수는 늘어나게 되지만, 자본총액은 변동되지 않으므로 기존 주식의 가치는 상대적으로 떨어지게 된다. 따라서 무상주에 대해서는 별도의 질권설정절차를 하지 않더라도 질권의 효력이 발생한다.

나. 주식의 양도담보

- 채권자가 주식의 입질보다 더 확실하게 담보권을 확보할 수 있는 방법은 "양도담보설정계약"을 체결하여, 채무자가 채무를 이행하지 않을 경우 그 주식을 직접 매각하는 것이다.
- 상법은 위의 같은 주식의 양도담보에 대해서는 명문규정을 두지 않고 있지만, 판례와 통설이 인정하고 있고 실무적으로 많이 사용되고 있을 뿐만 아니라, 세법도 이를 인정하고 있다.

2. 신주발행으로 인한 자본금의 증가(유상증자)

(1) 신주발행의 7가지 기본절차

<table>
<tr><th>7가지 절차</th><th>주 체</th><th colspan="2">구체적인 내용</th></tr>
<tr><td rowspan="3">1) 신주발행사항 결정</td><td rowspan="3">이사회</td><td colspan="2">정관에 규정이 없거나 정관으로 총회에서 결정하기로 정한 경우 외에는, 이사회가 정관의 발행할 주식수의 범위 내에서 다음의 사항을 결정</td></tr>
<tr><td>기본사항 3가지</td><td>해당시 추가사항 3가지</td></tr>
<tr><td>① 신주의 종류와 수
② 신주식의 발행가액[1]과 납입기일
③ 신주의 인수방법</td><td>① 신주인수권의 양도에 관한 사항
② 신주인수권증서의 발행에 관한 사항
③ 현물출자에 관한 사항</td></tr>
<tr><td>2) 신주발행사항 공고</td><td>회사</td><td colspan="2">신주인수권 배정기준일 2주전에, 이사회의 신주발행결정사항을 공고</td></tr>
</table>

7가지 절차	주 체	구체적인 내용
3) 청약통지(최고)	회사	청약기일 2주전에, 배정기준일의 주주에게 다음 사항❷을 통지 ① 신주의 종류와 수 ② 청약기간 내에 청약하지 않으면 신주인수권을 잃는다는 뜻
4) 신주의 청약	신주인수권자	① 이사가 주식청약서(☞ 양식)를 작성 ② 신주인수권자는 주식청약서에 따라(☞ 모집설립과 동일) 주식청약
5) 신주의 배정	회사	주식청약인에게 신주를 배정(☞ 청약의 승낙) ① 청약이 초과된 경우: 비례적으로 배정 ② 청약이 미달된 경우: 이사회의 결의로 자유롭게 배정
6) 인수가액 납입	신주인수인	① 납입기일에 인수가액의 전액을 납입❸ ② 인수가액과 주식인수인의 채권과 상계 : 회사의 동의를 얻은 경우만 가능❹ ③ 신주의 효력발생시기 : 납입기일의 다음 날
7) 변경등기❺	회사	본점소재지 : 2주일 내

❶ 발행가액은 원칙적으로 액면금액을 미달할 수 없다. 그러나 예외적으로 액면금액에 미달하여 발행할 수 있는 요건과 기타 고려사항을 살펴보면 다음과 같다.

액면미달 발행요건과 기타 고려사항(☞ §417, §426)

구 분	내 용
1) 액면미달 발행요건 3가지	다음의 3가지 요건 모두 충족 ① 회사성립일로부터 2년 경과 ② 주주총회의 특별결의 ③ 법원의 인가
2) 액면미달 발행시 기타고려사항	① 주주총회 특별결의시 최저발행가액을 결정. 단, 법원은 회사현황과 제반사정을 참작하여 최저발행가액을 변경하여 인가할 수 있으며, 이를 위해 회사의 재산상태 등을 조사하게 위하여 검사인을 선임할 수 있음 ② 주식은 법원의 인가를 얻은 날로부터 1월 내에 발행 ③ 이사는 ㉠ 발행조건과 ㉡ 미상각액(☞ 액면미달액)을 주식청약서에 기재 ④ 신주발행에 대한 변경등기시 미상각액(☞ 발행조건×)을 등기

❷ 이사회가 해당시 추가사항 중 "② 신주인수권의 양도에 관한 사항"과 "③ 신주인수권증서의 발행에 관한 사항"을 정한 경우에는 그 내용도 통지하여야 한다(§419 ①).

❸ 신주인수인이 납입기일에 납입하지 않은 경우, 별도의 실권절차 없이 그 권리를 잃게 되며(§423 ②), 그 권리의 상실은 손해배상책임에 영향을 미치지 않는다. 한편, 모집설립에서 제3자가 납입기일에 납입을 하지 않은 경우에는 최고통지와 같은 실권절차를 밟아야 한다.

❹ 회사설립시에는 주금납입의무를 채권과 상계할 수 없지만, 회사성립 후 신주발행시에는 회사의 동의가 있으면 가능하다.

❺ 변경등기일로부터 1년이 경과할 경우, 신주를 인수한 자는 ① 주식청약서나 신주인수권증서의 요건의 흠결을 이유로 인수무효를 주장하거나, ② 사기 · 강박 · 착오를 이유로 인수취소를 하지 못하며, 그 주식에 대하여 주주의 권리를 행사한 때에도 같다(§427). 한편, 모집설립에서 제3자는 회사성립 후(☞ 1년 경과×) 주식청약서의 흠결을 이유로 인수무효를 주장하거나, 사기 · 강박 · 착오를 이유로 인수취소를 하지 못하며, 회사성립 전이라도 창립총회에서 권리를 행사한 때에도 같다(§320).

■ 신주발행시 7가지 기본절차

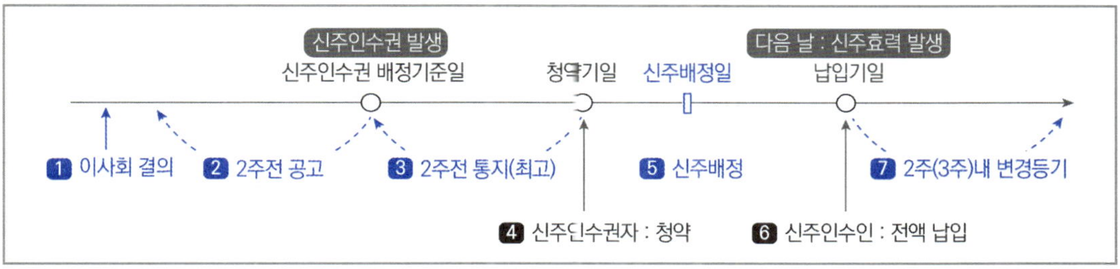

(2) 예외적인 경우의 신주발행절차

1) 신주인수권의 양도

가. 신주인수권의 2가지 유형과 양도가능여부

- 주주는 그가 가진 주식수에 따라 신주의 배정을 받을 권리(☞ 신주인수권)가 있다(§418①).
- 주주의 신주인수권은 주주로서 갖게 되는 고유한 권리로서, 신주배정기준일 현재의 주주에게 특정되어 주어지는 "구체적" 신주인수권과 구별하기 위하여, "추상적" 신주인수권이라고 한다. ① 추상적 신주인수권은 특정된 재산권이 아니므로 양도가 불가하고, ② 구체적 신주인수권만(☞ 신주인수권증서의 발행대상) 주식과 분리하여 양도할 수 있다.
- 신주배정기준일 현재의 주주는 신주인수권증서의 발행여부와 상관없이, 그 신주배정기준일에 구체적 신주인수권을 자동적으로 취득하게 된다.

나. 구체적 신주인수권의 양도방법

(가) 신주인수권의 양도가 정관이나 이사회에서 "정해진" 경우

- 신주발행사항을 결정하기 위해 개최된 이사회에서는, 정관에 다른 규정이 없는 한, 신주인수권의 양도 가능여부를 결정하여야 한다(§416 ⑤).
- 상법은 "신주인수권의 양도는 신주인수권증서의 교부에 의하여만 이를 행한다(§420-3 ①)"라고 하고 있고, 회사의 신주인수권 발행시기에 관해 다음과 같이 2가지로 정하고 있다.
- 신주인수권은 주주만이 양도할 수 있으므로 제3자에게는 신주인수권증서를 발행할 수 없다.

■ 신주인수권증서[1]의 상황별 발행시기(§420-2 ①)

1) 원칙	2) 주주가 청구할 때만 발행하기로 결정한 경우
청약기일 2주 전	주주가 청구한 때[2]

[1] 신주인수권증서도 선의취득이 가능하고, 신주인수권증서 대신 신주인수권 전자등록제도도 적용할 수 있다(§420-4). 다만, 신주발행 과정에서 신주인수권을 양도할 수 있는 기간은 일반적으로 며칠에 불과하므로, 진행절차에 수개월이 소요되는 제권판결은 적용되지 않는다.

[2] 모든 주주가 신주인수권을 양도하는 것이 아니므로 신주인수권증서의 교부를 청구하는 주주에게만 발행하는 것이 신주인수권증서의 발행절차를 간소화하고 비용을 줄일 수 있다.

[양도방법] 신주인수권 vs 주식

구 분	신주인수권	[비교] 주 식
1) 양도방법(원칙)	신주인수권증서 교부	주권 교부
2) 선의취득 가능여부	○	○
3) 전자등록 가능여부	○	○
4) 제권판결	×	○

(나) 신주인수권의 양도가 정관이나 이사회에서 "정해지지 않은" 경우

[예외적인 양도의 회사에 대한 효력] 신주인수권 vs 주식

구 분	이사회가 양도를 정하지 않은 상황에서 신주인수권을 양도한 경우[1]	주권발행전[2]에 주식을 양도한 경우
1) 효력여부	① 회사가 승낙 × : 효력 × ② 회사가 승낙 ○ : 효력 ○	회사가 승낙하더라도 효력 없음
2) 이 유	관련 명문규정이 없고, 신주인수권의 양도에 대하여는 정관이나 이사회의 결의를 통하여 자유롭게 결정할 수 있도록 하고 있음	효력이 없음을 상법에서 엄격하게 규정

[1] 신주인수권증서가 발행되지 않을 경우 지명채권의 양도방식으로 신주인수권을 양도할 수 있다.
[2] 회사성립 후 또는 신주발행 후 6개월 동안 주권을 발행하지 않은 경우를 말한다.

다. 신주인수권증서를 발행한 경우 신주발행절차

[7가지 신주발행 기본절차의 차이] 기본절차 vs 신주인수권증서 발행시 절차

기본절차 중	[비교] 기본절차	신주인수권증서 발행시 절차(§420-5)
4) 신주의 청약	주식청약서에 의하여 청약	① 신주인수권증서에 의하여 청약 ② 증서를 상실한 경우 : 주식청약서에 의하여 청약[1]

[1] 다만, 신주인수권증서에 의한 청약이 별도로 있을 경우, 증서를 상실한 자의 주식청약서에 의한 청약은 효력이 없다.

2) 제3자에게 신주를 발행하는 경우

원칙적으로 주주는 소유주식수에 따라서 신주인수권을 가지지만, 다음과 같은 경우에는 제3자에게 신주를 배정할 수 있다.

제3자에게 신주를 배정할 수 있는 조건(§418 ②)

① 정관에 정할 것
② 경영상 목적(신기술의 도입, 재무구조의 개선 등)[1]을 달성하기 위하여 필요한 경우일 것

[1] 경영권 방어 목적의 제3자배정은 경영상 목적에 해당하지 않는다.

회사가 제3자에게 신주를 배정한 경우 신주발행시 이사회의 결정사항 중 기본사항 3가지(☞ ① 신주의 종류와 수, ② 신주식의 발행가액과 납입기일 및 ③ 신주의 인수방법)를 그 납입기일의 2주 전까지 주주(☞ 제3자×, 주주의 알 권리)에게 통지 · 공고하여야 한다. 이때 제3자가 현물출자방식으로 신주를 인수할 경우에는 현물출자에 관한 사항도 포함하여야 한다.

【판 례】 경영진의 경영권이나 지배권 방어라는 목적을 달성하기 위하여 제3자에게 신주를 배정하는 것은 상법 제418조 제2항을 위반하여 주주의 신주인수권을 침해하는 것이다(2008다50776).

3) 현물출자하는 경우

가. 정관의 규정없이 이사회가 제3자에게 현물출자의 신주배정을 할 수 있는지 여부

【판 례】 현물출자자에 대하여 발행하는 신주에 대해서는 일반주주의 신주인수권이 미치지 않는다(88누889).

나. 현물출자하는 경우의 신주발행절차

[7가지 신주발행 기본절차의 차이] 기본절차 vs 현물출자하는 경우의 절차(§4250-5)

기본절차 중	[비교] 기본절차	현물출자하는 경우의 절차
1) 이사회의 신주 발행사항 결정	기본사항 3가지 결정 ① 신주의 종류와 수 ② 신주식의 발행가액[1]과 납입기일 ③ 신주의 인수방법	현물출자에 관한 다음 사항 추가 결정 ① 현물출자자의 성명 ② 출자목적재산의 종류 · 수량 · 가액 ③ 부여할 주식의 종류 · 수
6) 인수가액의 납입	신주인수인의 금전 납입	재산인도 · 관련서류 인도와 다음 절차 수행 ① 이사의 법원에 대한 검사인선임 청구 ② 검사인의 조사 및 보고서 작성 ③ 법원의 검사보고서 심사 및 인가

[1] 법원이 현물출자사항이 부당하다고 인정한 때에는 이를 변경하여 이사와 현물출자자에게 통고할 수 있고(§422 ③), 이에 불복하는 현물출자자는 주식인수를 취소할 수 있다(§422 ④). 법원의 통고 후 2주 내에 현물출자자가 주식인수를 취소하지 않은 경우 현물출자사항은 통고한 대로 변경된 것으로 본다(§422 ⑤).

[검사절차의 생략과 검사인의 대체] 변태설립사항(§299 ②, ③, §299-2) **vs 신주발행시**(§422 ①, ②)

구 분		[비교] 변태설립사항	신주발행시
(1) 검사절차의 생략 (☞ 3가지)	범위	① 현물출자와 ② 재산인수	현물출자
	1) 소액재산	다음 모두에 해당 ㉠ 재산총액이 자본금의 1/5 이하 ㉡ 재산총액이 5,000만원 이하	〃 (☞ 좌동)

구 분		[비교] 변태설립사항	신주발행시
(1) 검사절차의 생략 (☞ 3가지)	2) 시세 ○ 유가증권	다음 모두에 해당 ㉠ 거래소의 시세있는 유가증권 ㉡ 대통령령으로 정한 시세 이하	〃 (☞ 좌동)
	3) 채무[❶] 출자전환	–	다음 모두에 해당 ㉠ 채권이 변제기[❷]에 있을 것 ㉡ 출자가액이 장부가액 이내
(2) 검사인의 대체	1) 감정인	① 현물출자와 ② 재산인수	현물출자
	2) 공증인	발기인에게 지급하는 금액 관련	–

❶ 채권자의 회사에 대한 채권을 말하며, 회사 입장에서는 채무가 된다.

❷ 만기가 도래한 채권을 말한다.

(3) 부당한 신주발행에 대한 주주 등의 대응방안 3가지

사전대응	사후대응
1) 신주발행에 대한 유지청구권 행사(☞ 단독주주)	2) 차액지급 대표소송 제기(☞ 1% 이상 소수주주) 3) 신주발행 무효소송 제기(☞ 단독주주, 이사, 감사)

1) [대응방안1 ➡ 주주] 신주발행에 대한 유지청구권 행사

주주(☞ 단독주주권)의 회사(☞ 이사×)에 대한 신주발행 유지청구권 행사조건 2가지

① 회사가 법령 · 정관에 위반, 현저하게 불공정한 방법에 의하여 주식을 발행 &
② 주주가 불이익을 받을 염려가 있는 경우

[유지청구권] 신주발행 vs 이사의 위법행위

구 분	신주발행(§424)	[비교] 이사의 위법행위(§402)
1) 청구권자	주주(☞ 단독주주권)	① 1% 이상 소수주주, ② 감사
2) 청구대상	회사	이사

2) [대응방안2 ➡ 주주] 통모 불공정 발행에 대한 차액지급 대표소송 제기

이사와 통모(☞ 공모)하여, 현저하게 불공정한 발행가액(☞ 현저한 저가)으로 주식을 인수한 자는, 회사에 대하여 공정한 발행가액과의 차액에 상당한 금액을 지급할 의무가 있으며(§424-2 ①), 회사가 차액을 회수하지 않을 경우 1% 이상의 소수주주는 회사를 대표하여 그 주식인수인에게 차액청구소송을 제기할 수 있다(§424-2 ③).

통모하여 현저하게 불공정한 가액으로 주식을 발행한 경우

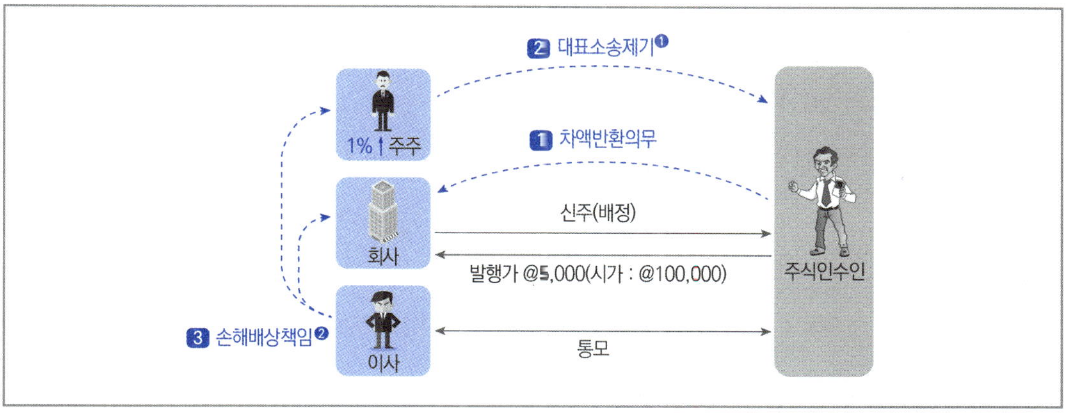

❶ 회사가 차액을 회수하지 않을 경우를 말한다.

❷ 주식인수인의 차액반환여부는 이사의 손해배상책임에 영향을 미치지 않는다.

3) [대응방안3 ➡ 주주 · 이사 · 감사] 신주발행 무효소송의 제기

구 분		내 용
(1) 소송의 요건	1) 원고자격	주주, 이사, 감사(☞ 회사채권자 ×❶)
	2) 피고	회사
	3) 소송제기기한	신주발행일 ~ 6개월❷
(2) 무효판결의 효력	1) 대세효	제3자에게도 효력이 있음
	2) 장래효	장래에 대해서만 효력이 있음❸
(3) 회사의 추가절차	1) 신주권 제출 공지 · 통지	① 신주의 무효판결 결과와 신주권 제출에 대해 공고 ② 주주명부상 주주와 질권자에게 개별 통지 ③ 반환기간은 3개월 이상이어야 함
	2) 신주권의 제출과 납입금 반환	만약 회사의 재산상태를 고려할 할 때 그 반환금액이 현저하게 부당한 경우, 법원은 회사 또는 신주의 주주의 청구에 의하여 증감을 명할 수 있음

❶ 신주발행으로 회사의 순자산은 증가하므로 회사채권자에는 별도의 불이익이 없기 때문이다.

❷ 거래의 안전과 법적 안정성을 보호하기 위하여 그 기간을 짧게 두었다.

❸ 장래에 대하여 효력이 있으므로, 신주발행의 무효판결이 있기 전까지 주주들 간의 주식양도거래, 배당금수령행위는 유효하다.

(4) 변경등기후 신주발행과 관련한 기타고려사항

1) [변경등기후] 이사의 미인수된 주식에 대한 인수담보책임

◼ 이사의 신주인수와 납입에 대한 담보책임 여부

인수담보책임	납입담보책임
○[1]	×[2]

❶ 무과실책임에 해당한다.

❷ 납입담보책임은 주식인수인만이 부담하고, 이사는 부담하지 않는다. 따라서, 주식인수인이 납입을 하지 않은 경우 주식인수인으로서의 권리를 상실한다.

2) [변경등기후 1년 경과] 주식인수의 무효주장 · 취소 제한

거래의 안전성과 법적 안정성을 위하여 변경등기일로부터 1년이 경과할 경우, 신주를 인수한 자는 ① 주식청약서나 신주인수권증서의 요건의 흠결을 이유로 인수무효를 주장하거나, ② 사기 · 강박 · 착오를 이유로 인수취소를 하지 못하며, 그 주식에 대하여 주주의 권리를 행사한 때에도 같다(§427).

◼ [주식인수의 무효주장 · 취소 제한] 신주발행시(§427) vs 모집설립시(§320)

신주발행시	[비교] 모집설립시
① 변경등기일로부터 1년 경과 ② 그 주식에 대해 주주의 권리를 행사한 경우	① 회사성립 후 ② 창립총회에 출석하여 그 권리를 행사한 경우

3. 자본금의 감소(☞ 감자)

(1) 감자의 분류

<table>
<tr><th colspan="3">구 분</th><th>내 용</th></tr>
<tr><td rowspan="3">(1) 발행주식수 감소[1]</td><td rowspan="2">1) 주식소각</td><td>① 일반소각</td><td>자본금 감소</td></tr>
<tr><td>② 이익소각[2]</td><td>자본금 대신 이잉여금 감소</td></tr>
<tr><td colspan="2">2) 주식병합</td><td>자본금 감소</td></tr>
<tr><td rowspan="2">(2) 자본의 감소 여부</td><td colspan="2">1) 실질적 감자</td><td>자본금과 자본 감소</td></tr>
<tr><td colspan="2">2) 형식적 감자[3]</td><td>자본금은 감소하나 결손금도 감소하여 자본은 동일</td></tr>
</table>

❶ 자본금은 "발행주식수 × 액면금액"이므로, 자본금을 감소하기 위해서는 발행주식수나 액면금액이 감소하여야 한다. 실무적으로 감자는 발행주식수를 줄이는 방법으로 진행되는 경우가 대부분이다.

❷ 이익소각의 대표적인 예로서 앞에서 설명하였던 ⓐ 상환주식의 이익소각이 있고, 명문규정에는 삭제되었지만, 실무적으로 여전히 많이 사용되고 있는 ⓑ 자기주식의 이익소각이 있다.

❸ 형식적 감자는 결손보전 목적으로 사용되는 경우가 대부분이며, 실질적 감자와 형식적 감자의 회계처리를 비교하면 다음과 같다.

[실질적 감자]					[형식적 감자]				
자본금	40,000,000	/	보통예금	60,000,000	자본금	40,000,000	/	결손금	40,000,000
감자차손	20,000,000								

(2) 감자절차

실질적 감자		형식적 감자(☞ 결손보전)
주식병합(☞ 기타주식병합)	주식소각 중 일반소각	
① 주주총회 특별결의 ② 주권제출 공고와 통지[2] ③ 채권자 보호절차[3] ④ 주권제출[4] · 신주권교부 ⑤ 자본금 변경등기	① 〃 (☞ 좌동, 이하 동일) ② 〃 ③ 〃 ④ 주권제출[4] · 감자대금 지급 ⑤ 〃	① 주주총회 보통결의[1] ② 〃 ③ 주권제출[4] ④ 〃

❶ 형식적 감자는 순자산이 감소하지 않으므로, 주주총회의 보통결의만 있으면 되고 채권자 보호절차도 필요하지 않다.

❷ 주식병합의 주권제출 공고 및 통지절차는 상법의 별도의 규정(§440)을 따라야 하지만, 그 외 자본감소의 경우에는 주주총회(☞ 이사회×)가 정하면 된다.

❸ ① 총회 결의후 2주내에, 1월 이상의 기간 동안 이의제출을 공고하고, ② 사채권자는 사채권자집회의 결의를 통해서만 이의를 제출할 수 있다(§439 ②, ③).

❹ 구주권제출기한이 만료한 때에 효력이 발생한다(§343 ② − §441).

(3) 부당한 감자에 대한 이해관계자의 감자 무효소송의 제기

[소송의 주요 요건과 무효판결시 판결의 효력] 신주발행 vs 감자

구 분		[비교] 신주발행[1]	감 자[1]
(1) 소송의 요건	1) 원고자격	주주, 이사, 감사	① 주주, 이사, 감사, 청산인, 파산관재인 ② 감자를 승인하지 않은 채권자
	2) 피고	회사	〃 (☞ 좌동)
	3) 소송제기기한	신주발행일 ~ 6개월	감자등기일 ~ 6개월
(2) 무효판결의 효력	1) 대세적 효력	대세효	〃 (☞ 좌동)
	2) 시간적 효력	장래효	소급효[2]

❶ 신주발행 또는 감자 무효소송이, 그 심리중에 원인이 된 하자가 보완되고, 회사의 현황과 제반사정을 참작하여 신주발행이나 감자를 무효 또는 취소하는 것이 부적당하다고 인정한 때에는, 법원은 그 청구를 기각할 수 있다(§430, §446 → §189).

❷ 신주발행의 경우에는 신주발행후 주식양도 등 다양한 거래가 있을 수 있지만, 감자의 경우 신주발행에 비해 추가 거래가 발생할 가능성이 낮으므로 소급효가 인정된다고 이해하면 된다.

【판 례】 주주총회의 자본감소 결의에 취소 또는 무효의 하자가 있다고 하더라도 그 하자가 극히 중대하여 자본감소가 존재하지 아니하는 정도에 이르는 등의 특별한 사정이 없는 한 자본감소의 효력이 발생한 후에는 자본감소 무효의 소에 의해서만 다툴 수 있다(2009다83599).

5절 사채의 발행

1. 사채의 분류

(1) 특성별 분류

구 분		내 용
1) 일반사채		신주발행사채와 특정사채 외의 사채
2) 신주발행사채	① 전환사채	신주로 전환할 수 있는 권리가 부여된 사채❶
	② 신주인수권부사채	신주를 취득할 수 있는 권리가 부여된 사채❶
3) 특정사채	① 이익참가부사채	이익배당에 참가할 수 있는 사채
	② 교환사채	다른 유가증권❷으로 교환❸할 수 있는 사채
	③ 상환사채	다른 유가증권❷으로 상환❸할 수 있는 사채
	④ 파생결합사채	유가증권, 통화, 기타 자산, 지표 등의 변동과 연계하여 미리 정한 방법에 따라 상환이나 지급금액이 결정되는 사채

❶ 권리의 행사시 전환사채(convertible bond)는 주식으로 전환되어 소멸되지만, 신주인수권부사채(bond with warrant)의 경우 회사가 신주를 발행하는 대가로 사채권자는 신주대금을 납입하기 때문에, 사채는 여전히 남게 된다.

❷ 회사가 보유하고 있는 다른 회사의 주식이나 채권뿐만 아니라 자기주식(☞ 신주발행사채가 아니므로 신주는 불가)도 포함된다.

❸ 교환이나 상환의 대상은 다른 유가증권으로서 동일하지만, 교환사채는 사채권자가 교환을 청구하는 것이고, 상환사채는 회사의 선택 · 일정한 조건의 성취 · 기한의 도래에 따라 상환이 발생한다는 점에서 차이가 있다(령§22, 령§23).

(2) 기명여부에 따른 분류

- 사채는 기명사채와 무기명사채가 모두 인정된다.
- 사채권자는 언제든지 회사에게(☞ 이사회× · 주주총회×) 기명사채와 무기명사채간의 전환을 청구할 수 있다. 그러나 회사가 사채청약서 등에 채권을 기명사채 또는 무기명사채 중 한 가지로 한정한 때에는 전환을 청구할 수 없다.

[무기명식 인정여부] 주식 vs 사채

[비교] 주 식	사 채
×	○

(3) 발행방법별 분류

구 분		내 용	사채청약서
(1) 총액인수		특정인이 사채의 총액을 인수	×
(2) 공모발행	1) 직접모집발행	사채발행회사[1]가 직접 사채모집절차를 진행	○
	2) 위탁모집발행	수탁회사(예 증권사)가 사채모집절차를 대행	○
	3) 위탁모집발행 & 일부인수	수탁회사가 사채모집절차를 진행하되 미인수 사채는 수탁회사가 인수	제3자 인수분 ○ 수탁회사 인수분 ×

❶ 사채발행회사를 "기채[起債]회사"라고 하는데, "기채"에서 "기"자는 발기인의 "기"와 동일한 한자어이다.

2. 일반사채의 4가지 발행절차

절 차	내 용
1) 발행결의	① 이사회의 결의에 의하여 사채를 발행할 수 있음 ② 다만, 정관에 따라 이사회는 사채발행금액과 종류를 정하여 대표이사에게 1년을 초과하지 않는 기간 동안 발행을 위임할 수 있음
2) 사채의 청약과 배정	사채를 인수하고자 하는 자는 사채청약서[1]에 따라 사채를 청약
3) 사채의 납입	사채의 모집이 완료된 때에 이사는 지체 없이 인수인에 대하여 사채의 ① 전액 또는 ② 제1회의 납입을 시켜야 함[2]
4) 채권의 발행	사채전액의 납입이 완료된 후에 채권[3]을 발행[4]

❶ 사모발행시에는 사채청약서를 작성할 필요가 없다.

❷ 사채의 납입뿐만 아니라 상환도 일반차입금과 같이 분할상환이 가능하다. 다만, 채권은 사채의 납입이 완료되어야 발행할 수 있다.

❸ 채권은 채무에 반대되는 개념인 "채권[債權]"과 채권증서의 줄임말인 "채권[債券]"이 있는데, 여기서는 채권증서의 줄임말인 "채권[債券]"을 의미한다.

❹ 채권의 발행이 의무사항은 아니며, 정관에 따라 채권을 발행하는 대신 전자등록기관의 전자등록부에 채권을 등록할 수 있다(§478 ③).

3. 사채권자의 사채양도, 변제수령 및 사채권자집회

(1) 사채권자의 사채양도와 대항요건

- 채권[債券]이 발행된 경우 사채를 양도할 때에는 채권을 교부하여야 한다.
- 기명사채의 양수자는 ① 채권에 성명(☞ 주소×)을 기재하고, ② 사채원부에 ㉠ 성명과 ㉡ 주소를 기재하여야, ① 회사뿐만 아니라 ② 제3자에 대해서도 대항할 수 있다.

(2) 사채권자의 변제수령과 사채관리회사

1) 사채권자의 변제수령과 소멸시효

- 이자와 원금에 대한 청구권의 소멸시효는 각각 5년과 10년이다(§487).
- 사채권자가 이자쿠폰이 흠결된 무기명사채의 상환을 요구하는 경우, 사채발행회사는 그 이자에 상당하는 금액은 지급할 필요는 없다.

2) 사채권자의 변제수령 등을 관리하는 사채관리회사

가. 사채관리회사의 지정자, 자격, 및 보수 · 사무처리비용

구 분	내 용
1) 사채관리회사의 지정자	사채발행회사❶
2) 사채관리회사의 자격	① 은행, 신탁회사 및 대통령령으로 정한 회사일 것 & ② 사채발행회사와 이해관계가 없을 것 & ③ 사채인수인이 아닐 것
3) 사채관리회사의 보수 · 사무처리비용	① 약정 ○ : 그 약정 ② 약정 × : 법원의 허가를 받아 사채발행회사가 부담하게 할 수 있음

❶ 사채관리회사는 회사가 지정하지만, 사채관련회사는 사채권자를 위하여 변제의 수령, 채권의 보전, 그밖에 사채의 관리업무를 수행한다.

사채관리회사의 지정자와 사채관리회사의 자격

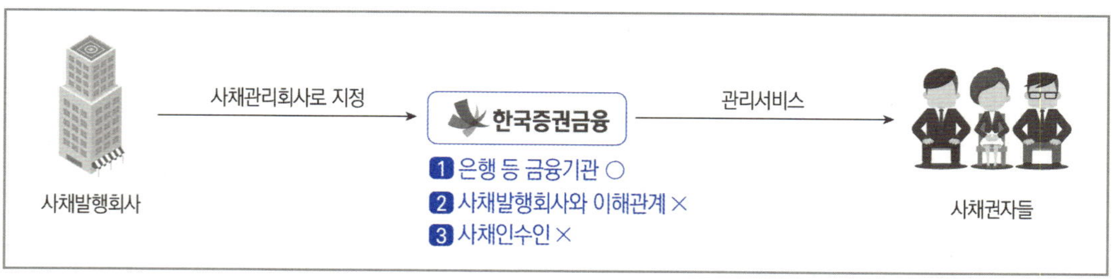

나. 사채관리회사의 권한, 의무 및 책임

구 분	내 용
1) 권한[1]	① 사채권자를 위한 변제의 수령, 채권의 보전에 필요한 재판상[2] · 재판 외 모든 행위 ② 필요하면 법원의 허가를 받아 사채발행회사의 업무와 재산상태를 조사 ③ 다만, 다음과 같이 사채권자에게 손해가 발생할 수 있는 행위를 하는 경우에는 사채권자집회의 결의가 필요하며, ㉡의 경우 사채발행회사는 사채관리회사가 사채권자집회의 결의없이 할 수 있다고 정할 수 있음 ㉠ 사채 전부에 대한 지급유예, 채무불이행으로 인한 책임면제 · 화해 ㉡ 사채 전부에 관한 소송행위, 채무자회생 및 파산 관련 절차에 속하는 행위
2) 의무	① 사채권자를 위하여 공평하고 성실하게 사채를 관리 ② 사채권자에 대하여 선량한 관리자의 주의로 사채를 관리
3) 책임	상법이나 사채권자집회결의의 위반행위를 한 경우 연대하여 손해배상책임 부담

❶ 둘 이상의 사채관리회사가 있는 경우에는 그 권한에 속하는 행위는 "공동"으로 하여야 하고, 사채발행회사로부터 변제를 받은 경우에는 그 둘 이상의 사채관리회사는 사채권자에 대하여 연대하여 변제액을 지급할 의무가 있다(§485).

❷ 회사가 어느 사채권자에게 한 변제, 화해, 그 밖의 행위가 현저하게 불공정한 경우, 사채관리회사는 그 행위를 취소를 청구하는 소송을 제기할 수 있다. 이러한 취소청구소송은 그 사실을 안 때부터 6개월, 그 행위가 있은 때부터 1년 내에 제기하여야 한다(§511). 사채권자집회의 결의가 있는 경우에는 사채권자 대표자 또는 집행자도 이러한 소송을 제기할 수 있는데, 소송은 행위가 있은 때로부터 1년 내에 제기하여야 한다(§512).

다. 사채관리회사의 사임, 해임 및 사무승계자

구 분	내 용
1) 사임	① 일반적인 사유 : 사채발행회사와 사채권자의 동의를 받아 사임 ② 부득이한 사유 : 법원의 허가를 받아 사임
2) 해임	① 사유 : 사무처리에 부적합하거나, 기타 정당한 사유가 있는 경우 ② 절차 : 사채발행회사 또는 사채권자의 청구에 의해 법원이 해임
3) 사임 · 해임 후 사무승계자	① 원칙 : 사채발행회사가 정하여야 하며, 지체없이 사채권자집회를 소집하여 동의를 받아야 함 ② 부득이한 사유가 있는 경우 : 이해관계인은 사무승계자의 선임을 법원에 청구할 수 있음

(3) 사채권자집회

사채권자집회는 사채의 각 종류별로 존재하고(§509), 소집절차도 별도로 진행하여야 한다.

1) 사채권자집회의 권한

구 분	권한의 내용
1) 사채권자 · 집회 관련	① 사채권자 대표자[1]의 선임과 해임[2] ② 사채권자집회 결의사항 집행자[3]의 선임과 해임[2]

구 분	권한의 내용
2) 사채발행회사 관련	① 사채발행회사가 어느 사채권자에게 한 변제, 화해, 그 밖의 행위가 현저하게 불공정한 경우, 사채권자 대표자 또는 집행자가 취소청구소송을 제기하기 위한 결의 ② 감자나 합병 등의 조직변경시 이의를 제기하기 위한 결의[4] ③ 사채발행회사에 대하여 그 대표자를 사채권자집회에 출석할 것을 청구[5]
3) 사채관리회사 관련	① 회사에 대한 사채전부의 지급유예, 채무불이행으로 인한 책임면제 결의 ② 사채전부에 관한 소송행위, 채무자회생 및 파산 관련 절차에 속하는 행위 결의

❶ 사채권자집회는 해당 종류의 사채총액의 1/500(0.2%) 이상을 가진 사채권자 중에서 1명 또는 다수의 대표자를 선임할 수 있다. 대표자가 다수인 경우 그 결정은 과반수로 한다(§500).

❷ 사채권자집회는 언제든지 대표자나 집행자를 해임하거나 위임사항을 변경할 수 있다(§504).

❸ 사채권자집회의 결의사항은 ① 사채관리회사를 정한 경우 사채관리회사가, ② 사채관리회사를 정하지 않는 경우 대표가 집행한다. 그러나 사채권자집회가 집행자를 별도로 정한 경우에는 그 집행자가 결의사항을 집행한다(§501).

❹ 회사의 감자절차 중 채권자보호절차와 관련된 것이다.

❺ 사채권자집회뿐만 아니라 사채권자집회의 소집권자도 청구할 수 있다(§494).

2) 사채권자집회의 2가지 소집절차

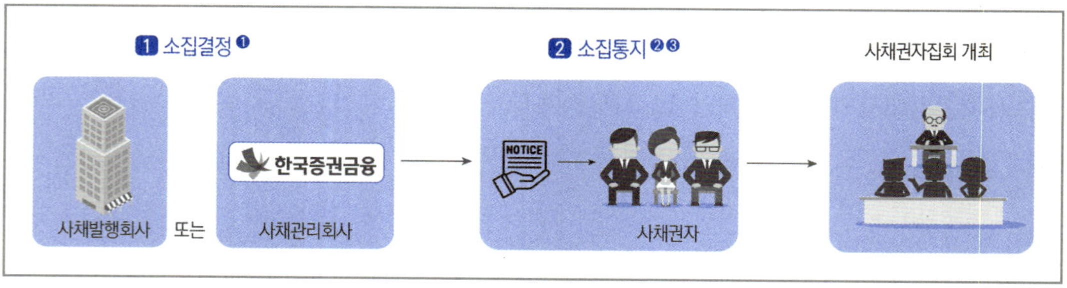

❶ 사채의 종류별로 사채총액(☞ 상환액은 제외)의 10% 이상 사채권자는 ① 회사나 ② 사채관리회사에게, ① 서면이나 ② 전자문서로 사채권자집회의 소집을 청구할 수 있고, 이들이 집회를 소집하지 않을 경우 법원의 허가를 얻어 집회를 개최할 수 있다(§491). 이때 무기명사채권자의 경우에는 해당 채권을 공탁하여야 한다.

❷ 사채권자집회의 소집통지절차는 주주총회의 소집통지절차를 준용한다. 다만, 무기명채권을 발행한 경우에는 사채원부에 사채권자의 성명과 주소가 기재되지 않아 사채권자를 파악하기가 어려우므로, 주주총회일의 3주 전(소규모 주식회사 : 2주 전)에 사채권자집회를 소집한다는 뜻과 회의의 목적사항을 공고하여야 한다(§491-2).

❸ 사채발행회사나 사채관리회사는 대표자를 집회에 출석하게 하거나, 서면의견을 제출할 권한이 있으므로, 이러한 권한을 행사할 수 있도록 사채발행회사가 사채권자집회를 소집할 경우에는 사채관리회사에게 통지하여야 하고, 사채관리회사가 사채권자집회를 소집할 경우에는 사채발행회사에게 통지하여야 한다(§493).

[비교] 소수사채권자의 지분율별 권한

0.2% 이상	10% 이상
대표자가 될 수 있음	사채권자집회의 소집을 청구할 수 있음

3) 사채권자집회의 의사진행과 결의인가

가. 사채발행회사와 사채관리회사 대표자의 참석

대표자의 사채권자집회 출석권한(§493)**과 출석청구**(§494)

출석권한	출석청구
① 사채발행회사나 사채관리회사는, ② 그 대표자를 사채권자집회에 출석하게 하거나, 서면으로 의견을 제출할 수 있음	ⓞ 사채권자집회나 그 소집권자는, ⓢ 사채발행회사(☞ 사채관리회사×)에 대해 대표자의 출석을 청구할 수 있음

나. 안건의 표결 ➡ 사채권자의 의결권과 결의요건

(가) 의결권

- 각 채권자는 미상환된 사채금액에 따라 의견권을 가지며, 무기명사채권자는 집회일 1주 전에 채권을 공탁하여야 의결권을 행사할 수 있다(§492).
- 결의사항에 대해 특별한 이해관계가 있는 사채권자는 의결권을 행사할 수 없다.

(나) 결의요건

구 분	원 칙❶	예 외
1) 결의요건	출석의결권 2/3 이상 & 총의결권 1/3 이상	출석의결권의 과반수
2) 결의사항	4가지의 예외결의사항 외	① 사채관리회사의 사임 동의 ② 법원에 사채관리회사의 해임 청구 ③ 회사의 사무승계자 지정 동의 ④ 사채발행회사 대표자의 집회참석 청구

❶ 주주총회의 특별결의요건과 동일하다.

다. 사채권자집회 결의에 대한 법원의 인가와 효력

- 사채권자집회의 경우 그 결의는 법원으로부터 인가를 받아야 효력이 발생하므로, 사채권자집회 결의취소소송이나 결의무효소송이 인정되지 않는다.
- 따라서 ① 사채권자집회의 소집자는 결의일로부터 1주 내에, 결의의 인가를 법원에 청구하여야 한다. ② 다만, 사채권자 전원이 동의한 경우에는 인가를 받지 않아도 된다. 회사는 법원의 인가 결과에 대하여 지체없이 공고하여야 한다.

4) 사채권자집회의 기타고려사항 ➡ 사채권자집회 비용과 대표자 · 집행자 보수의 지급자

구 분	사채권자집회의 비용	대표자 · 집행자의 보수
1) 원칙	회사가 부담	회사와 사채권자 간의 약정에 따름
2) 예외	법원의 인가청구비용은, 법원이 ① 이해관계자의 신청이나 ② 직권으로 부담자를 정할 수 있음	약정이 없을 경우, 법원의 허가를 받아 회사가 부담하게 할 수 있음

4. 신주발행사채 ➡ 전환사채와 신주인수권부사채

(1) 전환사채와 신주인수권부사채의 개념

전환사채(convertible bond)는 신주로 전환할 수 있는 "신주교환(전환)권"이, 신주인수권부사채(bond with warrant)는 신주를 인수할 수 있는 "신주인수권"이 부여된 사채이다.

[권리행사시 회계처리] 전환사채 vs 신주인수권부사채

전환사채				신주인수권부사채			
전환사채	×××	/ 자본금	×××	보통예금	×××	/ 자본금	×××
		주식발행초과금	×××			주식발행초과금	×××

(2) 전환사채와 신주인수권부사채의 발행절차

구 분	주주배정	제3자배정[1]
1) 전환사채	① 이사회 결의(☞ 발행사항의 결정)[2] ② 주주에 대한 최고 ③ 청약과 배정 ④ 납입[4]과 채권의 발행 ⑤ 전환사채의 본점등기[5]	① 〃 (☞ 좌동, 이하 동일) ② 정관 또는 주주총회 특별결의[3] ③ 〃 ④ 〃
2) 신주인수권부사채	① 이사회 결의(☞ 발행사항의 결정)[1] ② 주주에 대한 최고 ③ 청약과 배정 ④ 납입과 채권의 발행 ⑤ 신주인수권증권(☞ 증서×)의 발행[6] ⑥ 신주인수권부사채의 본점등기[5]	① 〃 ② 정관 또는 주주총회 특별결의[3] ③ 〃 ④ 〃 ⑤ 〃

❶ 제3자에 대한 신주발행의 목적과 마찬가지로 제3에 대한 전환사채 · 신주인수권부사채의 발행은 경영상의 목적을

달성하기 위하여 필요한 경우에만 가능하다(§513 ③ → §413 ②단서). 다만, 제3자에 대한 신주발행은 정관에 정하여야 하지만, 제3에 대한 전환사채 · 신주인수권부사채의 발행은 정관에 규정이 없어도 주주총회의 특별결의에 의하면 된다는 점에서 차이가 있다(§513 ③).

❷ 정관에 6가지 사항에 대한 규정(☞ ① 전환사채총액, ② 전환조건, ③ 전환으로 발행할 주식의 내용, ④ 전환청구기간, ⑤ 주주에게 전환사채의 인수권을 준다는 뜻과 인수권의 목적인 전환사채금액, ⑥ 제3자에 대한 전환사채발행과 발행할 전환사채금액)이 있는 경우 정관에 의하면 되고, 정관에 규정이 없는 것은 이사회가 결정한다(§513 ②). 한편, 정관에서 주주총회에서 결정하기로 정한 경우에는 주주총회가 결정한다(§513 ②단서).

❸ 정관에 규정(☞ 제3자에 대한 ① 전환사채금액, ② 전환조건, ③ 전환으로 발행할 주식의 내용, ④ 전환청구기간)이 있는 경우에는 주주총회의 특별결의를 필요로 하지 않으며(§513 ③), 정관 규정에 의한 제3자에 대한 신주배정과 달리 주주에 대한 통지의무가 없다. 정관에 규정이 없는 경우, 전환권이나 신주인수권이 행사될 경우, 신주가 발행되어 기존주주의 지분이 희석되기 때문에 주주총회의 특별결의가 필요하다. 또한, 주주총회를 위한 소집통지에는 전환사채의 발행에 관한 의안의 요령을 기재하여야 한다(§513 ④).

❹ 전환사채도 사채에 해당하므로, 사채의 발행규정을 준용하여 전환사채의 모집이 완료한 때에는 이사는 지체없이 인수인에 대하여 각 사채의 전액 또는 제1회의 납입을 시켜야 한다.

❺ 전환사채와 신주인수권부사채는 잠재적 보통주이기 때문에 잠재적 투자자 등의 주의를 환기시키기 위하여 등기하여야 한다(§514-2 ①, §516-8 ②).

❻ 신주인수권만을 분리하여 양도할 수 있는 것으로 정한 경우 즉, 분리형 신주인수권부사채를 발행하는 경우에만 그 양도의 편의성을 위하여 신주인수권증권을 발행할 수 있다(§516-5 ①). 또한, 정관으로 정하는 경우 신주인수권증권을 발행하는 대신 전자등록기관의 전자등록부에 신주인수권을 등록할 수 있다(§516-7). 한편, 분리형 신주인수권부사채를 발행할 때 발행되는 신주인수권증권은, 신주발행시의 신주인수권증서와 구별된다.

1) 주주배정시 이사회의 결의사항

전환사채	신주인수권부사채
① 전환사채의 총액	① 신주인수권부사채의 총액❶
② 전환의 조건	
③ 전환으로 인하여 발행할 주식의 내용 ④ 전환 청구기간	② 신주인수권의 내용 ③ 신주인수권 행사기간
	④ 신주인수권만의 양도에 관한 사항❷ ⑤ 신주인수권자의 청구시, 신주인수권부사채의 상환에 갈음하여 그 발행가액으로 신주의 납입이 있는 것으로 본다는 뜻❸
⑤ 주주에게 전환사채의 인수권을 준다는 뜻과 전환사채금액 ⑥ 주주외의 자에게 전환사채를 발행하는 것과 발행할 전환사채금액	⑥ 주주에게 신주인수권부사채의 인수권을 준다는 뜻과 신주인수권부사채금액 ⑦ 주주외의 자에게 신주인수권부사채를 발행하는 것과 발행할 신주인수권부사채금액

❶ 신주인수권의 행사로 발행할 주식의 발행가액은 신주인수권부사채금액을 초과할 수 없다.

❷ 신주인수권만을 분리하여 양도할 수 있는 신주인수권부사채를 분리형 신주인수권부사채라고 하고, 분리하여 양도할 수 없는 신주인수권부사채를 비분리형 신주인수권부사채라고 한다. 분리형과 비분리형의 선택은 원칙적으로 이사회의 결정사항이다.

❸ 신주대금을 납입하는 대신, 신주인수권부사채의 상환으로 처리하는 방법을 말하며, "대용납입"이라고 한다. 대용납

입의 경우 전환사채의 전환과 같은 회계처리가 발생하게 되는데, 현금납입과 대용납입의 회계처리를 비교하면 다음과 같다.

현금납입					대용납입				
보통예금	×××	/	자본금	×××	신주인수권부사채	×××	/	자본금	×××
			주식발행초과금	×××				주식발행초과금	×××

2) 신주인수권의 양도

- 분리형 신주인수권부사채를 발행한 경우, 그 사채권자는 신주인수권을 분리하여 양도할 수 있다. 신주인수권증권이 발행된 때에는 신주인수권을 양도할 때 그 증권을 교부하여야 한다.
- 신주인수권증권도 주권과 마찬가지로 선의취득이 인정된다.

(3) 전환청구 방법과 신주인수권행사 방법 및 주주가 되는 시기

1) 전환청구 방법과 신주인수권행사 방법

전환청구 방법(☞ 전환권행사 방법)	신주인수권행사 방법
다음 사항을 회사에 제출 ㉠ 청구서 2통 ㉡ 전환사채 채권 첨부	① 다음 사항을 회사에 제출 ㉠ 청구서 2통 ㉡ 신주인수권증권 첨부❶ ② 신주의 발행가액을 전액 납입❷

❶ 신주인수권증권이 발행된 때에는 신주인수권증권을 첨부하고, 이를 발행하지 않은 때에는 채권을 제시하여야 한다. 그리고 신주인수권이 행사되더라도 신주인수권부사채는 여전이 남아 있기 때문에 첨부하여 제출할 필요가 없다.

❷ 신주 발행가액의 납입을 완료한 때 신주를 발행한다. 전환사채의 경우 전환사채가 신주로 대체되므로 신주발행시기에 대한 별도의 규정이 없다.

2) 전환청구와 신주인수권행사로 주주가 되는 시기

[비교] 유상증자	신주발행사채	
	전환청구	신주인수권행사
납입일의 다음 날	전환청구시❶	납입을 한 때❷

❶ 전환사채가 신주로 변경되는 상황이므로, 전환사채의 질권자는 전환권행사에 의하여 발행된 주식에 대해서도 질권을 행사할 수 있다(§516 → §350).

❷ 대용납입은 현금납입이 없고, 그 회계처리는 전환사채의 전환청구와 동일하므로, 신주발행을 청구한 때에 주주가 된다.

(4) 부당한 신주발행사채의 발행에 대한 주주 등의 대응방안 3가지

대응방안 3가지	행사가능자
1) 전환사채발행 유지청구권 행사	단독주주
2) 통모 불공정 발행에 대한 차액지급 대표소송 제기	1% 이상 소수주주
3) 신주발행사채 무효소송의 제기[1]	주주, 이사, 감사

❶ 명문 규정은 없지만, 제3자에 대한 신주발행사채의 배정은 신주발행과 마찬가지로 기존 주주의 지분율을 희석시킬 수 있으므로, 판례는 신주발행무효소송 규정(§429)을 유추적용할 수 있다고 하고 있다(2000다37326, 2015다202919). 따라서 주주, 이사 및 감사는 신주발행사채를 발행한 날로부터 6월 내에 무효소송을 제기할 수 있다. 다른 판례는 전환사채의 발행에 대해 부존재확인의 소송의 제기도 가능하고, 이 경우 무효소송에 적용되는 6월의 제소기간은 적용되지 않는다고 하였다(2003다20060).

6절 회계

1. 자본

거래의 구분	회계상 분류	상 법		
		분 류	법정준비금	성 격
(1) 자본거래	1) 자본금	1) 자본금		최소유지자본
	2) 자본잉여금	2) 자본준비금	○	안전자본
	3) 자본조정	3) 자본조정		
(2) 손익거래	4) 기타포괄손익누계액	4) 기타포괄손익누계액		
	5) 이익잉여금 ① 이익준비금 ② 미처분이익잉여금	5) 이익잉여금 ① 이익준비금 ② 미처분이익잉여금	○	안전자본[1] 배당가능액

❶ 원칙적으로 결손보전에 사용된다.

(1) 자본금

액면주식	무액면주식
발행주식수 × 액면금액	① 이사회[1]에서 결정 ② 그 자본금은 발행가액의 1/2 이상

❶ 정관으로 주주총회에서 결정하도록 할 수 있다. 한편, 회사설립시에는 발기인 전원의 동의로 결정한다.

(2) 법정준비금

1) 법정준비금의 적립과 승계

- 법정준비금은 결손상황을 미리 준비하기 위하여 법에서 정한 자본의 금액으로서 자본준비금과 이익준비금을 합친 개념이다.
- 회사는 현금 · 현물배당시(☞ 주식배당×), 배당액의 10% 이상을 자본금의 50%에 달할 때까지 이익준비금으로 적립하여야 하고, 자본거래에서 발생한 잉여금을 회계기준에 따라 자본준비금(☞ 주식발행초과금, 감자차익, 자기주식처분이익 등)으로 적립하여야 한다.
- 합병 · 분할 · 분할합병의 경우 존속회사나 신설회사가 소멸되거나 분할되는 회사의 법정준비금을 승계할 수 있다.

2) 법정준비금의 사용

법정준비금은 ① 결손보전이나 ② 자본전입(☞ 무상증자)에 사용할 수 있고, ③ 법정준비금이 자본금의 150%를 초과할 경우에는 그 초과한 범위 내에서 이익잉여금으로 감액하여 배당재원으로 활용할 수 있다.

[비교] 법정준비금의 결손보전, 자본전입 및 감액

구 분	결손보전❶	자본전입(☞ 무상증자)❷	감 액
1) 결정권자	주주총회	이사회❸	주주총회
2) 법정준비금의 사용순서	없음	없음	없음
3) 임의준비금의 사용가능여부	○	×	–

❶ 결손금이 있을 경우 회사의 자본은 자본금보다 작아질 수 있고, 이러한 경우를 대비하여 안전자본으로 계상하는 것이 바로 법정준비금이다. 따라서 결손보전은 법정준비금의 원래 사용목적이다.

❷ 주주가 되는 시기 : 이사회의 결의로 무상증자를 실시하는 경우에는 신주배정일에 신주의 주주가 되고(§461 ③), 주주총회의 결의로 무상증자를 실시하는 경우에는 그 결의일에 신주의 주주가 된다(§461 ④).

❸ 정관으로 주주총회에서 결정하기로 정한 경우에는 주주총회가 결정한다(§461 ①).

2. 결산승인

(1) 결산승인절차

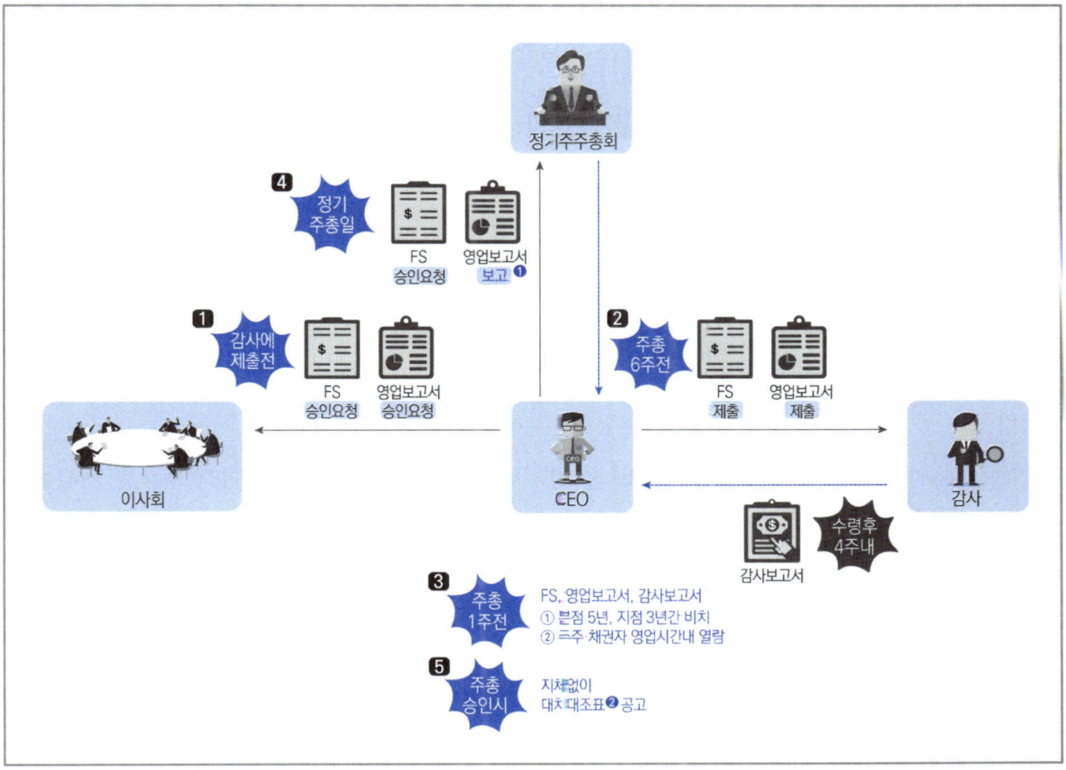

❶ (대표)이사는 ① 재무제표를 이사회와 정기주총에 제출하여 승인을 요청하지만, ② 영업보고서는 이사회에 대해서만 승인을 요청하고, 정기주총에 대해서는 보고만 하면 되고 승인을 요청하지 않는다(§449 ②).

❷ 모든 재무제표가 아니고 대차대조표만 공고(☞ 신문공고 등)한다는 것에 유의하여야 한다(§449 ③).

(2) 정기총회를 대신한 이사회의 재무제표 승인

이사회가 주주총회를 대신하여 재무제표를 승인할 수 있는 3가지 요건(§449-2)❶

① 정관에 규정이 있을 것
② 감사(위원회) 전원의 동의가 있을 것
③ 외부감사인으로부터 재무제표에 대해 적정의견을 받을 것

❶ 이사회가 재무제표를 승인한다 하더라도 이사의 주주총회에 대한 재무제표 보고의무는 존재한다.

(3) 재무제표에 대한 이사와 감사의 책임해제

- 정기총회에서 재무제표의 승인을 한 후 2년 내에 다른 결의가 없으면, 회사는 이사와 감사의 책임을 해제한 것으로 본다(☞ 추정한다×).
- 그러나, 이사와 감사의 부정행위에 대한 책임은 제외한다.

(4) 3% 이상 소수주주의 회계장부열람권과 업무 · 재산조사 검사인선임 청구권

1) 3% 이상 소수주주의 회계장부열람권

- 발행주식총수의 3% 이상 소수주주(☞ 채권자×)는, 서면으로 회계장부(☞ 모회사가 자회사의 장부를 보관하고 있고, 그것이 모회사 회계상황 파악에 필요한 경우 자회사 포함, 원장이나 보조장부 외에 계약서, 영수증 포함)의 열람이나 등사를 청구할 수 있으며, 그 서면에는 열람이유가 구체적으로 포함되어야 한다.
- 회사는 그 소수주주의 청구이유가 부당하다는 것을 증명하지 못한다면, 그 청구를 거절할 수 없다.
- 만약, 회사의 거절로 그 소수주주가 소송을 제기한 경우, 소수주주는 재판이 진행되는 기간동안 계속 3% 이상의 지분을 "유지"(☞ 1% 이상의 소수주주가 대표소송을 제기한 경우에는 이후 지분율이 1% 미만으로 감소하더라도 소송의 효력에 영향이 없음)하여야 한다(2015다252037).
- 회계장부열람권은 3% 이상 소수주주의 고유한 권리로서, 3% 미만의 주주조차 행사할 수 없는 권리이므로, 채권자의 경우 재무제표열람권은 행사할 수 있어도 회계장부열람권은 행사할 수 없다.

문서열람권 비교(§391 ③, ④, §396, §448 ②, §466)

구 분	재무제표 관련		의사록 관련		기 타
	재무제표	회계장부❶	주주총회	이사회❶	정관 · 주주명부 · 사채원부
1) 권리자	주주 · 채권자	3% 이상 소수주주	주주 · 채권자	주주	주주 · 채권자
2) 회사거부권의 명문규정❷	×	○	×	○	×

❶ 재무제표 관련 문서 중에서는 회계장부가, 의사록 관련 문서 중에서는 이사회의사록이, 재무제표나 주주총회의사록보다 더 사적인 문서이기 때문에 주주만이 열람할 수 있다. 또한 회계장부는 이사회의사록보다 더 사적인 문서일 뿐만 아니라 관련 서류의 종류가 많고 열람의 준비나 열람에 시간과 비용이 많이 소요되어 모든 주주가 행사할 수 있게 되면 회사에게 큰 부담이 되기 때문에 3%이상의 소수주주에게만 인정된다.

❷ 회사거부권의 명문규정은 ① 3% 이상 소수주주나 ② 단독주주만이 행사할 수 있는 문서열람권에만 있다.

【판 례】 주주의 열람·등사권 행사가 부당한 것인지 여부는 그 행사에 이르게 된 경위, 행사의 목적, 악의성 유무 등 제반 사정을 종합적으로 고려하여 판단하여야 할 것이고, 특히 주주의 이와 같은 열람·등사권의 행사가 ① 회사업무의 운영 또는 주주 공동의 이익을 해치거나 ② 주주가 회사의 경쟁자로서 그 취득한 정보를 경업에 이용할 우려가 있거나, 또는 ③ 회사에 지나치게 불리한 시기를 택하여 행사하는 경우 등에는 정당한 목적을 결하여 부당한 것이라고 보아야 할 것이다(2003마1575).

2) 3% 이상 소수주주의 업무 · 재산조사 검사인선임 청구권

- 회사의 업무집행에 관하여 부정행위나 법령 · 정관에 위반한 중대한 사실이 있음을 의심할 만한 사유가 있는 경우, 3% 이상의 소수주주는 회사의 업무와 재산상태를 조사할 검사인의 선임을 법원에 청구할 수 있다(§467 ①).
- 법원에 의해 선임된 검사인은 조사 후 보고서를 법원에 제출하여야 한다. 법원은 필요하다고 판단되는 경우 회사에 주주총회의 소집을 명령할 수 있으며(§467 ③), 이때 이사와 감사는 검사인의 보고서의 정확여부를 조사하여 그 결과를 주주총회에 보고하여야 한다(§467 ④).

PART 1 제2장 주식회사 (3)

3. 배당

(1) 배당의 분류

구 분	분 류		정관규정	특 징
(1) 배당재원별	1) 일반배당	① 금전배당	–	–
		② 현물배당❶	필요❷	자기주식배당 포함
	2) 주식배당❸		–	① 신주배당만 가능 ② 자본항목간 대체로서 순자산의 변동 없음 ③ 배당총액 중 1/2범위 내에서만 가능
(2) 배당시기별	1) 정기배당		–	–
	2) 중간배당		필요	① 연 1회의 결산기를 정한 회사만 ② 1회에 한해❹ ③ 현금 · 현물배당만❺ 가능

❶ 금전 외의 재산으로 배당하는 것을 말하고(§462-4 ①), 자기주식으로 배당할 수도 있다. 다만 신주를 발행하게 되면 주식배당이 된다.

❷ 회사는 정관에 현물배당시 ① 주주가 현물배당 대신 현금배당을 청구할 수 있게 하거나, ② 회사가 일정 수 미만의 주식을 보유한 주주에게는 현금배당을 할 수 있게 하는 구정을 추가할 수 있으며, 그 경우 ① 그 금액 · 청구기간과 ② 그 일정수 · 금액도 추가로 규정하여야 한다(§462-4 ②)

❸ 주식배당은 어떤 경우에도 액면가액으로만(☞ 시가×) 가능하다(§462-3 ②). 따라서 주식배당은 "이익잉여금 ××× / 자본금 ×××"으로 회계처리하여야 하므로, 자본준비금(☞ 주식발행초과금)을 인식할 수 없다. 질권자의 권리는 배당으로 발행되는 신주에게 미치므로(§462-3 ⑥), 주주총회가 주식터당을 결의한 경우, 이사는 지체없이 배당을 받을 주주와

등록질권자에게 주식의 종류와 수를 통지하여야 한다(§462-3 ⑤). 주식배당을 받은 주주는 주주총회 종결시 신주의 주주가 된다(§462-3 ④).

❹ 상장회사의 경우 분기배당이 가능하므로(자본시장법§165-12), 최대 3회(☞ 1분기, 반기, 3분기)의 중간배당이 가능하다.

❺ 정기배당과 달리 중간배당은 이사회 결의로 가능하지만, 주식배당은 주주총회의 결의가 필요하므로 중간배당시에는 주식배당을 할 수 없다.

(2) 배당결정권자

배당시기별로 배당재원별 가능여부와 배당결정권자

배당시기	배당재원		가능여부	배당결정권자[1]	
				원 칙	예 외
(1) 정기배당	1) 일반배당	① 금전배당	○	주주총회	정관에 따라 이사회가 재무제표를 승인하는 경우 : 이사회
		② 현물배당	○		
	2) 주식배당		○		–
(2) 중간배당	1) 일반배당	① 현금배당	○	이사회	–
		② 현물배당	○		
	2) 주식배당		×	–	–

❶ 상법상 배당결정권자가 아닌 자(☞ 대표이사 등)가 배당을 결의하는 경우 그 배당은 위법한 배당으로서 무효가 되고, 배당을 받은 주주는 배당금을 반환하여야 한다.

(3) 배당한도와 배당한도 위반시 회사와 채권자의 반환청구권

1) 배당한도(☞ 배당가능이익)

구 분	정기배당	중간배당
1) 기준금액	순자산(자본)	전기말 순자산(자본)
2) 4가지 차감항목	① 자본금 ② 법정준비금 ③ 당기 정기배당에 대한 이익준비금 ④ 기타포괄이익누계액[1]	① 전기말 자본금 ② 전기말 법정준비금 ③ 정기배당금과 그 이익준비금[2] ④ 당기 중간배당에 대한 이익준비금
3) 한도	기준금액 – 차감	기준금액 – 차감
4) 중간배당시 추가고려사항	–	당기말에 다음이 예상될 것 순자산 ≥ ∑정기배당시 4가지 차감항목[3]

❶ 상법은 이것을 "미실현이익"으로 표현하고 있고, 원칙적으로 미실현손실을 상계하기 전의 금액을 말하지만, 시행령에서는 예외적으로 상계를 허용한다. 또한, 기타포괄이익누계액은 정기배당시에만 고려되고 중간배당시에는 고려되지 않지만, 추가고려사항으로서 당기말 순자산이 배당가능이익 이상이어야 하므로, 실질적으로는 중간배당시에도 고려되어야 한다.

❷ 상법은 이익준비금에 대한 언급은 없지만, 논리적으로 이익준비금도 고려하여야 한다.

❸ 실질적으로 당기말에 미처분이익잉여금이 있을 것으로 예상되어야 한다는 것이며, 그렇지 않을 경우 이사는 그 차액에 대한 배상책임을 부담한다.

2) 배당한도 위반시 회사와 채권자의 반환청구권과 중간배당시 이사의 책임

- 배당가능이익을 초과한 배당은 위법한 배당으로서 무효가 되므로, 회사나 채권자는 주주에게 그 초과배당금을 회사에 반환할 것을 청구할 수 있다(§462 ③, 소멸시효 10년(2020다208621)).
- 당기말에 결손금의 발생이 예상됨에도 불구하고 중간배당을 실시한 경우 이사는 연대하여 회사에 그 결손금에 해당하는 금액(☞ 차액 = Σ 4가지 차감항목 – 당기말 순자산)을 배상할 책임이 있다. 다만, 이사가 중간배당의 실시와 관련하여 당기말에 결손금의 발생여부에 대한 판단할 때 주의를 게을리하지 않았음을 증명한 때는 배상책임을 부담하지 않는다.

(4) 배당기준

원 칙	[예외] 차등배당	
	상법규정	판 례
주주의 주식수	이익배당 우선주	일반주주에게 대주주보다 더 많은 배당 지급❶

❶ 반대로 대주주에게 일반주주보다 더 많은 배당을 하는 것은 인정되지 않는다. 한편, 상속세및증여세법도 차등배당의 인정을 전제로, 차등배당시 증여세를 부과하도록 하고 있다.

(5) 배당금의 지급시기와 배당금 지급청구권

1) 배당금의 지급시기(☞ 지급기한)

원 칙	예 외
결의일로부터 1개월 내	주주총회나 이사회에서 지급시기를 별도로 정한 경우 1개월 초과가능

2) 배당금 지급청구권의 양도가능여부와 소멸시효

- 배당금 지급청구권은 채권[債權]으로서 재산에 해당하므로, 주주는 배당금 지급청구권을 주식과 별개로 자유롭게 양도할 수 있다.
- 주주나 배당금 지급청구권의 양수인은 배당금 지급일로부터 5년 동안 회사에 대해 배당금 지급을 청구하지 않으면 소멸시효가 완성된다.

4. 회계의 기타고려사항

(1) 주주의 권리행사와 관련한 이익제공의 금지

- 회사는 어떤 주주에게도 주주의 권리행사와 관련한 재산상의 이익을 제공할 수 없다(§467-2 ①).

다만, 그 이익의 제공여부는 확인하기 쉽지 않으므로, ① 회사가 주주에게 무상으로 재산을 제공하거나, ② 재산을 현저히 높은 금액으로 취득하거나 현저히 낮은 금액으로 처분하는 경우, 주주의 권리행사와 관련하여 이익을 제공한 것으로 추정한다.

- 재산상의 이익을 제공받은 주주는 회사에 그 이익을 반환하여야 하고, 회사가 반환을 청구하는 소송을 제기하지 않을 경우 1% 이상의 소수주주는 회사를 대신하여 소송을 제기할 수 있다.

(2) 사용인 신원보증금의 우선변제권

사용인이 본인의 신원을 보증하기 위하여 회사에 신원보증금(☞ 주로 자금담당자)을 맡긴 경우, 그 사용인은 다른 채권자보다 우선하여 신원보증금을 반환받을 수 있다. 그러나 채권자가 질권 · 저당권 · 담보권을 가진 경우에는 우선하여 반환받을 수 없다(§468).

7절 조직과 지배구조의 변경

제7절의 목차와 세부목차

거래 목적에 따른 목차분류	세부목차
1. 조직변경	(1) 영업양도, 양수, 임대 등
	(2) 합병과 분할
2. 지배구조변경	(1) 완전모회사를 설립하기 위한, 주식교환과 주식이전
	(2) 95% 이상 지배주주의 소수주식 전부취득

1. 조직변경

(1) 영업양도, 양수, 임대 등

1) 영업양도, 양수, 임대 등의 범위

구 분	영업양도 · 양수 · 임대 등의 범위
1) 양도 · 양수	① 영업의 전부 · 중요한 일부의 양도[1] ② 회사영업에 중대한 영향을 미치는 다른 회사의 영업 전부 · 일부의 양수
2) 임대 · 위임 · 동업	① 영업전부(☞ 일부×)의 임대 또는 경영위임 ② 타인과 영업의 손익 전부를 같이하는 계약 ③ 그밖에 이에 준하는 계약의 체결 · 변경 또는 해약

❶ 상법규정에는 영업양도에 대한 정의가 없지만, 판례는 "일정한 영업목적을 위하여 조직되고 유기적 일체로 기능하는 재산의 전부 또는 중요한 일부를 총체적으로 양도하는 것"이라고 정의하였다(86다카2478).

2) 영업양도, 양수, 임대 등의 절차

가. 기본적인 절차

[조직변경의 기본적인 절차] 영업양도 · 양수 · 임대 등 vs 합병과 분할

기본적인 절차	영업양도 · 양수 · 염대 등	합병과 분할		
		합 병	분 할	
			단순분할	분할합병
1) 주주총회 특별결의	○	○	○	○
2) 반대주주의 주식매수청구권	○	○	×❶	○
3) 채권자보호절차	×	○	△❷	○❸

❶ 순자산의 변화가 없는 형식적인 조직변경이기 때문이다.

❷ 분할회사와 단순분할신설회사는 분할전의 분할회사 채무에 관하여 연대하여 변제할 책임이 있고(§530-9 ①), 채권자보호절차를 실시하지 않아도 된다. 그러나, 분할신설회사의 연대책임을 배제하는 경우에는 채권자보호절차를 실시하여야 한다(☞ [(2). 5) 나. '분할후 기존채무에 대한 책임'] 참고).

❸ 분할승계회사나 분할합병신설회사도 분할합병 전의 분할회사 채무에 관하여 연대하여 변제할 책임이 있지만, 분할합병은 합병절차가 실시되므로 채권자보호절차를 실시하도록 하고 있다(§530-11 ②). 다만, 단순분할과 마찬가지로 분할승계회사나 분할합병신설회사의 연대책임을 배제할 수도 있다.

> **【판 례】** 단순한 영업용 재산의 양도는 "영업의 전부 또는 중요한 일부의 양도"에 해당하지 아니한다고 할 것이나, 다만 영업용 재산의 처분으로 말미암아 회사영업의 전부 또는 일부를 양도하거나 폐지하는 것과 같은 결과를 가져오는 경우에는 주주총회의 특별결의가 필요하다(86다카2478).

나. 간이 영업양도, 양수, 임대 등의 주주총회 특별결의 생략

[영업양도, 양수, 임대 등의 기본절차] 일반 vs 간이

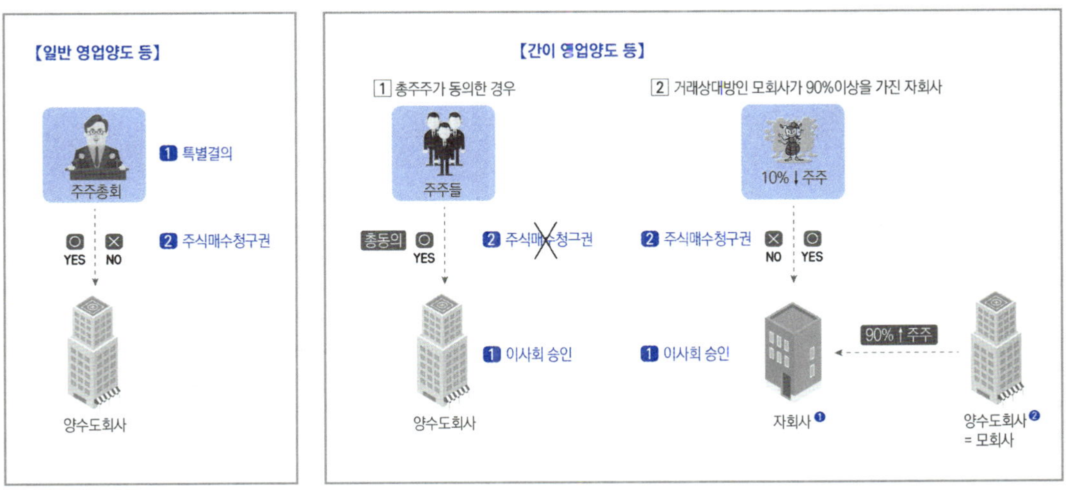

❶ 비록 자회사의 비지배주주 지분이 10% 이하이지만, 주식매수청구권을 행사할 기회를 주기 위해, 회사는 계약서 작성일 ~ 2주내에, 주주총회의 승인을 받지 않고 영업양수도나 영업전부임대 등을 한다는 사실을 공고하거나 주주에게 통지하여야 한다(§374-3 ②). 그러나, 총주주가 동의한 경우에는 반대주주가 없으므로 별도의 통지를 할 필요가 없다(§374-3 ②단서).

❷ 모회사의 영업양도 등에 대한 동의를 전제로 하므로, 모회사가 반대주주로서 주식매수청구권을 행사할 여지가 없다. 한편, 모회사의 경우 자회사와 달리 "일반 영업양수, 양수, 임대 등"에 해당하므로 주주총회의 특별결의를 필요로 하고, 그 반대주주에게는 주식매수청구권이 인정된다.

다. 반대주주의 주식매수청구권 행사 절차

[주식매수청구권의 행사절차(§374-2, §374-3)] 일반 vs 간이 중 ② 자회사

구 분		일반 영업양도, 양수, 임대 등	간이 영업양도 등으로서 거래상대방인 모회사가 90% 이상의 지분을 가진 자회사[1]
(1) 사전 절차	1) 회사	① 주주총회일의 2주 전, ② 주주총회 소집통지(☞ 서면으로 회의목적사항 포함)	① 이사회 승인 후, 계약서 작성일 ~ 2주내, ② "총회의 승인 없이 영업양수도 등을 한다"는 뜻을 공고 · 통지
	2) 반대주주	① 총회 전, 반대의사 서면통지 ② 총회 시, 결의에 찬성 ×	공고 · 통지일 ~ 2주내 반대의사 서면 통지
(2) 실질적 행사절차	1) 반대주주	① 총회결의일 ~ 20일내[2], ② 회사에 서면으로 주식매수청구	① 그 2주 경과일 ~ 20일내[2], ② 〃 (☞ 좌동)
	2) 회사	① 매수청구기간종료일 ~ 2개월내, ② 주식매수[3][4]	① 〃 (☞ 좌동) ② 〃 (☞ 좌동)

❶ 간이 영업양도 등으로서, 총주주가 동의한 경우에는, 주주에게 공고나 통지절차를 할 필요가 없으므로, 거래상대방인 모회사가 90% 이상의 지분을 가진 자회사의 경우의 행사절차 중 사전절차만 다르고 나머지 실질적인 행사절차는 동일하다.

❷ "주식매수청구기간"이라고 한다.

❸ 주식매수청구권은 형성권이므로, 회사는 선택의 여지없이 그 주식을 매수해야 하고, 2개월이 경과할 경우 회사는 주주에게 지연이자를 지급해야 한다.

❹ 주식매수가액은 주주와 회사 간의 협의가 우선이고, 매수청구기간 종료일 ~ 30일내에 협의가 이루어지지 않을 경우 주주 또는 회사가 법원에 매수가액의 결정을 청구할 수 있다.

(2) 합병과 분할

1) 합병과 분할의 유형

가. 합병의 유형

흡수합병과 신설합병

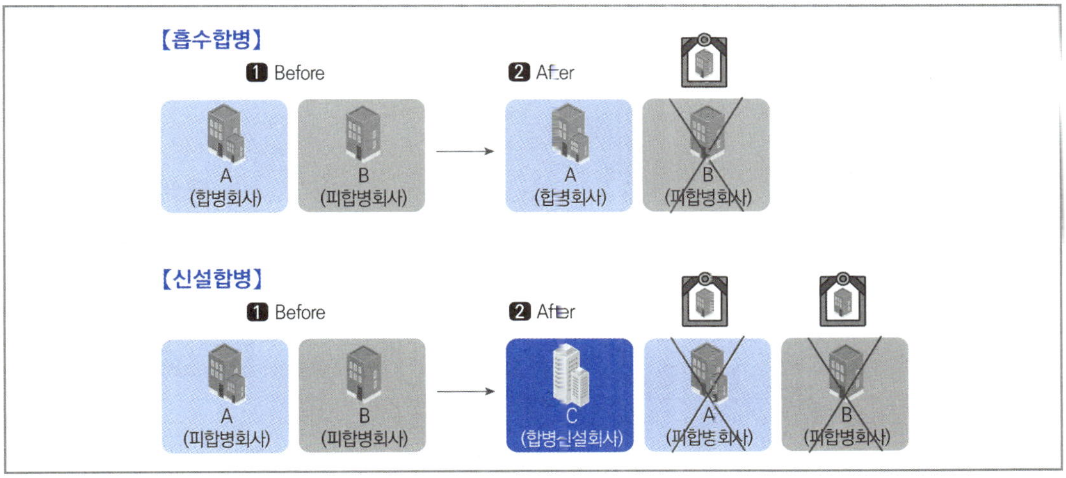

나. 분할의 유형

(가) 분할후 합병여부에 따른, 단순분할과 분할합병

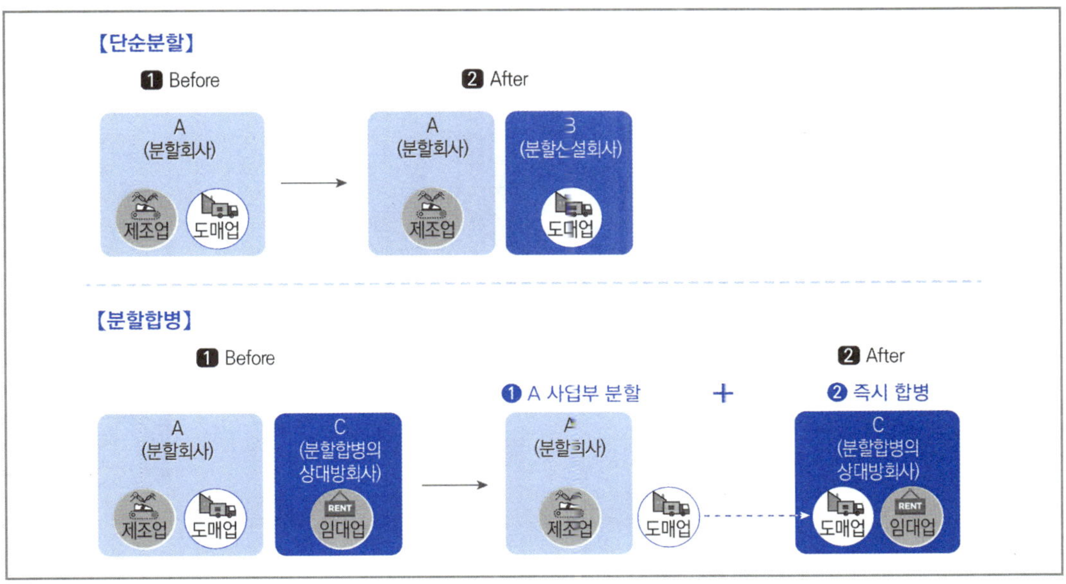

❶ C(주)는 원래부터 존속하던 회사였기 때문에 "분할합병승계회사"라고 하고, C(주)가 아니라 새로 신설된 D(주)가 되었다면, "분할합병신설회사"라고 한다.

(나) 분할회사의 존속여부에 따른, 존속분할과 소멸분할

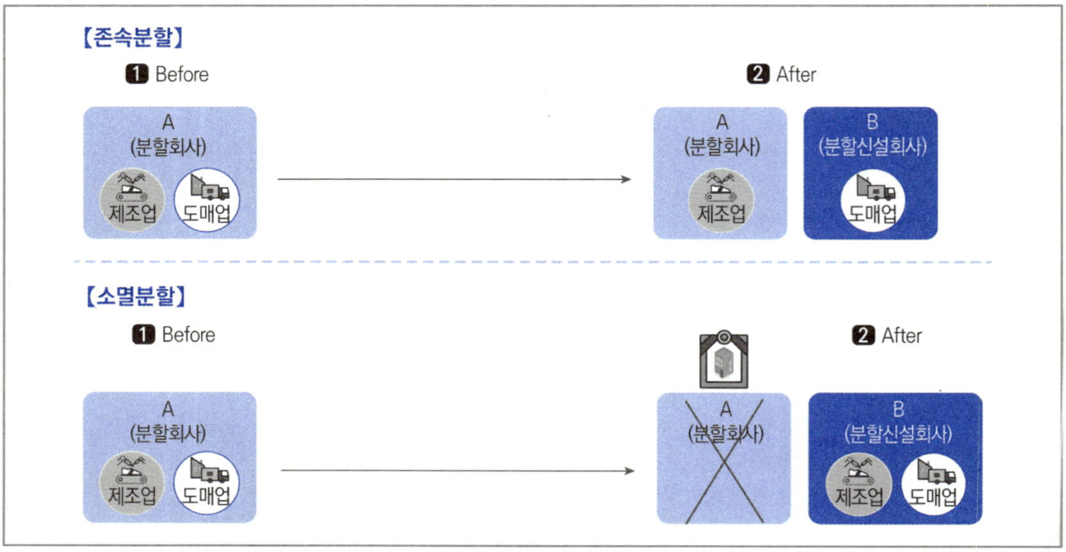

(다) 분할신설회사가 발행한 주식의 귀속주체에 따른, 인적분할과 물적분할

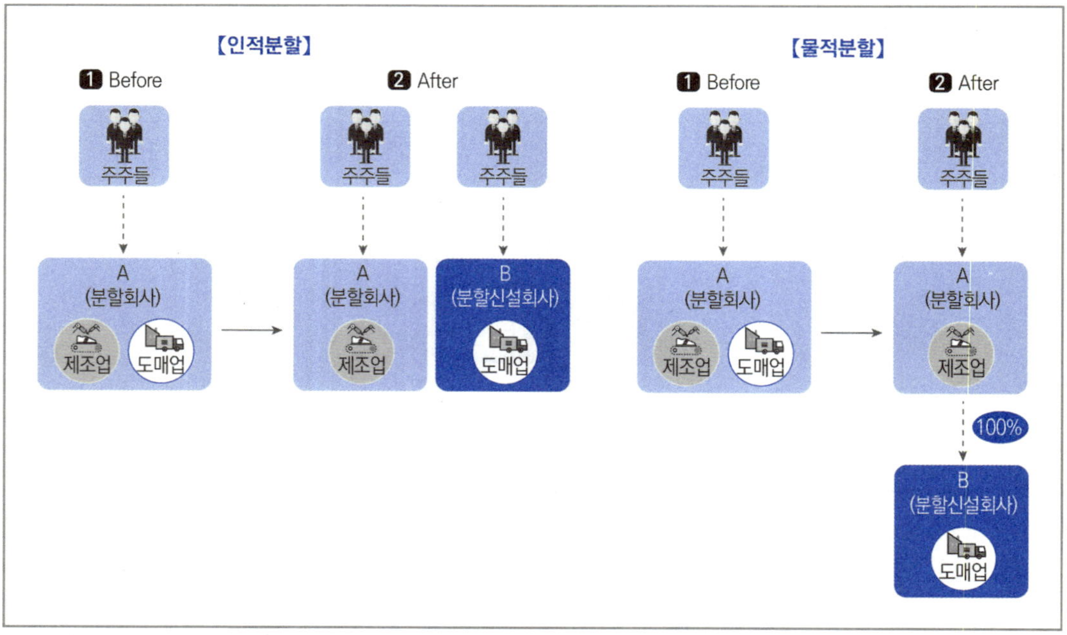

2) 일반합병과 간이 · 소규모합병의 절차

가. 일반합병절차

구 분	흡수합병	신설합병
1) 사전절차	① 합병계약서❶의 작성과 공시 ② 총회의 소집통지❷, 특별결의, 반대주주의 주식매수청구권 행사❸ ③ 채권자보호절차❹	① 〃 (☞ 좌동, 이하 동일) ② 〃 ③ 〃
2) 합 병 일	① 권리 · 의무 포괄승계와 합병대가❶ 지급	① 신설법인 설립 ② 〃
3) 사후절차	① 합병보고총회 또는 이사회 공고❺ ② 합병 등기❻ ③ 합병 관련 서류 사후공시❼	① 창립총회 또는 이사회 공고 ② 〃 ③ 〃

❶ 이사회 승인 후 대표이사는 합병계약서를 작성하여 계약을 체결하여야 하고, 주주총회일의 2주전부터 합병일 이후 6개월간, 합병계약서, 각 회사의 최종 대차대조표, 손익계산서 등을 본점에 비치하여야 한다(§522-2 ①). 흡수합병시 합병계약서의 기재사항과 주요고려사항을 정리하면 다음과 같다.

[흡수합병시 합병계약서] 기재사항(§523) **vs 주요 고려사항**(§523, §523-2, §525)

구 분	기재사항	주요 고려사항
1) 기본사항	① 합병일(합병기일) ② 합병승인 주주총회일 ③ 정관을 변경하는 경우 그 변경 규정	
2) 합병대가	① 발행할 주식 총수가 증가하는 경우 ㉠ 주식총수 ㉡ 주식종류 ㉢ 종류별 주식수 ② 신주나 자기주식을 지급하는 경우 ㉠ 신주 · 자기주식의 총수 ㉡ 신주 · 자기주식의 주식종류 ㉢ 신주 · 자기주식의 종류별 주식수 ㉣ 신주배정 자기주식 이전 사항 ③ 자본금이나 준비금이 증가하는 경우 그 사항 ④ 대가의 전부 또는 일부로서 금전이나 그 밖의 재산을 제공하는 경우 그 사항	① 합병계약서에는 합병대가가 포함되어야 하는데, 합병대가는 신주, 자기주식, 금전, 또는 기타의 재산 모두가 될 수 있다. ② 흡수합병시 합병대가로서 모회사의 주식을 취득하여 지급할 수도 있으며(☞ 삼각합병), 이 경우에는 자회사의 모회사주식 취득제한의 예외가 적용된다. 다만, 취득한 모회사의 주식은 합병효력일로부터 6개월 이내에 모두 처분하여야 한다.
3) 기 타	① 신규취임할 이사, 감사, 감사위원회 위원을 정한 경우 그 성명과 주민등록번호 ② 합병으로 이익배당을 하는 경우 그 한도	• 합병당사자 중 일방이나 쌍방이 합명회사나 합자회사인 경우로서, 합병존속법인이나 합병신설법인이 "주식회사"인 때에는, 합병계약서를 작성할 때 합명회사나 합자회사 총사원의 동의를 얻어야 한다.

❷ 소집통지서에는 합병계약의 요령(☞ 요약)을 기재하여야 한다(§522 ②).

❸ 합병에 반대하는 주주(☞ 의결권 없는 주주 포함)로서, 이사회 결의 후 주주총회 전에 회사에 서면으로 반대의사를 통지한 경우에는 주주총회 결의일~20일내에 주식매수청구권을 행사할 수 있다.

❹ ① 주주총회 특별(승인)결의일로부터 2주내에, ② 1월 이상의 기간 내에, 이의가 있을 경우 제출할 것을 공고하고, ③ 알고 있는 채권자에 대해서는 따로따로 최고하여야 한다. 또한 채권자 중에 사채권자가 이의를 제기하기 위해서는 사채권자집회의 결의가 있어야 한다(§530 ② → §439 ③).

❺ 흡수합병시 합병회사는 채권자보호절차 등의 종료 후 지체없이 주주총회(☞ 흡수합병보고총회)를 소집하여 합병 관련 사항을 보고하여야 한다(§526 ①). 다만, 주주총회의 소집절차는 매우 번거로운 절차이므로, 회사의 이사회는 공고를 통해 합병보고총회를 대신할 수 있다(§526 ③).

❻ 합병보고총회 종결일(또는 이사회 공고일)로부터 소재지에서 2주일 내에 합병등기를 하여야 한다. 또한, 합병으로 전환사채나 신주인수권부사채를 승계한 때에는 동시에 사채의 등기를 하여야 한다(§528). 합병의 효력은 합병일이 아니라 본점소재지에 합병 등기를 함으로써 발생한다(§530 ② → §234).

❼ 합병일로부터 6개월간 채권자보호절차 경과내용, 합병기일, 승계한 재산·채무, 기타사항을 본점(☞ 지점×)에 비치하여야 하고(§527-6 ①), 주주 및 회사채권자는 영업시간 내에 언제든지 각 서류의 열람을 청구하거나 회사가 정한 비용을 지급하고, 그 등본 또는 초본의 교부를 청구할 수 있다(§527-6 ② → §527-2 ②).

나. 흡수합병 중 간이·소규모(간이)합병의 절차

흡수합병 중 소멸회사와 관련한 2가지 간이합병의 주요절차

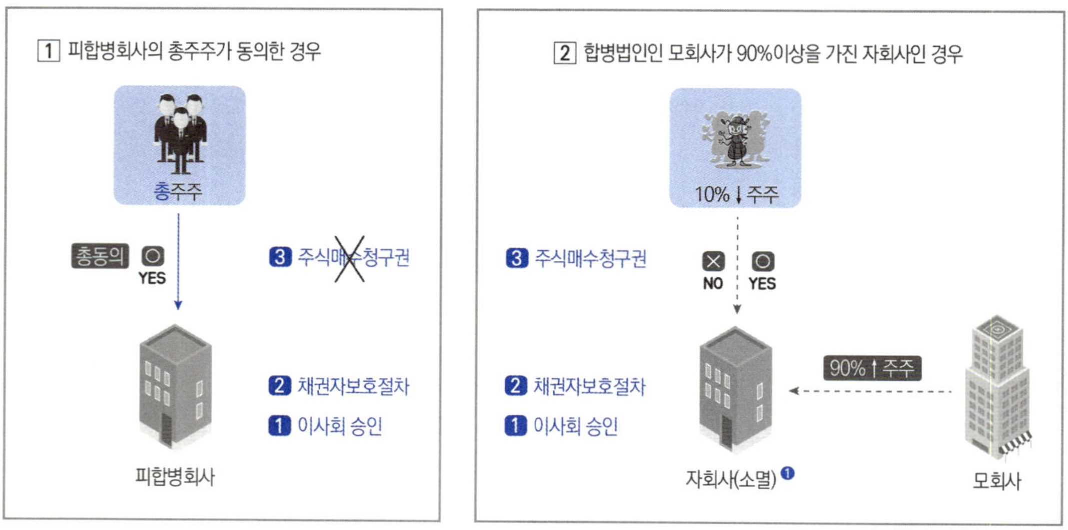

❶ 소멸하는 피합병회사는 합병계약서 작성일로부터 2주내에, 주주총회의 승인을 받지 않고 합병을 한다는 사실을 공고하거나 주주에게 통지하여야 한다(§527-2 ②). 총주주가 동의한 경우에는 주주가 이미 알고 있는 내용이므로 별도의 통지를 할 필요가 없다(§527-2 ②단서).

❷ 간이합병절차는 간이 영업양도, 양수, 임대 등의 절차와 유사하지만, 채권자보호절차를 진행하여야 한다는 점에서 큰 차이가 있다(§527-5 ②).

흡수합병 중 소규모합병의 합병대가 요건과 주요절차

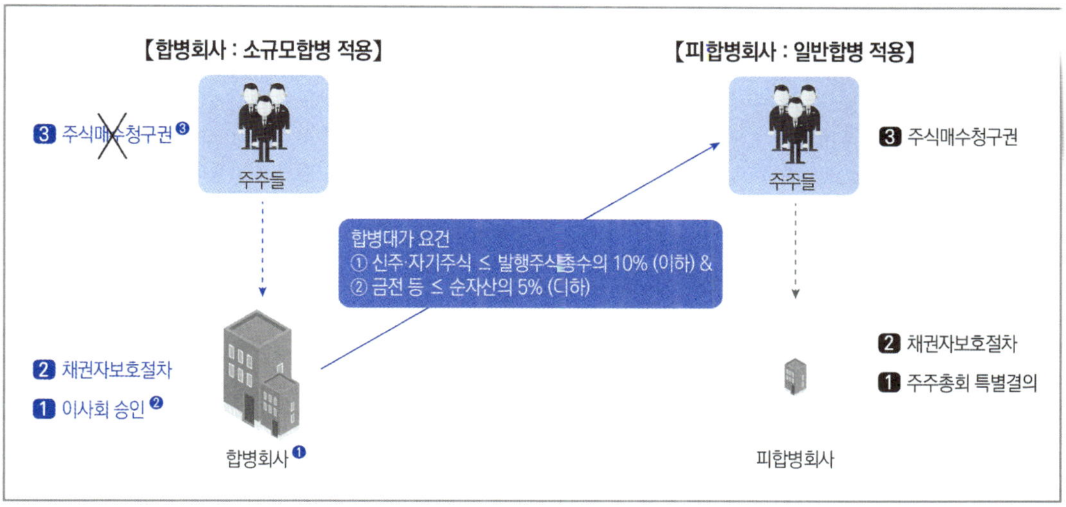

❶ 합병회사는 합병계약서에 주주총회의 승인을 받지 않고 합병을 한다는 뜻을 기재하고(§527-3 ②), 합병계약서 작성일로부터 2주내에, 피합병회사의 상호 · 본점소재지 · 합병일 및 주주총회의 승인을 받지 않고 합병을 한다는 사실을 공고하거나 주주에게 통지하여야 한다(§527-3 ③).

❷ 합병회사의 주주 중 20% 이상을 가진 주주가 회사의 통지일(☞ 위 주석 ①의 통지일)로부터 2주내에 서면으로 합병반대의사를 밝힌 경우에는 이사회 승인으로 합병을 할 수 없고, 주주총회를 개최하여 특별결의를 얻은 경우에만 합병을 할 수 있다(§527-3 ④).

❸ 합병거래가 합병회사나 그 주주에게 미치는 영향이 중요하지 않기 때문이다.

3) 분할절차

구 분	단순분할	분할합병
1) 사전절차	① 분할계획서의 작성과 공시❶ ② 총회의 특별결의❷, 반대주주의 주식매수청구권 행사❸ ③ 채권자보호절차❸	① 분할합병계약서의 작성과 공시❶ ② 총회의 특별결의❷, 반대주주의 주식매수청구권 행사❸ ③ 채권자보호절차❸
2) 분 할 일	① 신설법인 설립❹과 권리 · 의무 포괄승계❺	① 권리 · 의무 포괄승계❹와 합병대가❻ 지급
3) 사후절차	① 분할보고 · 창립총회 또는 이사회 공고 ② 분할등기❼ ③ 분할 관련 서류 사후공시	① 분할합병보고총회 또는 이사회 공고 ② 분할 및 합병등기 ③ 분할 및 합병 관련 서류 사후공시

❶ 분할의 경우 주주총회일의 2주전부터 분할등기일 또는 분할합병일 이후 6개월간, 분할계획서 또는 분할합병계약서, 분할되는 부분의 대차대조표, 분할합병의 경우 분할합병의 상대방 회사의 대차대조표 등을 본점에 비치하여야 한다(§530-7 ①).

❷ 합병과 달리, 의결권이 배제 · 제한되는 종류주식도 의결권이 있다(§530-3 ③). 또한, 간이분할합병이나 소규모분할합병의 경우 이사회 승인으로 주주총회의 특별결의를 대신할 수 있다(§530-11 ② → §527-2, §527-3).

의결권이 배제 · 제한되는 종류주식의 의결권

[비교] 합병	단순분할과 분할합병
×	○

❸ 분할은 형식적으로 회사를 2개 이상으로 쪼개는 것으로서 순자산 등의 실질적 변경은 없으므로, 단순분할에 반대하는 주주는 주식매수청구권을 행사할 수 없고, 원칙적으로 분할존속회사와 분할신설회사는 연대채무를 부담하므로 채권자보호절차도 실시할 필요가 없다. 반면에 분할합병의 경우에는 실질의 변경이 발생하므로, 반대하는 주주는 주식매수청구권을 행사할 수 있고, 채권자보호절차도 실시하여야 한다(§530-1 ② → §522-3, §527-5). 또한, 분할이나 분할합병으로 각 회사 주주의 부담이 가중되는 경우에는 ① 종류주주총회를 결의를 얻어야 할 뿐만 아니라, ② 종류주주 전원의 동의가 있어야 한다(§530-3⑥).

❹ 신설법인의 설립위원은 대표이사로 한다(§530-11 단서).

❺ 단순분할신설회사는 분할회사의 권리와 의무를 분할계획서에 따라 승계하고, 분할승계회사나 분할합병신설회사는 분할회사와의 분할합병계약서에 따라 승계한다.

❻ 분할합병의 경우에도 분할합병대가로서 모회사주식을 지급할 수 있다(§530-6).

❼ 합병의 효력과 마찬가지로, 단순분할과 분할합병의 효력은 분할일이 아니라 본점소재지에 "분할등기"를 함으로써 발생한다(§530-11 ① → §234).

4) 합병 · 분할에 반대하는 주주 등의 2가지 대응방안

가. [대응방안1 ➡ 주주] 주식매수청구권의 행사

유형별 반대주주의 주식매수청구권 행사가능여부

합 병				분 할	
일반합병	간이합병	소규모합병		단순분할	일반❹분할합병
		합병회사 주주	피합병회사 주주		
○	△❶	×❷	○	×❸	○

❶ 간이합병 중 총주주가 동의한 경우에는 반대주주가 없으므로 주식매수청구권을 고려할 필요가 없다. 그러나, 합병회사인 모회사가 90% 이상의 지분을 가진 자회사의 경우 ① 자회사의 비지배주주는 주식매수청구권을 행사할 수 있으며, ② 그 모회사의 경우에는 일반합병에 해당하므로 모회사의 주주도 주식매수청구권을 행사할 수 있다.

❷ 합병회사의 실체에 중요한 영향을 미치지 않기 때문이다.

❸ 순자산의 변화가 없는 형식적인 조직변경이기 때문이다.

❹ 간이 · 소규모분할합병의 경우 합병과 동일하다.

나. [대응방안2 ➡ 이해관계자] 합병 · 분할 무효소송 제기

합병비율 등이 현저하게 불공정하여 합병에 반대하거나 다른 이유로 분할에 반대하는 주주 등은 합병무효소송이나 분할무효소송을 제기할 수 있다.

합병 · 분할 무효소송의 원고자격, 소송제기기한 및 판결의 효력

구 분	내 용
1) 원고자격	① 주주 · 이사 · 감사 · 청산인 · 파산관재인, ② 합병을 승인하지 않은 채권자

2) 소송제기기한	합병(분할)등기일 ~ 6개월
3) 판결의 효력[1]	① 대세효, ② 장래효

❶ 합병이 무효가 된 경우, 합병존속회사나 합병신설회사의 합병전 자산과 부채는 합병전의 상태로 되돌려야 하고, 합병이후부터 합병무효판결 이전까지 취득한 자산은 양 회사가 공유(☞ 단독소유×)하고, 부담한 채무는 양회사의 연대채무가 된다(§530 ② → §239 ①, ②). 또한, 공유자산은 양 당사회사의 협의로 분할할 수 있으나, 연대채무는 분할할 수 없다(§239 ③).

합병은 합병등기일에 효력이 발생하므로, 합병등기일 후에는 결의무효소송을 독립적으로 제기할 수 없다(92누14908). 따라서, 다음의 그림과 같이 합병등기일 전에는 결의무효소송을, 합병등기일 후에는 합병무효소송을 제기하여야 한다.

[소송의 유형] 결의무효소송 vs 합병무효소송

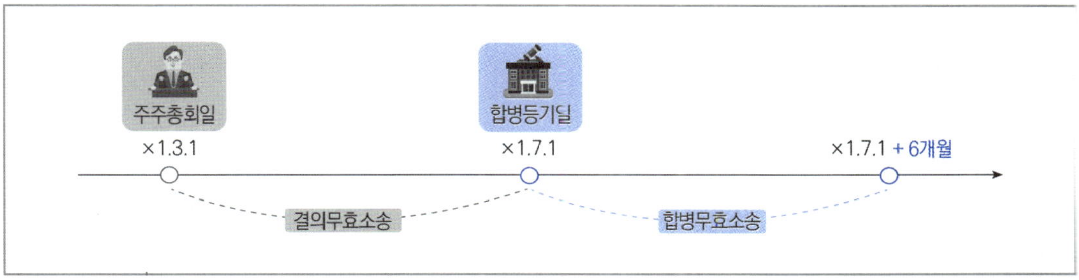

5) 합병 · 분할의 기타고려사항

가. 흡수합병시 이사와 감사의 임기만료일

합병후 도래하는 최초의 결산기의 정기주주총회 종료시에 임기가 만료된다.

합병(☞ 분할×)시 이사와 감사의 임기만료일

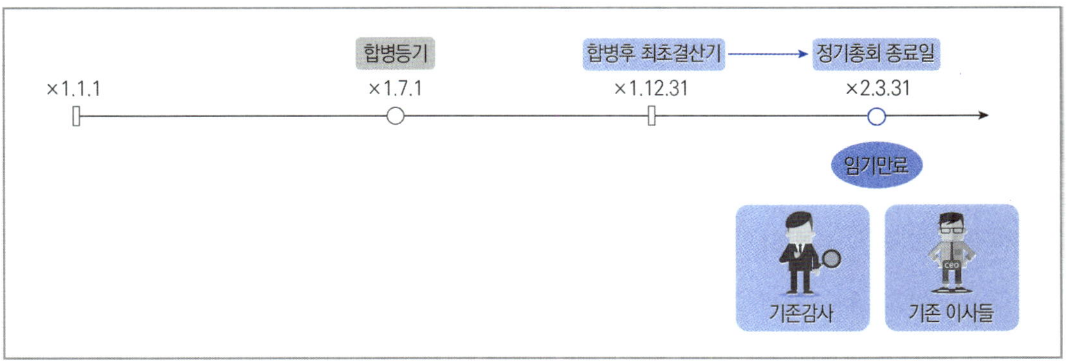

나. 분할후 분할회사의 기존채무에 대한 책임

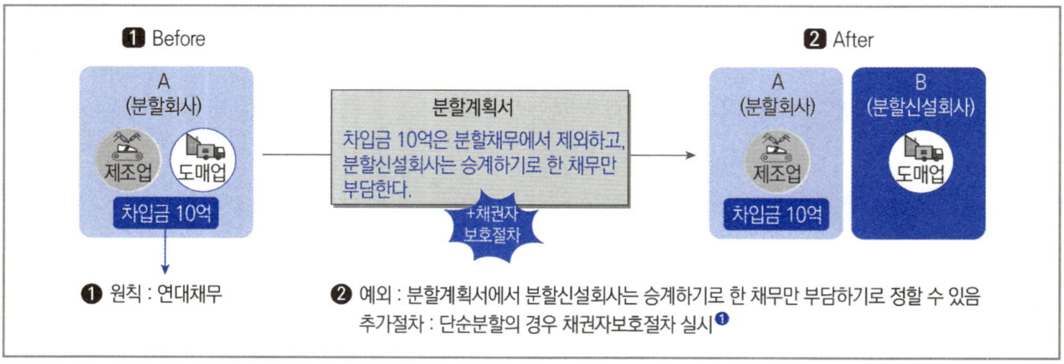

❶ 분할합병의 경우에는 채권자보호절차를 원래부터 적용하므로 상관이 없고, 단순분할에만 적용되는 규정이다.

2. 지배구조의 변경

일반적으로 지배구조는 주주, 이사회 등 회사의 기관을 포함하는 개념이지만, 본 교재에서 "지배구조의 변경"은 일반적인 주주 간의 주식양도 외에 주식의 포괄적 교환·이전 등과 같은 사유로 주주가 변경되는 것을 말한다.

[지배구조 변경의 종류별 비교] 주식교환·이전, 95% 이상 지배주주의 소수주식 전부취득

3가지 절차	주식교환·이전❶		95% 이상 지배주주의 소수주식 전부취득	
	주식교환	주식이전	지배주주의 매도청구	소수주주의 매수청구
1) 주주총회 결의	○ (특별)	○ (특별)	○ (보통)	×
2) 반대주주의 주식매수청구권	○	○	× ❷	× ❷
3) 채권자보호절차	×	×	×	×

❶ 주식교환은 "주식의 포괄적 교환"의 줄임말이고, 주식이전은 "주식의 포괄적 이전"의 줄임말이다. 이때 "포괄"이라는 것은 주식의 전부를 의미하므로, 주식교환과 주식이전의 결과로서 완전모회사와 완전자회사 관계가 형성된다.

❷ 매도청구나 매수청구가 있을 경우 반드시 매도하거나 매수하여야 하므로 그 개념상 반대주주의 주식매수청구권이 성립되지 않는다.

(1) 완전모회사를 설립하기 위한, 주식교환과 주식이전 제도

1) 주식교환과 주식이전 제도의 도입목적

- "주식의 포괄적 교환(☞ 주식교환)"과 "주식의 포괄적 이전(☞ 주식이전)"은 "완전모회사"의 설립을 지원하기 위하여 도입된 제도이고, 완전모회사의 설립은 주로 "지주회사"로 전환할 때 필요한 절차이다.

- 부실자산과 연쇄도산을 예방하고 경영과 지배구조의 투명성을 높이기 위해 지주회사제도가 도입되었다.

2) 주식교환과 주식이전의 공통점과 차이점

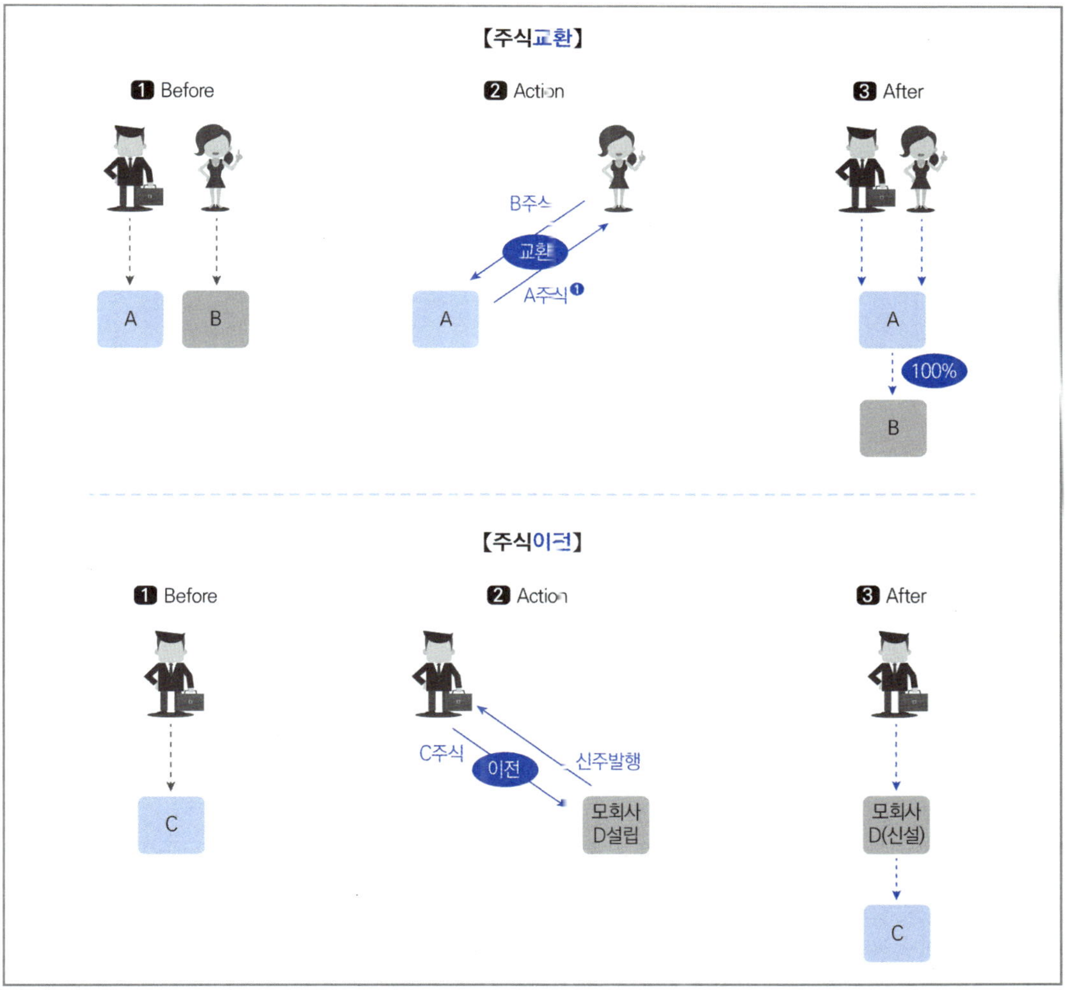

❶ 신주, 자기주식, A(주)의 모회사 주식도 가능하며, 주식 외에 금전도 지급할 수 있다. 또한 완전모회사가 지급한 주식은 주식교환일에 효력이 발생한다.

주식교환과 주식이전의 가장 큰 공통점과 차이점

공통점	차이점[1]	
	주식교환[2]	주식이전
완전모회사와 완전자회사 관계형성	기존의 두 개 이상의 회사가 주식을 교환하여 완전모자관계 형성	기존의 하나 이상의 회사가 주식을 이전한 후 모회사를 설립하여 완전모자관계 형성

❶ 그 효력과 관련하여, 주식교환은 주식교환일에, 주식이전은 등기일(☞ 모회사가 설립되기 때문임)에 효력이 발생한다는 차이점도 있다(§360-8 ① 3호, §360-21).

❷ 주식의 양도도 주식의 인도와 대가의 수령으로 성사되므로 주식교환도 넓은 의미에서의 주식양도에 해당한다. 다만, 자회사가 될 회사의 모든 주식이 완전모회사가 될 회사에 인도된다는 점이 주식교환의 가장 두드러지는 특징이다.

3) 주식교환 절차

가. 일반적인 주식교환 절차

구 분	일반적인 주식교환	[비교] 일반합병
1) 사전절차	① 주식교환계약서❶의 작성과 공시 ② 총회의 소집통지, 특별결의, 반대주주의 주식매수청구권 행사 ③ 주권의 제출 · 실효에 대한 공고 · 통지❷	① 〃 (☞ 좌동 이하 동일, 단, 합병계약서) ② 〃 ③ 채권자보호절차
2) 교환일❸	• 완전모회사의 주식과 교환❹	• 권리 · 의무 포괄승계와 합병대가 지급
3) 사후절차	① 자본금변경 등기 ② 주식교환 관련 서류 사후공시	① 합병보고총회 또는 이사회 공고 ② 〃 (☞ 합병등기) ③ 〃 (☞ 합병 관련)

❶ 이사회 승인 후 대표이사는 주식교환계약서를 작성하여 계약을 체결하여야 하고, 주주총회일의 2주전부터 주식교환일 이후 6개월간, 주식교환계약서, 각 회사의 최종 대차대조표, 손익계산서 등을 본점에 비치하여야 한다.

❷ 완전자회사가 될 회사는, 주주총회가 승인을 한 때에는 주식교환일의 1월 전에 ① 주주총회의 특별승인의 뜻, ② 주식교환일 전날까지 주권제출 및 ③ 주식교환일(☞ 주권제출기간 종료일×)에 주권이 무효가 된다는 뜻을 공고하고, 주주명부에 기재된 주주와 질권자에게 개별적으로 통지하여야 한다(§360-8). 한편, 지배구조의 변경은 회사 실체(☞ 조직)의 변경을 발생시키지 않으므로 채권자보호절차는 필요 없다.

❸ 합병과 마찬가지로 완전모회사가 될 회사는 그 회사의 주식 대신에 완전모회사가 될 회사의 모회사 주식을 지급할 수도 있다. 또한, 주식교환일에 완전자회사가 되는 회사의 주주에게 발행한 완전모회사의 신주의 효력이 발생(☞ 완전자회사 기존주식의 무효)한다.

❹ 완전모회사의 자본금 증가액은 주식교환일의 순자산가액을 기준으로 아래의 금액을 초과할 수 없다(§360-7 ①). 다만, 완전모회사가 되는 회사가 주식교환 전에 이미 완전자회사가 되는 회사의 주식을 보유하고 있는 경우, 다른 주주의 지분율을 아래의 완전자회사의 순자산금액에 곱한 금액으로 한다(§360-7 ②). 아래의 공식에서 주주에게 제공할 금전 등이나 자기주식을 왼쪽으로 넘기면 그 왼쪽 금액의 합계액은 교환대가(☞ 신주, 자기주식, 금전 등)가 되므로, 결국 교환대가(자본금 기준)는 순자산가액을 초과할 수 없다는 것이다.

완전모회사의 자본금 증가액 한도

완전모회사 자본금 증가액 ≤ [완전자회사 순자산 − 주주에게 (제공할 금전 등 + 이전할 자기주식 장부가액)]

나. 간이 · 소규모(간이)주식교환의 절차

완전자회사가 될 회사와 관련한 2가지 간이주식교환의 주요절차

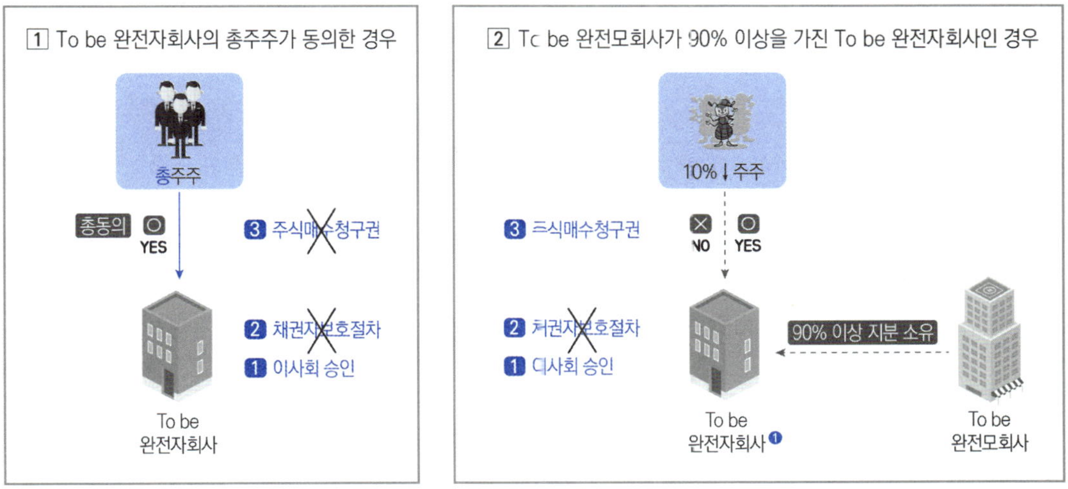

❶ 회사는 주식교환계약서 작성일로부터 2주내에, 주주총회의 승인을 받지 않고 주식교환을 한다는 사실을 공고하거나 주주에게 통지하여야 한다(§360-9 ②, §360-10 ④). 총주주가 동의한 경우에는 주주가 이미 알고 있는 내용이므로 별도의 통지를 할 필요가 없다(§360-9 ②단서).

소규모간이교환의 주요절차

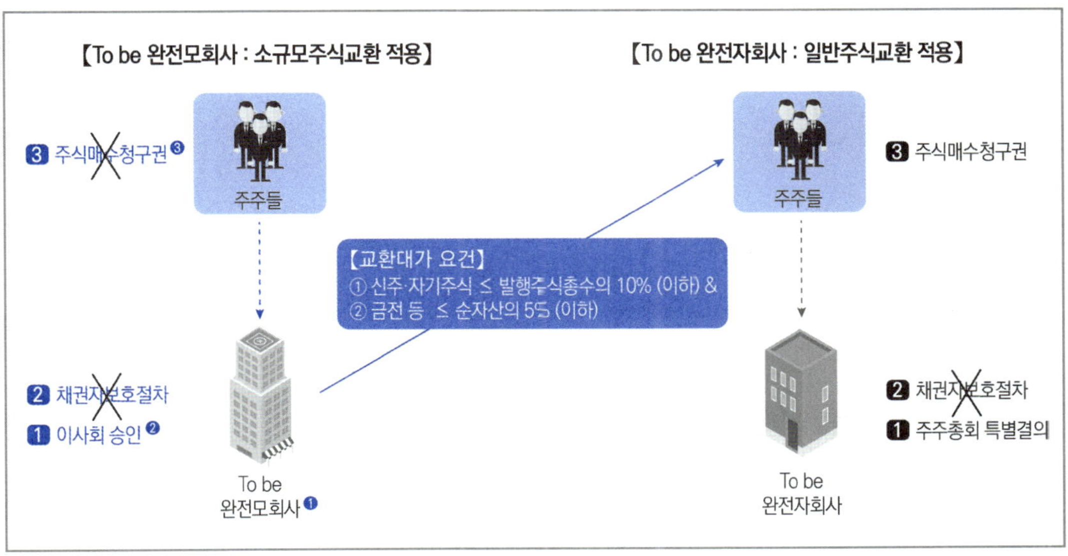

❶ 완전모회사가 되는 회사는 주식교환계약서에 주주총회의 승인을 받지 않고 주식교환을 할 수 있는 뜻을 기재하고(§360-10 ③), 교환계약서 작성일로부터 2주내에, 완전자회사가 될 회사의 상호 · 본점소재지 · 주식교환일 및 주주총회의 승인을 받지 않고 주식교환을 한다는 사실을 공고하거나 주주에게 통지하여야 한다(§360-10 ④).

❷ 완전모회사가 되는 회사의 주주 중 20% 이상을 가진 주주가 회사의 통지일(☞ 위 주석①의 통지일)로부터 2주내에

서면으로 주식교환반대의사를 밝힌 경우에는 이사회 승인으로 주식교환을 할 수 없고, 주주총회를 개최하여 특별결의를 얻은 경우에만 주식교환을 할 수 있다(§360-11 ⑤).

❸ 주식교환거래가 완전모회사가 될 회사나 그 주주에 미치는 영향이 중요하지 않기 때문이다.

4) 주식이전 절차

구 분	주식이전	[비교] 단순분할
1) 사전절차	① 주식이전계획서의 작성과 공시❶ ② 총회의 특별결의, 반대주주의 주식매수청구권 행사❷ ③ 주권의 제출 · 실효에 대한 공고 · 통지❸	① 분할계획서의 작성과 공시 ② 총회의 특별결의, 반대주주의 주식매수청구권 행사 ③ 채권자보호절차
2) 이전일❹	• 완전모회사의 설립과 주식이전❺	• 신설법인의 설립과 권리 · 의무 포괄승계
3) 사후절차	① 완전모회사 설립 등기❹ ② 주식교환 관련 서류 사후공시	① 분할보고 · 창립총회 또는 이사회 공고 ② 분할 등기 ③ 분할 관련 서류 사후공시

❶ 주주총회일의 2주전부터 주식이전일 이후 6개월간, 주식이전계획서, 완전자회사가 되는 회사의 대차대조표, 손익계산서 등을 본점에 비치하여야 한다(§360-17 ①).

❷ 분할과 달리, 주식이전의 경우에는 반대주주의 주식매수청구권이 인정된다(§360-22 → §360-5).

❸ 완전자회사가 될 회사의 주주총회가 주식이전을 승인한 때에는 ① 주주총회의 특별승인의 뜻, ② 1월을 초과하여 정한 기간 동안 주권제출 및 ③ 주식이전일에 주권이 무효가 된다는 뜻을 공고하고, 주주명부에 기재된 주주와 질권자에게 개별적으로 통지하여야 한다(§360-19). 한편, 지배구조의 변경은 회사 실체(☞ 조직)의 변경을 발생시키지 않으므로 채권자보호절차는 필요 없다.

[주식의 효력발생시기] 주식교환 vs 주식이전

주식교환	주식이전
교환일	완전모회사 설립등기일

❹ 회사는 설립등기를 해야만 성립하므로, 신설된 완전모회사가 발행한 신주는 주식이전일이 아니라 설립된 완전모회사가 그 본점소재지에서 2주내에 주식이전에 관한 등기를 함으로써 효력이 발생한다(§360-21).

❺ 완전모회사의 자본금액은 주식이전일의 순자산가액을 기준으로 다음의 금액을 초과할 수 없다(§360-18 ①). 아래의 공식에서 주주에게 제공할 금전 등을 왼쪽으로 넘기면 그 왼쪽 금액의 합계액은 이전대가가 되므로, 결국 이전대가(자본금 기준)는 순자산가액을 초과할 수 없다는 것이다. 한편, 주식교환과 달리 주식이전의 완전모회사는 신설법인이므로 그 개념상 소유하고 있던 자기주식이 있을 수 없다.

완전모회사의 자본금 증가액 한도

완전모회사 자본금 ≤ [완전자회사 순자산 – 주주에게 제공할 금전 등]

[비교] 조직 및 지배구조 변경시 주요 절차의 적용여부

구 분			총회 특별결의	주식매수청구권	채권자보호절차
조 직 변 경	1) 영업양도 등	① 일반	○	○	×
		② 간이	×	△[1]	×
	2) 합병(분할합병)	① 일반	○	○	○
		② 간이[2]	×	△[1]	○
		③ 소규모[3]	×	×	○
	3) 분할		○	×	△[4]
지배구조변경	1) 주식교환	① 일반	○	○	×
		② 간이[2]	×	△[1]	×
		③ 소규모[3]	×	×	×
	2) 주식이전		○	○	×

❶ 총주주가 동의한 경우(☞ 간이 유형1)에는 반대주주가 없으므로 주식매수청구권을 고려할 여지가 없으며, 상대방 · 합병법인 · 완전모회사가 되는 모회사가 90% 이상의 지분을 가진 자회사인 경우(☞ 간이 유형2), 그 다른 비지배주주에 대해서는 주식매수청구권이 인정된다.

❷ 간이합병과 간이주식교환은 피합병법인과 완전자회사가 되는 회사에 대해서만 적용되고, 합병법인과 완전모회사가 되는 회사에 대해서는 적용되지 않는다.

❸ 소규모합병과 소규모주식교환은 합병법인과 완전모회사가 되는 회사에 대해서만 적용된다.

❹ 분할계획서에서 분할신설회사는 승계한 채무만을 부담하기로 정한 경우에는 채권자보호절차를 실시하여야 한다.

5) 주식교환 · 이전에 반대하는 주주 등의 2가지 대응방안

가. [대응방안1 ➡ 주주] 주식매수청구권의 행사

유형별 반대주주의 주식매수청구권 행사가능여부

주식교환			주식이전
일반주식교환	간이주식교환 (완전자회사 주주)	소규모주식교환 (완전모회사 주주)	
○	△[1]	×[2]	○

❶ 간이주식교환 중 총주주가 동의한 경우에는 반대주주가 없으므로 주식매수청구권을 고려할 필요가 없다. 그러나 모회사가 90% 이상을 가진 자회사의 경우 그 비지배주주는 주식매수청구권을 행사할 수 있다.

❷ 중요한 영향을 미치지 않기 때문이다.

PART 1 제2장 주식회사 (3)

나. [대응방안2 ➡ 주주, 이사, 감사, 청산인] 주식교환 · 이전 무효소송의 제기

구 분	내 용
1) 원고자격❶	주주 · 이사 · 감사(위원회 위원) · 청산인
2) 소송제기기한	주식교환(이전)일 ~ 6개월
3) 판결의 효력❷	① 대세효, ② 장래효

❶ 주식교환이나 주식이전은 채권자보호절차를 진행하지 않으므로, 합병과 같이 합병에 반대한 채권자 개념이 성립할 수 없다.

❷ 주식이전 무효판결이 확정되면 신설된 완전모회사는 해산의 경우에 준하여 청산하여야 한다(§360-23 ④ → §191 ①).

6) 주식교환시 기타고려사항 ➡ 이사와 감사의 임기만료일

• 주식교환 전에 취임한 완전모회사(☞ 완전자회사×)의 이사와 감사는 주식교환계약서에 다른 규정이 있는 경우 외에는 주식교환후 최초로 도래하는 결산기의 정기총회가 종료되는 때에 퇴임한다(§360-13).

• 주식이전의 경우 모회사가 설립되어 신규 임원을 선임하여야 하므로, 단순분할과 마찬가지로 별도의 임기만료 규정이 적용되지 않는다.

주식교환(☞ 주식이전×)시 이사와 감사의 임기만료일

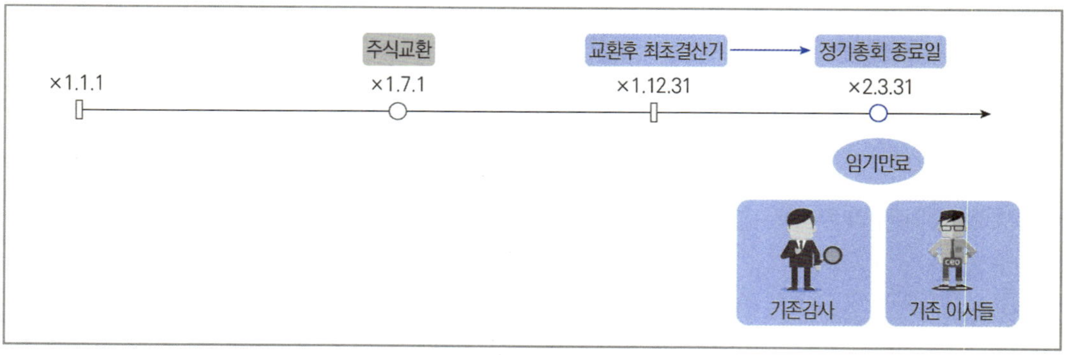

(2) 95% 이상 지배주주의 소수주식 전부취득

[비교] 95% 이상 지배주주의 주식매도청구권 vs 소수주주의 주식매수청구권

구 분		95% 이상❶ 지배주주의 주식매도청구권	소수주주의 주식매수청구권
(1) 행사가능상황(☞ 요건)		회사의 경영상 목적 달성에 필요	언제든지
(2) 행사 절차	1) 총회결의	주주총회의 보통결의	×
	2) 공고통지	매도청구일로부터 1개월 전에 주권고부 공고 · 통지❷	×
	3) 주식매도 · 매수청구	소수주주에게 주식매도청구❸	지배주주에게 매수청구❸
	4) 상대방의 주식매도 · 매수	매도청구를 받은 날 ~ 2개월내❹ 소수주주가 주식매도❺	〃 (☞ 좌동) 지배주주가 주식매수❺

❶ 모회사와 자회사가 보유하는 주식을 합산하고, 회사가 아닌 주주가 50%를 초과하는 주식을 가진 회사가 보유하는 주식도 그 주주가 보유하는 주식과 합산한다(☞ 아래의 [1) '지배주주의 지분율 계산방법'] 참고).

❷ 소수주주는 다수인 경우가 많고, 지배주주는 1인이다. 따라서, 지배주주는 매도청구를 위해 공고와 통지의 절차가 필요하고, 소수주주는 별도의 형식없이 그 1인의 지배주주에게 청구하면 된다. 또한 지배주주는 매도청구일 1월 전까지 "① 소수주주는 매매가액의 수령과 동시에 주권을 지배주주에게 교부하여야 하고, ② 교부하지 않을 경우 매매가액을 수령하거나 지배주주가 매매가액을 공탁한 날에 주권은 무효가 된다"는 내용을 공고하고, 주주명부에 적힌 주주와 질권자에게 따로 통지하여야 한다(§360-24 ⑤).

❸ 영업양도, 합병, 분할합병, 주식교환, 주식이전으로 인한 주식매수청구권의 행사기간은 주로 결의일 등으로부터 20일이라는 별도의 기한이 정해져 있지만, 지배주주의 주식매도청구권과 소수주주의 주식매수청구권의 경우 그 행사기간이 별도로 정해져 있지 않다. 그 이유는 ① 영업양도 등과 관련한 주식매수청구권의 행사대상은 "회사"이지만, ② 지배주주의 주식매도청구권과 소수주주의 주식매수청구권의 행사대상은 회사가 아니라 "각 주주들"이기 때문이다.

❹ 영업양도, 합병, 분할합병, 주식교환, 주식이전 등과 관련하여 반대주주가 주식매수청구권을 행사할 경우 회사의 주식매수기간과 동일하다.

❺ 주식매도청구권과 주식매수청구권은 형성권으로서 권리의 행사시 효력이 발생하므로 상대방은 선택의 여지가 없이 매도나 매수를 하여야 한다. 또한, 지배주주가 소수주주에게 매매가액을 지급한 때(☞ 주권을 교부한 때×)에 해당 주식은 이전된 것으로 본다(§360-26 ①). 만약 ① 소수주주를 알 수 없거나 ② 소수주주가 매매가액의 수령을 거부할 경우, 그 가액을 공탁할 수 있으며, 그 경우 공탁한 날에 주식이 이전된 것으로 본다(§360-26 ②).

[비교] 95% 이상 주주의 주식매도청구권 vs 소수주주의 주식매수청구권

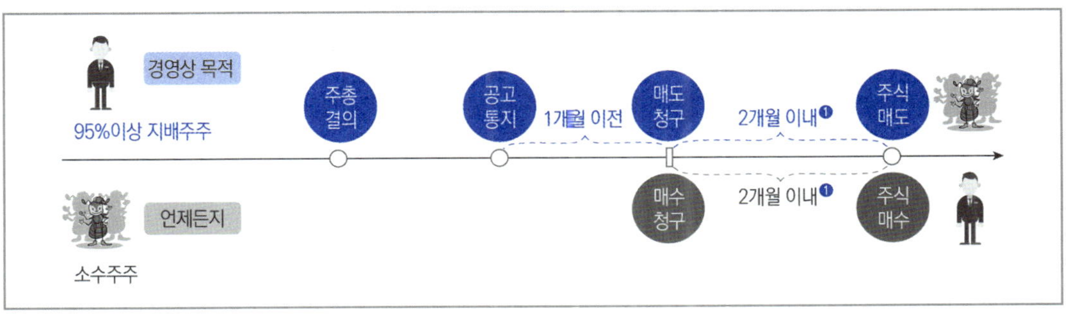

❶ 매수청구나 매도청구를 받은 날로부터 30일 내에 매매가액에 대한 협의가 이루어지지 않을 경우, 둘 중에 누구나(☞ 지배주주만이×, 소수주주만이×) 법원에 대하여 매매가액의 결정을 청구할 수 있다(§360-24 ④, §360-25 ④).

1) 지배주주의 지분율 계산방법

- 지배주주가 법인일 경우 자회사의 주식을 합산한다.
- 지배주주가 개인일 때는 그 개인주주가 50%를 초과하여 보유하고 있는 피투자법인의 주식을 합산한다.

지배주주 지분율 계산시 합산대상

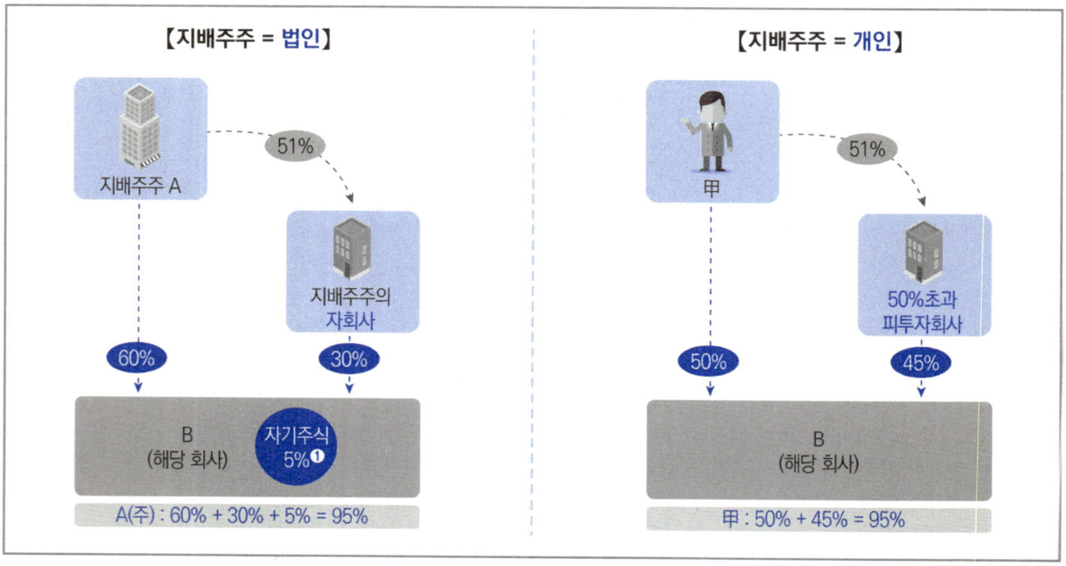

❶ 판례는, 상법에서 자회사가 보유한 자기주식을 제외하도록 한 규정이 없다는 이유로, 자회사(☞ 위의 B)가 보유하고 있는 자기주식도 모회사(☞ 위의 A)의 보유주식에 합산된다고 하였다(2016마230). 따라서, B는 A의 자회사가 되므로, B가 보유하고 있는 자기주식도 포함된다.

2) 매매가격의 결정방법

회사에 대한 주식매수청구권과 마찬가지로 95% 이상 지배주주와 소수주주간의 가격결정은 ① 협의가 우선이고, ② 매도 · 매수청구를 받은 날 ~ 30일내에 협의가 이루어지지 않을 경우 회사나 주주가 법원에 매수가액의 결정을 청구할 수 있다(§360-24 ⑦, ⑧). 당연히 법원은 회사의 재산상태 등을 고려하여 그 가격을 공정하게 산정하여야 한다(§360-24 ⑨).

8절 주식회사의 기타고려사항

1. 상장회사의 특례규정

(1) 특례규정이 적용되는 상장회사의 범위와 특례규정의 우선적용방법

1) 특례규정이 적용되는 상장회사의 범위

- 상장회사란 증권시장에 "주권(☞ 채권×)"을 상장한 주식회사를 말한다.
- 펀드와 같은 집합투자기구는 그 구성이나 특징이 일반적인 회사와 매우 다르므로 집합투자기구인 상장회사는 제외한다(§542-2 ①).

2) 특례규정의 우선적용방법

우선적용방법		내 용
(1) 배타적 적용		특례규정간 적용하고, 일반규정은 배제❶
(2) 중첩적 적용	1) 추가적용	일반규정에 추가하여 특례규정도 적용❷
	2) 선택적용	일반규정과 특례규정 중에 선택하여 적용❸

❶ 예를 들어, 자산총액 1천억 이상의 상장회사는 일반규정에도 불구하고 상장회사의 특례규정에 따라 상근감사를 두어야 한다.

❷ 예를 들어, 상장회사의 이사는 일반규정에 따라 자기거래가 제한될 뿐만 아니라, 상장회사의 특례규정에 따라 회사로부터 신용공여(☞ 자금대여 등)를 받을 수 없다.

❸ 대표적인 예가 소수주주권의 행사요건이다. 즉, 상법의 일반규정은 소수주주권의 행사요건으로 지분율만 규정하고 있지만, 상장회사 특례규정은 그 지분율을 낮춰주는 대신 6개월 이상 보유라는 기간요건을 추가로 요구한다. 따라서, 해당 주식을 6개월 이상 보유하지 않은 상장회사의 주주가 상법 일반규정의 소수주주권 행사요건비율을 충족하였다면, 일반규정을 선택하여 소수주주권을 행사할 수 있다.

(2) 10가지 특례규정의 내용

구 분	10가지 특례규정의 내용	강화 · 완화 여부	
		강화	완화
1) 주주 관련	① 주식매수선택권	○	○
	② 주주총회 소집절차와 소집통지서 기재사항	○	○
	③ 소수주주권의 행사요건	○	○
2) 이사 관련	① 집중투표 실시청구권	○	○
	② 사외이사	○	–

구 분	10가지 특례규정의 내용	강화 · 완화 여부	
		강화	완화
3) 감사(위원회) 관련	① 감사선임 · 해임시 의결권 제한 강화 ② 상근감사의 설치 ③ 특례 감사위원회의 설치	○ ○ ○	– – –
4) 기타사항	① 신용공여금지와 대규모거래의 제한 ② 준법통제기준의 마련과 준법지원인의 선임	○ ○	– –

10가지 특례규정의 규모별 적용(☞ 그림의 번호는 위 표의 번호를 표시한 것임)

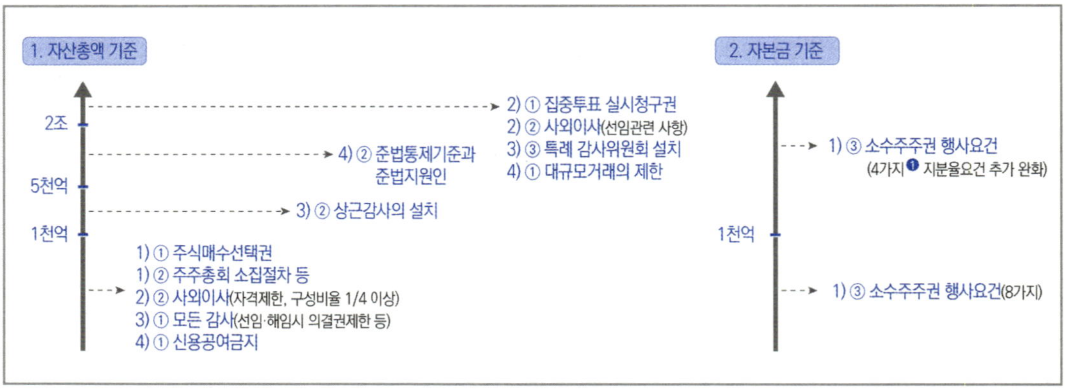

[1] ① 이사의 위법행위 유지청구권, ② 회계장부 열람권, ③ 주주제안권, ④ 이사 · 감사 · 청산인의 해임청구권을 말한다.

1) 주주 관련

가. 주식매수선택권

구 분		[비교] 일반규정	특례규정	
부여	1) 대상자	회사의 임직원[1]	회사의 임직원[1] 특정관계 외국회사s의 임직원	완화
		단, 다음의 자는 제외 ① 10%[3] 이상 주주 · 배우자 · 직계존비속 ② 회사의 주요 경영사항에 대한 사실상 영향력 행사자 · 배우자 · 직계존비속	단, 다음의 자는 제외 ① 최대주주[3] · 특수관계자[4] ② 10%[3] 이상 주주 · 특수관계자[4] ③ 회사의 주요 경영사항에 대한 사실상 영향력 행사자 · 특수관계자[4]	강화
	2) 한 도	발행주식총수의 10% 이내	발행주식총수의 20%의 범위 내 대통령령이 정하는 한도(☞ 15%)	완화

	3) 결 의	주주총회 특별결의	① 원칙 : 주주총회 특별결의 ② 예외 : 정관으로 정할 경우, 10% 범위 내에서 대통령령으로 정하는 한도까지 이사회가 결의[5]	완화
행사	요 건	2년 이상 재임 · 재직	① 원칙 : 2년 이상 재임 · 재직 ② 예외 : 다음의 경우는 2년 미만 가능 ㉠ 사망 ㉡ 본인의 책임 없는 사유로 퇴직 (단, 정년퇴임 · 퇴직은 제외)	완화

❶ 회사의 설립, 경영 및 기술혁신 등에 기여했거나 할 수 있는 자여야 한다.

❷ 상법은 대통령령으로 정하는 관계회사의 이사, 집행임원, 감사 또는 피용자에게 주식매수선택권을 부여할 수 있다고 규정하고 있는데(§542-3 ①), 대통령령이 정하는 관계 회사란, 회사가 ① 최대출자자로서 ② 30% 이상을 보유하고 있는 외국법인 등을 말한다(령§30 ①).

❸ 의결권 있는 발행주식수를 기준으로 한다.

❹ 배우자, 6촌 이내의 혈족, 4촌 이내의 인척, 30% 이상 피투자회사 · 손자회사 등을 말한다(령§34 ④).

❺ 이 경우에도 주식매수선택권을 부여한 후 처음으로 소집되는 주주총회의 승인을 받아야 한다(§542-3 ③).

나. 주주총회 소집절차와 소집통지서 기재사항

구 분	[비교] 일반규정[1]	특례규정	
1) 소집절차	서면 · 전자문서 통지	소액주주[2]에게 다음 중 1가지 방법으로 공고 가능 ① 2개 이상의 일간신문에, 각각 2회 이상 공고 ② 대통령령이 정한 전자적 방법[3]으로 공고	완화
2) 통지서 기재사항	① 개최일시 ② 소집지 ③ 회의의 목적사항	기본 기재사항 ①~③ 외에 2가지 사항 추가 ① 〃 (☞ 좌동, 이하 동일) ② 〃 ③ 〃 ④ 이사 · 감사 선임시 : 후보자의 성명, 약력, 추천인, 대통령령으로 정한 사항 ⑤ 사외이사 등의 활동내역, 보수 ⑥ 사업개요 등 대통령령으로 정한 사항[4]	강화

❶ 소규모주식회사의 경우 ① 통지기간을 10일로 단축할 수 있고, 주주전원이 동의한 경우 ② 소집절차를 생략하거나 ③ 서면결의로 대체할 수 있을 뿐만 아니라, ④ 주주전원이 서면으로 결의목적사항을 동의한 경우 서면결의로 간주할 수 있다.

❷ 의결권 있는 발행주식총수의 1% 이하의 주식을 가진 주주를 말한다(령§31 ①).

❸ 금융감독원의 전자공시시스템(DART)이나 거래소가 운용하는 전자공시시스템(KIND)을 통한 공고를 말한다(령§31 ②).

❹ 사외이사의 활동내역 등을 회사의 홈페이지에 게재하고, 그 서류를 회사의 본점 · 지점 · 명의개서대행회사 · 금융위원회 · 한국거래소에 비치하여 일반인이 열람할 수 있도록 한 경우에는 소집통지나 공고에 기재하지 않아도 된다(§542-4 ③ → 령§31 ②).

다. 소수주주권의 행사요건

특례규정은 상장회사의 자본금 규모(☞ 자산 규모×)를 감안하여 소수주주권의 지분율요건을 하향하여 완화하고, 그 대신에 무분별한 소수주주권 행사를 예방하기 위하여 보유기간요건을 추가하여 강화하고 있다.

[소수주주권의 행사요건] 일반규정 vs 특례규정(§542-6)

소수주주권의 종류	[비교] 일반 규정	특례규정❶		
		1) 자본금 규모별 지분요건❷		2) 보유기간 요건
		1천억 미만	1천억 이상	
① 이사의 위법행위 유지청구권	1%❸	0.05%	0.025%	6개월 전부터 계속 보유
② 대표소송권		0.01%		
③ 다중대표소송권		0.05%		
① 회계장부 열람권	3%❹	0.10%	0.05%	
② 회사의 업무 · 재산상태 검사인선임청구권		1.50%		
③ 임시총회 소집청구권				
④ 주주제안권		1.00%	0.50%	
⑤ 이사 · 감사 · 청산인의 해임청구권		0.50%	0.25%	

❶ 특례규정의 지분요건이나 보유기간요건은 강행규정으로서, 회사가 임의로(☞ 정관으로) 더 높은 비율을 정하거나, 장기의 보유기간을 정할 수 없다.

❷ 관련 상법규정 제542조의6(소수주주권)은 지분요건이 높은 순으로 나열하고 있는데, 자본금 1천억 미만 상장회사의 특례지분요건은 1.5% → 1% → 0.5% → 0.1% → 0.05% → 0.01% 등 6가지(☞ 3% 소수주주권 4가지, 1% 소수주주권 2가지)로 구분된다.

❸ 일반규정의 1% 이상 소수주주권은 총 4가지로서, 추가적으로 총회소집절차 · 결의방법에 대한 검사인선임청구권(§367)이 있으나, 이에 대한 상장회사의 특례규정은 없다.

❹ 일반규정의 3% 이상 소수주주권은 총 6가지로서, 추가적으로 집중투표 실시청구권(§382-2)이 있는데, 제542조의8(집중투표에 관한 특례)에서는 자산총액이 2조 이상인 상장회사는 의결권 있는 발행주식총수의 1% 이상을 가진 소수주주는 집중투표를 실시할 것을 청구할 수 있도록 하고 있다.

2) 이사 관련

가. 집중투표 실시청구권

구 분	[비교] 일반규정	특례규정		
		1) 자산 2조 미만	2) 자산 2조 이상	강화 / 완화
1) 청구권자	3% 이상 소수주주	-	1% 이상 소수주주❶	완화
2) 청구기한	총회 7일전	총회 6주전	〃 (☞ 좌동)	강화
3) 집중투표배제 정관변경	제한 없음	-	① 다른 정관변경사항이 있을 경우 구분하여 별도의 의안으로 상정 ② 3%❷ 초과 지분의 의결권 제한	강화

❶ 상장회사의 다른 소수주주권의 특례행사요건과 달리, "6개월 전부터 계속 보유" 제한이 적용되지 않는다.

❷ 정관에서 더 낮게 결정할 수 있다(§542-7 ③단서).

나. 사외이사

(가) 사외이사 자격제한의 강화

구 분		[비교] 일반규정	특례규정 추가
(1) 해당 회사	1) 최대주주와 가족	① 최대주주 본인, 배우자, 직계존비속	⑧ 최대주주의 특수관계자 ⑨ 주요주주❶ 본인, 배우자, 직계존비속
	2) 상무이사 · 감사 · 피용자	② 현재 및 과거 2년 내 사내 상무이사 · 감사 · 피용자	-
	3) 이사 · 감사의 가족	③ 이사 · 감사의 배우자, 직계존비속	-
(2) 다른 회사	1) 이사 · 감사 · 피용자	④ 법인인 최대주주의 이사 · 감사 · 피용자	
		⑤ 모회사 또는 자회사의 이사 · 감사 · 피용자	-
		⑥ 중요한 이해관계에 있는 법인의 이사 · 감사 · 피용자	-
		⑦ 회사의 이사 · 피용자가 이사로 있는 다른 회사의 이사 · 감사 · 피용자	-

구 분		[비교] 일반규정	특례규정 추가
(3) 기타	1) 합리적인 판단을 기대하기 어려운 경우	–	⑩ 미성년자 · 피성년후견인 · 피한정후견인 ⑪ 파산선고 후 미복권자
	2) 범죄자	–	⑫ 금고이상형 선고후 집행종료 · 면제 후 2년 미경과자 ⑬ 금융관련법률 위반으로 해임 · 면직 후 2년 미경과자
	3) 기타	–	⑭ 그밖에 대통령령으로 정하는 자

❶ 주요주주란 ① 10% 이상 주주와 ② 이사 · 집행임원 · 감사의 선임과 해임 등 주요경영사항에 대해 사실상의 영향력을 행사하는 주주를 말한다.

(나) 사외이사 선임관련 사항의 강화

구 분	[비교] 일반규정	특례규정		
		1) 자산 2조 미만	2) 자산 2조 이상	강화 / 완화
1) 사외이사 수	제한 없음	–	3명 이상❶	강화
2) 구성비율	제한 없음	이사총수의 1/4 이상❶	이사총수의 과반수❶	강화
3) 선임절차	사내이사와 동일	–	① 먼저 사외이사 후보추천위원회❷ 설치 ② 그 사외이사 후보추천위원회가 추천❸한 후보 중 선임	강화

❶ 사외이사의 사임 · 사망 등의 사유로 사외이사의 수나 구성비율이 규정에 미달할 경우 그 사유가 발생한 후 처음으로 소집되는 주주총회(☞ 해당 결산기에 관한 정기주주총회×)에서 부족한 사외이사를 선임하여야 한다(§542-8 ③).

❷ 사외이사가 사외이사 후보추천위원회 총위원의 과반수가 되어야 한다(§542-8 ④).

❸ 사외이사 후보추천위원회는 주주제안권을 행사할 수 있는 주주가 주주총회 6주 전에 추천한 사외이사 후보를 포함하여 추천하여야 한다(§542-8 ⑤). 또한, 상장회사의 경우 이사 · 감사의 선임에 관한 사항을 목적으로 주주총회를 소집통지나 공고하는 경우 후보자의 성명, 약력, 추천인 등을 포함하여야 하므로, 사외이사의 후보자에 관한 사항도 포함하여야 한다.

3) 감사 또는 감사위원회 관련

모든 상장회사	자산 1천억 이상 상장회사	자산 2조 이상 상장회사
① 감사❶의 선임 · 해임시 의결권의 제한 강화 등	① 〃 (☞ 좌동) ② 상근감사(또는 특례 감사위원회) 설치	① 〃 (☞ 좌동) ② 특례 감사위원회 설치

❶ 특례 감사위원회를 둔 자산 1천억 이상의 상장회사나 자산 2조 이상의 상장회사는 감사가 없으므로, 감사 대신에 감사위원회 위원을 말한다.

[감사 또는 감사위원회의 설치의무] 일반규정 vs 특례규정

구 분	[비교] 일반규정		특례규정		
1) 특례기준	자본금		자산총액		
2) 기준금액	10억 미만	10억 이상	1천억 미만	1천억~2조	2조 이상
3) 설치의무	의무 없음❶	① 감사 또는 ② 일반 감사위원회	–	① 상근감사 또는 ② 특례 감사위원회	특례 감사위원회

❶ 소규모주식회사의 경우 감사를 두지 않아도 된다. 즉, 감사는 임의기관에 해당한다.

가. [모든 상장회사] 감사의 선임 · 해임시 의결권의 제한 강화 등

구 분		[비교] 일반규정	특례규정	
			1) 자산 1천억 미만	2) 자산 1천억 이상
(1) 감사의 분류		일반감사	일반감사	상근감사
(2) 선임 · 보수 의안상정		–	이사의 선임 및 보수결정 의안과 별도로 상정	
(3) 선임❶	1) 결의	주주총회 보통결의❷	〃 (☞ 좌동)	
	2) 의결권제한	개별 3% 초과	① 일반주주 : 개별 3% 초과 ② 최대주주 : 특수관계자 합산 3% 초과❸	
(4) 해임❶	1) 결의	주주총회 특별결의	〃 (☞ 좌동)	
	2) 의결권제한	없음	① 일반주주 : 개별 3% 초과 ② 최대주주 : 특수관계자 합산 3% 초과❸	
(5) 감사보고서 제출기한❶		FS를 받은 날~4주내	주주총회 1주전❹	

❶ 특례 감사위원회나 그 위원에게도 동일하게 적용된다.

❷ 전자투표를 하는 경우에는 출석의결권의 과반수만 찬성하면 통과된다. 즉, 발행주식총수 1/4이상의 찬성 요건이 적용되지 않는다.

❸ 감사를 선임하거나 해임할 경우 최대주주는 그 특수관계자를 포함하여 3%를 초과하는 지분에 대해서 의결권이 제한되며(§542-12 ⑦), 특례 감사위원회 위원을 선임할 경우에는 사외이사가 아닌 감사위원회 위원을 선임하거나 해임할 때에만 적용된다(§542-12 ④).

❹ 상장회사의 감사 또는 감사위원회는, 제447조의4(감사보고서) 제1항(☞ 재무제표와 영업보고서를 받은 날로부터 4주내)에도 불구하고, 이사에게 감사보고서를 주주총회일의 1주 전까지 제출할 수 있다(§542-11 ⑦). 즉, 상장회사의 경우 일반적으로 그 규모가 커서 4주내에 감사업무를 완료할 수 없는 점을 고려한 것이다.

PART 1 제2장 주식회사 (3)

나. [자산총액 1천억원 이상] 상근감사의 설치와 자격제한 강화

[특례규정의 자격제한] 상근감사 vs 사외이사

구 분		상근감사	[비교] 사외이사
해당 회사	1) 주주와 가족	① 주요주주 본인, 배우자, 직계존비속	① 최대주주 본인, 특수관계자 ② 〃 (☞ 좌동, 이하 동일)
	2) 상무이사 · 감사 · 피용자	② 현재 및 과거 2년 내 상무이사[❶] · 감사 · 피용자	③ 〃
	3) (상무)이사 · 감사의 가족	① 상무이사 · 감사의 배우자, 직계존비속	④ 이사 · 감사의 배우자, 직계존비속
다른 회사	4) (상무)이사 · 감사 · 피용자	② 계열회사의 현재 및 과거 2년 내 상무이사 · 감사 · 피용자	⑤ 법인인 최대주주의 이사 · 감사 · 피용자 ⑥ 모회사 또는 자회사의 이사 · 감사 · 피용자 ⑦ 중요한 이해관계에 있는 법인의 이사 · 감사 · 피용자 ⑧ 회사의 이사 · 피용자가 이사로 있는 다른 회사의 이사 · 감사 · 피용자
기타	1) 합리적인 판단을 기대하기 어려운 경우	① 미성년자 · 피성년후견인 · 피한정후견인 ② 파산선고 후 미복권자	⑨ 〃 ⑩ 〃
	2) 범죄자	③ 금고이상형 선고후 집행종료 · 면제 후 2년 미경과자 ④ 금융관련법률 위반으로 해임면직 후 2년 미경과자	⑪ 〃 ⑫ 〃
	3) 기타		⑬ 그밖에 대통령령으로 정하는 자

❶ 특례 감사위원회 위원으로 재임 중이거나 재임하였던 이사는 제외한다(§542-10 ② 2호). 즉, 감사위원회 위원은 중임이 될 수 있다.

다. [자산총액 2조원 이상] 특례 감사위원회

구 분	[비교] 일반규정	특례규정	
		1) 자산 1천억 이상	2) 자산 2조 이상
(1) 감사위원회의 분류	일반 감사위원회	*if*, 특례 감사위원회[❶]	특례 감사위원회
(2) 위원의 구성요건	① 3인 이상 ② 사외이사가 2/3 이상 ③ 대표 선정	[추가] ① 회계나 재무전문가 1명 이상 ② 감사위원회 대표는 사외이사가 되어야 함	

(3) 非사외이사 감사위원회 위원의 자격제한		–	상장회사의 상근감사와 동일한 자격제한 적용
(4) 선임	1) 선임방법	① 주주총회 보통결의로 이사 선임 ② 이사회에서 감사위원회 위원 선정[2]	2가지 선임방법[3] : ① 통합선임 + ② 분리선임 1명 ① 통합선임 ㉠ 주주총회 보통결의로 이사들 선임 ㉡ 주주총회 보통결의로 선임된 이사들 중에서 감사위원회 위원 선임(선정) ② 분리선임 주주총회 보통결의로 감사사위원회 위원이 될 이사 1명[4]을 바로 선임
	2) 의결권제한	–	① 일반주주 : 개별 3% 초과 ② 최대주주 : 특수관계자 합산 3% 초과
(5) 해임	1) 해임방법	이사회에서 해임[5]	주주총회 특별결의[6]
	2) 의결권제한	–	① 일반주주 : 개별 3% 초과 ② 최대주주 : 특수관계자 합산 3% 초과
(6) 감사보고서 제출기한		FS를 받은 날 ~ 4주내	주주총회 1주전

❶ 자산총액 1천억원 이상인 상장회사는 상근감사나 특례감사위원회를 선택하여 설치할 수 있다. 이 경우는 특례 감사위원회를 설치한 경우를 말한다.

❷ 이사 과반수 출석과 과반수 찬성으로 선정한다.

❸ 특례 감사위원회 위원의 선임방법을 그림으로 나타내면 다음과 같다.

특례 감사위원회 위원의 선임방법

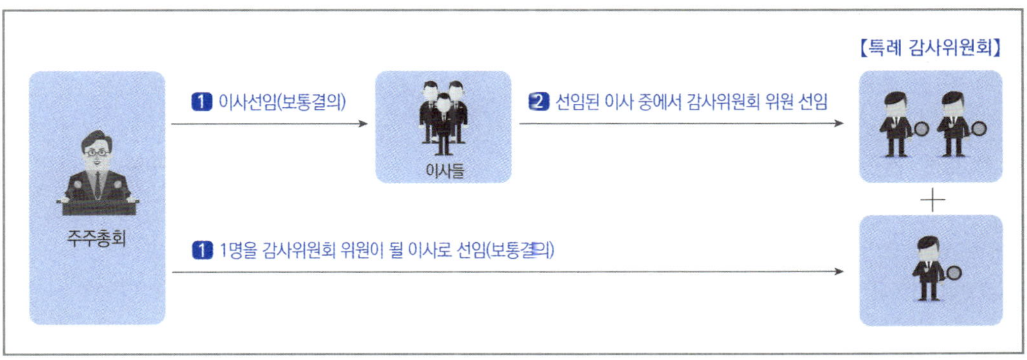

❹ 분리선임되는 감사위원회 위원의 수는 정관으로 2명 이상으로 정할 수 있다.

❺ 이사총수의 2/3 이상이 찬성하여야 한다.

❻ 분리선임된 감사위원회 위원은 이사와 감사위원회 위원의 지위를 모두 상실한다(§542-12 ③후단).

[자산총액 2조원 이상의 대규모 상장회사] 사외이사 vs 특례 감사위원회

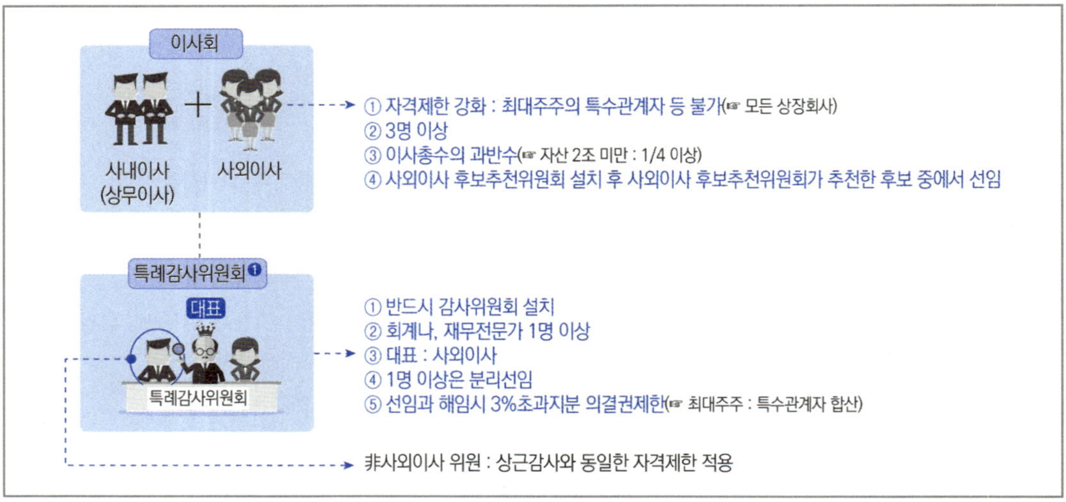

❶ 일반규정에 의하면 감사위원회는 이사회 내의 다른 위원회와 달리 ① 3명 이상(☞ 다른 위원회는 2명 이상)으로 구성하여야 하고, ② 사외이사가 이사회의 2/3 이상이어야 하며, ③ 대표를 선정하여야 한다(§415-2 ②, ④). 그 외에도 이사회는 다른 위원회와 달리 감사위원회가 정한 사항을 다시 결의할 수 없다(§415-2 ⑥).

4) 기타사항

가. 이해관계자에 대한 신용공여금지와 대규모거래의 제한

구 분	신용공여❶의 금지	대규모거래❷의 제한
1) 대상회사	모든 상장회사	자산 2조 이상의 상장회사
2) 거래상대방	① 주요주주와 그 특수관계인 ② 이사 또는 집행임원 ③ 감사	① 최대주주와 그 특수관계인 ② 상장회사의 특수관계인
3) 금지 · 제한조건	금지❸	이사회 승인❹ + 주주총회 보고❹

❶ ① 금전이나 재산의 대여, ② 채무보증, ③ 자금지원 목적의 증권매입, ④ 기타 대통령으로 정하는 직접적 · 간접적 거래 등을 말한다(§542-9 ①).

❷ ① 단일 거래로서 자산 또는 매출액의 1% 이상이거나, ② 누적거래총액으로서 자산 또는 매출액의 5% 이상 거래를 말한다(§542-9 ③).

❸ 다만, 예외적으로 ① 복리후생을 위한 이사 · 집행임원 · 감사(☞ 최대주주×)에 대한 금전대여 등으로서 대통령으로 정하는 신용공여, ② 다른 법령에서 허용하는 신용공여, ③ 그밖에 상장회사의 경영안전성을 해칠 우려가 없는 금전대여 등으로서 대통령령으로 정하는 신용공여 등은 할 수 있다(§542-9 ②).

❹ 다만, 예외적으로 ① 약관에 따라 정형화된 거래로서 대통령으로 정하는 거래와 ② 이사회에서 승인한 거래총액의 범위 안에서 이행하는 거래의 경우에는 이사회의 승인을 받지 않고 할 수 있다. 그 중 ②의 경우에는 주주총회에도 보고하지 않아도 된다(§542-9 ④).

주요주주와 최대주주의 제한내용

구 분	[비교] 일반규정	특례규정
1) 주요주주	① 자기거래 금지의무 ② 주택매수선택권 부여 자격제한	① 사외이사 자격제한 ② 상근감사 자격제한 ③ 신용공여 금지
2) 최대주주	사외이사 자격제한	① 주식매수선택권 부여 자격제한 ② 감사(감사위원) 선임해임시 특수관계자 합산 3% 초과지분 의결권 제한 ③ 대규모거래 제한

나. 준법통제기준의 마련과 준법지원인의 선임

- 자산총액 5천억원 이상인 상장회사는 ① 준법통제기준을 마련하고, ② 그 업무를 담당하는 준법지원인을 1명 이상 두어야 한다.
- 준법통제기준이란 법령을 준수하고 회사경영을 적정하게 하기 위하여 임직원이 그 직무를 수행할 때 따라야 할 기준 및 절차를 말한다.

준법지원인에 대한 특례규정(§542-13)

구 분		내 용
(1) 선임	1) 자격요건	다음의 자 중에서 임명 ① 변호사 ② 법학교수 ③ 기타 법률적 지식과 경험이 풍부한 사람(☞ 대통령령❶)
	2) 선임방법	이사회 결의
(2) 기타	1) 임기	3년❷
	2) 근무형태	상근
	3) 의무	① 준법통제기준의 준수여부를 점검하고, 이사회에 그 결과보고 ② 재임 중, 퇴임 후에도 직무상 알게 된 회사영업기밀 누설금지

❶ 고등교육법 제2조(학교의 종류)에 따른 학교(☞ 대학)에서 법률학을 가르치는 조교수 이상의 직에 5년 이상 근무한 사람을 말한다.

❷ 다른 법률에서 준법통제인의 임기를 3년보다 더 짧게 규정하고 있더라도 3년으로 한다. 즉, 상장회사의 특례규정이 우선적으로 적용된다(§542-13 ⑪단서).

PART 1 제2장 주식회사 (3)

2. 소규모회사와 1인 주식회사

(1) 소규모주식회사의 예외규정

<table>
<tr><th colspan="3">구 분</th><th>원 칙</th><th>예외규정</th></tr>
<tr><td colspan="2" rowspan="2">(1) 설립시</td><td>1) 정관의 효력발생</td><td>공증인의 인증을 받을 때</td><td>발기설립시[1] 발기인이 정관에 기명날인 · 서명할 때</td></tr>
<tr><td>2) 납입보관 금액증명서</td><td>납입보관금융기관은 발기인 · 이사의 청구시 보관금액증명서 발급</td><td>보관금액증명서를 금융기관의 잔고증명서로 대체</td></tr>
<tr><td rowspan="4">(2) 기관</td><td rowspan="2">주 주
총 회</td><td>1) 개최</td><td>대면개최</td><td>① 서면결의로 총회결의 간주
② 주주 전원이 안건에 서면 동의시 서면결의 간주</td></tr>
<tr><td>2) 소집통지</td><td>총회 2주전 서면 · 전자문서[2] 통지발송</td><td>① 총회 10일전 서면 · 전자문서 통지발송
② 주주 전원 동의시 소집절차 생략 가능</td></tr>
<tr><td>이사회</td><td>이사 원수</td><td>3명 이상</td><td>1명 또는 2명</td></tr>
<tr><td>감 사</td><td>선임의무</td><td>선임하여야 함(필수기관)</td><td>선임하지 않을 수 있음(임의기관)</td></tr>
<tr><td colspan="2">(3) 사채</td><td>사채권자집회 소집공고</td><td>무기명사채 발행시 총회 3주전에 소집공고</td><td>총회 2주전에 소집공고</td></tr>
</table>

❶ 모집설립시에는 소규모회사도 공증을 받아야 정관의 효력이 발생한다.

❷ 전자문서(☞ e-mail)로 통지하는 것에 동의한 주주에 한한다.

(2) 1인 주식회사의 고려사항

1) 1인 주식회사를 설립할 수 있는가?

불 가	가 능
합명회사, 합자회사	유한책임회사, 유한회사, 주식회사

2) 1인 주식회사와 1인 주주는 별개의 실체인가?

가. [원칙] 별개의 실체이다!

따라서, 1인 주식회사라도 그 자산은 회사의 소유이므로, 1인 주주가 회사의 재산을 임의로 유용하게 되면 횡령죄가 성립하게 되고, 1인 주주인 대표이사가 그 임무를 게을리하여 회사에 손해를 발생하게 할 경우 배임죄가 성립될 수 있다.

나. [예외] 법인격이 부인되어 그 주주가 책임을 질 수도 있다!

【판 례】 1인 주식회사가 그 배후에 있는 1인 주주의 책임회피수단으로 이용되는 경우 등 예외적인 경우에는, 민법의 신의성실의 원칙(민§2)에 따라 법인격을 부인하고, 그 주주에게 1인 주식회사의 행위에 관한 책임을 물을 수 있다(2007다90982).

이러한 법인격 부인의 법리는 1인 주식회사에만 적용되는 것은 아니지만, 1인 주식회사가 중요한 부분을 차지하고 있다. 그러나, 법인격 부인의 법리는 개별사안에 따라, 다르게 판결되는 경우도 많아 수험목적을 벗어난다.

3) 1인 주식회사가 상법상 절차를 따르지 않은 경우 그 효력이 있는가?

가. 주주총회 의사록은 있으나 적법한 소집절차 등을 거치지 않은 경우 ➡ 유효

【판례1】 1인 회사의 경우에는 그 주주가 유일한 주주로서 주주총회에 출석하면 전원 총회로서 성립하고 그 주주의 의사대로 결의가 될 것임이 명백하므로 따로 총회소집절차가 필요없고, 실제로 총회를 개최한 사실이 없었다 하더라도 그 1인 주주에 의하여 의결이 있었던 것으로 주주총회의사록이 작성되었다면 특별한 사정이 없는 한 그 내용의 결의가 있었던 것(☞ 효력이 있음)으로 볼 수 있다(77다1755).

【판례2】 주주총회의사록이 작성되지 아니한 경우라도 다른 증거에 의하여 주주총회 결의가 있었던 것으로 볼 수 있다(2004다25123).

나. 이사회 승인절차를 생략하였으나 1인 주주가 승인한 경우 자기거래에 대한 회사의 책임 ➡ 유효

【판 례】 상법 제398조(이사 등과 회사 간의 거래)의 취지가 회사 및 주주에게 예기치 못한 손해를 끼치는 것을 방지함에 있다고 할 것이므로, 그 채무부담행위에 대하여 사전에 주주 전원(☞ 1인 주주도 포함)의 동의가 있었다면 회사는 이사회의 승인이 없었음을 이유로 그 책임을 회피할 수 없다(2002다20544).

03 유한회사

CHAPTER

유한회사는 소규모회사에 적합한 물적회사이며, 소규모회사는 ① "소규모"라는 특징 외에 ② "폐쇄성"이라는 특징이 있다.

<table>
<tr><th colspan="2">구 분</th><th>주식회사와 구별되는 유한회사의 특징</th></tr>
<tr><td colspan="2">(1) 설립절차와 성립</td><td>• 발기인 규정이 없으므로 사원이 설립절차를 진행하고, 변태설립사항에 해당하는 발기인에 대한 보수지급 등도 없다.
• 변태설립사항에 대해 법인이 선임한 검사인의 조사를 받지 않는다.
• 모집설립이 인정되지 않는다.
• 설립취소의 소송도 인정된다.</td></tr>
<tr><td rowspan="4">(2) 기 관</td><td>1) 구 성</td><td>• 감사는 임의기관이며, 감사위원회는 인정되지 않는다.</td></tr>
<tr><td>2) 사 원 총 회</td><td>• 이사회 규정이 없으므로, 사원총회가 모든 사항을 결의할 수 있는 권한을 가질 수 있다.
• 규모와 상관없이 총사원의 동의시 소집절차를 생략할 수 있다.
• 규모와 상관없이 총사원의 동의시 서면결의를 할 수 있다.
• 결의요건이 주식회사보다 더 엄격하며, 특별결의의 경우 총사원수 기준이 포함된다.</td></tr>
<tr><td>3) 이 사</td><td>• 이사는 1인 이상이면 되고, 임기의 제한이 없다.
• 이사가 다수일 경우 정관에 다른 규정이 없으면 대표이사를 선정하여야 한다.
• 회사의 업무집행, 지배인의 선임 · 해임, 지점의 설치 · 이전 · 폐지는 이사 과반수의 결의에 의한다.</td></tr>
<tr><td>4) 감 사</td><td>• 감사해임에 대한 소수사원의 해임청구권이 인정되지 않는다.</td></tr>
<tr><td colspan="2">(3) 지분과 자본금의 변동</td><td>• 지분증권(☞ 주식회사의 주권)의 발행의무가 없다.
• 무액면지분(☞ 주식회사의 무액면주식)이 인정되지 않는다.
• 정관으로 의결권의 수에 관하여 다르게 정할 수 있다.
• 정관에 규정이 있으면, 양도나 입질을 제한할 수 있다.
• 특정목적 외에는 자기지분을 취득할 수 없다.
• 자본금이 정관의 절대적 기재사항이므로, 자본금을 증감하기 위해서는 정관의 변경절차로서 사원총회의 특별결의를 거쳐야 한다.
• 자본금증가의 효력은 변경등기를 한 때 발생한다(☞ 주식회사는 납입기일의 다음날).</td></tr>
<tr><td colspan="2">(4) 사채</td><td>• 사채를 발행할 수 없다.</td></tr>
<tr><td colspan="2">(5) 회계</td><td>• 준비금의 자본금전입과 주식배당이 인정되지 않는다.
• 감사가 없는 경우 재무제표에 대해 감사를 하지 않아도 된다.
• 재무제표와 영업보고서를 지점에 비치하지 않아도 된다.</td></tr>
<tr><td colspan="2">(6) 조직의 변경</td><td>• 주식회사로의 조직변경만 가능하다.
• 분할이 인정되지 않는다.</td></tr>
</table>

1절 유한회사의 설립절차와 성립

1. 설립시 3가지 기본절차

유한회사	[비교] 주식회사
① 사원의 정관 작성 ② 사원의 이사 선임[1] ③ 사원의 출자 이행	① 발기인의 정관 작성 ② 발기인의 주식인수와 납입 ③ 발기인의 이사와 감사 선임[1]

❶ 주식회사의 경우 발기인이 주식을 인수하고 납입한 후, 이사와 감사를 선임하여 설립에 관한 사항을 조사하게 하지만, 유한회사의 경우 이사가 사원에게 출자를 납입하게 하므로 이사 선임을 먼저 하여야 하는 것이다.

(1) 사원의 정관 작성

유한회사의 정관도 주식회사와 마찬가지로 공증인의 인증을 받음으로서 효력이 발생하며, 자본금 총액이 10억원 미만인 회사는 인증을 면제한다(§543 ③ → §292).

1) 정관의 절대적 기재사항

구 분	유한회사 (7가지)	[비교] 주식회사 (8가지)
1) 기본사항	① 상호 ② 목적 ③ 본점 소재지	① 상호 ② 목적 ③ 본점소재지
2) 지분(주식) 관련사항	④ 자본금의 총액[1] ⑤ 출자1좌의 금액[2] ⑥ 각 사원의 출자좌수(☞ 인적회사의 성격)	④ 발행예정 주식총수 ⑤ 설립시 발행주식수 ⑥ 주당 액면가액
3) 기타사항	⑦ 사원의 인적사항(성명 · 주민 · 주소)	⑦ 발기인의 인적사항(성명 · 주민 · 주소) ⑧ 공고방법[3]

❶ 자본금의 총액이 기재되므로, 자본금의 증가나 감소가 발생할 경우 반드시 정관을 변경하여야 한다.

❷ 주식회사와 같이 출자 1좌의 금액은 100원 이상으로 균일하게 하여야 하지만, 주식회사와 달리 무액면지분은 인정되지 않는다.

❸ 유한회사는 소규모회사이므로 공고방법이 절대적 기재사항이 아니며, 이것은 유한회사의 폐쇄성을 보여주는 특징이기도 하다.

PART 1 제3장 유한회사

2) 정관의 변태설립사항

구 분	유한회사(3가지)	[비교] 주식회사(4가지)
1) 설립비용 등	① 회사가 부담할 설립비용❶	① 회사가 부담할 설립비용, 발기인이 받을 보수액 ② 발기인이 받을 특별이익, 받을 발기인의 성명
2) 현물출자와 재산인수약정	② 현물출자자의 성명, 출자재산의 종류, 수량, 가격과 현물출자자에게 발행할 출좌자수❷ ③ 회사성립 후에 양수할 것을 약정한 재산의 종류, 수량, 가격과 그 양도인의 성명	③ 현물출자자의 성명, 출자재산의 종류, 수량, 가격과 현물출자자에게 발행할 주식의 종류❷, 수 ④ 회사성립 후에 양수할 것을 약정한 양도인의 성명, 약정재산의 종류, 수량, 가격

❶ 유한회사의 설립에는 발기인의 개념이 없다.

❷ 주식회사의 경우 보통주식 외에 다양한 종류주식을 발행할 수 있지만, 유한회사의 경우에는 하나의 지분(☞ 보통지분)만 인정된다.

- 주식회사와 마찬가지로 유한회사의 정관의 변태설립사항도 정관에 기재해야 효력이 발생하지만, 주식회사와 달리 법원이 선임한 검사인의 조사를 받을 필요가 없다.
- 대신에 현물출자와 재산인수약정과 관련한 재산의 회사성립당시의 실가가 정관에 정한 가격에 현저하게 부족한 경우, 회사성립당시의 사원은 회사에 대하여 그 부족액을 연대하여 지급할 책임(☞ 전보[塡補 : 메워서 채움]책임)을 지며, 이러한 책임은 어떤 경우에도 면제되지 않는다(§550).

현물출자 등에 관한 회사성립시 사원의 전보책임(§550)

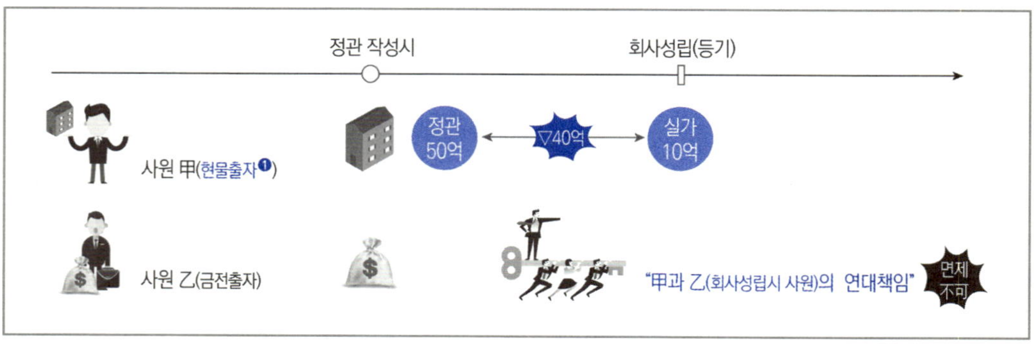

❶ 현물출자의 내용은 정관에 포함되어야 하고, 정관은 사원이 작성하는 것이므로, 이사는 전보책임을 부담하지 않는다. 다만, 이사(☞ 감사가 있을 경우 감사 포함)는 사원에게 출자를 납입하게 할 의무가 있으므로, 사원의 출자미필액에 대한 책임은 부담한다.

(2) 사원의 초대이사 선임

초대이사의 선임(§547 ①)

1순위	2순위
정관	회사성립 전에 사원총회에서 선임

(3) 사원의 출자 이행

- 만약 회사성립 후에 출자금액의 납입 또는 현물출자의 이행이 완료되지 않은 사실(☞ 출자미필액)이 발견된 경우, ① 회사성립당시의 사원, ② 이사 및 ③ 감사는 회사에 대하여 그 출자미필액을 연대하여 지급할 책임이 있다(☞ 납입담보책임).
- 다만, 이사와 감사의 책임은 총사원의 동의가 있으면 면제할 수 있으나, 회사성립 당시의 사원의 책임은 어떤 경우에도 면제할 수 없다.

회사설립시 출자미필액에 대한 사원, 이사 및 감사의 납입담보책임(§551)

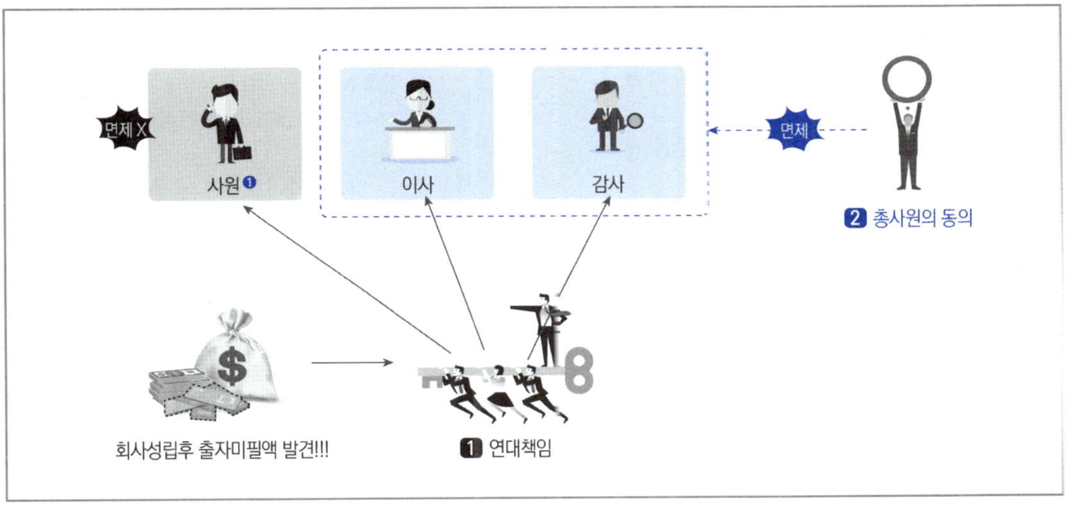

❶ 회사성립 당시의 사원의 책임은 어떤 경우에도 면제할 수 없다.

2. 설립등기와 회사성립

구 분	유한회사	[비교] 주식회사	
		1) 발기설립	2) 모집설립
1) 기산일	납입완료일, 또는 현물출자이행일	검사인의 조사 · 보고절차 종료일	창립총회 종료일
2) 종료일	2주내	2주내	2주내

[설립등기의 기재사항] 유한회사 vs 주식회사

구 분	유한회사(11가지)	[비교] 주식회사(18가지)
1) 기본사항	① 상호 ② 목적 ③ 본점소재지 ④ *if*, 지점소재지	① 〃(☞ 좌동, 이하 동일) ② 〃 ③ 〃 ④ 〃
2) 지분(주식) 관련사항	⑤ 자본금의 총액 ⑥ 출자 1좌의 금액	⑤ 〃(자본금의 액) ⑥ 〃(주당 액면가액) ⑦ 발행주식의 총수, 그 종류와 각종 주식의 내용과 수 ⑧ 발행예정 주식총수 ⑨ *if*, 주식의 양도시 이사회 승인규정 ⑩ *if*, 명의개서대리인의 상호 · 본점소재지 ⑪ *if*, 주식매수선택권 부여규정 ⑫ *if*, 배당이익으로 주식소각 결정 규정 ⑬ *if*, 전환주식발행에 관한 사항
3) 기타사항	⑦ 이사 인적사항(성명 · 주민 · 주소[1]) ⑧ *if*, 감사 인적사항(성명 · 주민) ⑨ *if*, 대표이사 인적사항(성명 · 주민 · 주소) ⑩ *if*, 공동대표이사 규정 ⑪ *if*, 존립기간 또는 해산사유	⑭ 사내이사, 사외이사, 비상무이사, 감사(위원회) 및 집행임원의 인적사항(성명 · 주민) ⑮ 대표이사(대표집행임원)의 인적사항(성명 · 주민 · 주소) ⑯ *if*, 공동대표이사(집행임원) 규정 ⑰ 〃 ⑱ 공고방법

❶ 대표이사를 정한 경우 이사의 인적사항 중 주소는 기재하지 않아도 된다.

3. 설립시 하자로 인한 설립무효소송과 설립취소소송

구 분	설립무효소송		설립취소소송	
	유한회사	[비교] 주식회사	유한회사	[비교] 주식회사
1) 인정여부	○	○	○	×
2) 원고자격	사원 · 이사 · 감사	주주 · 이사 · 감사	취소권 있는 자[1]	
3) 소송제기기한	회사설립(성립)일 ~ 2년			

❶ 사원이 그 채권자를 해할 것을 알고 회사를 설립한 때에는 채권자는 그 사원과 회사에 대한 소송으로 회사의 설립취소를 청구할 수 있다(☞ 사해설립취소소송, §552 ② → §185).

2절 유한회사의 기관

1. 유한회사의 필수기관과 그 기능

유한회사	[비교] 주식회사	
	1) 일반주식회사	2) 소규모주식회사
사원총회, 이사❶	주주총회, 이사회, 대표이사, 감사(위원회)	주주총회, 이사(회)❷, 대표이사

❶ 이사가 다수인 경우에 정관에 다른 정함이 없으면, 사원총회에서 대표이사를 선정하여야 한다(§562 ②).

❷ 이사의 원수가 1~2명일 경우 이사회 규정이 적용되지 않는다.

2. 사원총회

(1) 사원총회의 권한, 소집시기별 분류 및 개최형태

1) 사원총회의 권한

구 분		원 칙	예 외	
		보통결의사항	특별결의사항	특수결의사항
중요도		일반적인 결의사항	중대한 결의사항	매우 중대한 결의사항
결의요건	유 한 회 사	① 출석의결권 과반수 & ② 의결권과반수 사원출석	① 출석의결권 3/4 이상 & ② 총사원❶ 반수(☞ 과반수×)	총사원의 일치 (☞ 만장일치)
	[비교] 주 식 회 사	① 출석의결권 과반수 & ② 발행주식총수 1/4 이상	① 출석의결권 2/3 이상 & ② 발행주식총수 1/3 이상	〃 (☞ 상동)
예시	1) 정 관		• 정관 변경	
	2) 기 관	• 이사 · 감사 선임 • 청산인의 선임 · 해임	• 이사 · 감사 해임	• 이사 · 감사의 책임면제 • 사원총회 소집절차 생략 • 서면결의
	3) 지 분		• 자본금의 증가(정관변경) • 자본금의 감소(정관변경)	
	4) 회 계	• 재무제표의 승인 • 이익배당❷ • 법정준비금의 감소		
	5) 조 직 · 지배구조 변 경		• 해산 · 회사의 계속 • 중요한 영업양수도 · 임대 • 합병	• 주식회사로 변경
	6) 기 타	• 청산종료 승인	• 사후설립	

PART 1 제3장 유한회사

❶ 유한회사가 인적회사의 특징을 갖고 있음을 보여주는 사항이다.

❷ 유한회사의 경우 주식배당이 인정되지 않는다.

2) 소집시기에 따른 사원총회의 분류, 그 소집결정권자와 소집권자

구 분	유한회사❶		[비교] 주식회사	
	정기총회	임시총회	정기총회	임시총회
1) 소집결정권자	이사	① 원칙 : 이사 ② 예외 : ㉠ 감사가 소집❷ ㉡ 3%❸ 이상 소수사원이 이사에게 소집청구❹	이사회	① 원칙 : 이사회 ② 예외 : ㉠ 감사(위원회)가 이사회에 소집청구❷ ㉡ 3% 이상 소수주주가 이사회에 소집청구
2) 소집권자	이사	이사	대표이사	대표이사

❶ 정관에 초대이사를 정하지 않은 경우 각 사원이 사원총회를 소집하여 초대이사를 선임하여야 한다.

❷ 유한회사의 감사는 직접 소집을 결정할 수 있지만, 주식회사의 감사 등은 이사회에 소집을 청구할 수 있을 뿐이다.

❸ 정관으로 다르게 정할 수 있다. 따라서 주식회사와 달리, 그 비율을 높일 수도 있다(§572 ②).

❹ 주식회사와 마찬가지로, 회의의 목적사항과 소집의 이유를 기재한 서면을 이사에게 제출하여야 하고, 그럼에도 이사가 사원총회의 소집절차를 밟지 않는 경우 법원의 허가를 얻어 직접 총회를 소집할 수 있다(§572 ①, ③ → §366 ②).

3) 사원총회의 개최형태 ➡ 대면개최와 서면결의

구 분	유한회사		[비교] 주식회사	
	원 칙	예 외	원 칙	예 외
1) 개최형태	대면개최	서면결의❶	대면개최	서면결의
2) 요건	–	① 총사원이 서면결의에 동의한 경우 ② 총사원이 서면으로 안건에 동의한 경우 (☞ 서면결의 간주)	–	소규모주식회사로서, 다음 하나에 해당하는 경우 ① 주주 전원이 서면결의에 동의한 경우 ② 주주 전원이 서면으로 결의의 목적사항에 동의한 경우 (☞ 서면결의 간주)

❶ 주식회사와 같이 소규모회사라는 요건이 필요하지 않고 모든 유한회사에 적용될 수 있다.

(2) 사원총회의 2가지 소집절차

[소집통지절차의 생략가능여부와 소집통지절차] 유한회사 vs 주식회사

구 분		유한회사[1]	[비교] 주식회사	
			1) 일반주식회사	2) 소규모주식회사
(1) 생략가능여부		총사원의 동의	–	주주 전원 동의
(2) 소지통지 절차	1) 통지대상	각 사원	의결권 있는 주주[2]	〃 (☞ 좌동)
	2) 통지형식	서면(또는 전자문서)	〃 (☞ 좌동)	〃 (☞ 좌동)
	3) 통지시기	총회 1주 전	총회 2주 전	총회 10일 전

❶ 주식회사의 경우 회의의 목적사항과 관련하여 주주제안권이 인정되지만, 유한회사의 경우 사원제안권의 규정이 없다.

❷ 의결권 없는 주주가 주식매수청구권을 행사할 수 있는 경우에는 의결권 없는 주주에게도 통지하여야 한다.

(3) 사원의 의결권과 결의요건

1) 사원의 의결권

원칙적으로 각 사원은 1출좌마다 1개의 의결권을 가지지만, 정관으로 의결권의 수에 관하여 다르게 정할 수 있다(§575).

2) 결의요건

[보통결의와 특별결의의 요건] 유한회사 vs 주식회사

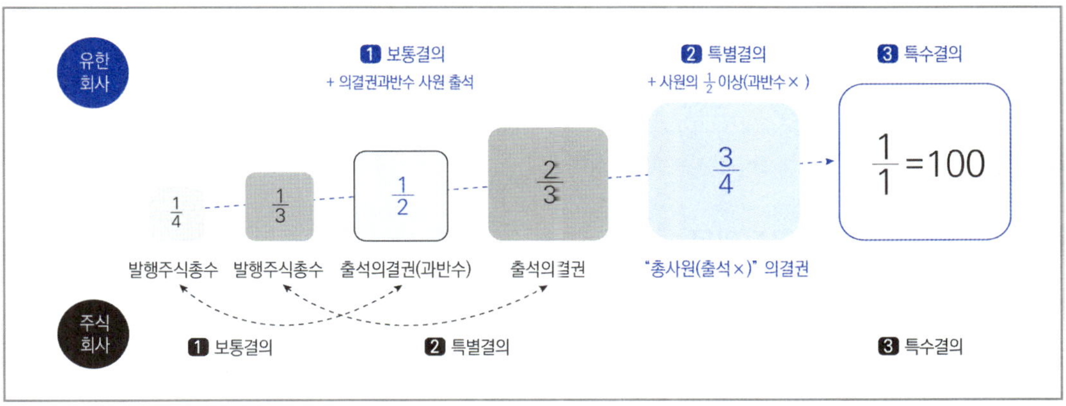

3. 이사

(1) 주식회사와의 차이

구 분		유한회사	[비교] 주식회사
(1) 필수기관의 여부		필수기관이며, 회사를 대표	필수기관인 이사회의 구성원
(2) 이사 관련	1) 원수	1인 이상	3인 이상
	2) 선임권자	① 초대이사 : 정관 또는 사원총회 ② 그 외 이사 : 사원총회	① 초대이사 : 발기인(발기설립) 또는 창립총회(모집설립) ② 그 외 이사 : 주주총회
	3) 임기	규정 없음	3년 이내
(3) 사원의 이사 대상 권한	1) 유지청구권	① 감사(☞ 있을 경우) ② 3% 이상 소수사원	① 감사 ② 1% 이상 소수주주
	2) 대표소송권	3% 이상 소수사원	1% 이상 소수주주
(4) 이사와 회사 간 소송시 대표		사원총회가 대표할 자를 선정	감사

(2) 이사가 다수인 경우 고려사항

구 분	고려사항
1) 대표이사 선정❶	정관에 다른 정함이 없으면, 사원총회가 선정하여야 함
2) 업무집행과 2가지 사항의 결정	정관에 다른 정함이 없으면, 이사 과반수의 결의로 정함 ① 업무집행 ② 2가지 사항의 결정 ㉠ 지배인의 선임과 해임(단, 사원총회도 가능) ㉡ 지점의 설치, 이전 또는 폐지

❶ 정관이나 사원총회는 공동대표이사를 정할 수 있다.

(3) 이사의 특정행위 금지의무

[금지되는 4가지 특정행위의 승인요건] 유한회사 vs 주식회사

구 분	유한회사의 이사	[비교] 주식회사의 이사
1) 경업 · 겸직	사원총회 승인❶	이사회 승인
2) 사업기회유용	−(☞ 제한×)	이사 2/3 이상 승인
3) 자기거래	① 감사 ○ : 감사의 승인 ② 감사 × : 사원총회의 승인	이사 2/3 이상 승인

❶ 주식회사의 경업 · 겸직금지 규정을 준용하고 있으나, 유한회사는 이사회가 없으므로 "이사회"를 "사원총회"로 한다. 또한 결의기준은 ① 사원과반수의 출석과 ② 출석사원의 과반수로 한다(§567 → §397, §391).

(4) 이사의 정관 등의 비치의무와 사원과 회사채권자의 열람권

본점과 지점에 비치	본점에만 비치
정관과 사원총회의 의사록	사원명부❶

❶ 사원명부에는 사원의 성명, 주소 및 그 출자좌수를 기재하여야 한다.

4. 감사

- 유한회사의 감사는 ① 임의기관이라는 점, ② 감사위원회제도가 인정되지 않는다는 점에서 주식회사와 구별되며, 감사의 권한은 주식회사와 큰 차이가 없다.
- 감사를 두기 위해서는 정관에 정하여야 하고(§568 ①), 초대감사를 누구로 할지에 대해 정관이 정하지 않은 경우 초대이사와 마찬가지로 회사성립전에 사원총회를 열어 선임하여야 한다(§568 ① → §547 ①).

3절 지분과 자본금의 변동

1. 지분과 사원

(1) 지분 관련

[지분증권(주권)] 유한회사 vs 주식회사

구 분	유한회사	[비교] 주식회사
1) 회사의 증권발행의무	없음	회사성립후 또는 신주의 납입기일후 지체없이 주권을 발행
2) 증권형태의 제한	지시식 · 무기명식의 증권발행 불가	없음

PART 1

제3장 유한회사

(2) 사원 관련

1) 사원의 권리

구 분		유한회사	[비교] 주식회사
1) 단독사원권		• 의결권(§575) • ○○ 취소 · 무효 · 부존재 판결청구권 • ○○ 열람권(단, 회계장부 제외)	• 〃 (☞ 좌동, 이하 동일) (§369) • 신주발행 유지청구권(§424) • 〃 • 〃
2) 소수 사원권	① 1% 이상	–	• 이사위법행위 유지청구권(§402) • (다중)대표소송권(§403, §406-2) • 총회소집절차 · 결의방법 검사인 선임청구권(§367)
	② 3% 이상	• 회계장부 열람권(§583) • 회사의 업무 · 재산상태 검사인 선임청구권(§582) • 임시총회 소집청구권(§572) • 이사 · 청산인의 해임청구권 (§567, §611) • 이사위법행위 유지청구권(§564-2) • 대표소송권[1](§565)	• 〃 (§466) • 〃 (§467) • 〃 (§366) • 주주제안권(§363-2) • 이사 · 감사 · 청산인의 해임청구권 (§385, §415, §539) • 집중투표 실시청구권(§382-2)
	③ 10% 이상	• 회사의 해산판결청구권[2](§613)	• 〃[2](§520)

[1] 유한회사의 경우 주식회사와 달리 다중대표소송이 인정되지 않는다.

[2] 합명 · 합자 · 유책의 경우 사원이 단독으로 법원에 해산판결을 청구할 수 있다(§241, §287-42).

2) 사원의 의무와 책임

• 유한회사의 사원도 주식회사의 주주와 마찬가지로 출자의무를 부담하며, 출자의무를 이행할 경우 원칙적으로 추가적인 책임을 부담하지 않는다.

• 다만, 완전한 물적회사인 주식회사와 달리 유한회사의 사원은 예외적으로 출자의무 등과 관련하여 추가적인 책임을 부담한다.

유한회사 사원의 책임

구 분		내 용
(1) 기본		유한책임
(2) 추가	1) 회사설립 관련	• 현물출자 · 재산인수약정 가액의 현저한 차이에 대한 책임 • 출자미필액에 대한 책임[1]

2) 증자 관련	• 현물출자·재산인수약정 가액의 현저한 차이에 대한 책임
3) 조직변경 관련	• 주식회사로 조직변경시 주식의 발행가액과 순자산가액의 차이에 대한 책임❶

❶ 이사와 감사가 연대하여 책임을 진다. 사원의 책임은 총사원의 동의로도 면제할 수 없지만, 이사와 감사의 책임은 총사원의 동의가 있으면 면제할 수 있다. 한편, 증자시 출자미필액에 대한 책임은 이사와 감사만 부담하고, 사원은 부담하지 않는다.

3) 사원의 지분양도와 지분담보제공

구 분		유한회사	[비교] 주식회사
(1) 지분양도와 담보제공의 제한요건		정관으로 정한 경우	불가❶
(2) 대항요건❷	1) 회사 대상	사원명부에 기재❸	주주명부에 기재
	2) 제3자 대상	사원명부에 기재❸	주권의 점유

❶ 다만, 정관에 정할 경우 이사회의 승인을 받도록 할 수는 있다(§335 ①단서).

❷ 지분양수자나 지분질권자의 회사와 제3자에 대한 대항요건을 말한다.

❸ 취득자의 성명, 주소와 그 출자좌수를 기재하여야 하며, 유한회사의 경우 주식회사와 달리 약식질이 인정되지 않는다.

2. 자본금의 변동

(1) 자본금의 증가

1) 자본금의 증가와 관련한 주식회사와의 중요한 차이

구 분	유한회사	[비교] 주식회사
1) 유상증자❶의 결정	사원총회의 특별결의	이사회의 결의
2) 제3자 배정의 요건	정관 또는 사원총회의 특별결의❷	정관에 규정
3) 출자인수인 모집광고(공모)	불가	가능
4) 효력발생	자본금 증자등기시❸	납입(이행)일의 다음 날

❶ 유한회사의 경우 무상증자나 주식배당이 인정되지 않는다.

❷ ① 정관에 정하지 않더라도 사원총회의 특별결의로 정할 수 있거나, ② 반드시 특별결의로 정하여야 하는 사항을 비교하여 정리하면 아래와 같다. 그 중 "현재 또는 장래에 제3자에 대한 출자인수권의 부여"는 정관이 아닌 사원총회의 특별결의만으로 가능하므로 사원평등원칙의 예외가 된다.

정관 또는 사원총회 특별결의로 정할 수 있는 사항	사원총회 특별결의로 정하여야 하는 사항
① 현물출자 관련 사항(성명, 목적재산, 가격, 출자좌수) ② 증자후 재산인수약정 사항(성명, 약정재산, 가격) ③ 제3자에 대한 출자인수권(성명, 권리의 내용)	① 장래 제3자에게 출자인수권의 약정 ② 사후증자약정 사항(☞ 사후설립약정과 유사)

❸ 단, 출자인수인은 납입일로부터 이익배당에 관하여 사원과 동일한 권리를 가진다(§590).

2) 유상증자와 관련한 사원, 이사 및 감사의 책임

구 분	자본금 증가시	[비교] 회사성립시
1) 현물출자 등에 관한 전보책임	동의한 사원	회사성립시의 사원
2) 인수담보책임❶	이사, 감사	–
3) 출자미필액담보책임❶	이사, 감사	사원, 이사, 감사

❶ 이사, 감사에 대한 인수담보책임과 출자미필액담보책임은 총사원의 동의가 있으면 면제할 수 있다. 그러나, 사원에 대한 출자미필액담보책임은 면제하지 못한다.

3) [사원, 이사, 감사] 증자무효소송의 제기

주식회사와 같이 유한회사의 사원, 이사 및 감사도 증자무효소송을 제기할 수 있지만, 그 소송제기 기한의 기산일에 대해서는 다음과 같은 차이가 있다.

[증자무효소송의 소송제기기한] 유한회사(§595 ①) **vs 주식회사**(§429)

유한회사	[비교] 주식회사
자본금 증가 등기일 ~ 6개월	신주발행일 ~ 6개월

(2) 자본금의 감소

유한회사의 감자절차는 주식회사의 감자절차(☞ 주주총회의 특별결의, 채권자의 보호절차, 감자등기 등)를 준용하고 있으므로 주식회사와 유사하다(§597).

4절 유한회사의 회계, 회사유형의 변경과 합병

1. 유한회사의 회계

구 분	유한회사	[비교] 주식회사
1) 재무제표와 영업보고서의 승인권자	사원총회	이사회와 주주총회
2) 이사 → 감사 : 재무제표, 영업보고서의 제출기한	총회 4주전	총회 6주전
3) 감사 → 이사 : 감사보고서 제출기한	받은 날로부터 3주 내	받은 날로부터 4주 내
4) 재무제표, 영업보고서, 감사보고서 비치 의무	본점에 5년간	본점 : 원본 5년간 지점 : 등본 3년간

2. 유한회사와 주식회사 간의 회사유형의 변경과 합병시 요건

구분	회사유형의 변경		합병 후 신설·존속법인	
	유한 → 주식	주식 → 유한	유한회사	주식회사
요건	① 총사원의 동의 ② 법원의 인가❶ ③ 주식의 발행가액 ≤ 순재산액❷	① 총주주의 동의 ② 사채의 상환완료 ③ 자본금의 총액 ≤ 순재산액❸	① 사원총회 특별결의 ② 사채의 상환완료	① 주주총회 특별결의 ② 법원의 인가❶

❶ 요건이 훨씬 까다로운 주식회사의 설립을 우회하기 위하여, 유한회사를 먼저 설립한 후 주식회사로 전환하는 행위를 예방하기 위해서이다.

❷ 만약, 주식의 발행가액 > 순재산액이라면, 조직변경 결의 당시의 이사, 사원 및 감사가 전보책임을 진다(§607 ④).

❸ 만약, 자본금의 총액 > 순재산액이라면, 조직변경 결의 당시의 이사, 주주(☞ 감사×)가 전보책임을 진다(§605 ①).

04 CHAPTER 합명회사, 합자회사 및 유한책임회사

1절 인적회사의 설립절차와 성립

1. 설립시 기본절차

출자행시기와 임원선임

구 분	합명·합자	유 책
1) 사원의 출자이행시기	별도의 규정 없음❶	회사설립시
2) 임원선임	필요 없음❷	정관에 업무집행자 기재

❶ 무한책임을 부담하는 무한책임사원이 있기 때문이며, 유한책임사원도 출자이행시기에 대한 제한이 없다.
❷ 무한책임사원이 업무집행사원이 되기 때문이다.

(1) 사원의 정관 작성

- 인적회사의 정관은 공증인의 인증을 받지 않아도 효력이 있다.
- 정관의 변경은 총사원의 동의를 필요로 하며, 그 변경된 정관의 효력은 총사원이 결의한 때(☞ 정관의 작성시 · 변경등기시×)발생한다.

[정관의 절대적 기재사항]

구 분	합명(6가지)	합자(6가지)	유책(8가지)
1) 기본사항	① 상호 ② 목적 ③ 본점소재지	① 〃 (☞ 좌동, 이하 동일) ② 〃 ③ 〃	① 〃 (☞ 좌동, 이하 동일) ② 〃 ③ 〃
2) 사원 · 출자❶ 관련사항	④ 사원의 성명 · 주민 · 주소 ⑤ 사원의 출자의 목적과 가격 또는 평가의 표준❷	④ 〃, 사원의 무한책임 · 유한책임 여부 ⑤ 〃	④ 〃 (☞ 합명회사와 동일) ⑤ 업무집행자의 성명❸ ⑥ 사원의 출자의 목적과 가액❷ ⑦ 자본금의 액❹
3) 기타사항	⑥ 정관의 작성연월일	⑥ 〃	⑧ 〃

❶ 주식회사와 유한회사의 경우 표 작성시 "지분(주식) 관련사항"으로 분류하였다.
❷ 무한책임사원은 신용이나 노무도 출자의 목적으로 할 수 있으므로 이에 대한 평가의 표준이 필요할 수 있다. 반면

에 유한책임회사의 사원은 유한책임사원으로서 신용이나 노무를 출자의 목적으로 할 수 없으므로, 평가의 표준이 기재될 필요가 없다.

❸ 업무집행자로서 법인도 가능하며, 법인이 업무집행자일 경우 "명칭"을 기재한다(§287-15).

❹ 자본금(자본금액)은 출자가액(☞ 금전이나 기타 재산가액)만 될 수 있고, 잉여금은 포함되지 않는다(§287-35). 유한책임회사의 경우 액면가액 개념이 없으므로 주식발행초과금과 같은 계정도 있을 수 없다.

(2) 유한책임회사 ➡ 사원의 출자 이행

구 분		합 명	합 자	유 책
1) 출자시기	① 무한책임사원	제한 ×	제한 ×	–
	② 유한책임사원	–	제한 ×	정관작성 후~설립등기 전
2) 출자목적	① 무한책임사원	제한 ×❶	제한 ×	–
	② 유한책임사원	–	신용 · 노무 ×	신용 · 노무 ×
3) 출자미이행시 다른 사원의 대응		다른 사원 과반수의 결의로, 법원에 사원의 제명 선고 청구❷		

❶ 대여금과 같은 채권을 출자의 목적으로 할 수도 있다. 다만, 채권을 출자의 목적으로 한 사원은 그 채권이 변제기에 변제되지 아니한 때에는 ① 그 채권액을 변제할 책임이 있을 뿐만 아니라, ② 이자지급과 ③ 손해배상책임도 부담한다(§196).

❷ 다른 사원이 출자미이행 사원을 직접 제명할 수는 없다(§220 ①호, §287-27, [4절 2. (2) 1) 나. '사원의 제명선고청구'] 참고).

2. 설립등기와 회사성립

[설립등기의 기재사항]

구 분	합명(9가지)	합자(9가지)	유책(10가지)
1) 기본사항	① 상호 ② 목적 ③ 본점소재지 ④ *if*, 지점소재지	① 〃 (☞ 좌동, 이하 동일) ② 〃 ③ 〃 ④ 〃	① 〃 (☞ 좌동, 이하 동일) ② 〃 ③ 〃 ④ 〃
2) 사원, 출자 관련사항	⑤ 사원의 인적사항 ⑥ 사원의 출자의 목적❶ ⑦ *if*, 대표사원 인적사항 ⑧ *if*, 공동대표사원 규정	⑤ 〃 (무한/유한 구분) ⑥ 〃 ⑦ 〃 ⑧ 〃	⑤ 업무집행자의 인적사항 ⑥ 자본금의 액 ⑦ *if*, 대표업무집행자의 인적사항 ⑧ *if*, 공동대표업무집행자 규정
3) 기타사항	⑨ *if*, 존립기간 · 해산사유	⑨ 〃	⑨ 〃 ⑩ *if*, 공고방법

❶ 재산출자(☞ 신용 · 노무×)인 경우 그 가격과 이행부분을 기재하여야 한다.

PART 1 제4장 인적회사

[설립등기의 기한]

구 분	합명 · 합자 · 유책	[비교] 유 한	[비교] 주 식	
			발기설립	모집설립
1) 기산일	–	출자이행일	검사인의 조사 · 보고절차 종료일	창립총회 종료일
2) 종료일	–	2주내	2주내	2주내

3. 설립시 하자로 인한 설립무효소송과 설립취소소송

(1) 설립무효소송과 설립취소소송의 요건

구 분	설립무효소송		설립취소소송
	인적회사	물적회사	인적회사 · 유한회사❶
1) 원고자격	사원(업무집행자)	사원(주주) · 이사 · 감사	취소권 있는 자❷❸
2) 소송제척기간	회사설립(성립)일 ~ 2년		

❶ 이해관계자가 많은 주식회사는 거래의 안정성을 위하여 설립취소소송이 인정되지 않는다.

❷ 사원이 그 채권자를 해할 것을 알고(☞ 사해[詐害 : 속여서 손해를 입힘] 행위) 회사를 설립한 때에는 채권자는 그 사원과 회사에 대한 소송으로 회사의 설립취소를 청구할 수 있다(☞ 사해설립취소소송, §185).

❸ "취소할 수 있는 법률행위는 제한능력자(☞ 미성년자, 피성년후견인, 피한정후견인), 착오 · 사기 · 강박에 의하여 의사표시를 한 자, 및 그의 대리인과 승계인만이 취소할 수 있다"는 민법 제140조(법률행위의 취소권자)의 규정이 준용된다(§184 ②).

(2) 설립무효소송과 설립취소소송의 결과에 따른 효과

1) 설립무효나 설립취소가 인용된 경우(원고승소)

- 판결의 효력은, ① 대세효(☞ 제3자에게도 효력)와 ② 장래효이다.
- 회사는 설립무효 또는 설립취소 등기를 한 후, 해산의 경우에 준하여 청산절차를 진행하여야 한다(§192. §193 ①).
- 다만, 설립의 무효나 취소의 원인이 특정 사원에 한한 것인 때 다른 사원 전원의 동의로서 회사를 계속할 수 있으며, 그 원인이 된 사원은 퇴사한 것으로 본다(§194).

2) 설립무효나 설립취소가 기각된 경우 패소원고의 책임

원고가 악의 또는 중대한 과실(☞ 경과실×)이 있는 경우 회사에 대하여 연대하여 손해배상책임을 진다(§191).

2절 인적회사의 내부관계

합명회사, 합자회사 및 유한책임회사의 내부관계와 관련된 상법규정은 주로 임의규정(☞ 외부관계는 주로 강행규정)으로서 회사가 정관 등으로 다르게 정할 수 있다.

상법(또는 정관)에 관련 규정이 없는 경우 합명회사, 합자회사 및 유한책임회사의 준용규정

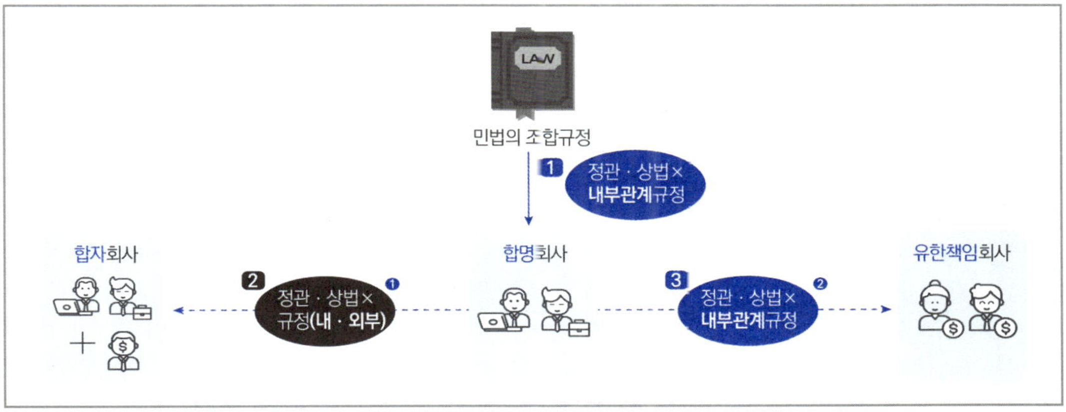

❶ 합자회사에도 합명회사와 마찬가지로 무한책임사원이 있기 때문에 내부관계뿐만 아니라 외부관계의 규정도 준용하는 것이다.

❷ 합명회사의 무한책임사원은 대외적으로 무한책임을 부담하지만, 유한책임회사의 유한책임사원은 유한책임을 부담하기 때문에 외부관계규정은 준용하지 않고 내부관계규정만 준용하는 것이다.

1. 사원의 내부적 권리와 의무

구 분		합 명	합 자	유 책
(1) 권리	1) 무한	① 업무집행권 ② 이익배당권 ③ 퇴사권[1]	① 업무집행권 ② 이익배당권 ③ 퇴사권	–
	2) 유한	–	① 감시권[2] ② 경업 · 겸직의 자유권[3] ③ 이익배당권 ④ 퇴사권	① 감시권(비업무집행사원)s ② 이익배당권 ③ 퇴사권
(2) 의무	1) 무한	① 업무집행의무 ② 출자의무	① 업무집행의무 ② 출자의무	–
	2) 유한	–	① 출자의무(신용 · 노무×)[4] ② 업무집행금지의무[5] ③ 회사대표금지의무[5]	① 출자의무(신용 · 노무×)[4]

❶ 사원이 퇴사를 하게 되면 지분을 금전으로 환급받기 때문에 내부적으로는 지분환급권이 발생하게 되고(§222), 무한책임사원의 경우 퇴사등기후 2년이 경과하면 외부적으로 책임이 면제된다(§225 ①).

❷ 유한책임사원은 영업연도말에 영업시간 내에 한하여 회사의 회계장부 · 대차대조표 기타의 서류를 열람할 수 있고, 회사의 업무와 재산상태를 검사할 수 있다(§277 ①, §287-14). 다만, 중요한 사유가 있는 때에는 언제든지 법원의 허가를 얻어 그 열람과 검사를 할 수 있다(§277 ②, §287-14).

❸ 유한책임사원은 원칙적으로 업무집행이 금지되기 때문에 업무집행권한을 남용할 가능성이 없기 때문이다.

❹ 유한책임사원은 신용이나 노무를 출자의 목적으로 할 수 없다(§272, §274-4 ①). 반면에 무한책임사원은 신용이나 노무를 출자의 목적으로 할 수 있다. 한편, 모든 사원은 채권(예 대여금)을 출자의 목적으로 할 수 있지만, 그 채권이 변제기에 변제되지 않을 경우, 그 채권액을 변제하여야 하고, 이자 지급 외에 손해배상도 하여야 한다(§196).

❺ 유한책임사원의 업무집행금지 규정은 내부관계와 관련된 것으로서 임의규정으로 보는 경우가 많고, 대표금지 규정은 외부관계와 관련된 것으로서 강행규정으로 해석하는 경우가 많다. 따라서, 유한책임사원은 견해에 따라서 업무집행권을 가질 수 있지만, 어떠한 경우에도 대표권을 가질 수 없다.

2. 업무집행

(1) 업무집행기관, 업무집행권의 상실원인과 상실절차

구 분		합 명	합 자	유 책
(1) 업무집행기관	1) 원칙	각 사원	각 무한집행사원	정관으로 정한 자[1] (사원 또는 사원 외[2])
	2) 예외	정관으로 정한 1인 또는 수인[1]의 사원	정관으로 정한 1인 또는 수인[1]의 무한책임사원	–
(2) 업무집행권의 상실[3]	1) 원인	① 업무집행사원(자)가 업무를 집행함에 현저하게 부적임한 때 or, ② 업무집행사원(자)가 중대한 의무를 위반한 행위가 있는 때		
	2) 절차	① 사원(☞ 유한책임사원 포함)이 법원에 업무집행권한의 상실 청구 and, ② 법원이 업무집행권한의 상실 선고		

❶ 정관으로 수인의 업무집행사원을 정한 경우 그 수인의 각 사원은 업무를 집행할 권리가 있다(§201 ①). 다만, 정관으로 수인의 사원을 공동업무집행사원으로 정한 때에는 그 전원의 동의가 있어야 업무집행에 관한 행위를 할 수 있다(§202 전단). 다만 지체할 염려가 있는 때에는 전원의 동의가 없어도 업무집행을 할 수 있다(§202 후단).

❷ 법인을 업무집행자로 선임한 경우, 그 법인은 ① 해당 업무집행자의 직무를 행할 자를 선임하고, ② 그 자의 성명과 주소를 다른 사원에게 통지하여야 한다(§287-15 ①).

❸ 업무집행기관의 업무집행권 상실 절차는 대표사원(자)의 대표권 상실에도 동일하게 적용한다(§216).

인적회사의 업무집행기관

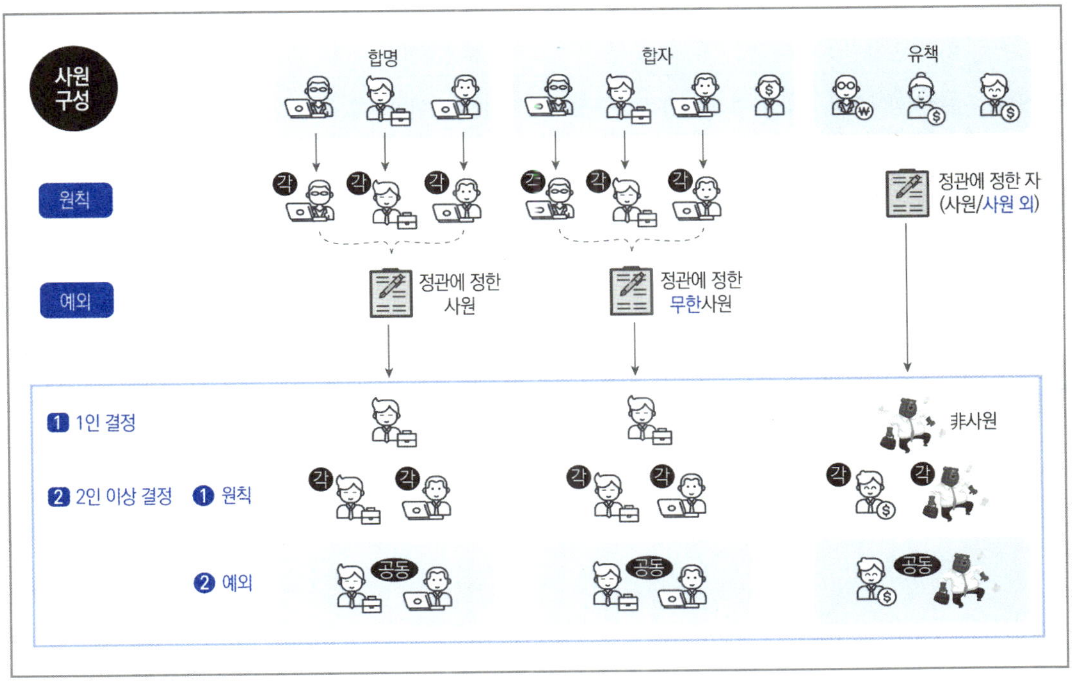

(2) 업무집행 관련 의사결정

인적회사는 1인 1의결권이 원칙이나 정관으로 다르게 정할 수 있다.

[동의요건] 과반수 vs 총동의(☞ 업무집행사원을 정한 경우에도 동일)

구 분		합 명	합 자	유 책
(1) 과반수	1) 총 사 원	① 사원의 자기거래	① 무한사원의 〃 (☞ 좌동)[1]	① 업무집행자의 〃
		② 사원의 경업에 대한 개입권의 행사	② 무한사원의 〃	② 업무집행자의 〃
		③ 사원과 소송시 대표권[2]	③ 〃	③ 〃
		④ 사원의 제명청구[3]	④ 〃	④ 〃
		⑤ 지배인의 선임 · 해임[4]		⑤ 〃
		⑥ 청산인의 선임 · 해임	⑤ 청산인의 해임	⑥ 〃 (☞ 합명)
	2) 무한사원		① 지배인의 선임 · 해임[4] ② 청산인의 선임	
(2) 전원	1) 총 사 원	① 사원의 지분양도	① 무한사원의 〃	① 업무집행자의 〃[5]
		② 사원의 경업 · 겸직	② 무한사원의 〃	② 업무집행자의 〃
		③ 대표사원 선정	③ 무한사원의 〃	③ 업무집행자의 〃
		④ 정관변경	④ 〃	④ 〃
		⑤ 해산과 회사의 계속	⑤ 〃	⑤ 〃
		⑥ 합병 및 조직변경	⑥ 〃	⑥ 〃
			⑦ 무한 ↔ 유한 사원변경	
	2) 무한사원		① 유한사원의 지분양도	

❶ 상법은 유한책임사원의 경업과 겸직의 자유를 규정하고 있지만, 자기거래에 대한 자유를 규정하고 있지 않다. 다만, 자기거래보다 더 엄격한 규제를 받는 경업의 자유를 규정하고 있으므로 자기거래도 자유롭게 할 수 있다고 해석하는 경우가 많다(☞ 다수설).

❷ 사원(☞ 유한책임회사의 업무집행자 포함)과 회사 간에 소송발생시 회사를 대표할 사원이 없는 경우를 말한다.

❸ 법원에 대한 사원의 업무집행권한이나 대표권의 상실선고청구는 각 사원의 청구로도 가능하다(☞ 단독사원권, §205 ①, §216).

❹ 정관에 다른 정함이 없으면, 업무집행사원이 있는 경우에도 총사원(☞ 합병) 또는 무한책임사원(☞ 합자) 과반수의 결의에 의하여야 한다.

❺ 비[非]업무집행사원은 업무집행사원(☞ 업무집행자×) 전원의 동의가 있으면 지분을 양도할 수 있다(§287-8 ② 전단). 다만, 업무집행사원이 없는 경우(☞ 사원이 아닌 자가 업무집행자인 경우)에는 사원 전원의 동의가 있어야 한다(§287-8 ② 후단). 또한 지분의 양도제한규정은 내부관계와 관련된 임의규정으로서 정관에 다르게 정할 수 있다(§287-3 ③).

(3) 업무집행사원의 다른 업무집행사원에 대한 유지청구권(☞ 행위중지청구권) 행사

구 분		인적회사	유한회사	주식회사
(1) 행사가능자	1) 업무집행사원 결정 ×	각 사원	① 3% 이상 소수사원 ② 감사	① 1% 이상 소수주주 ② 감사
	2) 업무집행사원 결정 ○	다른 업무집행사원		
(2) 행 사 효 과	1) 업무집행사원 결정 ×	행위중지 후 총사원과반수의 결의에 의하여야 함	–	–
	2) 업무집행사원 결정 ○	행위중지 후 업무집행사원 과반수의 결의에 의하여야 함		

(4) 업무집행기관의 특정행위 금지의무

업무집행기관의 경업 · 겸직과 자기거래의 금지의무

구 분		합 명	합 자	유 책
(1) 적용대상자		사원❶	무한책임사원❶	업무집행자
(2) 허용요건	1) 경업 · 겸직	다른 사원 전원의 동의 단, 경업금지 위반시 개입권 행사❷는 다른 사원 과반수 동의		
	2) 자기거래❸	다른 사원 과반수의 결의		

❶ 업무집행권한이 없는 비업무집행(무한책임)사원에게도 업무집행사원과 같이 경업 · 겸직과 자기거래 금지의무는 적용된다. 또한 합자회사의 유한책임사원의 경우에는 경업 · 겸직뿐만 아니라, 자기거래도 할 수 있다.

❷ 개입권은 다른 사원 과반수의 결의에 의하여 행사하여야 하며, ① 다른 사원의 1인이 그 거래를 안 날로부터 2주가 경과하거나, ② 그 거래가 있은 날부터 1년을 경과하면 소멸한다(§198 ④).

❸ 민법 제124조의 자기계약과 쌍방대리 금지규정은 적용하지 않는다. 자기계약이란 본인의 대리인이 그 계약의 상대방이 되는 계약을 말하고, 쌍방대리란 본인의 대리인이 상대방의 대리인도 되는 것을 말한다.

회사유형별 금지되는 특정행위의 승인요건의 정도 비교

❶ 유한회사의 이사가 경업 · 겸직을 하기 위해서는 사원총회의 보통결의에 의하여야 하고, 자기거래를 하기 위해서는 감사의 승인을 얻어야 하고, 감사가 없는 경우에는 사원총회의 보통결의에 의하여야 한다(§564 ③).

❷ 주식회사의 이사가 경업 · 겸직을 하기 위해서는 이사회의 보통결의에 의하여야 하고(§397 ②), 사업기회유용이나 자기거래를 하기 위해서는 이사회의 특별결의에 의하여야 한다(§397-2 ①, §398).

3절 인적회사의 외부관계

외부관계란 ① 회사와 제3자 간의 관계와 ② 사원과 채권자 간의 관계를 말한다. 외부관계와 관련된 규정은 제3자의 이익과 관련되어 있으므로 회사의 정관이나 사원의 동의로도 변경할 수 없는 강행규정이다.

1. 회사와 제3자 간의 관계

(1) 회사의 대표사원(자)

1) 대표사원(자)의 권한

- 회사의 영업에 관하여 재판상 또는 재산 외의 모든 행위를 할 권한이 있다(§209 ①).
- 다만, 회사의 정관 등으로 대표사원(자)의 권한을 제한할 수 있지만, 그러한 제한은 선의의 제3자에게 대항하지 못한다(§209 ②).

2) 대표사원(자)의 자격

구 분	대표사원(자)
1) 원칙	각 업무집행사원❶
2) 예외1	① 정관이나 총사원의 동의❷로 업무집행사원 중 1인이나 수인을 대표사원으로 결정 가능 ② 정관이나 총사원의 동의❷로 공동대표사원❸ 결정 가능
3) 예외2	사원과 회사간 소송시 대표사원이 없을 경우, 다른 사원 과반수의 결의로 결정

❶ 합명회사나 합자회사로서 정관에 업무집행사원을 정하지 않은 경우 각 (무한책임)사원이 업무집행사원이면서 동시에 대표사원이 되는 것이고, 유한책임회사의 경우 반드시 정관에 업무집행자를 정하여야 하며, 그 업무집행자가 대표자가 된다.

❷ 업무집행사원(자)을 정할 경우에는 반드시 정관에 의하여야 하지만, 대표사원(자)나 공동대표사원(자)을 정할 경우에는 정관뿐만 아니라 총사원의 동의도 가능하다(§207, §208 ①, §287-19 ②, ③). 한편, 주식회사의 경우 이사회에서 대표이사를 선정해야 하고, 유한회사도 2인 이상의 이사를 둘 경우 사원총회에서 대표이사를 선정해야 한다.

❸ 제3자가 회사에 대해 의사표시를 할 때에는 공동대표 전체가 아니라 그 중 1인에 대해서만 의사표시를 하면 효력이 생긴다(§208 ②).

(2) 대표사원(자)과 회사의 연대손해배상책임

대표사원(자)이 그 업무집행으로 인하여 타인에게 손해를 가한 때에는 회사는 그 사원과 연대하여 배상을 책임을 진다(§210).

2. 사원의 채권자에 대한 책임

(1) 무한책임사원의 채권자에 대한 책임

1) 무한책임사원의 보충적 책임과 대응방법

상 황	대응방법
1) 회사가 주장할 수 있는 항변[1]이 있는 경우	그 항변으로 채권자에게 대항함
2) 회사가 상계권 · 취소권 · 해제권이 있는 경우	그 권리를 주장하여 변제를 거부함
3) 회사의 재산이 있음에도 강제집행이 주효하지 못한 경우	회사의 변제자력과 강제집행이 가능함을 증명하여 회사재산으로 변제하게 함(☞ 보충적 책임 관련)

❶ 항변[抗辯]이란 상대방의 주장을 인정하되 이와는 별개의 사항을 주장해 상대방 주장을 배척하는 것을 말한다. 예를 들어, 부동산매매계약에서 회사가 매수인인 경우로서 회사가 부동산의 잔금을 치르지 않은 이유가 상대방이 소유권이전등기절차를 밟지 않은 것이라면, 상대방에게 소유권이전등기절차를 동시에 이행하라고 항변할 수 있다.

2) 신입 · 퇴사 · 자칭 무한책임사원과 합자회사의 유형변경사원의 채권자에 대한 책임

구 분		무한책임의 범위 (☞ 무한책임사원과 동일한 책임)
합자 · 합명의 무한사원	합자의 유형변경사원	
1) 신입무한사원	1) 유한 → 무한사원	가입 또는 변경 전에 생긴 회사채무[1]
2) 퇴사무한사원	2) 무한 → 유한사원	퇴사 또는 변경 전에 생긴 회사채무에 대하여, 퇴사 또는 유형변경 등기후 2년 내
3) 자칭무한사원	–	오인으로 회사와 거래한 자에 대한 채무

❶ 결국 기존의 무한책임사원과 동일한 책임을 부담하는 것이다.

(2) 유한책임사원의 채권자에 대한 책임

합자	유책	유한	주식
직접책임	간접책임		
유한책임사원은 그 출자가액에서 이미 이행한 부분을 공제한 가액을 한도로 하여, 회사채무를 변제할 책임이 있다.[1]	사원의 책임은 이 법에 다른 규정이 있는 경우 외에는 그 출자금액을 한도로 한다.	사원의 책임은 본법에 다른 규정이 있는 경우 외에는 그 출자금액을 한도로 한다.	주주의 책임은 그가 가진 주식의 인수가액을 한도로 한다.

❶ 회사의 이익이 없음에도 불구하고 배당을 받은 경우 그 배당받은 금액을 가산한다(§279 ②). 또한, 출자를 감소(☞ 주식회사의 감자에 해당)한 후에도 본점소재지에서 등기를 하기 전에 생긴 회사채무에 대해서는 등기후 2년까지 책임을 부담한다(§280).

PART 1
제4장 인적회사

[예시] 3억원 중 1억원만 출자한 유한책임사원(주주)의 제3자에 대한 책임

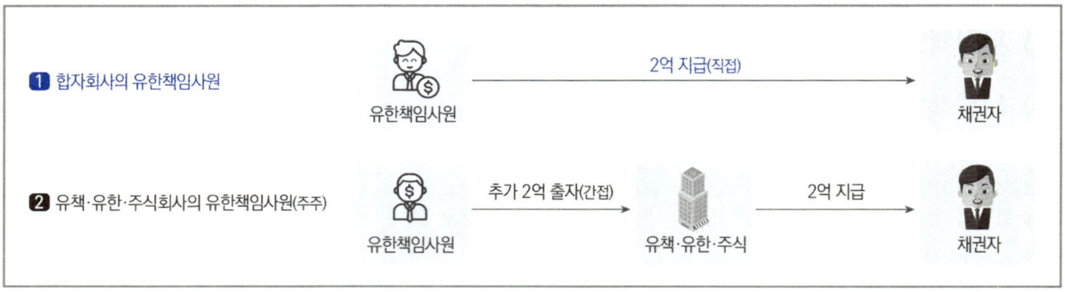

4절 인적회사 사원의 변동

1. 사원의 지분양도

지분을 양도한 사원은 퇴사사원과 마찬가지로 양도후부터 2년간 다른 사원과 동일한 책임을 진다.

[사원의 지분양도에 대한 동의대상[1]]

구 분	합 명	합 자	유 책		
(1) 무한사원	모든 사원	모든 사원	–		
(2) 유한사원	–	모든 무한사원	1) 업무집행사원이 있는 경우	① 업무집행사원	모든 사원
				② 비업무집행사원	모든 업무집행사원
			2) 업무집행사원이 없는 경우[2]		모든 사원

❶ 사원의 지분양도에 대한 동의대상에는 "과반수"가 없으므로, 문제에서 과반수가 나오면 틀린 내용으로 결정하면 된다.

❷ 업무집행자가 사원이 아닌 경우를 말한다.

2. 사원의 입사와 퇴사

(1) 사원의 입사

- 인적회사에서 사원의 인적사항은 정관의 기재사항으로서 새로운 사원이 입사하게 되면 정관을 변경하여야 하고, 정관의 변경은 총사원의 동의를 얻어야 한다. 따라서 새로운 사원의 입사는 총사원의 동의가 필요한 사항이 된다.
- 정관의 변경은 총사원의 동의만 있으면 효력이 발생하므로, 사원의 입사는 총사원의 동의가 있는 때에 사원의 지위를 얻는다.

(2) 사원의 퇴사

인적회사의 경우 사원의 지분양도는 엄격하게 제한되고 있기 때문에, 사원의 출자회수에 대한 기회를 보장하기 위하여, 물적회사와 달리 사원의 퇴사를 인정하고 있다.

1) 사원의 퇴사원인

구 분		합 명	합 자		유 책
		무한	무한	유한	유한
(1) 자의	1) 원칙[1]	① 6월전 예고 & ② 영업연도말 퇴사	〃	〃	〃
	2) 예외	① 부득이한 사유 & ② 언제든지 퇴사	〃	〃	인정 ×[2]
(2) 타의	1) 법정사유	① 정관에 정한 사유 ② 총사원 동의 ③ 사망 ④ 성년후견개시 ⑤ 파산 ⑥ 제명	〃	〃 (단, 성년후견 개시 제외)	〃 (합명회사와 동일)
	2) 지분압류권자의 청구[3]	① 6월전 예고 & ② 영업연도말 퇴사	〃	〃	〃
	3) 기타	① 설립무효 · 취소의 원인[4] ② 회사계속에 반대[4]	〃	〃	〃

❶ 정관으로 회사의 존립기간을 ① 정하지 아니하였거나, ② 어느 사원의 종신까지 존속할 것을 정한 때(☞ 사실상 존립기간을 정하지 않은 것과 동일함)에 한한다(§217①, §269, §287-24).

❷ 합명회사와 합자회사의 경우 무한책임사원이 있어서 부득이한 사유가 있을 경우 언제든지 퇴사할 수 있는 권리를 인정하고 있지만, 유한책임회사의 사원(☞ 모두 유한책임사원)은 6개월전 예고로 영업연도말에만 퇴사할 수 있다.

❸ 사원의 지분에 대한 압류는 사원의 ① 장래이익의 배당과 ② 지분의 환급을 청구하는 권리에 대해서도 효력이 있으므로(§223), 지분압류권자가 사원의 퇴사시 그 환급에 대해 권리를 행사함으로써 채권의 변제를 받을 수 있도록 하기 위해, 지분압류권자의 청구에 의한 사원의 퇴사를 인정한 것이다. 다만, 지분압류권자에 의한 사원의 퇴사예고는 해당 사원이 ① 변제를 하거나, ② 상당한 담보를 제공한 때에는 그 효력을 잃는다(§224 ②, §269, §287-29).

❹ 설립무효나 설립취소의 판결이 확정된 경우에 그 무효나 취소의 원인이 특정한 사원에 한한 것인 때에는 다른 사원전원의 동의로써 회사를 계속할 수 있으며, 그 원인이 된 사원은 퇴사한 것으로 본다(§194 ①, ②). 또한, 정관에 정한 회사의 존립기간이 만료되거나 총사원의 동의로 회사가 해산하게 된 경우로서, 사원 전부 또는 일부의 동의로 회사를 계속할 수 있는데, 이때 동의하지 않은 사원은 퇴사한 것으로 본다(§229 ①, §269, §287-40).

가. 사원의 사망시 지분의 승계여부

구 분	합 명	합 자	유 책
1) 무한	다음 2가지 요건 모두 충족시 승계 ① 정관에 승계규정 정할 것 ② 상속개시 안 날 ~ 3개월 승계통지 발송❶	〃 (☞ 좌동)	–
2) 유한	–	당연 승계❷	합명회사 "무한"책임사원 준용

❶ 그 상속인이 포기통지를 발송하거나, 그 기간을 경과한 때에는 사원이 될 권리를 포기한 것으로 본다(§219 ①, ②).

❷ 상속인이 다수인 경우, 그 상속인들은 사원의 권리를 행사할 자 1인을 정하여야 한다. 만약 정하지 않은 경우, 회사의 통지 또는 최고는 그 중의 1인에 대하여 하면 전원에 대하여 효력이 있다(§283 ②).

나. 사원의 제명선고청구

잘못이 있는 사원을 제명시켜 퇴사시키기 위해서는 법원에 선고를 청구하여야 한다.

구 분	내 용
1) 제명사유	① 출자의무 불이행 ② 경업 · 겸직금지 의무 위반❶ ③ 업무집행 · 대표에 관한 부정행위, 권한 없이 업무집행 · 회사대표행위 ④ 기타 중요한 사유가 있는 때
2) 결의요건	다른 사원 과반수 결의

❶ 자기거래 금지의무 위반에 대해서는 직접적으로 규정하고 있지 않다.

2) 퇴사사원의 권리와 의무(책임)

구 분		내 용
(1) 권리	1) 지분환급청구권	• 합명회사나 합자회사의 무한책임사원이 노무나 신용을 출자목적으로 한 경우에도 지분의 환급가능(§222, §269) • 유한책임회사의 퇴사사원은 금전으로만 환급가능(§287-①) • 사원의 지분 압류는 사원의 배당과 지분환급청구권에도 효력이 있음(§223) • 법원의 제명선고로 제명된 사원도 지분환급이 가능하며, 지분환급의 계산시점은 제명소송을 제기한 때(☞ 확정된 때×)이며, 그때부터 법정이자를 가산(§221)
	2) 상호변경청구권	• 퇴사사원의 이름이 상호에 포함된 경우, 회사에 대해 그 사용의 폐지청구가능(§226)
(2) 의무(책임)	2년간 책임유지	• 무한책임사원의 경우 본점소재지에서 퇴사등기를 하기 전에 생긴 회사채무에 대해 등기후 2년까지 다른 사원과 동일한 책임부담(§225 ①)

5절 유한책임회사의 채권자를 위한 보호조치와 대표소송

1. 유한책임회사의 채권자를 위한 보호조치

구 분		내 용
(1) 회사 의무	1) 자기지분양수금지	자본충실의 원칙에 따라 자기지분(☞ 자기주식 개념)을 양수할 수 없으며, 그럼에도 지분을 취득한 경우 그 지분은 소멸❶
	2) 감자시 채권자보호절차	자본금을 감소할 경우 채권자보호절차 진행❷
	3) 분배(배당)한도 제한	"순자산 − 자본금"을 초과한 금액을 배당할 수 없음
	4) 재무제표 비치 · 공시	본점에 5년, 지점에 3년간 비치 · 공시
(2) 채권자 권리	1) 재무제표 열람권	영업시간 내에 언제든지 열람과 등사(복사)청구 가능
	2) 초과분배 반환청구권	잉여금을 초과하여 분배받은 사원에 대해 반환청구 가능
	3) 초과환급 이의제기권	퇴사사원에 대한 지분환급액이 배당한도를 초과할 경우 회사에 대해 이의 제기가능❸

❶ 지분은 소멸되더라도, 정관의 필수적 기재사항인 자본금을 변경하지 않는 한 회사의 자본금은 감소하지 않는다.

❷ 다만, "감자 후의 자본금 ≥ 순자산액"인 경우 채권자보호절차를 진행하지 않아도 된다(§287-36 ②단서).

❸ 채권자가 이의를 제기할 경우, 회사는 그 채권자에 대하여 변제 또는 상당한 담보를 제공하거나 이를 목적으로 하여 상당한 재산을 신탁회사에 신탁하여야 한다(§287-30 ②전문 → §232 ③). 다만, 해당 퇴사사원에게 지분을 환급하더라도 채권자에게 손해를 끼칠 우려가 없는 경우에는 예외로 한다(§287-30 ③단서).

2. 유한책임회사의 대표소송

유한책임회사의 경우 사원이 아닌 자도 업무집행자도 될 수 있으므로, 합명회사나 합자회사와 달리, 사원의 대표소송을 인정하고 있다.

구 분	합명 · 합자	유 책	[비교] 유 한	[비교] 주 식
1) 인정여부	−	○	○	○
2) 제기권자	−	각 사원(단독)	3% 이상 소수사원	1% 이상 소수주주

PART 1 제4장 인적회사

PART 2

상법총칙과 상행위

CHAPTER 1 상법전체에 적용되는 일반원칙 : 상법총칙

CHAPTER 2 상행위에 적용되는 일반원칙과 세부내용

01 상법전체에 적용되는 일반원칙 : 상법총칙

CHAPTER

1절 상법의 기본개념

1. 법관의 판단기준과 적용우선순위

(1) 법관의 판단기준 ➡ 법원[法源]

법원[法源] (☞ 법원[法院]과는 다른 개념)이란 법의 원천이나 법의 존재 형식을 말하는데, 구체적으로 "법관이 재판을 할 때 적용하는 판단기준"이라고 이해하면 된다.

법원으로 인정되는 것	인정되지 않는 것
자치법규❶, 조약❷, 특별법령❸, 상법, 상관습법❹, 민법, 민사관습법❹	(보통거래)약관❺

❶ 대표적인 예가 "정관"이며, 상법의 강행규정에 반하지 않는 범위 내에서 법원으로 인정된다.

❷ 조약은 국가와 국가 간에 맺은 법적 구속력을 가지는 약정이다.

❸ 상법의 특별법으로서 자본시장법, 신탁법 등 다양한 특별법이 있다.

❹ 국민들의 상행위와 관련된 관행과 습관(☞ 상관습)이 규범을 넘어, 즉 법적 확신을 얻어 법의 반열(☞ 상관습 "법")에 오른 것을 말하며, "관습법"이란 상법전과 같은 성문법에 반대되는 개념이다.

❺ 많은 계약을 체결할 때 획일적인 처리를 위해 "일방적"으로 작성한 정형적인 계약을 말한다.

(2) 법원의 적용우선순위

구 분	법원의 적용순위
1) 선순위	상사법규 : 상사자치법규 → 상사특별법❶ → 상법전❷ → 상관습법❷
2) 후순위	민사법규 : 민사자치법규 → 민사특별법❶ → 민법전❷ → 민사관습법

❶ 조약을 포함한다. 또한 조약은 국내법에 대해 특별법의 위계에 있고, 특별법 우선 적용의 법칙에 따라 조약이 국내법에 우선하여 적용된다.

❷ 상법 제1조에 규정된 상사적용법규의 우선순위로서, 제1조는 "상사에 관하여 본법에 규정이 없으면 상관습법에 의하고 상관습법이 없으면 민법의 규정에 의한다"라고 하고 있다.

PART 2

제1장 상법총칙

2. 상법의 특징과 적용대상

(1) 상법의 특징

- 상법 전반에 반영되어 있는 기본적인 특징 3가지는 ① 영리성, ② 신속성 및 ③ 안정성이다.
- 2019년 공인회계사시험에는 상법의 특징과 관련하여 다음의 지문이 출제되었다.

공인회계사 시험에 출제된 상법의 특징과 관련된 지문

① 기업의 영리성 보장에 관한 각종 제도는 기업의 존속 및 강화를 위한 것이다.
② 공시제도 및 외관주의의 관철은 거래안전의 보호에 기여한다.
③ 영업양도 및 회사의 합병 · 분할에 관한 제도는 기업의 유지라는 상법이념의 구체화라고 볼 수 있다.[1]

[1] 실질적으로는 기업의 유지를 통한 거래의 안전성에 포함할 수 있다.

민법과 비교되는 상법의 주요 특징

특 징	관련 규정	상 법	[비교] 민 법
(1) 영리성	1) 법정이자 청구권	이자에 대한 약정이 없어도 이자를 청구할 수 있음	이자에 대한 약정이 없을 경우 이자를 청구할 수 없음
	2) 법정이자율	6%	5%
(2) 신속성	1) 소멸시효	원칙 5년	원칙 10년
	2) 대면청약의 효력	상대방이 즉시 승낙하지 아니하면 효력이 없음	승낙의 기간을 정하지 않은 계약의 청약은, 청약자가 상당한 기간 내에 승낙의 통지를 받지 못하면 효력이 없음
(3) 안정성	1) 대면 외 청약의 효력	상인이 상시 거래관계에 있는 자로부터, 그 영업부류에 속한 계약의 청약을 받은 때에, 지체없이 낙부의 통지를 발송하지 않으면, 승낙한 것으로 간주	승낙의 기간을 정한 계약의 청약은 청약자가 그 기간 내에 승낙의 통지를 받지 못한 때에는 그 효력이 없음
	2) 대리의 방식	대리인이 본인(☞ 위임자)을 위한 것임을 표시하지 않아도 그 행위는 본인에 대해 효력이 있음	대리인이 본인(☞ 위임자)을 위한 것임을 표시하지 않을 경우, 그 의사표시는 자기(☞ 대리인)를 위한 것으로 봄
	3) 대리권의 존속	본인이 사망해도 존속	본인 사망시 소멸

(2) 상행위를 기준으로 한 상법의 적용대상

1) 상법상 상행위에 해당하여 상법이 적용되는 경우

- 어떤 거래가 일방(☞ 상인)의 상행위에 해당하지만, 상대방에게는 상행위에 해당하지 않는 경우에도 "원칙적으로" 쌍방 모두에게 상법이 적용된다(§3).

• 다만, 다음과 같이 상행위의 여러 조문에는 쌍방이 상인일 때만 적용되는 규정이 있으므로 유의하여야 한다.

쌍방이 상인일 때만 상법이 적용되는 사항

쌍방이 상인일 때만 적용사항		내 용	
(1) 유치권[1]	1) 일반상사유치권	상황	상인인 채무자가, 채권변제기에 채무를 상환하지 않을 경우
		권리	갖고 있던 채무자의 물건 · 유가증권을 상환하지 않고 채무를 상환할 때까지 갖고 있을 수 있는(☞ 유치할 수 있는) 권리(§58)
	2) 대리상[2]의 특별 상사유치권	상황	상인인 채무자가, 채권변제기에 거래의 대리 · 중개로 인한 채무를 상환하지 않을 경우
		권리	갖고 있던 채무자의 물건·유가증권을 상환하지 않고 채무를 상환할 때까지 갖고 있을 수 있는 권리(§91)
(2) 매 매	1) 매도인의 목적물 공탁[3] · 경매권	상황	매수인이 매매목적물의 수령을 거부하거나 수령할 수 없을 때
		권리	그 물건을 공탁하거나 경매할 수 있는 권리(§67)
	2) 매수인의 목적물 검사의무와 하자 통지의무	상황	상인인 매수인이 목적물을 수령한 때
		의무	지체없이 검사하여야 하고, 하자 · 수량부족을 발견한 경우 즉시 통지를 발송(§69)
	3) 매수인의 목적물 보관 · 공탁의무	상황	목적물의 하자 · 수량부족 등으로 계약을 해제한 경우
		의무	매도인의 비용으로 그 물건을 보관하거나 공탁(§70)
	4) 확정기 매매의 해제	상황	결혼식 당일에 화환을 배달하는 것과 같이, 시기가 정해진 매매의 경우로서 한쪽이 그 기한 내에 이행하지 않은 경우
		효과	상대방이 이행을 청구하지 않는다면 그 계약을 해제한 것으로 간주(§68)

❶ 위탁매매인, 운송인, 운송주선인에게도 유치권이 인정되지만, 그 거래의 성격상 상대방이 상인이 아니어도 된다.

❷ 예를 들어 자동차 판매대리점(예 현대자동차 명동대리점)이 있다.

❸ 법령에 규정되어 있는 원인에 따라 금전, 유가증권 및 기타 물품을 국가기관인 "법원의 공탁소"에 맡기는 행위를 말한다.

공법인은 상법상 상인은 아니지만, 공법인의 상행위에 대해 해당 법령(예 한국토지주택공사법)에 다른 규정이 없는 경우에는 상법이 적용된다(§2).

상법상 상행위에 해당하여 상법이 적용되는 경우

2) 상법상 상행위에 해당하지 않더라도 상법이 적용되는 경우

영리법인의 다른 이름인 "회사"는 상행위를 하지 않더라도 상인으로 보므로(☞ 태생적 상인, §5 ②), 상행위를 하지 않더라도 상법이 적용된다. 따라서 상행위를 하는 상사회사 뿐만 아니라, 준상행위를 하는 민사회사에 대해서도 상법이 적용된다.

상법상 상행위에 해당하지 않더라도 상법이 적용되는 경우

2절 상인의 개념과 분류

1. 상인의 개념

(1) 상인이란?

당연상인	의제상인
자기명의[1]로, 상행위[2]를 하는 자를, 상인이라 한다.	① 점포 기타 유사한 설비[3]에 의하여, 상인적 방법[4]으로 영업을 하는 자는, 상행위를 하지 아니하더라도 상인으로 본다. ② 회사는 상행위를 하지 아니하더라도 전항과 같다.

❶ 의제상인에는 "자기명의"라는 표현은 없지만 생략되었다고 해석하는 것이 일반적이다.

❷ 상법 제46조의 "영업으로 하는(☞ 계속적 · 반복적) 22가지의 기본적 상행위"를 말한다.

❸ 물적 설비(예 유형자산)뿐만 아니라 인적설비(예 임직원)를 포함하는 개념이다.

❹ 영리성을 말하는 것으로서, 구체적으로 ① 영리를 목적으로 ② 해당 행위를 계속적 · 반복적으로 하는 것을 말한다. 판례에 의하면 변호사, 법무사, 농업협동조합은 다음의 자는 영리추구활동이 제한되는 점에서 상인이 될 수 없다고 하였다.

1) 자기명의

- "자기명의"란 권리와 의무의 주체가 된다는 것이며(☞ 계약서에 위탁자의 명의를 기재하지 않고 자신의 명의로 기재), 손익의 주체가 되는 "자기계산"과는 구별되는 개념이다. 따라서 상행위로 인하여 권리의무 귀속의 주체가 되는 자를 당연상인이라고 하는 것이다.

• 사업자등록상의 명의와 실제 영업상의 주체가 다른 경우 실제 영업상의 주체가 상인으로 인정된다(2007다66590).

2) 상행위

• 상행위는 ① 기본적 상행위와 ② 보조적 상행위로 분류되며, 상행위가 되기 위해서는 독립성이 충족되어야 한다.

• 따라서, 오로지 임금을 받을 목적으로(☞ 종속성) 물건을 제조하거나 노무에 종사하는 자(☞ 회사의 임직원 등)의 행위는 독립성이 충족되지 않으므로 상행위가 될 수 없다(§46).

가. 기본적 상행위

• 기본적 상행위란 "영업으로 하는" 다음의 22개의 행위를 말한다(§46).

• 이때 "영업으로 하는"이라는 표현은, 영리목적으로 상행위를 계속적이고 반복적으로 하는 것(☞ 상인적 방법)을 말한다(93다54842).

22가지의 기본적 상행위(§46)

01. 동산, 부동산, 유가증권 기타의 재산의 매매
02. 동산, 부동산, 유가증권 기타의 재산의 임대차
03. 제조, 가공 또는 수선에 관한 행위
04. 전기, 전파, 가스 또는 물의 공급에 관한 행위
05. 작업 또는 노무의 도급의 인수
06. 출판, 인쇄 또는 촬영에 관한 행위
07. 광고, 통신 또는 정보에 관한 행위
08. 수신·여신·환 기타의 금융거래
09. 공중[公衆]이 이용하는 시설에 의한 거래❶
10. 상행위의 대리의 인수❷
11. 중개에 관한 행위❸
12. 위탁매매 기타의 주선에 관한 행위❹
13. 운송의 인수❺
14. 임치의 인수❻
15. 신탁의 인수
16. 상호부금 기타 이와 유사한 행위
17. 보험
18. 광물 또는 토석의 채취에 관한 행위
19. 기계, 시설, 그 밖의 재산의 금융리스에 관한 행위❼
20. 상호·상표 등의 사용허락에 의한 영업에 관한 행위❽
21. 영업상 채권의 매입·회수 등에 관한 행위❾
22. 신용카드, 전자화폐 등을 이용한 지급결제 업무의 인수

❶ 공중접객업(제2편 제10장) ❷ 대리상(제2편 제5장) ❸ 중개업(제2편 제6장)

❹ 위탁매매업(제2편 제7장), 운송주선업(제2편 제8장) ❺ 운송업(제2편 제9장) ❻ 창고업(제2편 제11장)
❼ 금융리스업(제2편 제12장) ❽ 프랜차이즈업(제2편 제13장) ❾ 채권매입업(제2편 제14장)

나. 보조적 상행위

(가) 보조적 상행위의 상행위 의제(☞ 영행본)

보조적 상행위란 상인이 "영업을 위하여(☞ [비교] 기본적 상행위는 "영업으로 하는"임) 하는 행위"를 말하며, 보조적 상행위는 상행위로 본다(☞ 의제, §47 ①).

(나) 보조적 상행위인지 명확하지 않은 경우 상행위 추정(☞ 행영추)

- 상인의 행위는 영업을 위하여 하는 것으로 추정한다(§47 ②).
- 보조적 상행위의 추정을 번복하기 위해서는 그와 다른 반대사실(☞ 보조적 상행위가 아님)을 주장하는 자가 이를 증명할 책임이 있다(2006다54378).

(2) 상인자격의 취득시기와 상실시기

구 분	개인상인 · 공익법인❶	회사(영리법인)
1) 취득시기	① 준비행위의 성질로 보아 영업의사를 상대방이 객관적으로 인식할 수 있는 때(98다1584) ② 영업의사를 상대방이 객관적으로 인식할 수 없더라도, 행위자의 설명에 의해 상대방이 그 행위가 영업을 위한 준비행위라는 점을 인식한 때(2011다104246)	설립등기를 한 때❷
2) 상실시기	영업활동이 사실상 종료된 때❸	청산절차가 사실상 종료된 때

❶ 공익법인이란 영리법인에 반대되는 개념으로서 공익을 위해 설립된 법인을 말한다. 따라서 사법인에 반대되는 공법인과는 다른 개념이며, 사법인도 공익을 목적으로 한다면 공익법인이 될 수 있다. 예를 들어, 개인이 설립한 장학재단은 공익법인에 해당하며, 그 장학금재원을 마련하기 위하여 임대사업을 개시한 경우 상인자격이 취득되는 것이다.

❷ 개인은 개업준비행위를 한 때에 상대방의 객관적인 인식가능여부에 따라 상인자격을 취득할 수 있지만, 회사의 경우 "태생적 상인"으로서 설립등기를 한 때 상인자격을 취득하므로, 설립중인 회사의 경우에는 상인자격을 취득할 수 없다(☞ 즉, 법인은 태어나면서부터 상인이 되는 것이고, 법인은 설립등기를 하면서 태어난다).

❸ 개인상인이 사망하더라도 상속인이 영업을 계속할 수 있으므로, 개인상인의 사망은 상인자격의 상실이라고 단정할 수 없으며, 개인상인이 폐업신고를 하였다 하더라도 실질적으로 영업활동을 계속하고 있다면 상인자격이 있다.

[상인자격의 취득시기와 상실시기] 개인상인 vs 회사

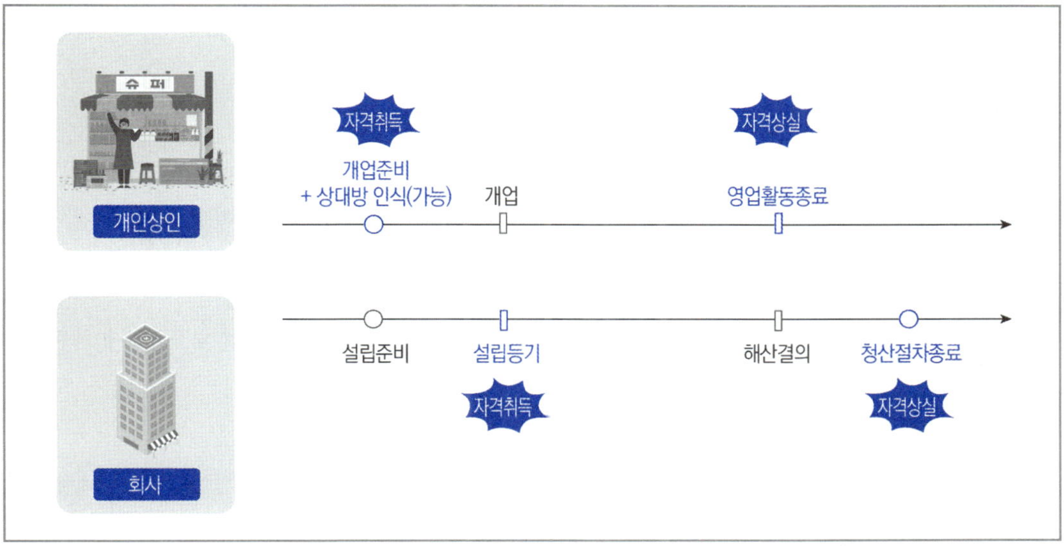

(3) 제한능력자와 법정대리인의 상인자격

1) 제한능력자와 법정대리인의 상인자격여부와 요건

영업자			상인자격여부	요 건
(1) 본 인	1) 미성년자		○	① 법정대리인의 허락❶ & ② 등기
	2) 성년자	피한정후견인	○	법정대리인의 허락이 없이도 가능❷
		피성년후견인	×	–
(2) 법 정 대 리 인	1) 미성년자		○	등기❸
	2) 성년자	피한정후견인	○	
		피성년후견인	○	

❶ 상인은 상행위를 하는 자로서 원칙적으로 상행위를 함으로써 상인자격을 취득하는 것이므로, 법정대리인의 허락을 얻었다고 하여 바로 상인자격을 취득하는 것은 아니다.

❷ 만약 가정법원에서 법정대리인(☞ 성년후견인)의 허락을 받도록 정한 경우에는 허락을 받아야 한다.

❸ 법정대리인에 대한 대리권의 제한은 등기여부와 상관없이 선의의 제3자에게 대항할 수 없다(§8 ②).

2) 제한능력자의 무한책임사원 가능여부와 요건

상법은 제한능력자가 합명회사나 합자회사의 무한책임사원이 되는 것에 대해서도 제한을 하고 있는데, 그 제한내용은 "등기요건만 제외하고" 제한능력자의 영업가능여부 및 요건과 같다.

2. 상인의 분류

(1) 상행위에 따른 분류 : 당연상인과 의제상인

(2) 규모에 따른 분류

개인상인은 자본금액(☞ 투자금액) 1천만원을 기준으로 일반상인과 소상인(☞ 1천만원 미만)으로 분류하는데, 소상인의 경우 영세성을 고려하여 상법상 다음의 규정을 따르지 않아도 된다.

소상인에게 적용되지 않는 4가지 규정(§9)

① 상호 ② 상업등기 ③ 지배인(☞ 상업사용인×) ④ 상업장부

(3) 단체성에 따른 분류

- 상인
  - 1) 개인상인
  - 2) 단체
    - ① 법인 ×
      - 일반조합
      - 합자조합
      - 익명조합
    - ② 법인 ○
      - 영리법인
        - 상사회사(상법과 담보부사채신탁법상 상행위를 하는 회사이며, 상인에 해당)
        - 민사회사(상사회사 외의 영리법인)
      - 수익사업을 하는 비영리법인

1) 합자조합

- 합자조합은 법인격을 제외하면 합자회사와 유사하다.
- 합자회사는 유한책임사원을 제외하면 합명회사와 유사하므로, 합자조합은 합자회사나 합명회사의 많은 규정을 준용하고 있다(§86①~③). 준용할 상법규정이 없거나 조합계약에 다른 규정이 없으면, 다음의 규정을 제외하고, 민법의 조합에 관한 규정을 준용한다(§86-8 ④).

합자조합에서 준용하지 않는 민법의 조합규정(§86-4 ④ 단서)

민법 규정	내 용
1) 조합원에 대한 채권자의 권리행사(민§712)	조합채권자는 그 채권발생 당시에 조합원의 손실부담의 비율을 알지 못한 때에는 각 조합원에게 균분하여 그 권리를 행사할 수 있다.
2) 무자력조합원의 채무와 타조합원의 변제책임(민§713)	조합원 중에 변제할 자력없는 자가 있는 때에는 그 변제할 수 없는 부분은 다른 조합원이 균분하여 변제할 책임이 있다.

가. 합자조합계약의 체결과 등기

- 합자조합은 ① 무한책임조합원(☞ 업무집행조합원)과 유한책임조합원이(☞ 총조합원이), ② 상호 출자하여, ③ 공동사업을 경영할 것을 ④ 약정(☞ 계약)함으로써, 그 효력이 생긴다(☞ 계약이 효력요건이며, 등기가 효력요건이 아님, §86-2).
- 합자조합계약에는 조합의 목적, 명칭, 조합원의 인적사항과 출자에 관한 사항 등이 기재되어야 한다(§86-3).
- 합자조합의 약정사항 중, 조합의 ① 목적, ② 명칭, ③ 주된 영업소의 소재지, ④ 업무집행조합원(☞ 유한책임조합원은 업무집행을 하지 않는 경우 등기×)의 성명, 주소 및 주민등록번호 등을 주된 영업소의 소재지에서 합자조합 설립 후 2주일 내에 등기하여야 한다.

[등기의 효력] 합자조합 vs 합자회사

합자조합	[비교] 합자회사
영업요건, 과태료 부과대상에서 제외(☞ 보고적 효력)	법인성립(☞ 창설적 효력)

나. 합자조합 조합원의 권리의무와 지분양도

구 분		합자조합	[비교] 합자회사
(1) 권리의무	1) 무한책임	① 각자 업무집행권❶❷ ② 출자의무(신용 · 노무○)	① 〃 (☞ 좌동, 이하 동일) ② 〃
	2) 유한책임	① 출자의무(신용 · 노무×)❸ ② 경업 · 겸직의 자유 ③ 자기거래의 제한❹	① 〃 ② 〃 ③ 자기거래의 자유
(2) 지분양도	1) 무한책임	다른 조합원 전원동의	〃
	2) 유한책임	조합계약에 따름 (☞ 조합계약에 없으면 불가)❺	무한책임사원 전원의 동의

❶ 업무집행조합원은 선량한 관리자의 주의로서 업무를 집행하여야 한다(§86-5 ②).

❷ 둘 이상의 업무집행조합원이 있는 경우에, 조합계약에 다른 정함이 없으면, 그 각 업무집행조합원의 업무집행에 관한 행위에 대하여 다른 업무집행조합원의 이의가 있는 경우에는 그 행위를 중지하고 업무집행조합원 과반수(☞ 해당 행위를 한 조합원 포함)의 결의에 따라야 한다(§86-5 ③).

❸ 유한책임조합원은 조합계약에서 정한 출자가액에서 이미 이행한 부분을 뺀 가액을 한도로 하여 조합채무를 변제할 책임이 있다(☞ 직접책임, §86-6 ①). 또한, 합자조합에 이익이 없음에도 불구하고 배당을 받은 금액은 변제책임을 정할 때에 변제책임의 한도액에 더한다(§86-6 ②).

❹ 합자회사의 유한책임사원(☞ 자기거래의 자유)과 달리, 합자조합의 유한책임조합원이 자기거래를 하려면 다른 조합원 과반수의 결의가 있어야 한다(§86-8 ③). 다만, 경업 · 겸직의 경우에는 합자회사의 유한책임사원과 동일하게 별도의 제한이 없다(§86-8 ③).

❺ 조합계약에 양도규정이 없으면 양도할 수 없다(§86-7 ②). 유한책임조합원의 지분을 양수한 자는 양도인의 조합에 대한 권리의무를 승계한다(§86-7 ③).

PART 2 제1장 상법총칙

2) 익명조합

가. 익명조합계약의 체결과 효과

익명조합이란 ① 당사자의 일방이 상대방의 영업을 위하여 출자(☞ 모두 출자×)하고, ② 상대방은 그 영업으로 인한 이익(☞ 손실×)을 분배할 것을 약정함으로써, 그 효력이 생기는 계약을 말한다(§78).

구 분	익명조합	[비교] 합자조합
1) 조합원의 구성	영업자❶, 익명조합원	업무집행조합원, 유한책임조합원
2) 조합원의 출자의무	① 영업자 ×	① 업무집행조합원 ○
	② 익명조합원 ○	② 유한책임조합원 ○
3) 조합재산의 소유자	영업자❷	공동소유
4) 익명조합원과 유한책임조합원의 제3자에 대한 책임	×❸	○❹
5) 손실발생시 처리방법 규정	×	○
6) 등기의무	×	○

❶ 상법은 익명조합의 업무집행조합원을 "영업자"라고 한다.

❷ 익명조합원이 출자한 금전, 기타 재산은 영업자의 재산으로 본다(§79). 따라서 영업자가 익명조합원이 출자한 재산을 임의로 사용하더라도 횡령죄가 성립할 수 없다.

❸ 익명조합원은 영업자의 행위에 대해 제3자에 대하여 권리의무가 없다(§80). 다만 ① 익명조합원이 자기의 성명을 영업자의 상호 중에 사용하게 하거나, ② 자기의 상호를 영업자의 상호로 사용할 것을 허락한 때에는, 그 사용 이후의 채무에 대하여 영업자와 연대하여 변제할 책임이 있다(☞ 외관에 대한 책임, §81).

❹ 약정된 출자한도 내에서 직접책임을 부담한다(§86-6 ①).

나. 손실발생시 이익배당과 손실분담

익명조합에 이익이 발생한 경우 그 이익은 약정에 따라 분배하면 되고(☞ 익명조합은 이익을 분배할 것을 약정한 것이므로 약정이 없는 경우가 없음), 손실이 발생한 경우에는 ① 약정이 있을 경우 그 약정에 따르고(§82 ③), ② 약정이 없는 경우 다음과 같이 처리하여야 한다.

약정이 없을 경우 손실발생시 익명조합원과 관련한 처리방법(§82 ①, ②)

구 분	익명조합원과 관련한 처리방법
1) 손실발생후 이익발생시 이익배당청구요건	손실을 전보한 후 이익배당청구가능
2) 손실 > 출자금의 경우, 기존의 이익분배금 반환여부	반환이나 증자의무 없음

다. 익명조합계약의 해지와 종료

(가) 익명조합계약의 해지방법과 종료원인

구 분		익명조합계약	인적회사 사원의 자의퇴사
(1) 해지방법	1) 원칙	① 6월전 예고 & ② 영업연도말 해지	① 6월전 예고 & ② 영업연도말 퇴사
	2) 예외	① 부득이한 사유 & ② 언제든지 해지	① 부득이한 사유 & ② 언제든지 퇴사 (☞ 유한책임회사 사원 제외❶)
(2) 종료원인		① 영업의 폐지 · 양도 ② 영업자의 사망❷ · 성년후견개시 ③ 영업자 · 익명조합원의 파산	

❶ 합명회사와 합자회사의 경우 무한책임사원이 있어서, 부득이한 사유가 있을 경우 언제든지 퇴사할 수 있는 권리를 인정하고 있지만, 유한책임회사의 사원(☞ 모두 유한책임사원)은 6개월전 예고로 영업연도말에만 퇴사할 수 있다.

❷ 영업자의 사망은 익명조합계약의 종료사유가 되지만(☞ 영업주체가 사망하였기 때문), 익명조합원이 사망할 경우에는 익명조합원의 지위가 상속되므로 종료사유가 되지 않는다.

(나) 조합계약 종료 후 익명조합원에 대한 출자가액의 반환

조합계약의 해지나 종료원인으로 인하여 조합계약이 종료되는 경우, 영업자는 익명조합원에게 그 출자가액을 반환하여야 한다. 만약 손실로 인하여 출자가액이 감소한 경우 그 잔액을 반환하면 된다(§85).

3절 상호, 상업등기, 상업사용인 및 상업장부

1. 상호

(1) 상호선정의 자유와 제한

원칙적으로 상인은 상호를 자유롭게 결정할 수 있다(☞ 상호선정의 자유권, §18). 따라서 상호는 영업내용 및 영업주의 실질과 일치하지 않아도 된다. 그러나, 제3자의 혼동을 방지하고, 다른 상호권자를 보호하기 위하여 다음과 같은 제한이 따른다.

상호선정 자유권의 제한내용(§19, §20, §21, §23)

적용대상	제한내용	세부내용 또는 예시
1) 개인과 회사	① 동일영업의 단일상호 사용	영업이 동일하지 않다면 다른 상호 사용가능
	② 지점의 종속관계 표시	예 하나은행 삼성동지점
	③ 주체 오인 상호의 사용금지❶	예 "원조" 프로갈비
2) 회사	회사의 종류 표시❷	예 삼성전자주식회사

❶ 누구든지 부정한 목적으로, 타인의 영업으로 오해할 수 있는 상호(☞ 등기여부와 상관없이 보호)를 사용하지 못한다(§23①). 이때 "영업"이란 ① 동종영업에 한정되지 않으며(2001다73879), ② 동일지역에도 한정되지 않는다. 만약, 부정사용자가 있는 경우 상호권자는 다음과 같이 대응할 수 있다.

주체 오인 상호사용자에 대한 대응방안(§23 ①~③)

구 분	내 용
1) 대응자	① 손해를 받을 염려가 있는 자 ② 상호등기자(☞ 동일지역에서 동일 업종으로 등기된 상호를 사용할 경우 부정으로 자동추정되어 입증책임 없음)
2) 대응방안	① 그 폐지를 청구 ② 그와는 별도로 손해배상도 청구

❷ 회사가 아니면 상호에 "회사"를 표시하는 문자를 사용할 수 없으며, 개인이 회사의 영업을 양수해도 마찬가지이다(§20).

(2) 상호의 등기

1) 상호권의 보호대상과 상호등기

구 분		내 용
(1) 상호권의 보호대상		모든 상호(☞ 미등기된 상호도 보호)
(2) 상호등기	1) 등기의무 대상자	회사는 필수❶, 개인은 선택
	2) 등기의 효력(☞ 실익)	① 동일 특별시·광역시·시·군❷에서 동종영업 상호등기 불가 ② 타인이 동일 특별시·광역시·시·군에서 동종영업 상호사용 시 부정사용으로 자동추정❸

❶ 회사의 법인등기에는 회사의 상호가 기재되기 때문이다.

❷ 따라서, 동일 특별시·광역시·시·군이 아니거나 동종영업이 아니라면 같은 상호를 등기할 수 있다. 따라서, 삼성전자가 소재하는 동일 특별시·광역시·시·군이 아니라면 삼성전자와 같은 이름으로 상호등기를 할 수도 있다.

❸ 미등기된 상호로서 타인이 동일한 상호를 사용할 경우, 그 상호소유자는 상호폐지청구를 위하여 타인의 부정사용을 입증해야 한다. 그러나 등기된 상호의 경우, 타인의 상호사용이 부정사용으로 자동추정되므로 상호등기자는 입증책임을 부담하지 않는다.

[비교] 상호선정의 자유권과 제한 vs 상호등기의 효력

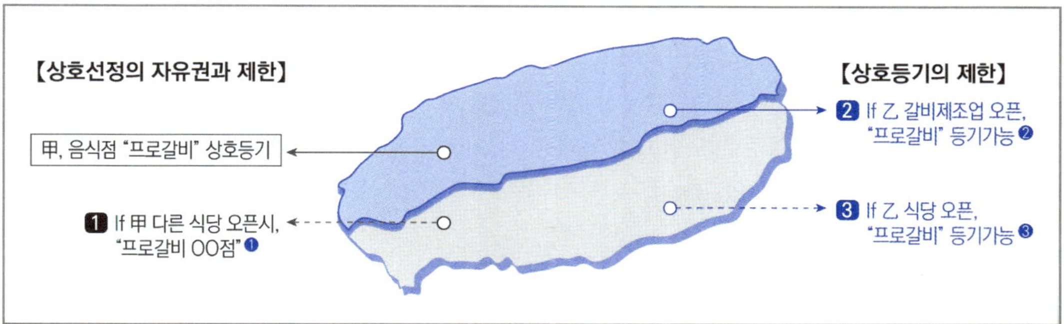

❶ 동일업종일 경우 단일상호를 사용해야 하고, 지점의 경우 종속관계를 표시해야 하기 때문이다.

❷ 동일 특별시 · 광역시 · 시 · 군에는 해당하지만, 동종영업의 등기된 상호가 아니므로, 부정목적으로 자동추정되지 않는다(§23 ④). 다만, 누구든지 부정한 목적으로 타인의 영업으로 오인할 수 있는 상호를 사용할 수 없으며(§23 ①), 이때 상호는 그 타인의 영업과 동종영업에서 사용되는 상호만을 한정하는 것은 아니다(2001다73879).

❸ 동종영업의 등기된 상호이지만, 동일 특별시·광역시·시·군에는 해당하지 않기 때문이다.

2) 회사의 상호가등기 신청권

- 상법은 회사(☞ 개인×)에 대해 상호의 본등기 전에 가[假: 임시]등기를 "신청"할 수(☞ "신청할 수" 있는 것이지 "할 수" 있는 것은 아님) 있도록 하고 있다.
- 가등기된 상호도 상호등기와 같은 효력이 있다.

가등기 신청사유		적용대상	신청등기소
(1) 설립시		유책 · 유한 · 주식	본점 소재지 관할 등기소
(2) 설립후	1) 상호 · 목적 변경	모든 회사	본점 소재지 관할 등기소
	2) 본점이전❶	모든 회사	신규본점 소재지 관할 등기소

❶ 상호등기는 동일 특별시·광역시·시·군에서만 효력이 있기 때문에 다른 특별시 등으로 이전할 경우 다시 등기를 하여야 한다.

3) 미사용 등기상호의 폐지간주와 상호 변경 · 폐지등기 불이행시 말소청구

- 상호등기자가 ① 정당한 사유없이 ② 2년간 등기된 상호를 사용하지 아니하는 때에는, 이를 폐지한 것으로 본다(☞ 추정×, §26).
- 상호등기자가 ① 등기된 상호를 변경·폐지하였음에도 ② 2주 내에 그 상호를 변경·폐지등기를 하지 않는 경우, 이해관계인은 그 등기의 말소를 청구할 수 있다(§27).

(3) 상호 관련 기타고려사항

1) 명의대여자의 제3자에 대한 책임

타인(☞ 명의차용자)에게 자기의 성명 또는 상호를 사용하여 영업을 할 것을 허락한 자(☞ 명의대여자, 상인여부 불문)는, 자기를 영업주로 오인하여 거래한 제3자(☞ 선의 · 중과실 없는 제3자)에 대하여, 그 타인과 연대하여 변제할 책임이 있다(§24).

명의대여자의 제3자에 대한 책임

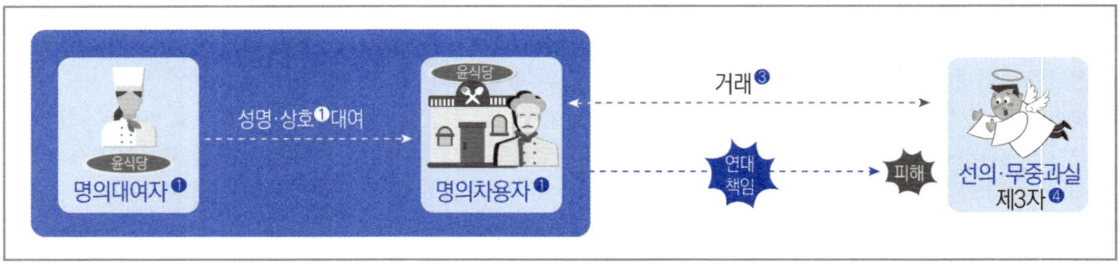

❶ 명의대여자는 상인이 아니어도 되고, 명의차용자는 "영업을 하는 자"이므로 상인이어야 하지만, 상인이 아니어도 상대방이 상인이라고 오인할 정도면 된다.

❷ 명의대여자의 상호에 지점이나 영업소 등의 명칭을 부가하는 것을 허락한 경우도 포함된다(예 대한통운(주) 신탄진영업소, 76다955).

❸ 피해자의 오인과 피해발생 간에 인과관계가 없는 명의차용자의 불법행위에 대해서는 책임을 지지 않는다(97다55621).

❹ 명의대여자가 책임을 면하기 위해서는 제3자의 악의나 중과실을 입증하여야 하는 것이지, 제3자가 선의나 중과실 없음을 입증하여야 하는 것은 아니다.

2) 상호양도의 요건과 상호양수자의 제3자에 대한 대항요건

- ① 영업과 함께 양도하거나, ② 영업을 폐지하여 양도하는 경우만, 상호양도를 인정한다.
- 상호양수자가 제3자(☞ 선의·악의 불문)에 대해 "상호를 적법하게 양수하였음"을 주장하기 위해서는 그 상호를 등기하여야 한다(☞ 상호양도의 대항요건).

제3자의 범위	[비교] 성명 · 상호 대여자의 책임 관련	상호양수자의 등기시 대항 관련
1) 선의 · 무중과실	책임 ○	대항 가능❶
2) 악의 · 중과실	책임 ×	

❶ 선의의 제3자도 상호등기를 통해 확인할 수 있으므로, 제대로 확인하지 않은 경우 보호받을 수 없는 것이다.

2. 상업등기

당사자의 신청에 의하여 등기사항을 영업소의 소재지를 관할하는 법원의 상업등기부에 기재하는 것을 "상업등기"라고 한다(§34).

(1) 상업등기의 효력

구 분		효 력
(1) 일반적 효력❶	1) 등기전	선의의 제3자에게 대항할 수 없다.
	2) 등기후	선의의 제3자에게도 대항할 수 있다. 단, 정당한 사유❷로 알지 못한 선의의 제3자에게 대항하지 못한다.
(2) 부실등기의 효력	1) 등기신청권자의 고의 · 과실❸	그 상위를 선의의 제3자에게 대항할 수 없다❹.
	2) 등기공무원의 과실	그 상위를 선의의 제3자에게도 대항할 수 있다❹.

❶ 등기의 효력은 ① 일반적 효력(☞ 보고적 효력)과 ② 특수적 효력으로 구분하기도 하는데, 특수적 효력은 다시 ㉠ 창설적 효력(예 설립등기 : 법인격 취득(창설)), ㉡ 보완적 효력(예 설립등기 후 : 주식인수의 무효나 취소 주장 불가), ㉢ 해제적 효력(예 사원의 퇴사등기 : 사원의 책임해제)으로 구분하기도 한다.

❷ "객관적 사유"(☞ 주관적 사유[예 해외여행으로 몰랐다!!] ×)를 말하는 것으로서 현실적으로 정당한 사유는 거의 없으나, 전쟁, 화재 등으로 등기부가 소실되는 경우 등에는 적용가능하다.

❸ 등기의무자(☞ 등기소×)의 고의나 과실을 말하는 것으로서, 과실에는 중과실뿐만 아니라 경과실도 포함한다.

❹ 등기소는 등기사항을 형식적으로만 심사하기 때문에 "사실상 추정력"만 인정되고 "공신력"까지는 인정되지 않는다. 그러나, 등기신청권자의 고의나 과실로 인한 부실등기의 경우에는 "공신력"을 인정하여 그 거래를 유효하게 함으로써 선의의 제3자를 보호하고 있다. 따라서, 등기소의 과실로 인한 부실등기의 경우에는 원칙대로 "사실상의 추정력"만 인정하여 선의의 제3자에게 대항할 수 있는 것이다.

(2) 상업등기의 절차

1) 당사자의 등기신청

- 등기할 사항은 당사자의 신청에 의하여 영업소(☞ 회사의 경우 본점)의 소재지를 관할하는 법원의 상업등기부에 등기한다(☞ 신청주의).
- 등기한 사항에 변경이 있거나 그 사항이 소멸한 때에는 당사자는 지체없이(☞ 2주내×) 변경 또는

소멸의 등기를 하여야 한다(§40).

• 등기사항은 의무적으로 등기해야 하는 "절대적 등기사항"과 선택에 따라 등기를 할 수 있는 "상대적 등기사항"으로 분류할 수 있는데, 대부분의 등기사항은 절대적 등기사항이며, 상대적 등기사항의 대표적인 예가 개인상인의 상호등기이다. 그러나 개인상인이 상호를 등기한 후, 그 상호가 변경된 경우에는 반드시 변경등기를 하여야 하므로, 개인상호의 등기는 상대적 등기사항이지만, 그 변경등기는 절대적 등기사항이 된다.

2) 등기소의 형식적 심사

• 현실적으로 등기소의 등기관들이 신청한 등기사항에 대해서 그 진위여부를 파악하는 것은 사실상 불가하므로, 등기관들은 제출된 서류자체를 검토하거나, 그 서류를 등기부와 대조하는 방법으로 등기신청의 적법성 여부를 심사한다(☞ 형식적 심사).

• 그래서 등기사항은 "사실상 추정력"은 있지만, 원칙적으로 "공신력"은 없다. 다만, 고의·과실로 인한 부실등기에 대해서는 제한적으로 공신력을 인정하고 있다.

3) 등기완료와 효력발생

등기가 완료됨으로써 "등기로서의" 효력이 발생한다.

3. 상업사용인

(1) 상업사용인의 분류와 의무

1) 상업사용인의 분류와 그 대리권의 범위

상업사용인의 세부내용

구 분	지배인[1]	부 · 포 · 사	판 · 점 · 사
1) 예시	본부장, 지점장, 지배인	과장, 계장, 대리	휴대폰 판매점원
2) 대리권[2]의 범위	① 영업주에 갈음하여, 그 영업에 관한, ② 재판상 · 재판외 모든 행위[3]	① 위임받은 특정한 종류 · 사항에 관한, ② 재판 외의 모든 행위	① 판매에 관한, ② 모든 권한[4]

3) 대리권의 제한[5]	가능하지만, 선의의 제3자[6]에게 대항 불가	〃 (☞ 좌동)	규정 ×
4) 상업사용인의 등기	○[7]	×	×

❶ 상인은 공동지배인(☞ 공동으로 대리권 행사)을 둘 수 있다. 이 경우 다수의 지배인들은 공동으로 대리권을 행사해야 하지만, 제3자는 공동지배인 중 1인에게만 의사표시를 해도 그 효력이 있다(§12 ①).

❷ 모든 상업사용인에 대해서는 대리권의 수여행위가 필요하다. 또한 대리권의 범위가 중요한 이유는 상업사용인과 거래한 제3자가 해당 거래의 유효성을 주장하기 위해서는 그 행위가 대리권의 범위에 포함되어야 하기 때문이다.

❸ 따라서, 지배인 외의 다른 상업사용인을 선임하거나 해임할 수도 있다(§11 ②). 예를 들어, 한 식당의 지배인은 주방장 등 다른 종업원을 채용할 수 있는 권한이 있다. 또한 지배인의 행위가 영업주의 영업에 관한 것인가의 여부는 지배인의 행위 당시의 주관적인 의사와는 관계없이 그 행위의 객관적인 성질에 따라 추상적으로 판단되어야 한다.

❹ 예를 들어, 판매점포사용인이 영업주의 허락없이 과도하게 할인하여 판매하더라도 영업주는 그 거래를 취소할 수 없다. 또한 판매점포사용인의 권한은 점포 내에서만 인정되며, 점포 외에서 어떤 행위를 한 경우 그 행위는 유효하지 않다.

❺ 대리권의 제한은 등기여부를 불문한다.

❻ 지배인에 대해 어음발급행위를 제한한 경우, 그 제3자의 범위에는 지배인으로부터 어음을 수령한 상대방뿐만 아니라, 어음을 다시 배서 · 양도받은 자도 포함된다(96다36753).

❼ 지배인의 선임과 종임(☞ 대리권의 소멸)에 관하여, 영업소재지(☞ 회사의 경우 본점)에서 등기하여야 한다(§13). 또한, 지배인으로서의 효력은 선임시에 발생하고, 등기는 제3자에 대한 대항요건에 해당할 뿐이다.

2) 상업사용인의 경업 · 겸직 금지의무

구 분		상업사용인	[비교] 주식회사의 이사
(1) 경업	1) 금지내용	영업주의 허락없이, 자기 · 제3자의 계산으로 영업주의 영업부류에 속한 거래를 할 수 없음	〃 (단, 영업주 → 회사)
	2) 승인요건	영업주의 허락	이사회의 승인[1]
	3) 위반시 대응	① 개입권[2] 행사 ② 별도로 계약해지 · 손해배상청구	〃
	4) 개입권의 소멸시효[3]	① 거래가 있은 날 ~ 1년 또는, ② 영업주가 거래를 안 날 ~ 2주	거래가 있은 날 ~ 1년
(2) 겸직	금지내용	영업주의 허락없이, "회사[4]"의 무한책임사원, 이사 또는 다른 상인의 사용인이 되지 못함	이사회의 승인없이, "동종영업의 다른 회사"의 무한책임사원이나 이사가 되지 못함

❶ 이사 과반수 출석과 출석이사 과반수 승인을 말한다.

❷ ① 자기계산인 경우 영업주의 거래로 간주하고, ② 제3자계산인 경우 상업사용인(☞ 제3자×)에게 이익의 양도를 청구할 수 있다.

❸ 물적회사의 경우 누구를 기준으로 "안 날"을 정할지가 명확하지 않기 때문에 "안 날" 기준이 적용되지 않는다. 반면에, 인적회사의 경우 상업사용인과 같이 "안 날"기준이 적용된다(§198 ④, §287-10 ②).

❹ 주식회사의 이사에 비해 겸직금지가 적용되는 회사의 범위가 더 넓다.

(2) 표현지배인과 상인의 책임

- 본점 또는 지점의 본부장, 지점장, 그밖에 지배인으로 인정될 만한 명칭을 사용하는 자는 본점 또는 지점의 지배인과 동일한 권한이 있는 것으로 본다(§14 ①본문). 다만, 재판상 행위에 관하여는 그 권한을 인정하지 않으므로 표현지배인은 재판을 대리할 수 없다(§14 ①단서).
- 표현지배인은 실제지배인과 동일한 권한이 있는 것으로 보므로, 다음과 같은 요건을 충족할 경우 영업주는 표현지배인의 행위에 관하여 선의의 제3자에게 책임을 부담한다.

표현지배인의 행위와 관련하여, 선의의 제3자에 대해, 영업주가 책임을 부담하기 위한 3가지 요건

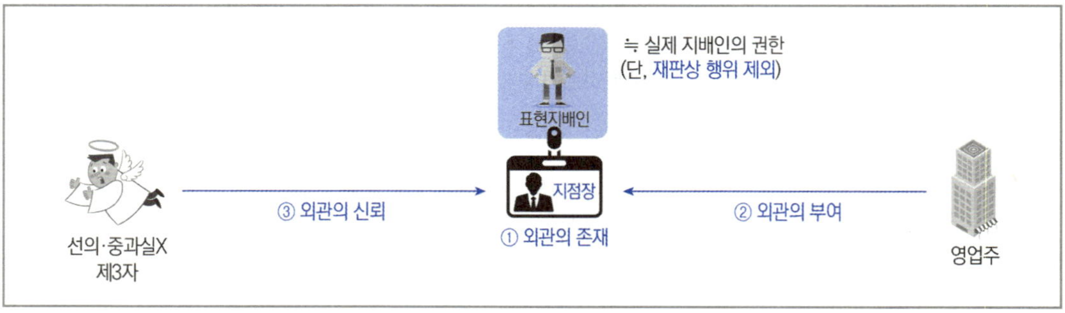

4. 상업장부

(1) 상업장부와 대차대조표 작성의무

소상인을 제외한 상인은 일반적으로 공정 · 타당한 회계관행(예 기업회계기준)에 따라 거래와 재산증감 사항을 기재한 회계장부(☞ 상업장부)를 작성하고(§29), 그 회계장부에 의하여, ① 영업을 개시한 때(☞ 회사 : 성립일)와 ② 매년 1회 이상 일정시기(☞ 회사 : 매 결산기)에 대차대조표(☞ 손익계산서×)를 작성하고, 작성자가 기명날인 또는 서명하여야 한다(§30).

(2) 상업장부와 중요영업서류의 보존의무

상업장부와 중요영업서류의 보존기간과 보존방법(§33)

구 분	상업장부와 중요영업서류	전표❶와 유사서류
1) 보존기간	폐쇄일❷ ~ 10년	폐쇄일❷ ~ 5년
2) 보존방법	원본 또는 전산자료	〃

❶ 거래와 증빙발생 → 전표작성 → 장부(☞ 계정별원장, 총계정원장)기재 → 재무제표 작성의 순으로 결산이 이루어지게 되며, 이때 전표는 거래에 대한 계정과목, 거래내용, 금액 등을 기재하도록 만든 서식이며, 분개장과 같이 혼용되어 사용되기도 한다.

❷ 결산종료일(예 정기주주총회일)을 말한다.

(3) 법원의 상업장부 제출명령

상법은 법원에게 ① 이해당사자의 신청이나 ② 직권으로 상업장부의 제출을 명령할 수 있는 권한을 부여하고 있다(§32).

4절 영업양도

영업양도와 관련 이슈

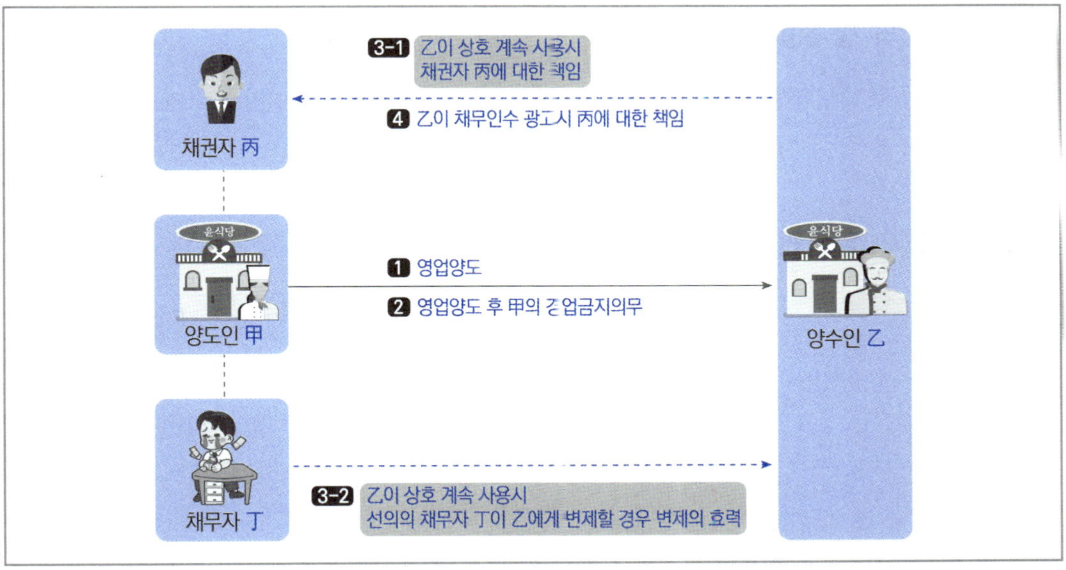

1. 영업양도의 개념

(1) 영업양도란?

- 일정한 영업목적을 위하여 조직되고 유기적 일체로 기능하는 재산의 전부 또는 중요한 일부를 총체적으로 양도하는 것을 의미한다(88다카10128). 따라서 단순히 영업용 재산만을 양도하는 것은 영업양도에 해당하지 않는다.
- 영업양도는 그 동일성을 유지하기 위하여 영업과 관련된 인적·물적시설이 양도되는 것이므로, 특약이 없는 한 고용(☞ 인적시설)도 그대로 승계되어야 한다.
- 영업을 양도하는 자는 당연히 상인이어야 하지만, 양수자는 영업양수 당시에는 상인이 아니어도 되고, 양수한 영업을 함으로써 상인이 된다.

(2) 영업양도의 승인요건

개인상인	회 사	
	인적회사	물적회사
단독결정	총사원의 동의❶	총회의 특별결의❷

❶ 상법은 물적회사와 달리 인적회사에 대해서는 중요한 영업양도에 대해 규정하고 있지 않지만, 중요한 영업을 양도하게 되면 목적사업이 변경되므로 정관을 변경하여야 하고, 정관변경은 총사원의 동의를 얻어야 한다(§204, §269, §287-18). 또한, 해산 후에 청산인이 영업을 양도할 경우 총사원 과반수의 결의가 있으면 된다(§257, §269, §287-45).

❷ 주식회사의 특별결의는 발행주식총수의 1/3 이상과 출석의결권의 2/3 이상의 동의로 하고(§434), 유한회사의 특별결의는 총사원의 1/2 이상과 총사원 의결권의 3/4 이상의 동의로 한다(§585).

(3) 영업재산의 승계방법

합병과 상속은 포괄승계가 되지만, 영업양도는 특정승계가 되므로, 개별적으로 재산이전 절차를 거쳐야 한다.

2. 영업양도후 양도인의 경업금지의무

구 분	약 정○	약 정×
1) 경업의 범위	동종업종	〃 (☞ 좌동)
2) 경업금지기간	① 원칙 : 약정에 따름 ② 예외 : 20년 초과시 20년으로 한정	10년
3) 경업금지지역	① 동일 특별시 · 광역시 · 시 · 군 ② 인접 특별시 · 광역시 · 시 · 군❶	〃 (☞ 좌동)

❶ 동일상호 등기금지는 동일 특별시·광역시·시·군에서만 제한하고 있으므로 주의하여야 한다.

3. 양수인이 상호계속사용시 양도인의 채권 · 채무자와의 관계

구 분		내 용
(1) 양수인의 채권자에 대한 책임	1) 책임의 내용	양도인의 영업으로 인한❶ 제3자의 채권에 대하여 양수인도 변제할 책임이 있음. 단, 다음 중 하나의 경우 변제책임 없음 ① 지체없이 양수인이, 양도인의 채무에 대한 책임이 없음을 등기한 경우 ② 지체없이 양도인과 양수인이, 채무자에 대하여 양도인의 채무에 대한 책임이 없음을 통지한 경우
	2) 양도인❷의 책임 소멸시효	영업양도 후 2년이 경과하면 소멸
(2) 채무자가 양수인에 대한 변제시 그 효력		선의 · 무중과실인 경우 효력○

❶ 영업으로 인한 제3자의 채권(☞ 양도자의 입장에서는 채무)이므로, 그 채권이 양도인의 불법행위로 인하여 발생하였다 하더라도, 그것이 영업활동과 관련하여 발생한 채권이라면, 양수인도 변제책임을 진다(다카12100).

❷ 양수인의 책임은 소멸되지 않는다.

【판례 1】 상호속용에서 상호는 주요부분만 공통되면 된다(88다카10128).

【판례 2】 상호를 계속사용하는 경우로서, 영업양도자의 불법행위로 인한 채무라도 그것이 영업과 관련된 것이라면, 영업양수자도 변제책임을 부담한다(다카12100).

4. 양수인이 채무인수 광고시 양도인의 처권자에 대한 책임

- 양수인이 양도인의 채무를 인수할 것을 광고(예 제가 갚아드리겠습니다!)한 경우, 양수인도 양도인의 채무를 변제할 책임이 있다.
- 양수인의 상호 계속 사용시와 마찬가지로, 양도인(☞ 양수인×)의 채권자에 대한 채무는 "광고후(☞ 상호 계속 사용시 : 영업양도 후)" 후 2년이 경과하면 소멸한다. 그러나, 양수인의 변제 책임은 소멸하지 않는다.

PART 2
제1장 상법총칙

02 CHAPTER 상행위에 적용되는 일반원칙과 세부내용

1절 상행위에 적용되는 일반원칙 : 상행위 통칙

1. 대리인 관련

구 분	내 용
1) 대리권의 존속기간	① 기간을 정한 경우 : 그 약정기간 종료일에 소멸 ② 기간을 정하지 않은 경우 : 본인이 사망하더라도 소멸하지 않음
2) 위임받지 않은 사항의 대리시 효력	• 본래 뜻에 반하지 않는다면 효력이 있음
3) 상인 본인을 표시하지 않은 행위의 효력	① 본인에 대하여 효력이 있음. 다만, 엄격한 현명주의가 적용되는 어음행위의 대리에는 효력이 없음 ② 상대방이 본인을 위한 것임을 알지 못한 때에는 대리인에 대하여도 이행의 청구를 할 수 있음

[상행위 통칙] 대리인 관련 3가지 사항

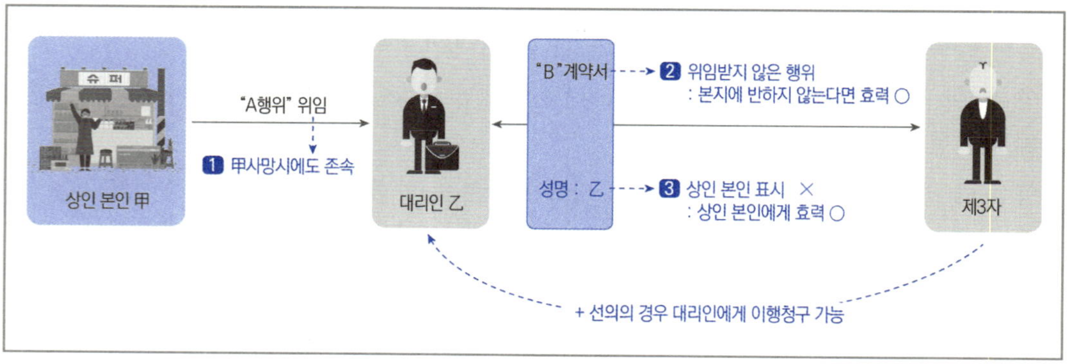

2. 계약체결 관련

(1) 청약 관련

1) 대화자간 청약시 승낙시기에 따른 효력

대화자간(☞ 대면, 전화 등 즉시 대답할 수 있는 상태)의 청약은, 상대방이 즉시 승낙하지 않으면 그 효력을 잃는다(§51).

2) 상인이 청약을 받은 경우 2가지 의무

구 분	낙부통지의무❶	견품보관의무❷
1) 상대방의 범위	상시 거래관계에 있는 자	–
2) 청약의 내용	영업부류에 속한 계약	영업부류에 속한 계약

❶ 통지를 하지 않은 경우 승낙한 것으로 본다(§53).

❷ 그 청약을 거절한 때에도 청약자의 비용으로 그 물건을 보관하여야 한다. 그러나 ① 그 물건의 가액이 보관의 비용을 상환하기에 부족하거나, ② 보관으로 인하여 손해를 받을 염려가 있는 때에는 보관하지 않아도 된다(§60).

[상인이 청약을 받은 경우 2가지 의무] 낙부통지의무(§53) vs 견품보관의무(§60)

❶ 청약자의 비용으로 그 물건을 보관하여야 하므로, 상인은 청약자에게 물건보관비용을 청구할 수 있다. 만약, ① 물건가액 < 보관비용 또는, ② 보관으로 손해를 받을 염려가 있을 경우(예 견본품이 폭발물) 보관하지 않아도 된다.

(2) 유질계약의 허용

[비교] 민 법	상 법
금지	허용❶

❶ 질권설정자(☞ 채무자 등)는 상인일 필요가 없다(§59).

3. 계약이행 관련

(1) 채무의 이행시간과 이행장소

구 분	내 용
1) 채무의 이행 · 이행청구 시간	법령이나 관습에 의하여, 영업시간이 정해져 있는 경우 그 영업시간내
2) 채권자의 지점거래의 경우로서 채무이행장소가 특정되지 않은 경우 채무의 이행장소❶	① 특정물 인도 : 그 특정물의 소재지 ② 특정물 인도 외 : 그 지점❷

❶ 채무는 이행장소에 따라 ① 지참채무(☞ 채권자의 주소지나 영업소, 즉 채무자가 지참해서 채권자를 찾아간다)와 ② 추심채무(☞ 채무자의 주소지나 영업소, 즉 채권자가 채무자를 찾아가서 가져온다)로 분류하는데, 상법은 채무이행장소가 특정되지 않은 채권자의 지점거래에 대한 채무이행장소만 규정하고 있다.

❷ 지참채무에 해당한다.

(2) 연대채무의 적용

민법은 다수의 채무자가 있을 때 특별한 의사표시(☞ 연대채무약정)가 없으면, 각 채무자는 균등한 비율로 채무를 부담한다(민§408). 그런데 상법은 연대채무나 연대보증채무의 약정이 없더라도 "상행위"에 해당할 경우, 연대채무나 연대보증채무를 부담하게 하여 채권자를 보호(☞ 채무자 등에게 부담을 주어 채무의 이행가능성을 높임)하고 있다.

연대채무의 적용내용

구 분	내 용
1) 상인이 포함된 다수채무자간 연대채무	다수의 자가 그 1인 또는 전원에게 상행위가 되는 행위로 인하여 채무를 부담하는 때에는 연대하여 변제할 책임이 있음❶
2) 주채무자 또는 보증인이 상인인 경우 채무자와 보증인간 연대채무	보증인이 있는 경우에, ① 주채무가 상행위(☞ 주채무자가 상인)이거나, ② 그 보증이 상행위(☞ 보증인이 상인, 예 서울보증보험)로 인한 것인 때에는 주채무자와 보증인은 연대하여 변제할 책임이 있음❷

❶ 따라서 연대채무가 적용되기 위해서는 다수의 채무자 중 1인 이상이 상인이면 되고, 채권자는 상인이 아니어도 된다(☞ 일방적 상행위 적용).

❷ 따라서 연대채무가 적용되기 위해서는 주채무자와 보증인 중 1인 이상이 상인이면 되고, 채권자는 상인이 아니어도 된다(☞ 일방적 상행위 적용).

연대채무의 적용내용

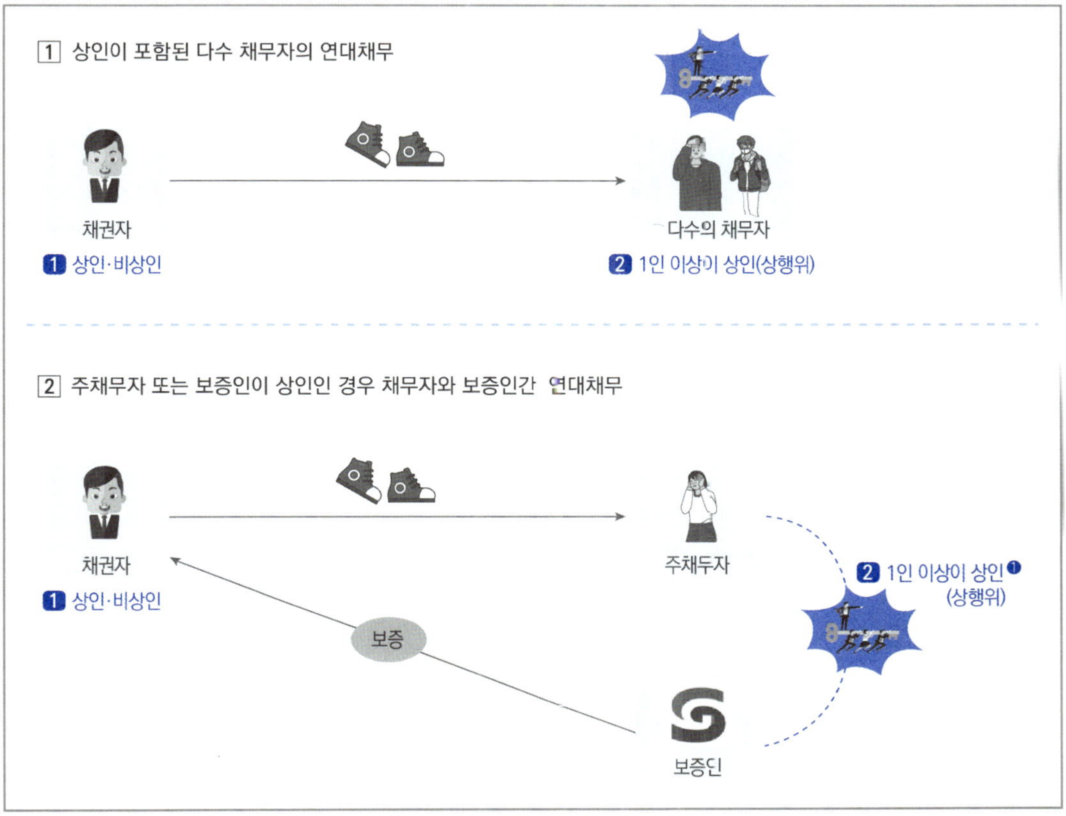

❶ 주채무자나 보증인 중 1인 이상이 상인(또는 상행위)이라는 것은 ① 주채무자의 채무가 상행위로 발생하였거나, ② 보증인이 상행위로서 보증을 한 것을 말한다.

> 【판 례】 조합원 전원을 위하여 상행위가 되는 행위로 인하여 조합채무를 부담하게 된 경우, 조합원들은 연대책임을 진다(2016다39897).

(3) 상사유치권

- 채무자가 채무를 이행하지 않을 경우, 채무를 이행할 때까지 채무자를 위하여 갖고 있던 물건·유가증권을 반환하지 않고 유치[留置 : 남의 물건을 맡아 둠]할 수 있는 권리를 "유치권"이라고 한다.
- 상법의 유치권은 민법의 유치권(☞ 민사유치권)과는 다소 다르기 때문에 "상사유치권"이라고 하고, 상사유치권은 다시 일반 상인에게 적용되는 "일반상사유치권"과, 대리상, 위탁매매인, 운송주선인, 물건운송인 각각에게만 적용되는 "특별상사유치권"으로 구분할 수 있다.

유치권의 분류

- 유치권
  - 민사유치권(민법)
  - 상사유치권(상법)
    - 일반상사유치권(일반상인)
    - 특별상사유치권(4가지 : 대리상, 위탁매매인, 운송인, 운송주선인)

1) 일반상사유치권

① 상인간의 ② 상행위로 인한 채권이 변제기에 있는 때에는, 채권자는 변제를 받을 때까지, ③ 그 채무자에 대한 상행위로 인하여 자기(☞ 채권자)가 점유하고 있는, ④ 채무자소유의 물건 또는 유가증권을 유치할 수 있다(§58 본문). 다만, 당사자 간의 약정으로 유치권의 적용을 배제할 수도 있다(§58 단서).

일반상사유치권[1]의 4가지 요건

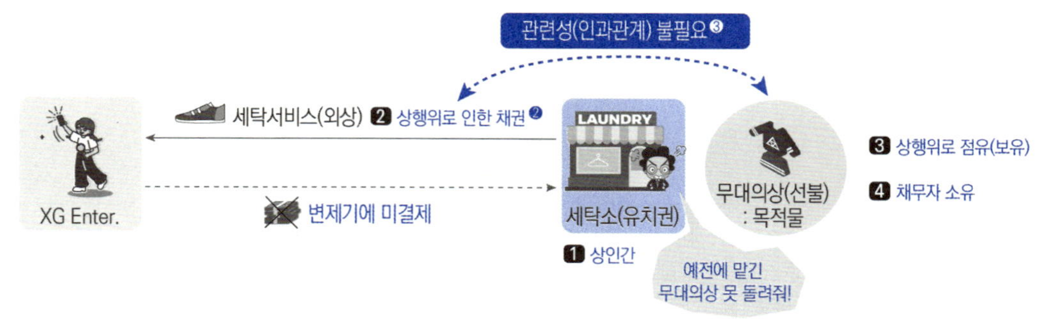

❶ 채무자 소유의 부동산에 관하여 이미 선행저당권(예 은행의 근저당권)이 설정되어 있는 상태에서 상사유치권이 성립한 경우, 상사유치권자는 채무자 및 그 이후 채무자로부터 부동산을 양수하거나 제한물권(☞ 전세권과 같이 소유권에 비해 그 권리가 제한되는 물권)을 설정받는 자에 대해서는 대항할 수 있지만, 선행저당권자 또는 선행저당권자에 기한 임의경매절차에서 부동산을 취득한 매수인에 대한 관계에서는 상사유치권으로 대항할 수 없다(2010다57350).

❷ 피담보채권이라고 하며, 위 그림의 경우 피담보채권은 신발세탁으로 인한 채권으로서 상행위에 해당한다.

❸ 따라서 상사유치권의 목적물(☞ 대상)이 "무대의상"이어도 되고 "신발"이어도 된다. 이것이 민사유치권과 가장 큰 차이로서 민사유치권의 경우 피담보채권과 목적물 간에 관련성(☞ 견련성, 인과관계)이 필요하다. 위 그림의 경우 민사유치권이 성립하려면 목적물이 "무대의상"이 아니라 "신발"이어야 한다.

2) 특별상사유치권

- 상법은 ① 대리상(예 현대자동차 대리점), ② 위탁매매인(예 중고명품 위탁판매업자), ③ 운송주선인(예 용달콜업자) 및 ④ 물건운송인(예 용달화물업자)에 대해서는, 그 업종의 특성상 일반상사유치권의 요건을

완화하여, 각각의 유치권을 규정하고 있다.

- 다만, 위탁매매인은 대리상의 유치권 규정을, 물건운송인은 운송주선인의 유치권 규정을 준용하고 있는데 실제 적용은 다소 차이가 있다.

[유치권의 성립요건] 일반상사유치권 vs 특별상사유치권

유치권 성립요건	일반상사 유치권	특별상사유치권		
		대리상	위탁매매인	운송주선인, 물건운송인
1) 당사자	상인간	상인간❶	–	–
2) 피담보채권의 발생원인	상행위	판매수수료	위탁수수료	운송보수, 체당금, 선대금❷
3) 목적물의 점유원인	상행위	–	–	운송목적물❸
4) 목적물의 소유권	채무자	–	–	–
5) 목적물과 피담보채권의 관련성	–	–	–	○(운송목적물)

❶ 대리상은 다른 상인을 보조하는 상인이므로, 거래구조상 쌍방이 상인일 수 밖에 없다.

❷ 운송주선인은 운송물에 관하여 받을 보수, 운임, 기타 위탁자를 위한 체당금(☞ 대신 지불한 금액)이나 선대금(☞ 선급금)에 관하여서만 그 운송물을 유치할 수 있다(§120).

❸ 목적물과 채권 간에 관련성(☞ 견련성, 인과관계)이 필요하다.

(4) 상사소멸시효

[채권의 소멸시효] 민법 vs 상법

[비교] 민법	상 법
10년	① 원칙 : 5년 ② 예외 : 다른 법령에 더 짧은 시효의 규정이 있는 경우 그 규정을 따름

[예시] 상행위로 인한 채권 vs 상행위 외의 채권

상행위로 인한 채권	상행위 외의 채권
• 보조적 상행위(예 개업자금을 빌리는 행위) • 상행위로 인한 채무불이행 관련 손해배상책임 • 상행위의 계약해제로 인한 원상회복청구권 • 상사채무가 보증채무인 경우 등	• 상행위와 관련없는 불법행위(예 교통사고)로 인한 손해배상청구권 등

4. 기타 상행위 관련

(1) 상인의 기타 권리와 책임

구 분	내 용
1) 법정이자청구권	① 대여자가 상인으로서 영업에 관하여 대여한 것이라면, 이자의 약정이 없어도 6%(☞ 민법 : 5%)의 법정이자를 청구할 수 있음 ② 상인이 그 영업범위 내에서 타인을 위하여 비용을 지불하였다면(☞ 체당금), 이자에 대한 약정이 없더라도 그 지불한(☞ 체당한) 날 이후부터 법정이자를 청구할 수 있음
2) 보수청구권	상인이 ① 그 영업범위 내에서 ② 타인을 위하여 행위를 한 때
3) 무상임치물에 대한 책임	"선량한 관리자의 주의"를 하여야 함❶

❶ 민법은 대가 없이 타인의 물건을 보관하는 경우(☞ 무상임치물) 자기재산과 동일한 주의로 보관하도록 요구하고 있다(민§695).

(2) 준용규정

구 분	내 용
1) 준[準]상행위	의제상인의 준상행위에 대해서도 상법상 상행위 규정을 준용
2) 유가증권	금전의 지급청구권, 물건 또는 유가증권의 인도청구권, 및 사원의 지위를 표시하는 유가증권❶에 대하여는 다른 법률에 특별한 규정이 없으면 민법과 어음법을 준용

❶ 유가증권으로서 그 권리의 발생 · 변경 · 소멸을 전자등록하는 데에 적합한 유가증권은 주식과 관련한 전자등록기관의 전자등록부에 등록하여 발행할 수 있다(§66 ②).

2절 상사매매와 상호계산

1. 상인간의 매매(상사매매)

상법은 상인간의 매매에 있어서 ① 매도인을 보호하거나, ② 거래의 신속한 종결을 위한 규정을 두고 있다.

상사매매규정의 개요

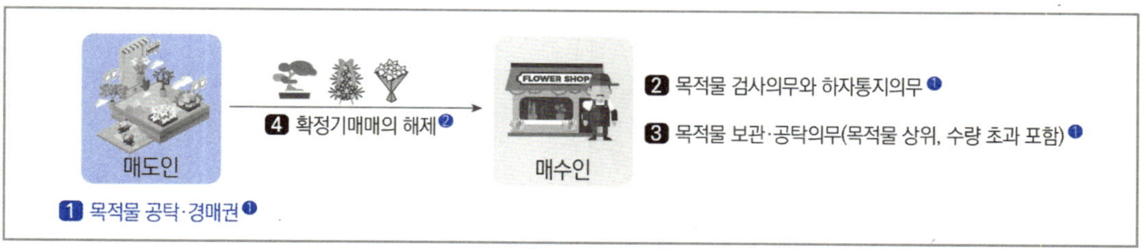

❶ 상거래를 신속하게 종결하도록 하기 위한 규정이면서, 주로 매도인을 보호하기 위한 규정이다.

❷ 이행시기를 경과한 계약을 무효화하여 거래의 신속한 종결을 위한 규정이다.

(1) 매도인 ➡ 목적물 공탁 · 경매권

[비교] 민 법	상 법
목적물이 공탁에 적당하지 않거나 멸실·훼손의 염려가 있는 경우에만 법원의 허가를 얻어 경매가능(민§490)	거래의 신속성을 위해 매도인이 공탁권과 경매권 중에 선택(§67)

매수인이 목적물의 수령을 거부하거나 수령할 수 없을 경우

구 분	공탁권	경매권
1) 요건	지체없이 매수인에 통지[1]발송	① 상당한 기간을 정하여 최고[2] & ② 지체없이 매수인에 통지[1]발송
2) 경매시 최고의 생략		① 최고를 할 수 없거나, ② 목적물의 멸실 또는 훼손 염려
3) 경매대금의 처리		① 경매비용 공제 후 잔액 공탁 ② 단, 그 잔액에서 매매대금 충당 가능[3]

❶ ① 공탁권의 통지는 공탁되었다는 사실에 대한 통지를, ② 경매권에 대한 통지는 경매진행에 대한 통지를 말하므로, 통지의무는 동일하나, 통지의 내용은 달라진다.

❷ 상대방에게 일정한 행위를 하도록 독촉하는 통지를 말한다. 따라서 목적물을 수령하지 않으면 경매할 것이라는 내용의, 매도인의 매수인에 대한 독촉장으로 이해하면 된다.

❸ 매도인이 그 목적물을 경매한 때에는 그 대금에서 경매비용을 공제한 잔액을 공탁하여야 한다. 그러나 그 전부나 일부를 매매대금에 충당할 수 있다(§67 ③). 결국, 공탁되는 금액은 (경매대금 – 경매비용 – 매매대금)이 될 것이다.

(2) 매수인 ➡ 목적물 수령시 검사의무와 반환사유 발생시 보관 · 공탁의무

1) 목적물 수령시 검사의무와 하자통지의무

매수인의 의무[1][2]			내 용
(1) 목적물 검사의무	1) 검사시기		수령후 지체없이
	2) 검사대상		① 하자, ② 수량부족
(2) 하자통지의무[3]	1) 통지시기	일반하자	즉시[4]
		즉시 발견불가 하자	6월 내
	2) 미통지시의 불이익(☞ 효과)		다음의 3가지 권리행사 불가 ① 계약해제 ② 대금감액 ③ 손해배상청구[5]

❶ 향후의 분쟁소지를 미연에 방지하기 위하여 목적물 검사의무와 하자통지의무를 부과하고 있다.

PART 2 제2장 상행위

❷ 매도인이 악의인 경우(☞ 하자나 수량부족을 알고 있었던 경우) 검사나 하자통지의 실익이 없으므로, 매수인은 목적물 검사의무나 하자통지의무를 부담하지 않는다(§69 ②).

❸ 수량부족을 포함한다.

❹ 시간이 많이 지체될 경우, "매도인"이 하자를 즉각적으로 확인하기 어렵게 되고, 계약해제시 전매도 쉽지 않게 되어, 하자를 신속하게 처리하는 데 문제가 되기 때문이다.

❺ 매도인의 하자담보책임을 말하며, 매수인이 하자를 발견하였음에도 통지를 하지 않은 경우, 매도인에게 하자담보책임을 물을 수 없을 뿐이지, 통지의무불이행으로 인한 추가적인 책임을 부담하는 것은 아니다.

【판례1】 "대체할 수 없는 주문제작물건"의 경우 도급의 성질을 강하게 띠고 있어서 매수인은 검사의무와 하자통지의무를 부담하지 않는다(86다카2446).

【판례2】 매수인의 목적물의 검사와 하자통지의무를 규정하고 있는 상법 제69조는 임의규정으로 보아야 할 것이고 따라서 당사자 간의 약정에 의하여 이와 달리 정할 수 있다(2004다27150).

2) 반환사유발생시 보관 · 공탁의무

구 분	관련 내용
1) 보관 · 공탁의무의 발생사유	① 하자나 수량부족으로 계약을 해제하는 경우(§70) ② 수령한 목적물이 계약한 목적물과 다른 경우(§71) ③ 수령한 목적물의 수량이 계약수량을 초과한 경우(§71)
2) 보관 · 공탁의무가 없는 경우	목적물의 인도장소가 매도인의 영업소 또는 주소와 동일한 특별시 · 광역시 · 시 · 군에 있는 때❶
3) 보관 · 공탁비용의 부담	매도인(☞ 원인제공자)
4) 멸실 · 훼손의 염려가 있는 경우	① 법원의 허가를 얻어 경매 후❷ ② 그 대가를 보관 · 공탁

❶ 목적물의 인도장소가 매도인의 영업소 또는 주소와 동일한 특별시 · 광역시 · 시 · 군에 있는 때에는, 매도인이 즉시 회수해 갈 수 있으므로 매수인은 보관 · 공탁 · 경매의무를 부담하지 않는다(§70 ③).

❷ 매수인의 경매의무는 "법원의 허가"를 필요로 한다는 점에서, 매수인이 목적물의 수령을 거부하거나 수령할 수 없을 때 발생하는 매도인의 경매권(☞ 상당한 기간 동안 최고할 의무만 있음)과는 차이가 있다. 따라서, 매수인과 매도인의 경매권을 비교하면 다음과 같다.

구 분	매수인의 경매권	[비교] 매도인의 경매권
1) 경매요건	① 목적물의 멸실 · 훼손 우려 ② 법원의 허가	–
2) 경매대가의 처리	보관 또는 공탁	공탁만

(3) 이행시기를 경과한 확정기매매의 해제

• 상인 간에 ① 매매의 성질 또는 ② 당사자의 의사표시에 의하여, ① 일정한 일시 또는 ② 일정한 기간 내에 이행하지 않으면 계약의 목적을 달성할 수 없는 매매를 "확정기매매"라고 한다.

• 확정기매매에서 일방이 그 이행시기를 경과한 때에는, 상대방이 즉시 그 이행을 청구하지 않으면, 그 계약을 해제한 것으로 본다(☞ 추정×, §68).

2. 상호계산

상호간의 빈번한 결제를 간편하게 하기 위해, ① 상인 간 또는 상인과 비상인간에, ② 상시 거래관계가 있는 경우에, ③ 일정한 기간의 거래로 인한 채권채무의 총액에 관하여 상계하고, ④ 그 잔액을 지급할 것을 약정하는 계약을 "상호계산"이라고 한다.

상호계산의 세부내용

구 분	내 용
1) 당사자	① 상인 간 또는, ② 상인과 비상인간
2) 상호계산대상	① 일정한 기간의 거래❶로 인한 채권채무 총액❷ ② 상계가 가능한 금전채권채무만 해당
3) 상호계산기간	① 약정이 있는 경우 : 그 약정기간 ② 약정이 없는 경우 : 6개월
4) 계산서의 승인효과	① 각 항목을 기재한 계산서를 승인한 경우 이의 제기 불가 ② 단, 착오나 탈루가 있을 때에는 이의 제기 가능
5) 잔액채권의 법정이자	① 이자 약정이 없더라도 폐쇄일 이후의 법정이자 청구가능 ② 별도로 각 항목을 계산에 계입한 날로부터 이자를 붙이는 약정도 가능
6) 상호계산의 해지	① 각 당사자는 언제든지 해지가능 ② 해지시 즉시 계산을 폐쇄하고 잔액의 지급 청구가능

❶ 일정한 기간의 거래로 보기 힘든 불법행위나 사무관리(☞ 법률상, 계약상 의무가 없는데도 타인의 사무를 처리해 주는 행위)로 인한 채권채무는 포함되지 않는다.

❷ 원칙적으로 상호계산의 대상이 되는 각 채권과 채무는 임의로 제거(☞ 제외)할 수 없다(☞ 상호불가분의 원칙). 그러나, 어음 기타의 상업증권으로 인한 채권채무를 상호계산에 계입(☞ 상호계산에 들어간다[입:入]는 의미)한 경우에(☞ 즉, 어음상의 채권채무도 계입가능), 그 증권채무자(☞ 어음발행자)가 변제하지 아니한 때에는 당사자는 그 어음채무를 상호계산에서 제거할 수 있다(☞ 상호불가분 원칙의 예외, §73).

3절 업종별 상행위

상행위 편에서는 대리상을 포함하여 10개의 업종에 대해서 별도로 규정하고 있다.

1. 대리상, 중개업, 위탁매매업

구 분	개 념
1) 대 리 상	① 일정한 상인을 위하여❶, ② 상업사용인이 아니면서, ③ 상시 그 영업부류에 속하는 거래의 대리(☞ 체약대리상) 또는 중개(☞ 영업대리상)를 영업으로 하는 자❷❸
2) 중 개 인	타인 간의 상행위의 중개를 영업으로 하는 자
3) 위탁매매인	① 자기명의로써 ② 타인의 계산으로 ③ 물건 또는 유가증권의 매매를 영업으로 하는 자

❶ 대리상도 중개를 영업으로 하는 자이지만, 중개인과 달리 일정한 상인만을 위해서 대리나 중개를 한다는 점에서 차이가 있다.

❷ 대리상은 ① 체약대리상과 ② 중개대리상으로 분류되며, ① 체약대리상은 계약체결대리권을 가지고 있어서 상인인 본인의 명의와 계산으로 계약까지 체결할 수 있는 대리상을 말하고, ② 중개대리상은 계약체결대리권을 가지고 있지 않기 때문에 계약까지 체결할 수는 없고 거래의 중개만을 하는 대리상을 말한다(☞ 체약대리상의 권한 > 중개대리상의 권한). 따라서, 체약대리상이 계약을 체결할 때에는 체약대리상과 거래상대방만 있으면 되지만, 중개대리상이 계약을 체결할 때에는 본인이 계약체결에 참여해야 한다. 다만, 상법의 대리상 규정은 이 둘을 구분하지 않고 모든 대리상을 대상으로 하고 있다.

❸ 결혼중개업자나 부동산중개업자도 중개를 영업으로 하지만, 상인간의 상행위의 중개가 아니므로 상법상 대리상에는 해당되지 않는다(☞ 민사대리상에 해당). 다만, 기본적 상행위를 열거하고 있는 제46조 제11호에는 "중개에 관한 행위"를 규정하고 있으므로, 결혼중개업자나 부동산중개업자는 상법상의 대리상은 아니지만, 당연상인에는 해당된다.

❹ 위탁매매업자는 자기명의(☞ 자기계산×)로 매매계약을 체결하므로 계약의 당사자로서 책임을 져야 한다.

대리상 vs 중개인 vs 위탁매매인

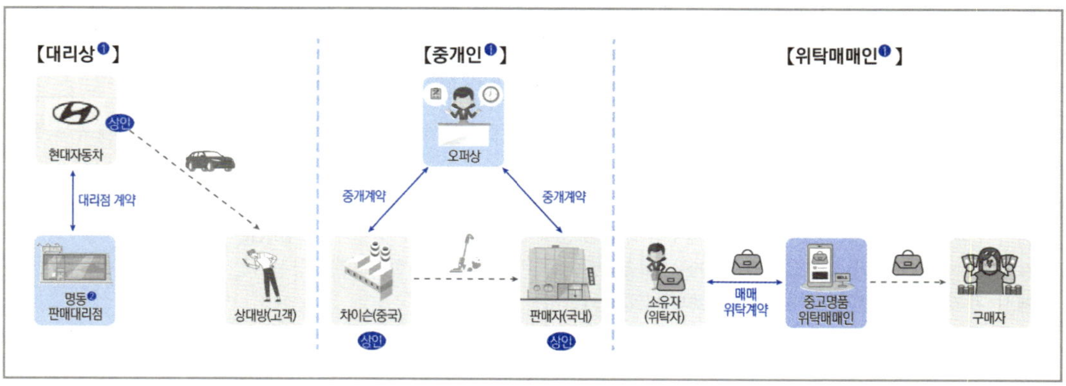

❶ 대리상, 중개인 및 위탁매매인은 중간자의 역할을 한다는 점에서 공통점이 있다. 그러나, ① 대리상은 상인만을 대리 또는 중개하고, 중개인은 상인 간의 상행위를 중개한다는 점에서, 상인뿐만 아니라 비상인과도 위탁계약을 체결

할 수 있는 위탁매매인과는 구별된다. 또한, ② 대리상은 특정 상인만을 위해 일하지만, 중개인은 다수의 불특정 상인을 대상으로 한다는 점에서 차이가 있다.

❷ 대리상은 상업사용인은 아니지만, 일정한 상인만을 위해 대리 또는 중개를 하므로, 실질적으로 상하관계가 성립하는 경우가 많다. 그래서 상법은 상업사용인과 마찬가지로 대리상에게도 ① 경업 · 겸직금지의무를 부과하고 있다. 대신에 아래와 같이 ② 일반상사유치권을 완화한 특별상사유치권을 인정해 준다.

특별상사유치권의 적용여부와 그 내용

구 분	대리상	중개인	위탁매매인
1) 적용여부	○❶	–	○❶
2) 그 내용	• 거래의 대리 또는 중개로 인한 채권이 변제기에 있는 때에는 그 변제를 받을 때까지, • 본인을 위하여 점유하는 물건 또는 유가증권❷을 유치할 수 있다.	–	대리상의 유치권 준용

❶ 당사자 간의 약정으로 유치권을 행사할 수 없도록 할 수도 있다.

❷ 본인을 위하여 점유하는 물건 또는 유가증권이 "상행위로 인하여 발생하지 않아도" 되고(☞ 관련성(인과관계) 불필요), 본인의 소유가 아니어도 된다.

(1) 대리상의 세부내용

1) 대리상의 3가지 의무

의 무	내 용
1) 거래통지의무	대리 · 중개거래 발생시 지체없이 본인에게 통지 발송
2) 경업 · 겸직금지의무	본인의 허락없이 ① 본인의 영업부류에 속한 거래를 할 수 없음❶ ② 동종영업을 목적으로 하는 회사의 무한책임사원 또는 이사가 될 수 없음
3) 영업비밀준수의무	계약의 종료후에도 본인의 영업상의 비밀준수

❶ 대리상이 경업금지의무를 위반할 경우 상인 본인은 개입권을 행사할 수 있다(§89 ②).

2) 대리상의 3가지 권리

권 리	내 용
1) 하자통지수령권	매매 목적물의 하자 · 수량부족 · 기타 매매의 이행에 관한 통지를 받을 권한
2) 특별상사유치권	본인을 위하여 점유하는 물건 · 유가증권을 유치
3) 계약종료후의 보상청구권❶	대리상의 활동으로 다음 중 1가지에 해당되는 경우 본인에 대해 상당한 보상청구❷가능 단, 대리상의 책임으로 계약이 종료된 경우에는 청구불가 ① 새로운 고객을 획득하여 계약 종료후에도 본인이 이익을 얻고 있는 경우❸ ② 영업상의 거래가 현저하게 증가하여 계약 종료후에도 본인이 이익을 얻고 있는 경우❹

❶ 계약이 종료한 날로부터 6월이 경과하면 보상청구권(≠ 토수청구권)은 소멸한다(§92-2 ③). 따라서 대리상은 계약종료일부터 6개월 내에 보상청구권을 행사하여야 한다.

PART 2 제2장 상행위

❷ 보상금액은 계약 종료전 5년간(☞ 계약이 5년 미만인 경우 그 전체기간)의 평균연보수액을 초과할 수 없다(§92-2 ②).

❸ 새로운 고객창출에 기여하였으므로, 보상을 청구할 권리가 있는 것이다.

❹ 기존 거래처와의 현저한 거래 증가에 기여하였으므로, 보상을 청구할 권리가 있는 것이다.

3) 계약의 해지

약정이 있는 경우	약정이 없는 경우
① 원칙 : 그 약정에 따름 ② 예외 : 부득이한 사정이 있는 경우 언제든지	① 원칙 : 2월전 예고 ② 예외 : 부득이한 사정이 있는 경우 언제든지

(2) 중개업의 세부내용

1) 중개인의 의무

가. 일반적인 2가지 의무

의 무	내 용	
(1) 결약서[1] 교부의무[2]	1) 4가지 기재사항	① 각 당사자의 성명 또는 상호 ② 계약연월일 ③ 계약의 요령[3] ④ 중개인의 기명날인 또는 서명
	2) 교부시기	당사자 간에 계약이 성립된 때 지체없이
	3) 교부후 추가절차[4]	① 각 당사자에게 결약서에 기명날인(서명) 요청[5] ② 각 당사자가 날인한 결약서를 각 상대방에게 교부
(2) 중개장부 작성의무	1) 기재사항	결약서의 4가지 기재사항
	2) 당사자의 등본교부 청구권	당사자는 언제든지, 자기를 위하여 중개한 행위에 관한 장부의 등본의 교부 청구가능

❶ 결약서[結約書 : 계약을 마무리 하는 서류]는 "당사자 간에 계약이 성립된 때, 중개인이 지체없이 각 당사자의 성명 또는 상호, 계약연월일과 그 요령을 기재하고, 중개인이 기명날인(또는 서명)을 한 서면"을 말한다(§96 ①).

❷ 결약서를 교부하였을 때 중개인은 보수를 청구할 수 있으므로, 중개인의 결약서 교부의무는 중요하다.

❸ 요령은 요약이라는 의미인데, 그 목적물, 이행시기 등 계약의 주요사항을 요약하여 정리한 것으로 이해하면 된다.

❹ 당사자가 즉시 이행을 해야 하는 경우에는, 거래의 신속성을 고려하여 각 당사자에게 기명날인 요청과 교부를 하지 않아도 된다(§96 ②).

❺ 계약체결에도 불구하고 당사자의 일방이 결약서의 수령이나 기명날인을 거부할 경우, 지체없이 상대방에게 그 통지를 발송하여야 한다(§96 ③).

나. 2가지 상황별 의무

2가지 상황	각 의무	내 용
1) 중개한 행위에 관하여 견품을 받은 경우	견품보관의무	중개행위가 완료될 때까지 보관❶
2) 당사자가 성명 · 상호를 상대방에게 표시하지 않을 것을 요구한 경우	성명 · 상호 묵비의무	결약서와 중개장부에 기재 불가❷

❶ 당사자 간에 물건의 하자 등에 관한 분쟁이 발생할 가능성이 없을 때(☞ 계약의 이행시까지×)까지를 말한다.

❷ ① 당사자가 익명을 요구한 경우뿐만 아니라, ② 중개인이 임의로 당사자 일방의 성명·상호를 상대방에게 표시하지 않은 경우, 상대방은 그 중개인에 대하여 이행을 청구(☞ 중개인이 계약의 당사자×)할 수 있는데, 이것을 중개인의 이행책임이라고 한다(§99).

2) 중개인의 2가지 권리

권 리	내 용	
1) 보수청구권	① 청구요건	결약서(☞ 계약이행×, 중개장부×) 교부의무절차 종료시
	② 당사자의 중개수수료 분담기준	당사자 쌍방이 균분하여 부담
2) 급여❶ 수령대리권	① 약정 · 관습이 있는 경우	당사자를 위하여 대리수령 가능
	② 약정 · 관습이 없는 경우	당사자를 위하여 대리수령 불가

❶ 월급과 같은 급여를 의미하는 것이 아니라, 당사자로부터 받은 매매대가 등을 말한다.

PART 2

제2장 상행위

(3) 위탁매매업의 세부내용

- 위탁자와 위탁매매인간의 관계는 상법에서 별도로 정한 규정을 제외하고는 민법의 위임규정이 적용된다(§112).
- 준[準]위탁매매인에게도 상법의 위탁매매업 규정이 적용된다(§113).

1) 위탁매매인의 위탁자와 상대방과의 관계

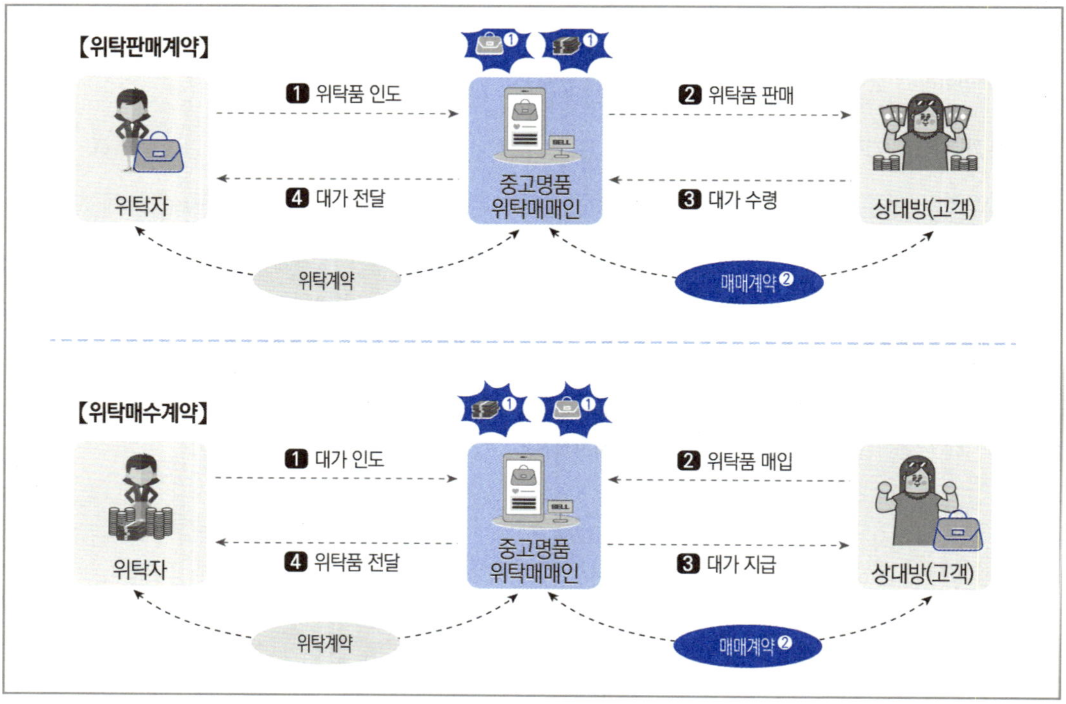

❶ 위탁자로부터 받은 물건, 유가증권이나, 위탁매매로 취득한 물건, 유가증권, 또는 채권은 위탁자와 위탁매매인과의 관계뿐만 아니라, 위탁자와 위탁매매인의 채권자의 관계에서도, 위탁자의 소유 또는 채권으로 본다(§103). 따라서, 위탁매매인은 위탁물이나 위탁매매로 인한 수령물을 임의로 처분할 수 없다.

❷ 위탁매매인은 "자기명의"로써 타인의 계산으로 물건 또는 유가증권의 매매를 영업으로 하는 자이므로(§101), 매매계약으로 인하여 상대방(고객)에 대하여 직접 권리를 취득하고 의무를 부담한다(§102). 따라서 외상거래시 상대방에게 직접 매매대금을 청구할 수 있고, 위탁판매물건에 하자가 있을 경우, 상대방에 대하여 직접 하자담보책임을 진다. 즉, 상대방의 입장에서는 그 물건 등이 위탁매매인의 위탁물이든 소유물이든 차이가 없다.

2) 위탁매매인의 위탁자에 대한 4가지 의무

의 무	내 용
1) 하자통지의무 (☞ 목적물 수령시)	목적물 수령후 다음 중 하나에 해당하는 경우 지체없이 통지발송❶ ① 훼손 또는 하자 발견 ② 부패 염려 ③ 가격하락의 상황 발생
2) 지정가액준수의무 (☞ 목적물 매매시)	① 저가(☞ 염가)매도 · 고가매수(☞ 위탁자의 손해발생) ㉠ 위탁계약의 내용과 다르므로, 그 매매는 위탁자에 대한 효력×❷ ㉡ 위탁매수인이 차액을 부담한 경우 : 위탁자에 대한 효력○ ② 고가매도 · 저가매수(☞ 위탁자의 이익발생) ㉠ 그 차액은 위탁자의 이익으로 함 ㉡ 다른 약정이 있는 경우 : 그 약정에 따름
3) 거래통지 · 계산서제출의무 (☞ 목적물 매매직후)	① 매매시 지체없이 통지 발송(계약의 요령, 상대방의 주소 · 성명) ② 계산서 제출
4) 이행담보책임❸ (☞ 목적물 매매후)	① 상대방이 위탁매매인에게 채무를 이행하지 않을 경우 위탁매매인이 위탁자에게 그 채무를 이행할 책임이 있음 ② 다른 약정이나 관습이 있는 경우 : 책임이 없음

❶ 위탁매매인의 통지에도 불구하고, 위탁매매인이 ① 위탁자의 지시를 받을 수 없거나, ② 그 지시가 지연되는 경우, 위탁매매인은 위탁자의 이익을 위하여 적당한 처분을 할 수 있다(§108 ③). 이것은 위탁물의 소유권을 위탁자의 것으로 보는 규정의 예외규정이다. 즉, 위탁물은 위탁자의 소유로 보고, 그 소유권자만이 처분을 할 수 있지만, 예외적으로 위급한 상황에서는 소유권자가 아닌 위탁매매인에게 위탁인의 이익을 위해 처분권을 인정한 것이다.

❷ 위탁자에게 효력이 없을 뿐, 위탁매매인과 상대방과의 거래는 여전히 유효하다.

❸ 상법통칙의 10개 세부업종 중 이행담보책임을 부담하는 상인은 위탁매매인 뿐이다.

3) 위탁매매인의 위탁자에 대한 3가지 권리

3가지 권리	내 용	
1) 개입권❶	① 행사요건	거래소의 시세가 있는 물건 · 유가증권의 매매를 위탁받은 경우
	② 행사방법	직접 매도인이나 매수인이 됨(☞ 위탁매매인 = 상대방)
	③ 행사가격	위탁매매인이 매매의 통지를 발송할 때의 거래소의 시세
	④ 위탁보수	청구가능
2) 특별상사유치권	위탁매매와 관련하여 위탁자에 대하여 발생한 채권에 대해, 위탁자를 위하여 점유하는 물건이나 유가증권 유치가능❷	
3) 매수물의 공탁 · 경매권	위탁자로부터 위탁매수를 받은 경우로서, 다음과 같은 경우 위탁매매인은 "상사매매의 매도인"과 마찬가지로 공탁·경매권을 가진다.❸ ① 위탁자가 매수한 물건의 수령을 거부하는 경우 ② 위탁자가 수령할 수 없는 경우	

❶ 위탁매매인이 그 위탁거래의 상대방이 될 수 있는 권리를 말한다.

PART 2 제2장 상행위

❷ 위탁매매인의 특별상사유치권은 대리상의 특별상사유치권을 준용한다(§111 → §91).

❸ 상사매매의 매도인의 매도물에 대한 공탁 · 경매권은 상인간의 거래에만 적용되지만, 위탁매매인의 매수물에 대한 공탁 · 경매권은 위탁자가 비상인이라도 적용된다.

4) 위탁“매수”에 대한 상사매매규정의 준용

- 위탁매매업이라는 용어에는 “매매”가 포함되어 있으므로, 위탁자가 위탁매매인에게 매수를 위탁한 경우, 양 당사자 간에는 상사매매의 규정이 적용될 여지가 있다(☞ 위탁매매인≒매도인, 위탁자≒매수인).
- 또한, 상법은 상사매매의 규정을 상인간의 거래에 대해서만 적용하고 있으므로, 위탁매매인(☞ 당연상인)이 상인인 위탁자로부터 매수를 위탁받을 경우에만 해당 규정이 준용되는 것이 원칙이다.
- 그러나 위탁자가 상행위를 업으로 하지 않는 비상인인 경우, 목적물의 검사 · 하자통지의무나 목적물 보관 · 공탁의무는 그 위탁자에게 과도한 부담이 될 수 있으므로 적용하지 않으며, 확정기매매의 해제 규정도 적용하지 않는다.
- 다만, 위탁물의 공탁 · 경매권은 위탁매매인의 권리이고, 위탁자와는 직접적인 상관이 없으므로 위탁업자가 비상인인 경우에도 준용된다.

위탁매수에 대한 상사매매규정의 준용범위

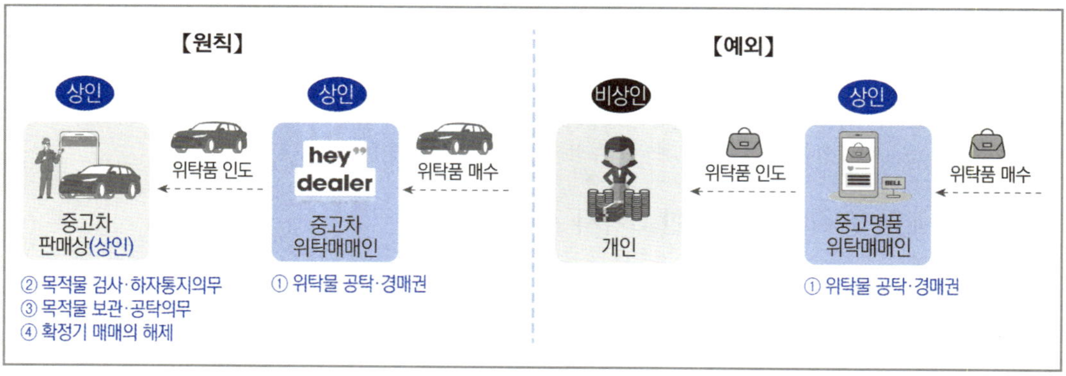

2. 운송업과 운송주선업

- 운송은 육상운송, 해상운송 및 항공운송으로 분류되는데, 제2편 “상행위”에서는 육상운송(☞ 호수 · 강[호천 : 湖川], 항만 포함)을, 제5편 “해상”에서는 해상운송을, 제6편 “항공운송”에서는 항공운송을 규정하고 있다. 따라서 제2편 제9장의 “운송업”은 육상운송업을 의미한다.
- 한편, ① 운송인은 물건이나 여객을 운송하지만, ② 운송주선인은 물건(☞ 여객×)의 운송을 위탁받아 운송인으로 하여금 물건을 운송하게 한다는 점에서 차이가 있다.

물건운송인과 운송주선인

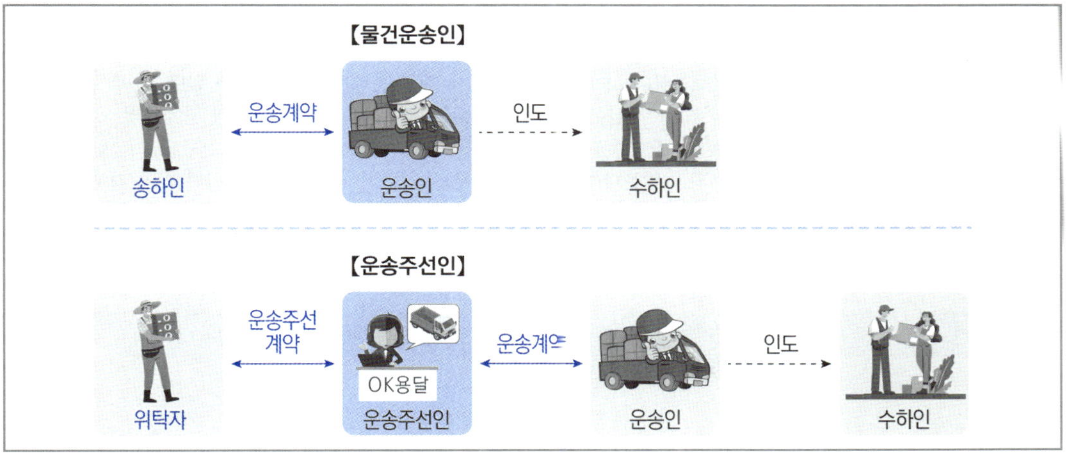

(1) 운송업의 세부내용

1) 물건운송업

- 물건운송계약은 송하인[送荷人 : 보내는 자, 발송인]과 운송인 간의 계약(☞ 민법상 도급계약)이며, 수하인[受荷人 : 받는 자, 수취인]은 송하인(예 이사짐)이 될 수도 있고, 제3자(예 택배)가 될 수도 있다.
- 수하인은 운송계약당사자가 아니지만, ① 운송물 수령권과 ② 비용부담의무를 진다는 것이다.

가. 송하인의 의무와 권리

(가) 송하인의 2가지 의무

의 무	내 용	
(1) 화물명세서 교부의무	1) 교부요건	운송인이 청구할 경우에만 교부
	2) 5가지 기재사항	① 운송물 : 종류, 중량(용적), 포장의 종별, 개수, 기호 ② 도착지 ③ 수하인과 운송인[1] : 성명(상호), 영업소(주소) ④ 운임과 운임지급시기(선불 또는 착불) ⑤ 화물명세서 작성지와 작성년월일
	3) 허위기재의 책임	허위 또는 부정확한 기재로 운송인에게 손해가 발생한 경우 손해배상책임 부담[2]
(2) 고가물 명시의무[3]	1) 고가물의 범위	① 화폐, ② 유가증권, ③ 기타의 고가물
	2) 2가지 명시사항	① 종류, ② 가액
	3) 명시의 효과	손해발생시 명시가액을 한도로 손해를 배상받을 수 있음
	4) 불고지의 효과	손해발생시 손해배상을 전혀 받을 수 없음[4]

❶ 송하인의 인적사항은 필수기재사항에 해당하지 않는다.

❷ 다만, 운송인이 허위기재사실을 알고 있었던 경우(☞ 악의)에는 손해배상책임을 지지 않는다(§127 ②).

❸ 운송인에게만 알리면 되고, 운송인의 하도급자에게까지 알릴 필요는 없다(90다8947).

❹ 고가물에 대해 명시하지 않은 경우 보통물(☞ 고가물 외의 운송물)에 대한 손해배상도 받을 수 없다. 다만, 운송약관상의 채무불이행 책임과 불법책임으로 인한 책임이 동시에 존재하는 경우, ① 상법상 소정의 단기소멸시효, ② 고가물 불고지에 따른 면책 등의 규정, ③ 운송약관규정은 운송계약상의 채무불이행으로 인한 청구에만 적용되고, 불법행위로 인한 손해배상청구에는 적용되지 않는다(75다107). 따라서, 송하인이 고가물을 고지하지 않은 경우 운송채무불이행에 대한 손해배상은 받을 수 없지만, 민법 제750조에 따른 불법행위로 인한 손해배상은 받을 수 있다.

(나) 송하인의 2가지 권리

권 리	세부내용	
(1) 화물상환증교부 청구권	1) 교부요건	송하인이 청구할 때에만 교부
	2) 6가지 기재사항	① 운송물 : 종류, 중량(용적), 포장의 종별, 개수, 기호 ② 도착지 ③ 수하인과 운송인 : 성명(상호), 영업소(주소) ④ 운임과 운임지급시기(선불 · 착불), 기타 비용❶ ⑤ 화물상환증 작성지와 작성년월일 ⑥ 송하인 : 성명(상호), 영업소(주소)❶
	3) 발행효과	① 화물상환증에 적힌 대로 운송계약이 체결되고 운송인(☞ 수하인×)이 운송물을 수령한 것으로 추정(☞ 본다×)❷ ② 화물상환증을 양도하여 운송물 양도(☞ 처분증권성, 물권적 효력)❸❹ ③ 운송물 인도청구자 화물상환증 제출(☞ 상환증권성) ④ 화물상환증 소지자만 운송중지 청구가능(☞ 위 (1) 1) ②)
(2) 운송중지청구권	1) 청구권자	① 화물상환증이 발행되지 않은 경우 : 송하인 ② 화물상환증이 발행된 경우 : 화물상환증의 소지인
	2) 청구내용	① 운송의 중지 ② 운송물의 반환 ③ 기타의 처분
	3) 운임정산	운송인은 송하인에게 다음 사항의 지급을 청구할 수 있음 ① 이미 운송한 비율에 따른 운임 ② 체당금 ③ 처분으로 인한 비용

❶ 화물명세서와 유사하지만, 화물상환증은 화물명세서와 달리 운송인이 발행한다는 점, 화물상환증에는 ① 송하인의 인적사항과 ② 운임과 관련한 기타 비용(☞ 화물상환증 발행수수료 등)이 기재되지 않는다는 점에서 차이가 있다.

❷ 운송인은 화물상환증을 선의로 취득한 소지인에 대하여 화물상환증에 적힌 대로 운송물을 수령한 것으로 보고 화물상환증에 적힌 바에 따라 운송인으로서 책임을 진다(§131 ②).

❸ 화물상환증이 기명식(☞ 수하인이 기재된 경우)인 경우에도 배서[背書 : 뒷면에 기재]에 의하여 양도할 수 있다(§130 본문). 그러나 화물상환증에 배서를 금지하는 뜻을 기재한 경우에는 양도할 수 없다(§130 단서).

❹ 화물상환증에 의하여 운송물을 받을 수 있는 자에게 화물상환증을 교부한 때에는 운송물 위에 행사하는 권리의 취득에 관하여 운송물을 인도한 것과 동일한 효력이 있다(☞ 화물상환증교부의 물권적 효력, §133). 즉, 화물상환증을 교부하게 되면, 운송물의 소유권을 이전한 것과 동일한 효력이 발생한다.

요구 또는 청구시, 송하인의 화물명세서 교부의무 vs 운송인의 화물상환증 교부의무

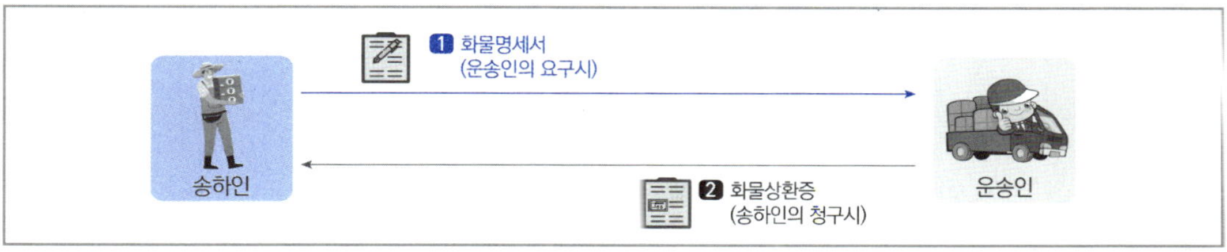

나. 운송인의 의무와 권리

(가) 운송인의 2가지 의무

2가지 의무	내 용
1) 화물상환증 교부의무	송하인의 청구시 화물상환증을 발행할 의무❶
2) 운송의무	송하인과의 운송계약에 따라 운송물을 수하인에게 인도할 의무❷

❶ 발행비용은 송하인이 부담한다.

❷ 송하인, 화물상환증소지인 및 수하인을 알 수 없는 때에는 6월 이상의 기간 동안, 관보나 일간신문에 2회 이상 공고하고, 그 기간내에도 권리를 주장하는 자가 없는 경우 그 운송물을 경매할 수 있다(§144).

운송인의 손해배상책임

구 분			내 용
(1) 사유			운송물이 멸실 · 훼손 · 연착된 경우❶
(2) 배상액❷	1) 선의 · 경과실	정액배상	① 전부멸실 · 연착 : 인도할 날의 도착지 가격❸ ② 일부멸실 · 훼손 : 인도한 날의 도착지 가격❸
	2) 고의 · 중과실	실제손해	배상책임이 확대되어 모든 손해를 배상❸
(3) 책임면제 · 소멸❹	1) 면제	보통물	운송인이 다음을 증명한 경우 ① 자기 · 운송주선인 · 사용인 · 기타 사용한 자가, ② 운송물의 수령 · 인도 · 보관 · 운송에 관하여, ③ 주의를 게을리하지 아니하였음
		고가물	송하인이 그 종류와 가액을 명시하지 않은 경우
	2) 소멸	특별	① 수하인 · 화물상환증 소지인이 운송물을 유보없이 수령하고, 운임 기타의 비용을 지급한 경우 ② 단, 즉시 발견할 수 없는 훼손 · 일부멸실이 있는 경우로서, 수령일로부터 2주내에 운송인에게 통지를 발송한 경우 책임이 소멸되지 않음(☞ 책임유보)
		시효완성❺	① 전부 멸실시 : 인도할 날 ~ 1년 경과시 ② 전부 멸실외 : 수령일(☞ 인도한 날×) ~ 1년 경과시

❶ 수인의 운송인이 순차로 운송할 경우(☞ 순차운송), 다음과 같이 처리한다.

순차운송인간의 손해배상책임과 다음 운송인의 대위[代位] 의무와 권리

구 분	내 용
1) 손해배상 관련	① 각 운송인은 연대하여 손해배상책임 부담(§138 ①) ② 순차운송인 중 1인이 손해를 배상한 경우, 그 손해원인발생 운송인에 대하여 구상권이 있음(§138) ③ 손해원인제공 운송인을 알 수 없는 경우에는 운임액의 비율로 손해를 분담하고, 그 손해가 자기의 운송구간 내에 발생하지 않았음을 증명한 운송인은 손해분담의 책임이 없음(§138 ③)
2) 다음 운송인의 대위 의무와 권리	① 이전[前] 운송인의 권리를 보호하기 위하여, 다음[後] 운송인은 이전 운송인의 권리(☞ 운임청구권, 특별상사유치권 등)를 행사할 의무를 부담(§147 → §117 ①) ② 다음 운송인이 이전 운송인에게 변제한 경우, 이전 운송인의 권리 취득(§147 → §117 ②)

❷ 운송인의 부담을 덜어주기 위하여, 손해배상액은 원칙적으로 운송물의 정액만을 배상하는 "정액배상주의"를 채택하고 있다. 그러나, 고의나 중과실로 인한 손해의 경우에는 배상책임이 확대되어 모든 손해를 배상하여야 한다.

❸ 운송물의 멸실 · 훼손으로 인하여 송하인이 운송인에게 운임이나 기타비용을 지급하지 않아도 되는 경우, 그 금액은 손해배상액에서 공제한다(§137 ④).

❹ 상법 규정에 의한 채무불이행책임만 면제되거나 소멸되는 것일 뿐, 민법 규정에 의한 불법행위책임이 성립할 경우 불법행위책임은 면제되거나 소멸되지 않는다.

❺ 단기소멸시효 규정은 운송인이 악의인 경우에는 적용하지 않는다(§147 → §121 ③).

선의나 경과실로 인한 손해배상액

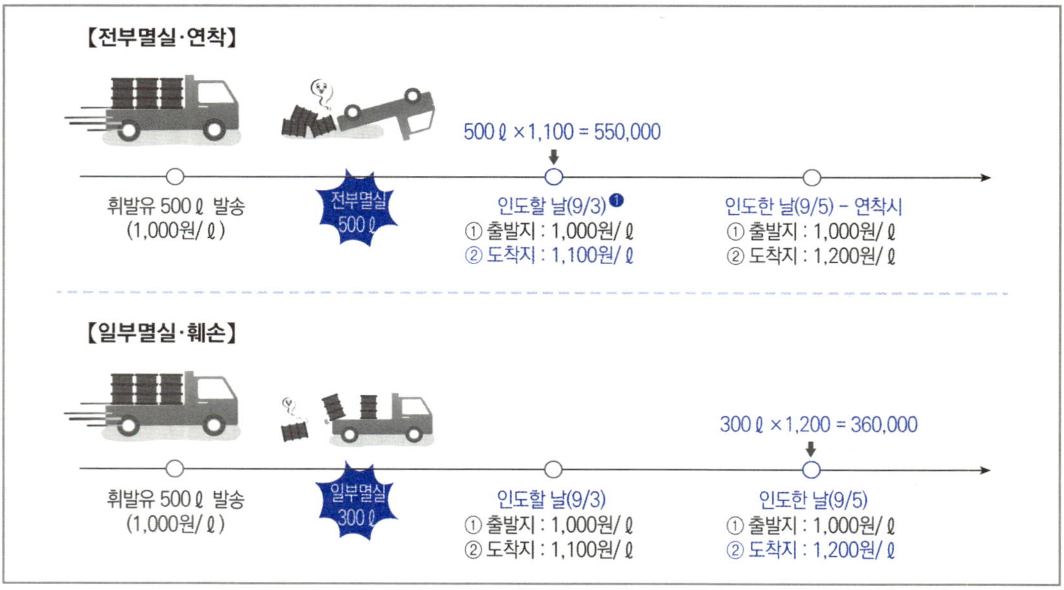

(나) 운송인의 4가지 권리

<table>
<tr><th>권 리</th><th>내 용</th></tr>
<tr><td>(1) 화물명세서 교부청구권</td><td>송하인에 대해 화물명세서의 교부를 청구할 수 있음</td></tr>
<tr><td>(2) 운임청구권</td><td>운송이 완료[1]되었을 때 운임과 비용을 청구할 수 있으며[2], 운송물의 전부 · 일부가 멸실된 경우 운임청구권은 다음과 같음
[운송물의 멸실사유별 운임청구권]
<table>
<tr><th>송하인의 책임없는 사유</th><th>송하인의 과실 또는 운송물의 성질 · 하자</th></tr>
<tr><td>운임청구 불가[3]</td><td>전액 청구가능</td></tr>
</table></td></tr>
<tr><td>(3) 특별상사유치권</td><td>운송물에 관한 운임, 보수, 기타 송하인을 위한 체당금이나 선대금에 관하여(만) 운송물 유치가능[4]</td></tr>
<tr><td>(4) 공탁 · 경매권</td><td>① 수하인을 알 수 없거나, ② 수하인이 운송물의 수령을 거부하거나 수령할 수 없는 경우, 공탁하거나 다음과 같은 순서로 경매진행
[경매절차] 수하인 불명 vs 수하인의 수령거부 · 수령불능
<table>
<tr><th>대 상</th><th>수하인 불명</th><th>수하인의 수령거부 · 수령불능</th></tr>
<tr><td>1) 수하인</td><td></td><td>① 상당한 기간을 정하여 운송물의 수령을 최고[5]</td></tr>
<tr><td>2) 송하인</td><td>① 상당한 기간을 정하여 운송물의 처분에 대한 지시를 최고[5]
② 지체없이 경매에 대한 통지 발송</td><td>② 〃 (☞ 좌동, 이하 동일)
③ 〃</td></tr>
</table></td></tr>
</table>

❶ 운송의 완료시점은 운송물을 인도할 수 있는 상태를 갖춘 시점을 말하며, 현실적으로 인도시점이 아니다(92다32906).

❷ 수하인에 대한 운임채권은 1년간 행사하지 않으면 소멸시효가 완성한다.

❸ 운임의 전부·일부를 미리 받은 경우에는 반환하여야 한다(§134 ①후단).

❹ 운송인의 유치권은 운송주선인의 특별상사유치권을 준용하고 있다. 운송인과 운송주선인의 특별상사유치권은 일반상사유치권이나 다른 특별상사유치권과 달리, 물권과 채권사이의 관련성(☞ 견련성, 인과관계)이 필요하다.

❺ 상대방에 대하여 최고를 할 수 없거나, 운송물이 멸실·훼손될 염려가 있는 때에는 최고없이 경매할 수 있고, 경매한 경우 경매대금에서 경매대금 잔액을 공탁하되, 그 전부나 일부를 운임에 충당할 수 있다(§145 → §67 ②, ③).

다. 수하인의 권리와 의무

권리와 의무[1]	시 기	권리와 의무의 내용
(1) 운송물인도청구권	1) 도착시	송하인과 동일한 권리 취득
	2) 도착후 인도청구시	송하인의 권리에 우선
(2) 운임지급의무	수령시	운송인에 대해 운임, 기타비용, 체당금 지급[2]

❶ 송하인과 운송인은 의무를 먼저 정리하였으나, 수하인의 경우 운송물인도청구권을 행사하여 운송물을 수령하였을

때, 운임지급의무가 발생하므로 권리부터 정리하였다.

❷ 송하인과 수하인의 운송인에 대한 채무의 성격은 부진정연대채무(☞ 진정한 의미의 연대채무는 아니라는 의미)이다.

[시기별 운송물에 대한 권리의 우선순위] 송하인 vs 수하인

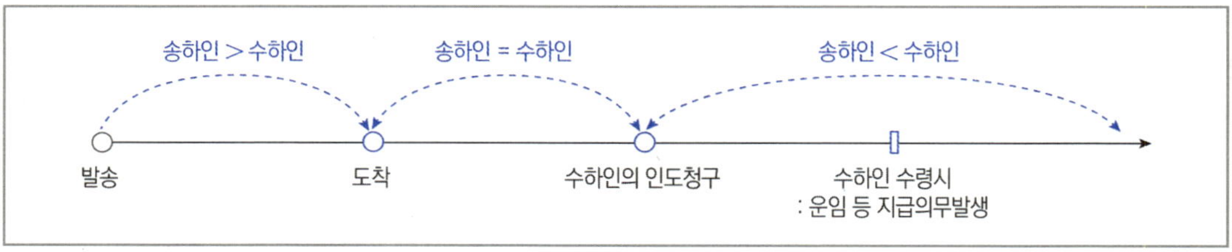

2) 여객운송업

여객운송인의 탁송수하물에 대한 공탁경매권과 여객과 수하물에 대한 손해배상책임

<table>
<tr><th colspan="3">구 분</th><th>내 용</th></tr>
<tr><td colspan="3">(1) 탁송수하물에 대한 권리</td><td>수하물 도착일로부터 10일 내에 여객이 인도를 청구하지 않는 경우 다음 중 하나로 처리한 후 그 통지 발송
① 공탁
② 경매(☞ 상당한 기간을 정하여 최고한 후 경매)[1]</td></tr>
<tr><td rowspan="4">(2) 손해배상 책임</td><td rowspan="2">1) 여 객</td><td>배 상 액</td><td>① 피해자와 ② 가족의 정상을 참작하여 개별적으로 결정[2]</td></tr>
<tr><td>책 임 면 제</td><td>운송인이 다음을 입증한 경우
① 자기 또는 사용인이,
② 운송에 관한,
③ 주의를 해태하지 않았음</td></tr>
<tr><td rowspan="2">2) 수하물</td><td>탁송수하물</td><td>탁송수하물에 대한 운임료 수령여부에 상관없이[3] 물건운송인과 동일한 손해배상책임</td></tr>
<tr><td>휴대수하물</td><td>멸실 · 훼손에 대하여 자기 또는 사용인의 과실[4]이 없으면 손해배상책임이 없음</td></tr>
</table>

❶ 여객의 주소나 거소를 알지 못하는 경우에는 최고의 통지를 하지 않아도 된다(§149 ③단서).

❷ 손해배상액을 정할 때 법원은 피해자와 그 가족의 정상을 참작하여야 한다(§148 ②).

❸ 여객운임료에 탁송수하물의 운송에 해당하는 운임료가 포함되는 경우가 많고, 별도로 구분하기도 힘들기 때문이다.

❹ 여객운송인은 과실이 없음을 입증할 책임이 없으므로, 여객이 여객운송인의 과실을 입증하여야 한다. 따라서 탁송수하물에 대한 입증책임은 여객운송인이(☞ 과실 없음의 입증), 휴대수하물에 대한 입증책임은 여객이 부담한다(☞ 과실 있음의 입증).

(2) 운송주선업의 세부내용

- 운송주선인(예 용달콜)이란 자기의 명의로 물건운송(☞ 여객운송은 준위탁매매업에 해당)의 주선을 영업으로 하는 자를 말한다(§114).
- 운송주선인과 위탁매매인은 그 위탁의 대상(☞ 물건운송 vs 물건·유가증권 매매)은 다르지만, "주선업"이라는 공통점이 있으므로, 상법은 운송주선인에 대해 "제8장 운송주선업"에서 규정하지 않은 사항은 위탁매매인에 관한 규정(☞ 거래통지의무, 지정가액준수의무 등등)을 준용한다(§123).
- 또한, 운송주선인은 운송인과 같이 물건을 직접 운송은 하지 않지만, 물건의 운송을 대상으로 한다는 점에서 유사한 부분이 있다.

준용규정

운송주선인이 준용하는 규정		운송주선인의 규정이 물건운송인에게 준용되는 규정
위탁매매인(☞ 주선과 유사)	물건운송인(☞ 운송과 유사)	
제8장 "운송주선업"에서 규정하고 있지 않는 사항들	① 고가물에 대한 책임❶(§136) ② 수하인의 지위(§140) ③ 수하인의 의무(§141)	① 중간운송주선인의 대위(§117) ② 유치권(§120) ③ 운송주선인의 책임의 시효(§121) ④ 운송주선인의 채권의 시효(§122)

❶ 물건운송인의 고가물에 대한 책임은 준용하고 있지만, 정액배상주의 규정(☞ 제137조[손해배상의 액])은 준용하지 않으므로 운송주선인은 위탁인에 대하여 실제 손해를 배상하여야 한다.

1) 운송주선인의 의무

- 운송주선인에게는 위탁매매인의 규정이 준용되므로, 위탁매매인과 마찬가지로 ① 하자통지의무, ② 지정가액준수의무, ③ 거래통지 · 계산서제출의무를 부담한다. 다만, 운송주선은 매매의 주선은 아니므로, 그 성격상 이행담보책임은 부담하지 않는다.
- 순차운송주선의 경우, 순차운송과 마찬가지로, 다음[後] 운송주선인은 이전[前] 운송주선인을 대신하여 그 권리를 행사할 의무를 부담하며, 다음 운송주선인이 ① 이전 운송주선인에게 변제한 경우 이전 운송주선인의 권리를 취득하고(☞ 중간운송주선인의 대위, §117), ② 운송인에게 변제한 경우에는 운송인의 권리를 취득한다(§118).
- 운송주선인은 운송위탁계약에 따른 의무를 이행하지 않을 경우 위탁자에 대해 손해배상책임을 지며, 그 내용은 다음과 같다.

운송주선인의 손해배상책임

구 분	내 용
(1) 사유	운송물이 멸실 · 훼손 · 연착된 경우
(2) 배상액	실제 발생한 손해(☞ 정액배상주의×)

구 분			내 용
(3) 책임면제 · 소멸	1) 면 제	보 통 물	운송주선인이 다음을 증명한 경우 ① 자기 · 사용인이, ② 운송물의 수령 · 인도 · 보관 · 운송인이나 다른 운송주선인의 선택 기타 운송에 관하여, ③ 주의를 게을리하지 아니하였음
		고 가 물	송하인이 그 종류와 가액을 명시하지 않은 경우
	2) 소 멸	특 별	적용×[1]
		시효완성[2]	① 전부 멸실시 : 인도할 날 ~ 1년 경과시 ② 전부 멸실외 : 수령일(☞ 인도한 날×) ~ 1년 경과시

❶ 운송주선인은 ① 물건을 직접적으로 운송하지 않을 뿐만 아니라, ② 운송물을 운송인에게 인도한 때에 보수를 청구할 수 있기 때문에, 운송인에게 적용되는 특별소멸 규정(☞ 수하인, 화물상환증 소지인이 운송물을 유보없이 수령하고 운임 기타의 비용을 지급한 경우 책임소멸)은 적용되지 않는다.

❷ 단기소멸시효 규정은 운송주선인이 악의인 경우에는 적용하지 않는다(☞ 운송인과 동일, §121 ③).

2) 운송주선인의 송하인에 대한 3가지 권리

권 리	내 용
1) 보수청구권	① 청구시기 : 운송물을 운송인에게 인도한 때
	② 운임액을 정한 경우 : 다른 약정이 없으면 보수청구 불가[1]
	③ 채권의 시효 : 1년
2) 특 별 상 사 유 치 권	운송물에 관한 보수, 기타 위탁자를 위한 체당금이나 선대금에 관하여(만) 운송물 유치가능
3) 개 입 권	① 다른 약정이 없으면 직접 운송 가능[2] ② 위탁자가 청구하여 화물상환증을 작성한 경우 직접 운송하는 것으로 간주(☞ 추정×)[3]

❶ 일반적으로 운임액에 운송주선인의 보수가 포함되어 있기 때문이다.

❷ 위탁매매인의 개입권과 달리 "시세가 있는 경우"요건이 적용되지 않는다.

❸ 화물상환증은 원래 운송인이 발행하는 증권이므로, 운송주선인이 화물상환증을 발행했다는 것은 자기가 운송인이 되기로 결정한 것이 된다. 반면에, 운송업에서 운송인이 송하인의 요구에 따라 화물상환증을 발행한 경우에는 운송인과 송하인 사이에 화물상환증에 적힌 대로 운송계약이 체결되고 운송물을 수령한 것으로 추정한다(☞ 간주×, §131 ①).

3. 공중접객업과 창고업

• 호텔, 여관, 음식점, 목욕탕, 미용실, 당구장 등 일반손님(☞ 공중)을 위한 시설에 의한 거래를 영업으로 하는 자를 "공중접객업자"라고 하고, 창고업자는 타인(☞ 임치인)을 위하여 물건의 보관(☞ 보관시설 필요)을 영업으로 하는 자를 말한다.

• 두 업종 모두 영업을 위해 시설(☞ 공간, 장소)이 필요하다는 공통점이 있다.

(1) 공중접객업자의 세부내용

공중접객업자의 고객의 물건에 대한 손해배상책임

구 분			내 용
(1) 사유	1) 임치물	보통물	자기 또는 사용인이 보관에 관하여 주의를 게을리하지 않았음을 증명하지 못한 경우(☞ 과실책임의 원칙❶)
		고가물	종류와 가액을 명시하여, 임치한 경우에만 책임부담
	2) 휴대물	보통물	자기 또는 사용인의 과실❷로 인하여 멸실 · 훼손된 경우❸
		고가물	임치하지 않았으므로 책임 없음
(2) 소멸시효완성으로 책임소멸			반환일(휴대물을 가져간 날)❹ ~ 6개월❺

❶ 임치물이든 휴대물이든, 공중접객업자나 그 사용인이 과실이 있을 경우에만 책임을 진다. 다만, 임치물의 경우 그 과실 없음의 입증책임이 공중접객업자에게 있으므로 휴대물보다 더 무거운 책임을 부담한다.

❷ 공중접객업자가 "휴대물에 대해서는 책임지지 않는다"고 고지하여도 자기 또는 사용인의 과실이 있다면 책임을 부담한다.

❸ 예를 들어, 식당점원이 서빙하다가 테이블에 올려둔 고객의 카메라를 떨어트려 파손한 경우를 말한다.

❹ 물건이 멸실된 경우 고객의 "퇴거일(예 식당을 나간 날)"로부터 기산한다.

❺ 공중접객업자가 그 사용인이 악의인 경우에는 단기소멸시효가 적용되지 않는다(☞ 일반소멸시효기간인 5년 적용, 운송인 및 운송주선인과 동일).

(2) 창고업의 세부내용

1) 임치인의 2가지 권리

2가지 권리	세부내용	
(1) 임치물검사권	1) 검사권 내용	① 임치물 검사 요구 ② 견품의 적취[摘取 : 들추어서 가져오다] 요구 ③ 보존에 필요한 처분
	2) 행사가능자	임치인 또는 창고증권소지인
	3) 행사시기	영업시간 내에 언제든지

<table>
<tr><th>2가지 권리</th><th colspan="3">세부내용</th></tr>
<tr><td rowspan="5">(2) 창고증권[1]
교부청구권</td><td>1) 교부요건</td><td colspan="2">임치인이 청구할 때에만 창고업자가 교부</td></tr>
<tr><td>2) 7가지 기재사항</td><td colspan="2">① 임치물 : 종류, 중량(용적), 포장의 종별, 개수, 기호
② 임치인 : 성명(상호), 영업소(주소)
③ 보관장소
④ 보관료
⑤ if, 보관기간
⑥ if, 보험금액, 보험기간, 보험자의 인적사항
⑦ 창고증권의 작성지와 작성년월일</td></tr>
<tr><td>3) 발행효과</td><td colspan="2">화물상환증과 동일(☞ 화물상환증 준용)</td></tr>
<tr><td rowspan="2">4) 추가고려사항</td><td>① 창고증권소지자의 분할 창고증권 교부청구권</td><td>창고업자에 대하여 기존 창고증권을 반환하고, 임치물을 분할하여 각 부분에 대한 창고증권의 교부청구 가능[2]</td></tr>
<tr><td>② 창고증권에 의한 입질된 임치물의 일부출고청구권</td><td>질권자의 승낙이 있으면, 채권의 변제기전이라도 창고업자에게 임치물의 일부반환 청구가능[3]</td></tr>
</table>

❶ 창고증권이란, 화물상환권과 마찬가지로, 임치물의 거래를 용이하게 하기 위하여 발행되는 증권이다(☞ 임치물 권리의 화체[化體]).

❷ 임치물의 분할과 분할창고증권교부비용은 증권소지인이 부담한다(§158 ②).

❸ 창고업자는 창고증권에 일부반환한 임치물의 종류, 품질, 수량을 기재하여야 한다(§159).

2) 창고업자의 의무와 권리

가. 창고업자의 의무

의 무	내 용
1) 임치의무	임치계약에 따라 임치물을 보관할 의무[1]
2) 하자통지의무	목적물 수령후 다음 중 하나에 해당하는 경우에는 지체없이 통지발송[2] ① 훼손 또는 하자 발견 ② 부패 염려 ③ 가격하락의 상황 발생
3) 창고증권 교부의무	임치인의 청구시 창고증권을 발행할 의무

❶ 창고업자는 그 영업범위 내에서 무상으로 임치를 받은 경우에는 선량한 관리자의 주의로써 임치물을 보관하여야 한다.

❷ 위탁매매인의 하자통지의무를 준용한다(§168 → §108).

창고업자의 손해배상책임

<table>
<tr><th colspan="3">구 분</th><th>내 용</th></tr>
<tr><td colspan="3">(1) 사유</td><td>임치물이 멸실 훼손된 경우</td></tr>
<tr><td rowspan="3">(2) 책임면제 · 소멸</td><td colspan="2">1) 면제</td><td>창고업자가 다음을 증명한 경우
① 자기 · 사용인이,
② 임치물의 보관에 관하여,
③ 주의를 게을리하지 아니하였음</td></tr>
<tr><td rowspan="2">2) 소멸❶</td><td>특 별</td><td>① 임치인 또는 상환증권 소지인이 임치물을 유보없이 수령하고, 보관료 기타의 비용을 지급한 경우
② 단, 즉시 발견할 수 없는 훼손 · 일부멸실이 있는 경우로서, 수령일로부터 2주내에 창고업자에 통지를 발송한 경우 책임유보</td></tr>
<tr><td>시효완성</td><td>① 전부 멸실×: 출고일 ~ 1년 경과시
② 전부 멸실시: 멸실통지 발송일(☞ 멸실시×) ~ 1년 경과시</td></tr>
</table>

❶ 책임소멸 규정은 창고업자 또는 그 사용인이 악의인 경우에는 적용하지 않는다(§166 ②, §168 → §146 ②).

나. 창고업자의 3가지 권리

<table>
<tr><th>3가지 권리</th><th colspan="3">내 용</th></tr>
<tr><td rowspan="4">(1) 보관료청구권</td><td rowspan="2">1) 전부출고❶</td><td>① 보관기간 경과전</td><td>임치물을 출고한 때</td></tr>
<tr><td>② 보관기간 경과후</td><td>출고전이라도 청구가능</td></tr>
<tr><td>2) 일부출고❶</td><td colspan="2">그 비율에 따라 청구</td></tr>
<tr><td>3) 채권의 소멸시효</td><td colspan="2">물건 출고일 ~ 1년간</td></tr>
<tr><td rowspan="2">(2) 임치물반환권</td><td>1) 임치기간 약정○</td><td colspan="2">약정기간 경과시</td></tr>
<tr><td>2) 임치기간 약정×</td><td colspan="2">① 임치물 수령일 ~ 6개월 경과후❷
② 반환 2주전 예고</td></tr>
<tr><td>(3) 임치물의 공탁 · 경매권</td><td colspan="3">“상사매매의 매도인”의 목적물의 공탁 · 경매권 준용</td></tr>
</table>

❶ 임치인 또는 창고증권소지인에 대한 채권의 소멸시효는 출고일로부터 1년이다(§167).

❷ 부득이한 사유가 있는 경우 언제든지 반환할 수 있다(§165).

[비교] 업종별 상인의 특별상사유치권, 책임과 채권의 단기소멸시효, 및 공탁 · 경매권 인정여부

업종별 상인	특별상사유치권	단기소멸시효		공탁 · 경매권
		책임의 소멸시효	채권의 소멸시효	
1. 대리상	○		○ (6개월)❶	
2. 중개인				
3. 위탁매매인	○			△❷
4. 운송인(물건)	○	○ (1년)	○ (1년)	○
5. 운송주선인	○	○ (1년)	○ (1년)	
6. 공중접객업자		○ (6개월)		
7. 창고업자		○ (1년)	○ (1년)	○
8. 금융리스업자				
9. 채권매입업자				
10. 가맹업자				

❶ 계약종료 후에도 대리상에 의한 새로운 고객의 획득, 거래의 현저한 증가로 인하여 본인이 이익을 얻고 있을 때의 보상청구권(≠보수청구권)을 말한다.

❷ 위탁매매인이 매수를 위탁받은 경우에는 위탁자의 상인여부에 상관없이 위탁물의 공탁 · 경매권이 인정된다. 다만, 매도를 위탁받은 경우에는 그 거래의 성격상 적용될 수 없다.

4. 금융리스업과 채권매입업

- "금융리스업자"(예 현대캐피탈)는 금융리스이용자가 선정한 기계, 시설, 그 밖의 재산을, 공급자로부터 취득하거나 대여받아, 금융리스이용자에게 이용하게 하는 것을 영업으로 하는 자를 말한다(§168-2). "채권매입업자"(예 Lone Star)는 용어 그대로, 타인의 영업채권을 저가로 매입하여 회수하는 자를 말한다.
- 금융리스업과 채권매입업은 일반적으로 금융투자가 먼저 필요하다는 공통점이 있다.

(1) 금융리스업의 세부내용

금융리스거래의 개요

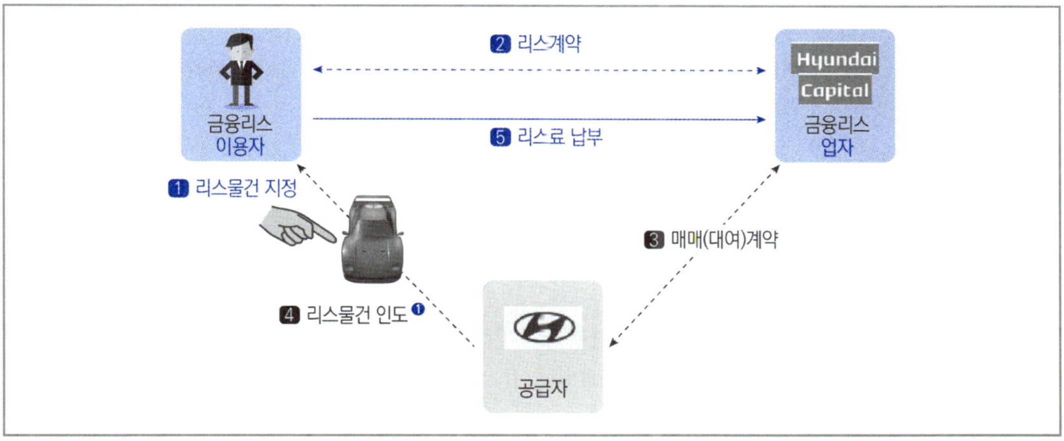

❶ 금융리스업자의 입장에서는 공급자로부터 리스물건을 수령했다가 다시 금융리스이용자에게 전달하는 것은 비효율적이므로, 일반적으로 공급자는 리스물건을 금융리스이용자에게 직접 인도한다.

1) 이해당사자의 의무

이해당사자	의무의 내용
1) 금융리스업자	금융리스이용자가 ① 약정한 시기에 ② 적합한 물건[1]을 수령할 수 있도록 함
2) 공급자	금융리스이용자에게 ① 약정한 시기에 ② 적합한 물건[1]을 인도[2]
3) 금융리스이용자	① 리스물건의 수령과 동시에 금융리스료 지급 ② 선량한 관리자의 주의로 리스물건의 유지 · 관리

❶ "금융리스물건수령증"을 발급한 경우, 적합한 금융리스물건이 수령된 것으로 추정한다(☞ 본다×). 다만, 상법은 그 수령증을 누가 발급하는지에 대해서는 언급이 없는데, 일반적으로는 금융리스이용자가 그 물건을 수령하므로 금융리스이용자가 발급하는 것이 합리적이나, 금융리스업자가 직접 물건을 수령하거나, 금융리스이용자로부터 물건을 수령하였다는 통보를 받고 그 수령증을 발급할 수도 있다. 실제 23년 공인회계사 시험문제에서는 금융리스업자가 수령증을 발급한 사안에 대해서 옳은 것으로 보았다.

❷ 공급자가 의무를 위반한 경우, 당연히 매매계약당사자인 금융리스업자가 공급자를 상대로 손해배상이나 계약의 이행을 청구할 수 있지만, 상법은 금융리스이용자가 그 권리를 행사"할 수" 있도록 하고 있다. 즉, 금융리스이용자가 직접 공급자(☞ 금융리스업자×)에게 ① 손해배상을 청구하거나, ② 공급계약의 내용에 적합한 리스물건의 인도를 청구할 수 있다. 이때 금융리스업자는 금융리스이용자가 그 권리를 행사하는데 협력하여야 한다.

2) 계약의 해지

상법은 금융리스이용자의 귀책사유나 사정변경으로 인하여 계약을 해지하는 경우와 관련하여 2가지 사항을 규정하고 있다.

PART 2 제2장 상행위

금융리스이용자의 귀책사유나 사정변경으로 계약을 해지하는 경우(§168-5)

이용자의 귀책사유[1]로 계약을 해지하는 경우	이용자의 중대한 사정변경[2]으로 리스물건을 계속 사용할 수 없는 경우
① 금융리스업자는 잔존 금융리스료 상당액의 일시 지급 또는 리스물건의 반환청구 가능 ② ①과 별도로 손해배상청구가능	① 3개월 전 예고로 계약 해지 가능 ② 단, 금융리스업자에 대해 손해배상

❶ 예를 들면, 금융리스이용자가 장기간 리스료를 납부하지 않거나, 리스물건을 멸실한 경우 등이다.

❷ 예를 들면, 기계장치를 리스하였으나 생산제품이 더 이상 판매되지 않아 기계설비를 교체하여야 하는 경우 등이다.

(2) 채권매입업의 세부내용

다음의 그림과 같이 채무자가 그 채무를 이행하지 않을 경우 채권매도자(☞ 채권매입계약의 의무자)를 상대로 상환을 청구할 수 있다. 다만, 채권매매계약(☞ 팩토링계약)에서 상환청구권을 배제한 경우에는 상환청구권을 행사할 수 없다.

채권매입업자의 상환청구권 행사(§168-12)

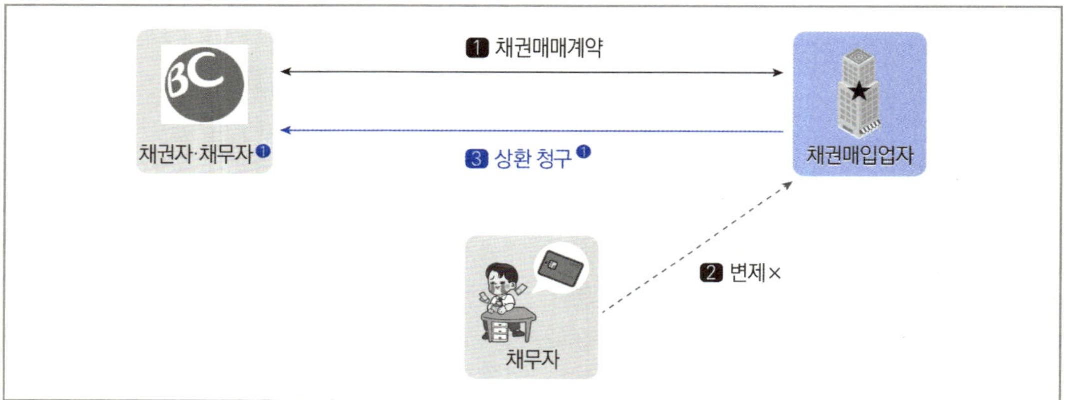

❶ 카드사는 영업채권의 채권자이면서 동시에 채권매입계약의 채무자가 된다.

❷ 약정으로 상환청구권을 배제할 수 있다(§168-12 단서).

5. 가맹업(프랜차이즈업)

(1) 가맹업자와 가맹상의 의무

구 분	의 무	내 용
1) 가맹업자	① 영업지원의무	가맹상의 영업을 위하여 필요한 지원
	② 경업 · 추가가맹계약금지의무	다른 약정이 없으면, 가맹상의 영업지역내 동일 · 유사 업종의 영업이나 가맹계약 체결불가

구 분	의 무	내 용
2) 가맹상	① 영업권보호의무[1]	가맹업자의 영업에 관한 권리보호 의무
	② 영업비밀준수의무[2]	가맹업자의 비밀준수 의무

[1] 예를 들어, 품질기준이나 영업방식 등을 준수해야 한다.

[2] 예를 들어, 음식레시피를 외부에 공개해서는 안 된다.

(2) 가맹상의 영업양도와 각 당사자의 계약해지 요건

구 분	요 건
1) 가맹상의 영업양도	① 가맹업자의 동의 ② 가맹업자는 특별한 사유가 없으면 동의하여야 함
2) 각 당사자의 계약해지	① 존속기간의 약정에 상관없이, 부득이한 사정[1]이 있는 경우 ② 각 당사자[2]는 상당한 기간을 정하여 예고

[1] 예를 들면, 계속된 손실 등이다.

[2] 가맹업자의 경우도 존속기간의 약정의 유무에 상관없이 부득이한 사정(예 폐업 등)이 있다면, 상당기간을 예고한 후에 계약을 해지할 수 있다.

6. 업종별 비교

(1) 계약해지권

[비교] 계약존속기간에 대한 약정이 없을 경우, 계약해지의 사전예고기간과 해지권자(☞ 익명조합 포함)

구 분	사전예고기간 ○[1]					사전예고기간×
1) 예고기간	2주전[2]	2월전	3월전[3]	6월전	상당한 기간	
2) 업종	창고업[4]	대리상[4]	금융리스업	익명조합[4]	가맹업[4]	① 중개업 ② 위탁매매업 ③ 운송업 ④ 운송주선업 ⑤ 공중접객업 ⑥ 채권매입업
3) 해지권자	창고업자	각 당사자	이용자	각 당사자	각 당사자	

[1] 사전예고기간이 있는 업종의 경우 일반적으로 그 계약의 이행기간이 일정기간 동안 지속된다는 특징이 있다(예 창고업의 경우 일정기간 동안 임치가 발생하는 반면, 운송업의 운송행위는 경우 짧은 시간 동안 발생한다).

[2] 창고업자는 임치물을 받은 날로부터 6월을 경과한 후 언제든지 임치물을 반환할 수 있으며, 이때 2주전에 예고하여야 한다(§163).

[3] 3월전 사전예고 요건 외에 금융리스이용자에게 중대한 사정변경이 있어야 하며, 계약을 해지하더라도 손해배상책임은 부담한다(§168-5 ③).

❹ 별도의 사전예고기간 규정에도 불구하고, 부득이한 사유가 있을 경우 창고업자는 언제든지 임치물을 반환할 수 있으며(§164), 대리상과 익명조합의 영업자와 익명조합원도 언제든지 계약을 해지할 수 있다(§83 ②, §92 ②). 가맹업의 경우 계약해지권을 더 강화하여 계약존속기간이 정해진 경우에도 부득이한 사유가 있을 경우 상당한 기간을 정하여 예고한 후 가맹계약을 해지할 수 있다(§168-9).

(2) 의무와 권리 관련 기타사항

구 분		적용 업종 또는 상인[1]
(1) 의무	1) 경업 · 겸직금지의무	대리상
	2) 고가물명시의무(책임)	① 운송업 ② 운송주선업 ③ 공중접객업(☞ 종류와 가액 외에 임치요건 필요)
	3) 이행담보책임	① 위탁매매업(☞ 상대방이 채무를 이행하지 않는 경우) ② 중개업(☞ 당사자 일방의 성명·상호를 표시하지 않은 경우)
	4) 손해배상책임의 특별소멸규정	① 운송업(☞ 유보없이 운송물을 수령하고 운임 기타 비용 지급시) ② 창고업(☞ 유보없이 임치물을 수령하고 보관료 기타 비용 지급시)
	5) 책임의 단기소멸시효	① 운송업(☞ 수하인의 수하물 수령일로부터 1년 경과시) ② 운송주선업(☞ 수하인의 수하물 수령일로부터 1년 경과시) ③ 공중접객업(☞ 임치물의 반환일로부터 6개월 경과시) ④ 창고업자(☞ 물건 출고일부터 1년 경과시)
(2) 권리	1) 유가증권발행	① 운송업(☞ 송하인의 화물상환증 교부청구권) ② 창고업(☞ 임치인의 창고증권 교부청구권, 분할창고증권 교부청구권)
	2) 보수(보상)청구권	① 대리상(☞ 대리상의 계약종료후 보상청구권) ② 중개업(☞ 결약서 교부절차 완료시) ③ 운송주선업(☞ 운송물을 운송인에게 인도시)
	3) 특별상사유치권	① 대리상 ② 위탁매매업 ③ 운송업 ④ 운송주선업
	4) 매수물 공탁 · 경매권	① 위탁매매업(☞ 매수위탁자의 수령거부 · 불가시) ② 운송업(☞ 수하인 불명 또는 수령거부시 · 불가시) ③ 창고업자(☞ 임치인 또는 창고증권소지인이 임치물의 수령거부 · 불가시)
	5) 개입권	① 대리상(☞ 경업금지의무 위반시) ② 위탁매매업(☞ 거래소의 시세 있는 물건·유가증권의 매매위탁시) ③ 운송주선업(☞ 다른 약정이 없는 경우)
	6) 권리의 단기소멸시효	① 대리상(☞ 본인에 대한 보상청구권으로서 계약종료일로부터 6개월) ② 운송업(☞ 송하인 · 수하인에 대한 채권으로서 1년) ③ 운송주선업(☞ 위탁자 · 수하인에 대한 채권으로서 1년) ④ 창고업(☞ 임치인 등에 대한 채권으로서 출고일로부터 1년)

❶ 금융리스업, 채권매입업, 및 가맹업 등 3가지 업종의 경우 그 업종의 특성상 모두 해당되지 않는다.

부록 주요 규정의 비교

1. 회사유형별 정관의 절대적 기재사항[1] 비교

구분	합명(6)	합자(6)	유책(8)	유한(7)	주식(8)
1) 기본사항	① 상호 ② 목적 ③ 본점소재지				
2) 출자 관련	④ 사원의 출자 목적 · 가격 또는 평가표준	④ 〃[2]	④ 사원의 출자 목적 · 가액 ⑤ 자본금의 액	④ 각 사원 출자 좌수 ⑤ 자본금 총액 ⑥ 1좌 금액	④ 발행할 주식 총수 ⑤ 설립시 발행 주식총수 ⑥ 1주 금액[3]
3) 사람 관련	⑤ 사원 성명 · 주민 · 주소	⑤ 〃[2]	⑥ 〃(☞ 합명) ⑦ 업무집행자 성명[4] · 주소	⑦ 〃(☞ 합명)	⑦ 발기인 성명 · 주민 · 주소
4) 기 타	⑥ 정관 작성년월일	⑥ 〃	⑧ 〃		⑧ 공고방법

❶ 정관에는 위의 절대적 사항을 적고 총사원(각 사원, 각 발기인)이 기명날인하거나 서명하여야 한다(§179, §271, §287-3, §289, §543).

❷ 각 사원이 무한책임사원인지 또는 유한책임사원인지를 추가적으로 기재하여야 한다.

❸ 액면주식을 발행한 경우에 기재하며, 무액면주식을 발행한 경우에는 기재하지 않는다.

❹ 법인인 경우에는 명칭을 기재한다.

2. 상법에서 “추정한다”가 포함된 규정

구 분		관련 규정[1]	번호
(1) 상법총칙		제23조 (주체를 오인시킬 상호의 사용금지) ④ 동일한 특별시 · 광역시 · 시 · 군에서 동종영업으로 타인이 등기한 상호를 사용하는 자는 부정한 목적으로 사용하는 것으로 추정한다.	1
(2) 상행위	1) 통칙	제47조 (보조적 상행위) ① 상인이 영업을 위하여 하는 행위는 상행위로 본다(☞ 영행본). ② 상인의 행위는 영업을 위하여 하는 것으로 추정한다(☞ 행영추).	2

PART 2 제2장 상행위

<table>
<tr><th colspan="2">구 분</th><th>관련 규정[1]</th><th>번호</th></tr>
<tr><td rowspan="2">(2) 상행위</td><td>2) 운송업</td><td>제131조 (화물상환증 기재의 효력)
① 제128조(화물상환증의 발행)에 따라 화물상환증이 발행된 경우에는 운송인과 송하인 사이에 화물상환증에 적힌 대로 운송계약이 체결되고 운송물을 수령한 것으로 추정한다.</td><td>3</td></tr>
<tr><td>3) 금융리스업</td><td>제168조의3 (금융리스업자와 금융리스이용자의 의무)
③ 금융리스물건수령증을 발급한 경우에는 제1항의 금융리스계약 당사자 사이에 적합한 금융리스물건이 수령된 것으로 추정한다.</td><td>4</td></tr>
<tr><td rowspan="5">(3) 주식회사</td><td rowspan="2">1) 주식</td><td>제336조 (주식의 양도방법)
② 주권의 점유자는 이를 적법한 소지인으로 추정한다.</td><td>5</td></tr>
<tr><td>제356조의2 (주식의 전자등록)
③ 전자등록부에 주식을 등록한 자는 그 등록된 주식에 대한 권리를 적법하게 보유한 것으로 추정하며, 이러한 전자등록부를 선의로, 그리고 중대한 과실 없이 신뢰하고 제2항의 등록에 따라 권리를 취득한 자는 그 권리를 적법하게 취득한다.</td><td>6</td></tr>
<tr><td rowspan="2">2) 기관(이사)</td><td>제397조의2 (회사의 기회 및 자산의 유용 금지)
② 제1항(☞ 회사의 사업기회 유용 금지 의무)을 위반하여 회사에 손해를 발생시킨 이사 및 승인한 이사는 연대하여 손해를 배상할 책임이 있으며 이로 인하여 이사 또는 제3자가 얻은 이익은 손해로 추정한다.</td><td>7</td></tr>
<tr><td>제399조 (회사에 대한 책임)
③ 전항의 결의(☞ 이사의 손해배상 원인 행위에 대한 이사회 결의)에 참가한 이사로서 이의를 한 기재가 의사록에 없는 자는 그 결의에 찬성한 것으로 추정한다.</td><td>8</td></tr>
<tr><td>3) 기타</td><td>제467조의2 (이익공여의 금지)
② 회사가 특정의 주주에 대하여 무상으로 재산상의 이익을 공여한 경우에는 주주의 권리행사와 관련하여 이를 공여한 것으로 추정한다. 회사가 특정의 주주에 대하여 유상으로 재산상의 이익을 공여한 경우에 있어서 회사가 얻은 이익이 공여한 이익에 비하여 현저하게 적은 때에도 또한 같다.</td><td>9</td></tr>
</table>

[1] 법에는 "본다(☞ 간주한다)"는 표현과 "추정한다"라는 표현이 혼재되어 있다. 상법은 거래의 안정성을 추구하므로, 다툼의 여지를 없앤 "본다"라는 표현이 상대적으로 많다. 따라서 위의 내용과 같이 그 빈도가 적은 "추정"이 포함된 규정을 한꺼번에 정리하는 것이 보다 효과적이다.

3. 법원과 관련된 주요 규정

(1) 상법에서 “직권으로”가 포함된 규정

구 분		관련 규정	번호
(1) 상법총칙		제32조 (상업장부의 제출) 법원은 신청에 의하여 또는 직권으로 소송당사자에게 상업장부 또는 그 일부분의 제출을 명할 수 있다.	1
(2) 상행위	통 칙	제176조 (회사의 해산명령) ① 법원은 다음의 사유가 있는 경우에는 이해관계인이나 검사의 청구에 의하여, 또는 직권으로 회사의 해산을 명할 수 있다. 1. 회사의 설립목적이 불법한 것인 때 2. 회사가 정당한 사유없이 설립후 1년내에 영업을 개시하지 아니하거나 1년 이상 영업을 휴지하는 때 3. 이사 또는 회사의 업무를 집행하는 사원이 법령 또는 정관에 위반하여 회사의 존속을 허용할 수 없는 행위를 한 때 ② 전항의 청구가 있는 때에는 법원은 해산을 명하기 전일지라도 이해관계인이나 검사의 청구에 의하여 또는 직권으로 관리인의 선임 기타 회사재산의 보전에 필요한 처분을 할 수 있다. ③ 이해관계인이 제1항의 청구를 한 때에는 법원은 회사의 청구에 의하여 상당한 담보를 제공할 것을 명할 수 있다.[1]	2
(3) 합명	청 산	제252조 (법원선임에 의한 청산인) 회사가 제227조(해산원인)의 제3호(☞ 사원이 1인으로 된 때) 또는 제6호(☞ 법원의 해산명령 · 해산판결)의 사유로 인하여 해산된 때에는 법원은 사원 기타의 이해관계인이나 검사의 청구에 의하여 또는 직권으로 청산인을 선임한다.	3
(4) 주식	1) 기관	제366조 (소수주주에 의한 소집청구) ① 발행주식총수의 100분의 3 이상에 해당하는 주식을 가진 주주는 회의의 목적사항과 소집의 이유를 적은 서면 또는 전자문서를 이사회에 제출하여 임시총회의 소집을 청구할 수 있다. ② 제1항의 청구가 있은 후 지체 없이 총회소집의 절차를 밟지 아니한 때에는 청구한 주주는 법원의 허가를 받아 총회를 소집할 수 있다. 이 경우 주주총회의 의장은 법원이 이해관계인의 청구나 직권으로 선임할 수 있다.	4
		제408조의7 (집행임원의 이사회 소집 청구) ① 집행임원은 필요하면 회의의 목적사항과 소집이유를 적은 서면을 이사(소집권자가 있는 경우에는 소집권자)에게 제출하여 이사회 소집을 청구할 수 있다. ② 제1항의 청구를 한 후 이사가 지체 없이 이사회 소집의 절차를 밟지 아니하면 소집을 청구한 집행임원은 법원의 허가를 받아 이사회를 소집할 수 있다. 이 경우 이사회 의장은 법원이 이해관계자의 청구에 의하여 또는 직권으로 선임할 수 있다.	5

구 분		관련 규정	번호
(4) 주식	2) 사채	제508조 (사채권자집회의 비용) ① 사채권자집회에 관한 비용은 사채를 발행한 회사가 부담한다. ② 제496조(결의의 인가의 청구)의 청구에 관한 비용은 회사가 부담한다. 그러나 법원은 이해관계인의 신청에 의하여 또는 직권으로 그 전부 또는 일부에 관하여 따로 부담자를 정할 수 있다.	6

❶ 담보제공 명령에는 "직권"이 포함되지 않는다는 것에 유의하여야 한다.

(2) 상법에서 "재량"이 포함된 규정

구 분		내 용
(1) 본 규정		제379조 (법원의 재량에 의한 청구기각) 결의취소의 소가 제기된 경우에 결의의 내용, 회사의 현황과 제반사정을 참작하여 그 취소가 부적당하다고 인정한 때에는 법원은 그 청구를 기각할 수 있다.
(2) 제379조 준용규정	1) 주식	제308조
	2) 유한	제578조

(3) 상법에서 하자가 보완된 경우 법원이 해당 청구를 기각할 수 있는 규정

구 분		내 용
(1) 본 규정		제189조 (합명 – 하자의 보완 등과 청구의 기각) 설립무효의 소 또는 설립취소의 소가 그 심리중에 원인이 된 하자가 보완되고 회사의 현황과 제반사정을 참작하여 설립을 무효 또는 취소하는 것이 부적당하다고 인정한 때에는 법원은 그 청구를 기각할 수 있다.
(2) 제189조 준용규정	1) 합명	제240조 (합병무효의 소 – 준용규정)❶
	2) 유책	제287조의6 (설립의 무효와 취소 – 준용규정)
	3) 주식	제328조 (설립무효의 소) 제360조의14 (주식교환무효의 소) 제360조의23 (주식이전무효의 소) 제430조 (신주발행무효의 소 – 준용규정) 제446조 (감자무효의 소 – 준용규정)
	4) 유한	제552조 (설립무효, 취소의 소)

❶ 해당 규정은 다른 모든 유형의 회사의 합병과 주식회사의 분할에도 준용된다(§287-41, §530, §530-11, §603).

4. 주식회사의 주요 소송별 원고자격

구 분	소송 유형	원고자격
1) 설립 · 해산	① 설립무효❶	주주, 이사, 감사
	② 해산명령	이해관계자, 검사 + 법원직권
	③ 해산판결	10% 이상 소수주주
2) 총회결의	① 결의취소❷	주주, 이사, 감사
	② 결의무효	별도 규정 없음(☞ 소송의 이익이 있는 자)
	③ 결의부존재	
	④ 부당결의취소❷	해당 주주
3) 자본금 변경	① 신주발행무효❸	주주, 이사, 감사
	② 감자무효❹	주주 · 이사 · 감사 · 청산인 · 파산관재인 · 미승인 채권자
4) 조직변경❺	① 합병무효 ② 분할무효 ③ 분할합병무효	주주 · 이사 · 감사 · 청산인 · 파산관재인 · 미승인 채권자
5) 지배구조 변경❻	① 주식교환무효 ② 주식이전무효	주주 · 이사 · 감사❼ · 청산인

❶ 회사성립의 날로부터 2년 내에 제기하여야 한다.
❷ 결의의 날로부터 2월 내에 제기하여야 한다.
❸ 신주를 발행한 날로부터 6월 내에 제기하여야 한다.
❹ 자본금 감소로 인한 변경등기가 된 날부터 6월 내에 제기하여야 한다.
❺ 합병 · 분할 · 분할합병의 등기가 있은 날로부터 6월 내에 제기하여야 한다.
❻ 주식교환 · 이전의 날로부터 6월 내에 제기하여야 한다.
❼ 감사위원회 위원을 포함하고 있다. 다만, 감사위원회 위원도 이사이므로 이사에 포함되는 것으로 볼 수 있다.

제2권 기업법 II

- 공인회계사법
- 외부감사법

PART 1

공인회계사법

01 공인회계사

CHAPTER

1절 직무의 범위와 유형

1. 직무범위

직무의 범위(§2)

공인회계사는 타인의 위촉에 의하여 다음 각호의 직무를 행한다.
1. 회계에 관한 감사 · 감정 · 증명 · 계산 · 정리 · 입안 또는 법인설립등에 관한 회계
2. 세무대리
3. 제1호 및 제2호에 부대되는 업무

2. 직무유형

구 분	인증업무❶	비인증업무
1) 개념	확신(☞ 의견)을 제공하는 업무	인증업무 외
2) 해당 업무	감사 · 증명 업무	감사 · 증명 업무 외

❶ 인증업무를 수행하기 위해서는 독립성이 충족되어야 한다.

2절 자격과 시험, 직무수행과 등록

1. 자격요건 2가지

(1) 요건1 ➡ 7가지 결격사유에 해당하지 않아야 한다.

구 분	7가지 결격사유
1) 의사능력 부족	① 미성년자 또는 피성년후견인(☞ 피한정후견인×)
2) 파산자	② 파산선고 후 미복권된 자
3) 범죄자	③ 금고이상 실형선고 + 집행 종료 · 면제 후 5년 미경과된 자 ④ 금고이상 형의 집행유예선고 + 유예기간 종료 후 2년 미경과된 자 ⑤ 금고이상 형의 선고유예 + 선고유예기간 중에 있는 자
4) 파면 · 제명된 자	⑥ 탄핵 · 징계처분으로 파면·해임된 후 5년 미경과된 자 ⑦ 공인회계사법 · 세무사법에 의한 징계로 제명 · 등록취소된 후 5년 미경과된 자

기간별 7가지 결격사유

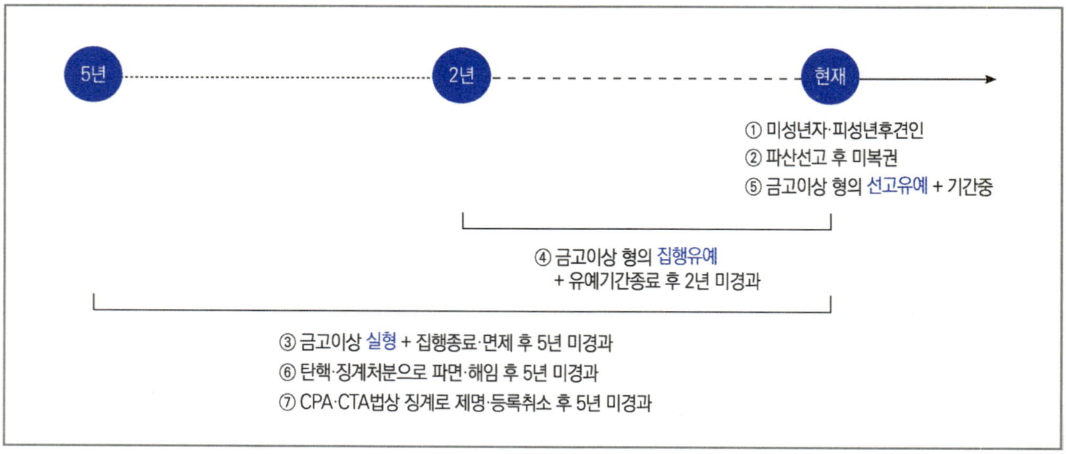

(2) 요건2 ➡ 시험에 합격하여야 한다.

1) 시험의 실시기관과 위탁기관

구 분	해당 기관
(1) 실시기관	• 금융위원회 ① 심의 · 의결기구 : 금융위원회 산하 공인회계사자격 · 징계위원회 ② 시행기구 : 금융위원회 산하 시험위원회
(2) 일부 업무 위탁기관	• 금융감독원장

❶ 공인회계사자격 · 징계위원회(☞ 위원장[금융위원회 부위원장] 1인을 포함하여 총 11명으로 구성)는 다음 사항을 심의한다(§6-2 ①).

① 공인회계사자격의 취득에 관한 사항
 ㉠ 공인회계사의 시험과목 등 시험에 관한 사항
 ㉡ 시험선발인원의 결정에 관한 사항
 ㉢ 그 밖에 공인회계사자격의 취득에 관한 중요사항
② 공인회계사의 징계에 관한 사항

❷ 금융위원회는 시험을 시행하기 위하여 그 산하에 시험위원회를 두어 다음 사항을 심의한다(령§6 ①).

① 시험응시자격에 관한 사항
② 시험문제의 출제에 관한 사항
③ 시험방법에 관한 사항
④ 시험합격자의 결정에 관한 사항
⑤ 기타 시험에 관하여 금융위원회 위원장 또는 위원장이 부의하는 사항

❸ 금융위원회는 시험에 관한 일부의 업무를 금융감독원장에게 위탁할 수 있다(§52 ②).

2) 학점이수요건

과 목	필수학점
① 회계학 및 세무 관련	12
② 경영학	6
③ 경제학	3
④ 정보기술	3
합 계	24

3) 시험과목과 합격기준

구 분	1차 시험		2차 시험	
1) 시험형태	객관식		주관식	
2) 시험과목과 배점	① 회계학	150	① 재무회계I(중급회계)	100
	② 세법개론	100	② 재무회계II(고급회계)	50
	③ 기업법	100	③ 원가관리회계	100
	④ 경영학	80	④ 회계감사	100
	⑤ 경제학	80	⑤ 세법	100
	⑥ 영어❶	–	⑥ 재무관리	100
3) 합격기준	다음을 모두 충족한 자 중에서 고득점자 순으로 결정 ① 매과목별 배점의 40% 이상 득점 ② 전과목 배점합계의 60% 이상 득점		매과목별 배점의 60% 이상 득점❷	

❶ 토익, 토플 등 공인된 영어시험에서 일정 점수를 득점하면 되며(☞ 토익기준 700점 이상), 시험일로부터 역산하여 5년이 되는 날이 속하는 해의 1월 1일 이후에 실시된 시험성적만 인정된다. 예를 들어, 20×6년 2월 28일이 1차 시험일인 경우, 20×1년 1월 1일 이후에 실시된 시험성적만 인정된다.

❷ 매과목별 배점의 60% 이상 득점자가 최소선발예정인원에 미달할 경우, 매과목별 배점의 40%이상 득점자 중에서 고득점자순으로 결정할 수 있다.

만약 부정한 방법으로 시험에 응시하거나 시험에서 부정행위를 할 경우, 금융위원회는 해당 시험을 정지시키거나 합격결정을 취소하며, 해당 응시자는 그 처분이 있는 날로부터 5년간 시험을 볼 수 없다(§5-2).

4) 1차 시험의 2가지 면제유형

1차 시험의 2가지 면제유형

① 1차 시험 합격자❶
② 관련 경력자❷❸

❶ 1차 시험에 합격한 자가 그 회의 2차 시험에 합격하지 못할 경우, 다음 회의 시험에 한하여 1차 시험을 면제한다(☞ 유예제도).

❷ 다음의 관련 경력자는 1차 시험의 검정목적인 기초소양을 이미 갖추었다고 보아 ① 1차 시험이 면제될 뿐만 아니라, ② 공인회계사로 등록하기 위한 1년 이상의 실무수습도 면제된다. 2개 이상의 기관에서 위의 업무에 종사한 경력이 있을 경우 그 경력기관은 합산하다.

1차 시험이 면제되는 관련 경력자(§6, 령§4)

경력기간	관련 기관 및 직책	관련 업무(사무)
1) 3년 이상	① 5급 이상 공무원 · 고위공무원단의 일반직공무원	기업회계 · 회계감사 · 세무회계(직접세)
	② 대학 · 전문대학에서 조교수 이상	회계학

2) 5년 이상	① 경리병과장교로서 대위 이상	경리 · 회계감사
	② 금융감독원의 대리급 이상	외부감사 · 주권상장법인의 재무관리
	③ 은행 · 공기업 · (기술)신용보증기금의 대리급 이상	회계
	④ 유가증권시장 · 코스닥시장상장법인의 과장급 이상	회계

❸ 위의 관련 경력자에 해당되더라도, 다음에 해당하는 경우에는 1차 시험이 면제되지 않는다(§6 ③).

① 탄핵 · 징계처분으로 파면 · 해임된 자

② 복무 중 금품·향응 수수로 강등 · 정직의 징계처분을 받은 자

2. 직무수행요건 2가지

(1) 요건1 ➡ 실무수습기관에서 1년 이상의 실무수습을 하여야 한다.

공인회계사의 자격을 갖춘 자는 다음의 실무수습기관에서 1년 이상의 실무수습을 하여야 한다. 다만, 1차 시험이 면제되는 관련 경력자는 실무수습이 면제된다. 한편, 공인회계사가 외부감사법에 따른 감사업무를 수행하기 위해서는 위의 실무수습기관에서 2년(단, 위 ⑤의 기관 3년) 이상의 실무수습을 하여야 한다(외§9 ④, 외령§10 ①).

실무수습기관 (령§12)

① 회계법인

② 감사반

③ 공인회계사회(☞ KICPA)

④ 금융감독원[1]

⑤ 기타 공인회계사회의 추천을 받아 금융위원회가 정하는 기관

❶ 외부감사법상 외부감사관련업무와 주권상장법인의 재무관리 사무 담당부서에 한한다.

(2) 요건2 ➡ 금융위원회에 등록하여야 한다.

1) 등록신청과 등록거부

공인회계사의 자격을 갖추어 1년 이상의 수습기간을 마친 자가 적절하게 등록신청을 할 경우, 금융위원회는 지체없이 공인회계사등록부에 등재하고, 신청인에게 등록증(☞ 자격증×)을 교부하여야 한다.

[비교] 등록거부사유 vs 등록취소사유

등록거부사유	[비교] 등록취소사유[2]
① 7가지 결격사유 중 하나에 해당하는 경우[1] ② 실무수습을 받지 않은 경우	① 7가지 결격사유 중 하나에 해당하는 경우[1] ② 등록취소를 신청한 경우 ③ 사망한 경우

❶ 따라서 7가지 결격사유에 해당되면, 공인회계사가 될 수도 없고, 공인회계사로 등록한 자는 등록이 취소된다.

❷ 공인회계사법 또는 관련 명령에 위반, 감사·증명에 중대한 착오 또는 누락, 공인회계사회 회칙에 위반, 및 공인회계사의 품위 손상과 같은 징계사유가 발생한 경우에도 등록취소가 될 수 있다.

공인회계사의 자격취득과 직무수행, 그리고 등록거부사유와 등록취소사유

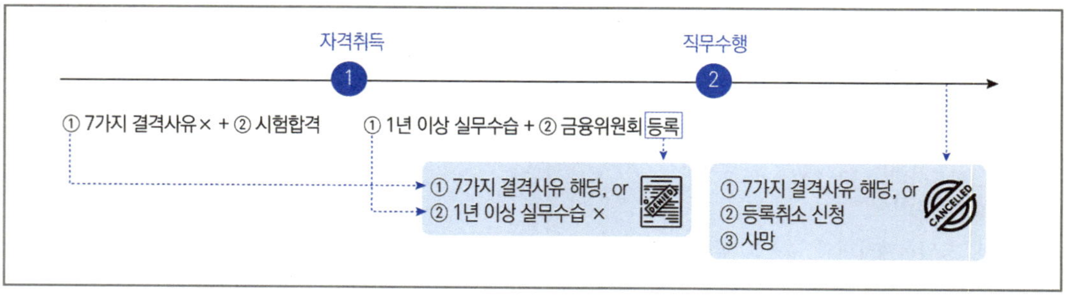

2) 등록의 갱신

공인회계사법은 공인회계사로 등록을 한 자는 3년 "이상"의 기간마다 그 등록을 갱신할 수 있도록 규정하고 있는데(§7 ④), 시행령에서는 그 기간을 5년으로 규정하고 있다(령§11 ①).

3절 의무와 금지사항

1. 의무사항

구 분	공인회계사의 의무	비 고
1) 5가지 윤리강령과 비교	① 성실	
	② 공정	
	③ 비밀엄수(유지)	현재와 과거의 사무직원도 포함
	④ 전문가적 적격성과 정당한 주의	공인회계사법에는 직접적인 규정 없음
	⑤ 전문가적 품위	
2) 기타	① 손해배상책임 보장조치❶	공제사업 또는 보험에 가입❷
	② 공인회계사회 회칙 준수	
	③ 장부 작성 · 비치	

❶ 공인회계사가 직무와 관련하여 고의 또는 과실(☞ 중과실×)로 위촉인에게 손해를 발생시키는 경우에 위촉인에 대한 손해배상책임을 보장하기 위해서이다.

❷ 공제사업[共濟事業 : 서로 돕는 사업이라는 의미로 사적인 보험제도이다]은 공인회계사회의 공제사업을 말하며, 보험금액은 1인당 5천만원 이상이어야 한다. 한편, 회계법인은 후술하는 손해배상준비금을 적립하여야 하므로 회계법인에 소속된 공인회계사는 공인회계사회의 공제사업이나 보험에 가입하지 않아도 된다.

2. 금지사항

금지사항	금지사항의 세부내용 등
1) 2개 이상의 사무소 개설	개업공인회계사는 1개의 사무소만 개설 가능❶
2) 명의대여	① 자기의 성명 · 상호를 타인에게 사용하게 하는 행위 또는, ② 등록증을 대여하는 행위
3) 계쟁권리의 양수	분쟁 중에 있는 권리를 양수하는 행위
4) 부정청탁의 수수	① 부정한 청탁을 받고 금품이나 이익을 수수·요구 또는 약속하는 행위 또는, ② 위촉인이 사기 기타 부정한 방법으로 부당한 금전상의 이득을 얻도록 이에 가담 또는 상담하는 행위

❶ 회계법인의 경우, 주사무소 외에 1개 이상의 분사무소를 둘 수 있으며, 각 분사무소에는 3인 이상의 공인회계사가 상근하여야 한다.

02 회계법인

CHAPTER

1절 설립과 등록

1. 설립시 정관의 기재사항

구 분	기재사항
1) 기본사항	① 명칭(상호)
	② 목적❶
	③ 주사무소 · 분사무소❷ 소재지
2) 출자 관련사항	④ 출자 1좌의 금액
	⑤ 자본금 총액❶
	⑥ 결손금 보전 관련
3) 사원·이사 관련사항	⑦ 사원 · 이사의 성명과 주민등록번호❸, 및 주소
	⑧ 각 사원의 출자좌수
	⑨ 사원총회 관련
	⑩ 대표이사 관련
	⑪ 업무 관련❶
4) 기타사항	⑫ 존립시기 · 해산사유를 정한 경우 그 시기 · 사유

❶ 회계법인이 정관의 기재사항 중 ② 목적, ⑤ 자본금 총액(자본금 감소에 한함), ⑪ 업무 관련 사항에 대한 변경을 한 때에는 지체없이 이를 금융위원회에 신고하여야 한다(§38).

❷ 회계법인은 주사무소 외에 1개 이상의 분사무소(☞ 주식회사의 지점과 동일한 개념)를 둘 수 있으며, 각 분사무소에는 3인 이상의 공인회계사가 상근하여야 한다(§32 ①, 령§22). 또한 이사와 소속공인회계사(☞ 이사가 아닌 공인회계사)는 소속된 회계법인 외에 따로 개인사무소를 둘 수 없다(§32 ①).

❸ 외국공인회계사도 회계법인의 사원이 될 수 있다(§26 ⑤). 따라서 외국공인회계사의 경우 외국인 등록번호로 대체한다.

2. 등록요건

회계법인은 다음의 등록요건을 갖추어 금융위원회에 등록하여야 한다(§24 ①).

주요 등록요건	내 용	세부사항
1) 자본금의 규모	5억 이상	전기말 자본(☞ 자본금 ≠❶)이 5억원에 미달할 경우 6개월 내에 ① 유상증자하거나 ② 사원으로부터 증여를 받아 보전하여야 한다❷.
2) 공인회계사의 수	7명 이상	이사와 직원 중 7명 이상이 공인회계사❸이어야 한다.
3) 사원의 수	3명 이상	사원은 공인회계사이어야 한다(☞ 외국공인회계사 가능).
4) 이사의 수	3명 이상	이사는 공인회계사이어야 하며, 다음에 해당하는 자는 이사가 될 수 없다. [이사가 될 수 없는 자] ① 사원이 아닌 자 ② 직무정지처분을 받은 후 그 직무정지기간 중에 있는 자❸ ③ 등록취소·업무정지된 회계법인의 이사였던 자로서, 그 회계법인이 등록취소 후 3년 미경과·업무정지기간 중에 있는 자❹ ④ 외국공인회계사

❶ 자본금이 최소자본금 요건(☞ 5억원)에 미달한 경우에는 3월 이내에 보완(☞ 증자 등)하여야 하고, 해당 기간 내에 보완하지 않을 경우 등록취소사유가 된다(§39 ① 1호).

❷ 증여를 받아 보존한 경우 회계법인은 특별이익으로 회계처리하여야 한다. 만약, 회계법인이 6개월 내에 보전이나 증자를 하지 않는 경우 금융위원회는 기간을 정하여 보전이나 증자를 명할 수 있다.

❸ 회계법인의 공인회계사는 이사와 소속공인회계사(☞ 이사가 아닌 공인회계사)로 구분할 수 있다. 전부 직무정지처분기간 중인 공인회계사는 이사나 소속공인회계사가 될 수 없다. 그러나, 일부 직무정지처분기간 중인 공인회계사는 이사는 될 수 없어도 소속공인회계사는 될 수 있다. 한편, 공인회계사에 비해 업무의 범위가 현저하게 제한되는 외국공인회계사의 경우, 이사나 소속공인회계사가 될 수 없고, 오직 사원만 될 수 있다.

직무정지의 범위에 따른 이사와 소속공인회계사 가능 여부(§26 ①, ③)

구 분	전부 직무정지처분기간 중	일부 직무정지처분기간 중
1) 이사	×	×
2) 소속공인회계사	×	○

❹ 다른 회계법인에서 이사로 근무할 때 그 회계법인이 등록취소되거나 업무정지가 되어, 현재의 회계법인으로 이직한 공인회계사에 대한 제한이다.

회계법인의 주요 등록요건

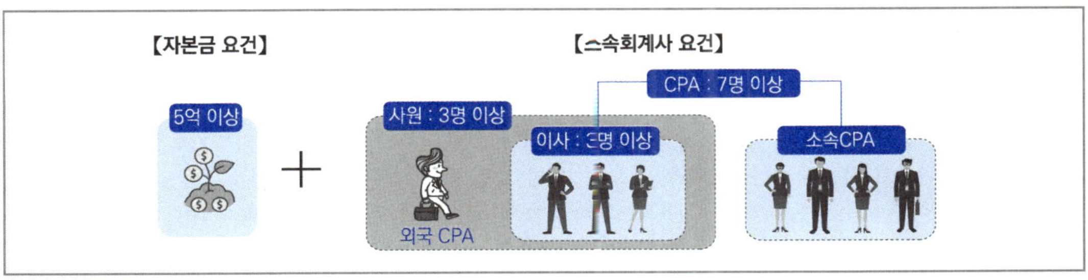

2절 운영

1. 감사 · 증명 업무와 타법인 출자등에 대한 제한

(1) 감사 · 증명 업무의 제한

공인회계사나 회계법인이 감사·증명업무를 수행할 수 없는 3가지 상황

1) 재무적 이해관계가 있는 경우
2) 밀접한 인적관계가 있는 경우
3) 감사업무와 동시에 수행할 수 없는 비감사업무를 수행한 경우

1) 상황1 ➡ 재무적 이해관계

이해관계	개업공인회계사	회계법인
1) 주주	① 해당 공인회계사 또는 그 배우자가 주식 또는 출자지분을 소유하고 있는 자❶	① 회계법인, 사원 또는 그 배우자가 주식 또는 출자지분을 소유하고 있는 자❶
2) 채권 · 채무	② 공인회계사 또는 그 배우자와 채권 · 채무 관계에 있는 자❷	② 회계법인과 1억원 이상의 채권 · 채무관계에 있거나, 사원 또는 그 배우자와 채권 · 채무 관계에 있는 자❷
3) 기타 거래	③ 해당 공인회계사 또는 회계법인에게 법 제2조 [직무범위]의 규정에 의한 직무(업무)를 수행하는 대가로 자기주식 · 신주인수권부사채 · 전환사채 또는 주식매수선택권(☞ 잠재적 보통주)을 제공하였거나 제공하기로 한 자 ④ 해당 공인회계사 또는 회계법인에게 공인회계사 직무(업무)외의 직무(업무)로 인하여 계속적인 보수를 지급하거나 기타 경제상의 특별한 이익을 제공하고 있는 자 ⑤ 해당 공인회계사 또는 회계법인에게 무상으로 또는 일반적인 거래가격보다 현저히 낮은 대가로 공인회계사 사무소나 영업용 차량을 제공하고 있는 자	

❶ 다만, 감사기간 중 합병·상속 또는 소송 등에 따라 주식 또는 출자지분을 비자발적으로 취득한 후 해당 주식 또는 출자지분을 지체 없이 처분한 경우는 제외한다.

❷ 다만, 다음의 어느 하나에 해당하는 채권 · 채무는 제외한다(☞ 감사 · 증명업무 수행 가능).

① 공인회계사의 직무와 직접 관련된 채권(예 감사보수 미수금)
② 약관에 따라 체결한 금융상품계약으로 발생한 다음의 채권 · 채무(☞ 아래 그림 참고)

㉠ 감사기간 중에 만기를 연장한 다음의 채권 · 채무
- 일반적인 절차에 따라 담보를 제공하고 성립된 채무(예 주택담보대출 · 예금담보대출 등)
- 보험상품계약으로 발생한 채권 · 채무

㉡ 신용카드 사용에 따른 지급기일이 2월 이내인 채무 중 연체되지 아니한 채무
㉢ 퇴직연금 등 채권(☞ 공인회계사법은 퇴직연금에 대해 "약관에 따라 체결한 금융상품계약"이라는 직접적인 제한

규정을 두고 있지 않지만, 퇴직연금을 규정하고 있는 '근로자퇴직급여보장법'은 "약관"에 따른 계약을 전제로 하고 있고, 퇴직연금을 취급하는 기관은 금융기관이므로 실질적으로 "금융상품"에 해당한다)

㉣ 건축물이나 주택의 분양 · 공급 등과 관련하여 금융회사와 일괄적으로 체결한 대출 계약으로 발생한 채무(예 아파트집단대출)

㉤ ㉠~㉣ 외의 채권 · 채무로서 감사계약을 체결하기 전에 발생한 채권 · 채무

③ 감사계약을 체결하기 전에 표준약관에 따라 구입하거나 정상적인 가액으로 구입한 회원권 · 시설물이용권 등 채권

④ 감사기간 중 합병 · 상속 또는 소송 등에 의하여 비자발적으로 발생된 채권 · 채무

⑤ ①~④ 외에 상거래를 위해 약관에 따라 체결된 3천만원 미만의 채권 또는 채무

제외되는 일반적인 채권 · 채무의 3가지 요건 적용여부

5가지 채권 · 채무	3가지 요건		
	1) 약관(정상가액)	2) 발생시점(감사계약 전)	3) 금액기준
① 직무 관련 채권			
② 금융상품 관련 채권 · 채무	○	○ (단, 신, 퇴, 일 제외)	
③ 회원권 · 시설물이용권 등 채권	○	○	
④ 비자발적 채권 · 채무			
⑤ 기타 상거래 채권 · 채무	○		○ (3천만원)

약관에 따른 금융상품 관련 채권 · 채무의 발생시점 제한 여부

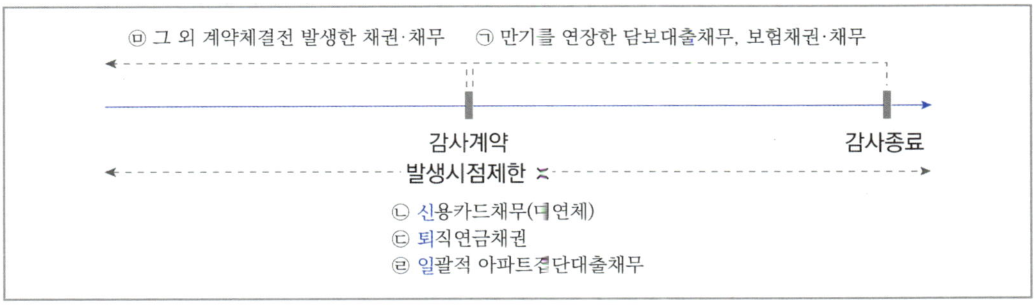

회계법인의 재무적 이해관계로 인한 인증업무의 제한

2) 상황2 ➡ 밀접한 인적관계

이해관계	개업공인회계사	회계법인
1) 동시 근무	① 해당 공인회계사가 현재 임원[1] · 직원으로 있거나, 그 배우자가 임원 · 재무직원[2]으로 있는 회사	① 회계법인의 사원이 현재 임원 · 직원으로 있거나, 그 배우자가 임원 · 재무직원으로 있는 회사
2) 과거 근무	② 해당 공인회계사가 과거 1년 이내에 임원 · 직원으로 있었거나, 그 배우자가 임원 · 재무직원으로 있었던 회사	② 회계법인의 사원이 과거 1년 이내에 임원 · 직원으로 있었거나, 그 배우자가 임원 · 재무직원으로 있었던 회사 ③ 과거 1년 이내에 자기의 재무제표 등에 대하여 감사업무를 행한 회계법인의 담당사원이 임원 · 재무책임자로 있거나, 그 배우자가 임원 · 재무책임자로 있는 회사

❶ "재무에 관한 사무의 책임있는 담당자"(예 재무팀장)는 임원으로 본다.

❷ 배우자가 임원인 경우에는 직무에 대한 제한이 없지만, 배우자가 직원인 경우에는 재무직원만 제한한다.

사원과 그 배우자의 밀접한 인적관계로 인한 회계법인의 직무제한

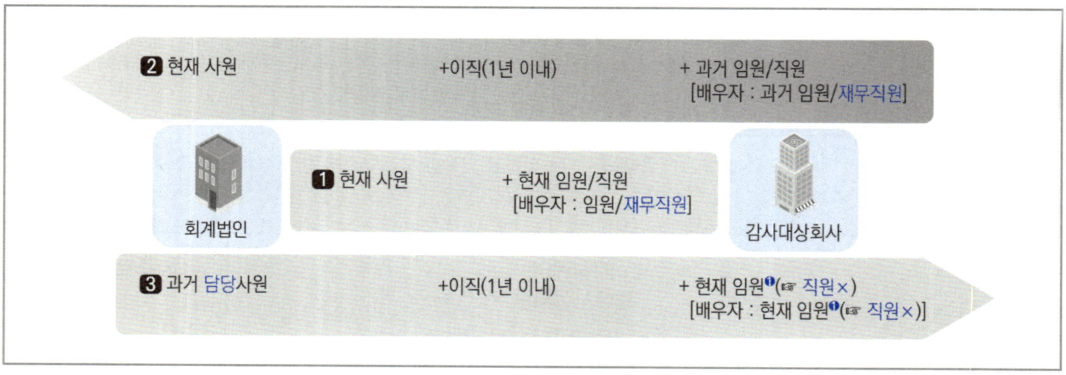

3) 상황3 ➡ 감사업무와 동시에 수행할 수 없는 비감사업무의 수행

구 분	동시수행이 제한되는 10가지 비감사업무[1]
1) 재무제표 작성 관련	① 회계기록과 재무제표의 작성 ② 재무정보체제의 구축 또는 운영 ③ 재무제표에 계상되는 보험충당부채 금액 산출과 관련되는 보험계리업무
2) Deal업무 관련	④ 자산 · 자본, 그 밖의 권리 등을 매도 또는 매수하기 위한 다음의 업무 • 자산 등에 대한 실사 · 재무보고 · 가치평가 • 자산 등의 매도 · 매수거래 또는 계약의 타당성에 대한 의견제시 ⑤ 자금조달 · 투자 관련 알선 및 중개업무

3) 임원역할 관련	⑥ 내부감사업무의 대행 ⑦ 중요한 자산의 처분 및 양도, 지배인의 선임 또는 해임 등 경영에 관한 의사결정으로서 임원이나 이에 준하는 직위의 역할에 해당하는 업무
4) 기타	⑧ 인사 및 조직 등에 관한 지원업무 ⑨ 민 · 형사 소송에 대한 자문업무 ⑩ 그밖에 재무제표의 감사 또는 증명업무와 이해상충의 소지가 있는 것으로서 대통령령으로 정하는 업무

❶ 감사대상회사가 연결재무제표를 작성하는 경우 그 자회사에 대해서도 위의 비감사업무를 수행할 수 없다.

감사업무와 동시수행이 허용되는 비감사업무를 할 때 마련하여야 하는 안전장치(§21 ③, §31 ②)

이해상충이 높은 업무	이해상충이 높지 않은 업무
감사등의 동의	감사등과 협의

❶ 위의 감사등에는 감사위원회를 포함하며, 실무적으로 감사인들은 동의절차로서 동의서에 감사등의 서명이나 날인을 받고 있으며, 협의절차로서 해당 업무의 수행 사실 등에 대해 감사등에게 이메일을 발송한다.

❷ 공인회계사와 회계법인은 감사등과의 동의 · 협의사항과 관련한 사항을 문서화하여 8년간 보존하여야 한다(령§14 ⑤).

(2) 감사 · 증명 업무 수행자에 대한 제한

- 회계법인은 감사 · 증명업무를 이사 및 소속공인회계사(☞ 이사 외의 회계사)만 수행하게 할 수 있으며, 다른 사람은 수행하게 할 수 없다(§34 ①).
- 감사 · 증명업무를 할 때에는 그 업무를 총괄하고 책임지는 이사를 지정하여야 한다(§34 ②).
- 지정된 이사는 업무를 수행할 때 각자 그 회계법인을 대표한다.
- 대표이사는 감사 · 증명 등의 문서(☞ 보고서 등)에 회계법인명의를 표시하고 기명날인하여야 한다(§34 ②).

감사 · 증명 업무의 수행자

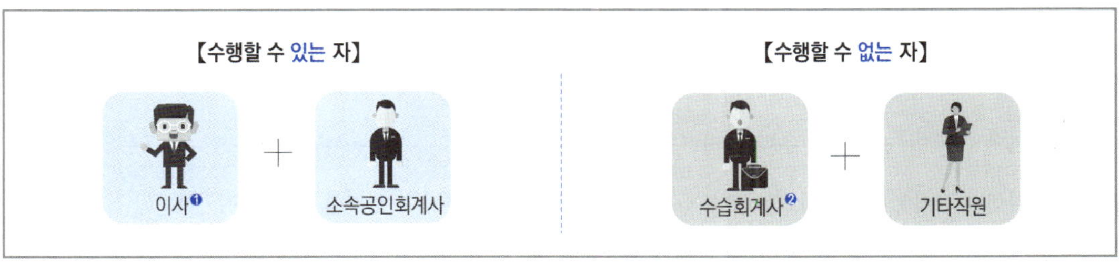

❶ 이사는 총괄책임자가 된다.

❷ 감사보조자로 참여는 할 수 있다.

(3) 타법인 출자와 채무보증에 대한 제한과 한도

구 분		한 도(령§21)
1) 원칙	① 타법인 출자 + 채무보증, and	자기자본 × 25%
	② 채무보증	자기자본 × 10%
2) 예외	*if* (자기자본❶ − 손해배상준비금) ≥ 5억, 타법인 출자	그 5억원 초과금액 × 50%

❶ 자기자본은 직전 사업연도말 재무상태표의 자산총액에서 부채총액(손해배상준비금을 제외)을 차감한 금액을 말한다(§29 ②). 참고로, 손해배상준비금은 자본의 이익잉여금으로 계상된다.

2. 회계법인의 의무

(1) 손해배상준비금의 적립의무

손해배상책임 보장제도

구 분	회계법인		[비교] 개업공인회계사
1) 관련 법률	공인회계사법	외부감사법	공인회계사법
2) 보장 제도	손해배상준비금 적립	KICPA에 손해배상공동기금 적립	KICPA공제사업 · 보험 가입
3) 보장 방법	내부적립	외부적립	외부가입

회계법인의 손해배상책임 보장제도

구 분		손해배상준비금	손해배상공동기금
1) 적립액	기본	−	① 회계사 수 100명 미만 : 5천만원 ② 회계사 수 100명 이상 : 2억5천만원
	연간	당기 총매출액 × 2%	① 당기 감사보수❶ × 4%, 또는 ② 보험가입
2) 적립한도		3년❷ 평균매출액 × 10%	3년❷ 평균감사보수❶ × 20%
3) 사용의 제한		손해배상 외 다른 용도 사용불가❸	① 손해배상 외 다른 용도 사용불가 ② 해산 외 양도 · 담보제공 불가 ③ 압류 · 가압류 불가
4) 해산시의 처리		전기말의 준비금 잔액을 KICPA에 예치	공동기금을 양도할 수 있음❹

❶ 외부감사법상 감사업무에 대한 감사보수를 말한다. 따라서 임의감사업무에 대한 감사보수는 제외된다.

❷ 해당 사업연도와 직년 2개 사업연도를 말한다.

❸ 금융위원회의 승인 없이는 다른 용도에 사용할 수 없다(§28 ②). 한편, 손해배상준비금은 손해배상공동기금과 다르게 외부에 적립한 것이 아니라 내부적인 회계처리에 불과하므로 그 개념상 양도, 담보, 압류나 가압류의 대상이 될 수 없다.

❹ 합병의 사유로 해산하는 경우, 합병법인이 피합병법인의 손해배상공동기금을 승계하므로 제외한다.

손해배상책임 보장제도

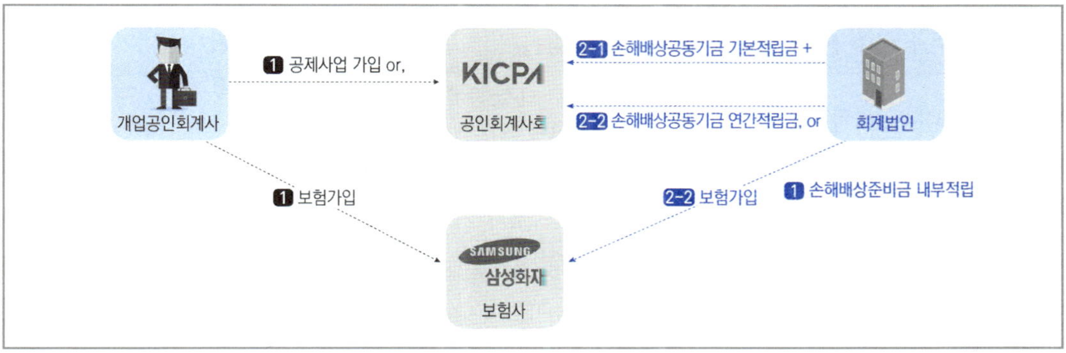

손해배상책임 보장제도의 보장대상범위(§19, §28 ①)

1) 직무의 구분	제2조의 1호❶ 직무	제2조의 2호❷ · 3호❸ 직무
2) 보장의 대상	위촉인과 선의의 제3자	위촉인

❶ 회계에 관한 감사 · 감정 · 증명 · 계산 · 정리 · 입안 또는 법인설립등에 관한 회계 직무를 말한다.

❷ 세무대리 업무를 말한다.

❸ 제1호와 제2호에 부대되는 업무를 말한다.

(2) 재무제표의 제출의무

- 회계법인은 한국채택국제회계기준이나 일반기업회계기준에 따라 재무제표를 작성하여 매 사업연도 종료일 후 3월 이내에 금융위원회에 제출하여야 한다.
- 금융위원회는 필요할 경우, 회계법인의 재무제표가 적정하게 작성되었는지 여부를 검사할 수 있다.

3. 이사와 소속공인회계사의 경업 · 겸직금지와 사원의 당연탈퇴사유

(1) 이사와 소속공인회계사의 경업 · 겸직금지

구 분	내 용❶
1) 경업금지	자기 · 제3자를 위하여 그 회계법인의 업무범위에 속하는 업무를 할 수 없다.
2) 겸직금지	다른 회계법인의 이사 · 소속공인회계사가 될 수 없다.

❶ 유한회사와 달리, 회계법인의 이사와 소속공인회계사는 사원총회의 승인여부와 상관없이 경업과 겸직이 금지된다.

(2) 사원의 4가지 당연탈퇴사유

구 분	사원의 탈퇴사유
1) 외부에 의한 탈퇴사유	① 공인회계사의 등록이 취소된 때 ② 징계에 따라 직무정지처분을 받은 때❶
2) 내부에 의한 탈퇴사유	③ 정관에 정한 사유가 발생한 때 ④ 사원총회의 결의❷가 있는 때

❶ 직무정지처분을 받아 그 정지기간 중에 있는 자는 이사도 될 수 없다(§26 ① 2호).

❷ 총사원의 반수 이상이며 총사원의 의결권의 4분의 3 이상을 가지는 자의 동의로 한다(☞ 특별결의, §40 ② → 상§585 ①).

3절 조직변경과 분할

1. 분할 · 분할합병의 허용과 제한

(1) 분할 · 분할합병의 허용

회계법인은 분할에 의하여 1개 또는 다수의 회계법인을 설립할 수 있으며, 분할에 의하여 1개 또는 다수의 존립중인 회계법인과 합병(☞ 분할합병)할 수 있다.

(2) 분할 · 분할합병의 제한

관련 법규의 위반으로 금융위원회로부터 업무의 전부정지 또는 일부정지 처분을 받은 경우, 그 기간 동안에는 분할·분할합병을 할 수 없다(§37-2 ⑥).

2. 분할 · 분할합병의 주요절차

분할의 2가지 주요절차

① 분할계획서 · 분할합병계약서의 작성
② 사원총회의 결의❶

❶ 유한회사 사원총회의 특별결의를 준용하여 ① 총사원 의결권의 3/4 이상과 ② 총사원수 1/2 이상의 동의가 있어야 한다.

3. 승계되는 권리와 의무

단순분할신설회계법인, 분할승계회계법인, 분할합병신설회계법인은 분할 · 분할합병 전의 분할회계법인으로부터 손해배상준비금, 손해배상공동기금 및 감사계약 등을 분할계획서 · 분할합병계약서에 따라 승계할 수 있다(§37-2 ④).

PART 1

제2장 회계법인

4절 해산

1. 해산사유

구 분		회계법인	[비교] 유한회사
1) 공통	자율[1]	① 정관으로 정한 사유(☞ 존립기간의 만료 등)의 발생 ② 사원총회 결의[2] ③ 합병	① 〃 (☞ 좌동, 이하동일) ② 〃 ③ 〃
	강제	④ 파산 ⑤ 법원의 해산명령·해산판결	④ 〃 ⑤ 〃
2) 개별	강제	⑥ 등록의 취소	–

❶ 자율적인 사유로 해산하는 경우에는 등록업무를 주관하는 금융위원회에 통보하여야 한다(§37 ②).

❷ 특별결의로서 ① 총사원 의결권의 3/4 이상과 ② 총사원수 1/2 이상의 동의가 있어야 한다(§40 ② → 상§609 ② → 상§585).

2. 해산시 손해배상준비금의 예치

회계법인이 해산하는 경우 직전 사업연도말의 손해배상준비금을 한국공인회계사회에 예치하고(§37 ③), 향후에 그 금액을 반환받을 이사(☞ 예치자)를 지정하여야 한다(령§23 ①).

03 공인회계사회

CHAPTER

1절 목적과 설립

- 공인회계사법은, 공인회계사의 ① 품위향상과 ② 직무의 개선 · 발전을 도모하고, ③ 회원의 지도 및 감독에 관한 사무를 행하기 위하여 한국공인회계사회를 두어(§41 ①), 등록 공인회계사와 회계법인은 의무적으로 입회하도록 규정하고 있다(§42).
- 금융위원회는 공인회계사회를 감독하며, 금융위원회는 필요하다고 인정한 때에는 공인회계사회에 대하여 보고서의 제출을 요구하거나 소속공무원으로 하여금 공인회계사회의 업무상황과 기타 서류를 검사하게 할 수 있다(§47 ①, ②).

공인회계사회의 설립 관련 사항(§41)

구 분	내 용
1) 조직형태	법인
2) 인가	회칙❶을 정하여 금융위원회의 인가(☞ 등록 ×)를 받아 설립
3) 지회·지부	지회·지부를 둘 수 있으며❷, 설치시 금융위원회의 승인(☞ 인가 ×)을 얻어야 함

❶ 회칙을 개정할 경우 지회 · 지부의 설치와 마찬가지로 금융위원회의 승인을 얻어야 한다.

❷ 참고로, 공인회계사회는 부산 · 광주 · 대구 · 대전 · 전북 등 5개의 지역에 지방공인회계사회를 두고 있다.

2절 업무의 범위

공인회계사법상 공인회계사회의 4가지 업무범위

① 윤리규정의 제정
② 회원에 대한 연수
③ 분쟁의 조정
④ 위촉 · 위탁 업무의 수행

1. 윤리규정의 제정

공인회계사회는 회원이 직무를 수행할 때 지켜야 할 직업윤리에 관한 규정(☞ 공인회계사윤리기준)을 제정하여야 하고, 회원은 그 규정을 준수하여야 한다(§43).

2. 회원에 대한 연수

- 공인회계사회는 회계연수원을 두어 다음의 자에 대한 연수를 실시하고, 회원의 자체적인 연수활동을 지도 · 감독하여야 한다.
- 연수 및 감독에 관하여 필요한 사항은 금융위원회의 승인을 얻어야 한다.

공인회계사회의 연수실시 대상자(§46 ①)

① 회원
② 공인회계사등록을 하고자 하는 자(☞ 수습회계사)
③ 사무직원 등

3. 분쟁의 조정

공인회계사회는 산하에 분쟁조정위원회(☞ 위원장 포함 7인의 위원으로 구성)를 두어 ① 공인회계사 상호간 또는 ② 공인회계사와 위촉인 사이에 분쟁이 있을 경우, 당사자의 청구(☞ 직권으로 ×)에 의하여 이를 조정한다.

4. 위촉 · 위탁 업무의 수행

(1) 공공기관으로부터의 위촉업무

- 공공기관은 공인회계사의 직무에 속한 사항에 관하여 공인회계사회에 업무를 위촉하거나 자문을 청할 수 있고, 공인회계사회는 그 업무를 직접 수행하거나 회원에게 수행하도록 할 수 있다(§44).
- 공인회계사회는 위촉이나 자문을 청한 공공기관에 대해 필요한 경우 개선(☞ 관련 제도의 정비 등)을 건의할 수도 있다.

(2) 금융위원회로부터의 위탁업무

금융위원회의 업무위탁

공인회계사회	금융감독원장
① 공인회계사와 외국공인회계사의 등록 관련 업무❶ ② 회계법인의 재무제표 제출의무 관련 업무 ③ 외국회계법인의 영업보고서 제출의무 관련 업무 ④ 공인회계사와 외국공인회계사에 대한 징계업무	① 시험에 관한 업무의 일부 ② 회계법인이 제출한 재무제표의 검사업무

❶ 회계법인과 외국회계법인의 등록과 조치 관련 업무는 금융위원회가 직접 수행한다.

04 외국공인회계사와 외국회계법인

CHAPTER

1절 직무범위

외국공인회계사와 외국회계법인은 다음의 직무만 수행할 수 있다(§40-3).

① 원자격국의 회계법과 회계기준에 관한 자문
② 국제적으로 통용되는 국제회계법과 국제회계기준에 관한 자문

2절 직무수행과 등록

1. 등록신청

• 관련 서류를 첨부한 등록신청서를 금융위원회에 제출하여야 하고, 금융위원회는 등록거부사유가 없으면 외국공인회계사나 외국회계법인 명부에 등록하고 등록증명서를 발급하여야 한다.
• 외국공인회계사(☞ 외국회계법인×)의 등록유효기간은 5년이다(☞ 3년 이상×, §40-4 ⑤).

2. 등록거부

등록거부사유

외국공인회계사	[비교] 공인회계사
① 결격사유 중 하나에 해당하는 경우 ② 등록취소사유[1]가 발견된 경우	① 결격사유 중 하나에 해당하는 경우 ② 실무수습을 받지 않은 경우

[1] 원자격국에서 공인회계사 등록이 취소되거나 직무정지 또는 이에 준하는 처분을 받은 경우 등을 말한다.

3절 업무수행시의 제한과 의무

1. 업무수행시의 제한

(1) 업무수행방식의 제한

외국공인회계사는 다음의 어느 하나의 방식으로만 직무를 수행할 수 있다(§40-9 ①). 한편, 외국공인회계사는 동시에 둘 이상의 외국공인회계사, 외국회계법인, 회계법인에 소속, 고용 또는 그 직책을 겸임할 수 없다.

① 외국회계사무소를 개설하여 업무수행
② 외국공인회계사 · 외국회계법인에 고용되어 업무수행
③ 회계법인(☞ 공인회계사 ×)에 고용되어 업무수행

(2) 공인회계사 및 회계법인과 관련한 제한

1) 고용과 동업금지

외국공인회계사와 외국회계법인은 공인회계사를 고용할 수 없고(§40-10 ①), 공인회계사·회계법인과 공동수임, 공동수행, 수익 배분 등도 할 수 없다(§40-10 ②).

2) 회계법인에 대한 외국공인회계사의 출자제한과 외국회계법인의 출자금지

외국공인회계사의 출자제한❶	외국회계법인의 출자금지❷
① 총한도 : 출자지분❸(자본금)의 50% 미만 ② 1인당 한도 : 출자지분❸(자본금)의 10% 미만	설립, 지분참여, 경영권 위임, 그 밖의 어떤 방법으로도 회계법인을 공동으로 설립 · 운영 불가

❶ 회계법인의 등록요건 중에는 "3인 이상의 사원" 요건이 있는데, 이때 사원은 공인회계사만이 될 수 있으며, 그 공인회계사에는 외국공인회계사를 포함한다고 하였다(§26 ⑤).

❷ 회계법인의 사원은 공인회계사이어야 한다(§26 ⑤).

❸ 의결권 있는 출자지분을 말한다.

2. 업무수행시의 의무

(1) 국내체류의무

외국공인회계사(☞ 외국회계법인×)는 최초의 업무개시일부터 1년에 180일 이상 대한민국에 체류하여야 한다. 그 체류기간에는 본인 또는 친족의 부상, 질병, 기타 부득이한 사정으로 외국에 체류한 기간을 포함한다.

(2) 원자격국 표시의무

구 분		내 용
(1) 기본사항	1) 자격	공인회계사, 회계법인 앞에 원자격국 표시 예 미국공인회계사 James Kim, 미국회계법인 ABC회계법인
	2) 회계사무소 명칭	회계사무소 앞에 원자격국과 (본점)사무소 명칭 표시 예 미국 ABC회계법인의 회계사무소
	3) 회계사무소의 장소	사무소 내외의 장소에 원자격국 표시
(2) 업무수행시	1) 위촉인	계약 체결전에 원자격국과 업무범위 분명히 공개
	2) 업무수행문서[1]	대표이사가 원자격국과 회계법인 명의 표시하고 기명날인 예 미국 ABC회계법인 대표이사 Paul Kim(인)

❶ 외국회계법인에게만 적용된다.

(3) 영업보고서 제출의무

외국공인회계사 · 외국회계법인	[비교] 회계법인
영업보고서[1]	재무제표

❶ 재무제표와 그 부속명세서 외에 외국회계사무소, 소속 직원, 보수총액, 징계내용, 소송현황, 국내 체류기간 등이 포함된 서류를 말하며, 매 사업연도가 끝난 후 3개월 이내에 제출하여야 한다.

(4) 비밀엄수의무

과거와 현재의 외국공인회계사와 그 사무직원은 그 직무상 알게 된 비밀을 대한민국 내외를 막론하고 누설하여서는 안 된다. 다만, 다른 법령에 특별한 규정이 있는 경우는 제외한다.

05 금융위원회의 징계, 조치 및 과징금

CHAPTER

1절 징계와 조치

1. 징계와 조치의 내용

(1) 공인회계사에 대한 징계와 회계법인에 대한 조치

구 분	공인회계사에 대한 징계❶	회계법인에 대한 조치
1) 관련규정	제48조 [징계]	제39조 [등록취소 등]
2) 징계주체	CPA자격 · 징계위원회가 의결	금융위원회
3) 징계사유	① 감사 · 증명에 중대한 착오 또는 누락 ② 공인회계사의 품위를 손상(☞ 직무 불문) ③ 공인회계사법 또는 관련 명령에 위반 ④ 공인회계사회 회칙에 위반	① 다음의 등록요건에 미달하였으나, 3월 이내에 보완하지 않은 경우❷ ㉠ 5억원 이상의 자본금❸ ㉡ 7인 이상의 공인회계사 ㉢ 3인 이상의 이사 ② 허위 기타 부정한 방법으로 등록 ③ 업무정지명령에 위반하여 업무 수행 ④ 감사 · 증명에 중대한 착오 · 누락 ⑤ 공인회계사법, 관련 명령에 위반
4) 징계유형	① 등록취소❶ ② 2년 이하의 직무정지(☞ 전부) ③ 1년 이하의 일부직무정지 ④ 견책	① 위 조치사유 ①~③ : 등록취소❺ ② 위 조치사유 ④~⑤ : 등록취소❺ 또는 1년 이내의 전부 또는 일부 업무정지
5) 징계기한	사유발생일 ~ 3년	사유발생일 ~ 3년

❶ 공인회계사에 대한 징계 외의 등록취소사유로는 ① 결격사유에 해당, ② 등록취소 신청, ③ 사망 등 3가지의 사유가 있다(§9).

❷ 3인 이상의 "사원" 요건의 미달은 등록취소나 1년 이내의 업무정지사유에 해당하지 않는다.

❸ 자본금이 5억원에 미달할 경우에는 등록취소사유가 되지만, 전기말의 자기자본이 5억원에 미달하였으나 6개월 내에 보전·증여를 하지 않는 경우에는 등록취소 또는 1년 이내의 업무정지사유에 해당한다.

❹ 공정, 성실, 은폐 · 허위보고 금지의무를 위반한 경우에는 등록취소 또는 1년 이내의 업무정지사유에 해당하지만, 공인회계사 개인의 의무에 해당하는 전문가적 품위유지 의무에 위반한 경우(§15 ②)는 조치사유에 해당하지 않는다.

❺ 금융위원회가 등록을 취소하고자 하는 경우 청문을 실시하여야 한다(§39-2).

(2) 외국공인회계사에 대한 징계와 외국회계법인에 대한 조치 사유

구 분	외국공인회계사	외국회계법인
1) 등록취소 등	주석 참고❶	① 원자격국에서 그 등록이 취소되거나 업무정지 또는 그에 준하는 처분을 받은 경우 ② 거짓이나 그 밖의 부정한 방법으로 등록을 한 경우
2) 직무범위 위반 등	① 직무 범위 외의 업무를 수행한 경우 ② 업무수행방식을 위반하여 수행한 경우 ③ 겸직금지의무를 위반한 경우	③ 업무정지명령을 위반하여 업무를 수행한 경우 ④ 직무 범위 외의 업무를 수행한 경우
3) 고용위반 등	④ 등록한 공인회계사를 고용한 경우 ⑤ 공인회계사 또는 회계법인과 직무를 공동으로 수행하거나 그로부터 받은 보수 또는 수익을 분배한 경우	⑤ 등록한 공인회계사를 고용한 경우 ⑥ 공인회계사 또는 회계법인과 직무를 공동으로 수행하거나 그로부터 받은 보수 또는 수익을 분배한 경우 ⑦ 공인회계사 또는 회계법인과 법인 설립, 지분참여, 경영권 위임이나 그 밖의 방식으로 회계법인을 공동으로 설립하거나 운영한 경우
4) 원자격국 표시위반 등	⑥ 그 자격을 표시할 때에 원자격국의 명칭이 포함된 명칭을 사용하지 아니한 경우 ⑦ 외국회계사무소를 개설할 때에 원자격국과 사무소의 명칭을 표시하지 아니한 경우 ⑧ 외국회계사무소 내외의 장소에 원자격국을 공시하지 아니한 경우 ⑨ 위촉계약 체결 전에 위촉인에게 원자격국과 업무 범위를 분명히 밝히지 아니한 경우	⑧ 그 자격을 표시할 때에 원자격국의 명칭이 포함된 명칭을 사용하지 아니한 경우 ⑨ 외국회계사무소를 개설할 때에 원자격국과 사무소의 명칭을 표시하지 아니한 경우 ⑩ 외국회계사무소 내외의 장소에 원자격국을 공시하지 아니한 경우 ⑪ 위촉계약 체결 전에 위촉인에게 원자격국과 업무 범위를 분명히 밝히지 아니한 경우 ⑫ 대표이사가 해당 문서에 원자격국 및 회계법인 명의를 표시하지 아니하거나 기명날인을 하지 아니한 경우
5) 기타	⑩ 회계법인에 자본금 총액의 10% 이상을 출자한 경우 ⑪ 체류의무(1년 180일 이상)를 위반한 경우 ⑫ 비밀유지의무를 위반한 경우	⑬ 사업연도가 끝난 후 3개월 이내에 영업보고서를 제출하지 아니한 경우 ⑭ 금융위원회의 자료제출 요구에 따르지 아니하는 경우 ⑮ 제40조의18 [준용규정]에 따라 준용되는 규정을 위반하는 경우

❶ 제40조의6 [외국공인회계사의 등록취소]에 외국공인회계사의 등록취소사유를 다음과 같이 별도로 규정하고 있다.

① 원자격국에서 공인회계사 등록이 취소되거나 직무정지 또는 이에 준하는 처분을 받은 경우
② 공인회계사의 등록취소사유가 발생한 경우(☞ ① 결격사유 발생, ② 등록취소 신청, ③ 사망)
③ 거짓이나 그 밖의 부정한 방법으로 등록을 한 경우
④ 등록의 유효기간이 지난 경우

2. 징계나 조치시 금융위원회와 공인회계사회의 공고의무

금융위원회	공인회계사회
지체 없이 그 사유와 함께, ① 통보 : 해당 공인회계사 · 회계법인, 공인회계사회, 증권선물위원회 ② 공고 : 관보 또는 인터넷 홈페이지 등	인터넷 홈페이지 등에 3개월 이상 게재❶

❶ 공인회계사회는, 외부감사법에 따라 감사인을 선임하려는 회사가 해당 공인회계사에 대한 징계나 해당 회계법인에 대한 조치를 알기 위하여 관련 정보의 열람 · 등사를 신청하는 경우 이를 제공하여야 한다(§48-2 ③).

2절 과징금

1. 과징금의 내용

구 분	내 용
1) 부과사유	① 감사 · 증명에 중대한 착오 또는 누락으로, ② 업무정지 또는 직무정지처분을 하여야 하는 경우로서, ③ 업무정지 등이 이해관계인 등에게 중대한 영향이나 공익을 해할 우려가 있는 때
2) 부과효과	업무정지 또는 직무정지처분에 갈음
3) 부과한도❶❷	① 회계법인 : 5억원 이하 ② 공인회계사 : 1억원 이하

❶ 위반행위의 내용 · 정도, 기간 · 회수, 및 취득한 이익의 규모를 고려하여야 하며, 과징금납부의무자가 ① 재해 등으로 재산에 현저한 손실을 입은 경우, ② 과징금의 일시납부에 따라 자금사정에 현저한 어려움이 예상되는 경우 및 ③ 이에 준하는 사유가 있는 경우, 금융위원회는 과징금납부의무자의 신청에 의하여 그 납부기한을 연장하거나 분할납부를 하게 할 수 있으며(§52-4), 이 경우 필요하다고 인정하는 때에는 담보를 제공하게 할 수 있다.

❷ 과징금납부의무자가 납부기한 내에 과징금을 납부하지 않을 경우 60개월을 한도로 연 6%의 가산금을 징수할 수 있으며, 과징금과 가산금을 납부하지 않을 경우 국세체납처분의 예에 따라 이를 징수할 수 있으며, 과징금과 가산금의 징수 및 체납처분의 업무를 국세청장에게 위탁할 수 있다(§52-5).

2. 과징금에 대한 이의신청

공인회계사나 회계법인의 이의신청기한	금융위원회의 이의신청 결과 통지
처분을 받은 날부터 30일 이내❶	① 신청을 받은 날로부터 30일 이내 ② 부득이한 사유가 있는 경우 30일의 범위 내에서 1회 연장 가능

❶ 행정기본법에서 규정하고 있는 내용이다.

PART 2

외부감사법

01 기초 다지기
CHAPTER

1절 외부감사법의 기본개념

1. 외부감사법의 목적

[법률의 목적과 실질적 주관부처] 공인회계사법 vs 외부감사법❶

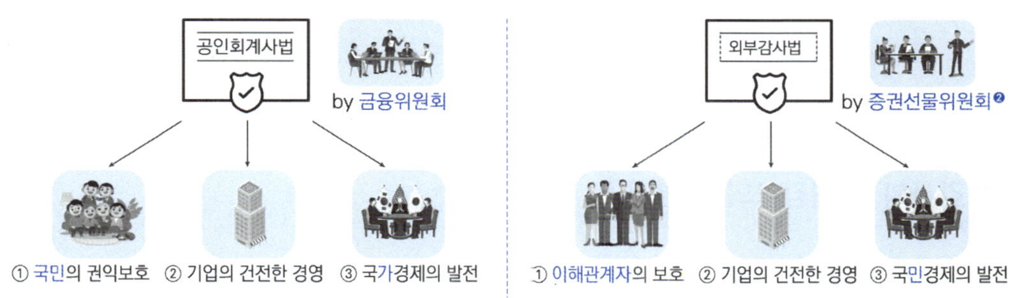

❶ 외부감사법에서는 매년 10월 31일을 '회계의 날'로 정하는 조문을 추가하여, ① 회계투명성의 가치와 중요성을 국민에게 널리 알리고, ② 회계분야 종사자들의 활동을 장려하고 있다(§38-2 ①).

❷ 증권선물위원회란 증권 · 선물시장의 불공정거래 조사, 기업의 회계처리기준 및 회계감리에 관한 업무를 담당하기 위해 금융위원회에 설치된 산하 기구이다. 외부감사법의 주무부처도 공인회계사법과 마찬가지로 금융위원회가 기재되어 있지만(☞ 금융위원회[공정시장과]), 실질적으로는 증권선물위원회가 외부감사업무를 관리하고 감독한다.

2. 다른 법률과의 관계

(1) 외부감사에 관한 다른 법률과의 관계

외부감사에 관하여 다른 법률을 제정하거나 개정하는 경우 외부감사법의 목적과 기본원칙에 맞도록 하여야 한다(§3 ①). 즉 외부감사법의 목적이나 기본원칙과 다르게 제정 · 개정할 수 없다.

(2) 자본시장법과의 관계

자본시장법과 외부감사법에 회계처리기준과 회계감사의 규정이 다른 경우 우선 적용 법률(§3 ②)

회계처리기준의 규정이 다른 경우	회계감사의 규정이 다른 경우
외부감사법❶	자본시장법

❶ 실제로 자본시장법은 금융투자업에 대해서는 외부감사법의 회계처리기준을 따르도록 규정하고 있고(자§5 ① 3호), 외부감사법의 대상이 되지 않는 집합투자재산과 신탁재산에 대해서만 별도의 회계처리기준을 규정하고 있다(자§114 ①, 자§240 ①).

2절 감사와 회계감사의 기본개념

1. 감사의 개념과 분류

(1) 감사의 개념

'자세히 들여다본다'는 의미이다.

(2) 감사의 분류

1) 감사대상별 분류

① 재무제표(회계)감사 : 재무제표는 **회계처리기준**❶에 따라 적절하게 작성되었는가?
② 업무감사 : 업무가 **효과적**이고 **효율적**으로 이루어지고 있는가?
③ 이행감사 : 임직원들이 업무를 수행할 때 **법규**를 **준수**하고 있는가?

❶ 외부감사법상 회계처리기준은 한국채택국제회계기준과 일반기업회계기준이다(§5 ①).

2) 회계감사의 다양한 분류

분류기준	감사의 종류	내 용
1) 감사의 강제성	① 법정감사	법률의 요구에 의해서 수행되는 감사 예 외부감사법, 자본시장법 등
	② 임의감사	법정감사 이외의 감사 예 대출기관의 요구에 따른 감사
2) 감사의 수행주체	① 외부감사	감사대상회사와 독립된 감사인에 의해 수행되는 감사 예 공인회계사의 재무제표감사, 국세청의 세무조사, 감사원의 감사 등
	② 내부감사	어떤 조직이나 기업 내부의 임직원에 의해 수행되는 감사 예 내부감사부서에 의해 수행되는 재무제표감사, 업무감사, 이행감사 등
3) 감사의 연속성	① 초도감사	당기의 감사인이 전기재무제표를 감사하지 않은 경우의 감사
	② 계속감사	당기의 감사인과 전기의 감사인이 동일한 경우의 감사

2. 회계감사의 목적

재무제표가 회계처리기준에 따라 공정하게 작성되었는지에 대하여 감사인이 감사를 실시하고 감사의견을 표명함으로써, 재무제표의 신뢰성을 제고하고 재무제도이용자(☞ 이해관계자)가 올바른 의사결정을 하는 데 도움을 준다.

3. 회계감사의 구성요소

구성요소	내용
1) 감사대상	재무제표
2) 판단기준	회계처리기준 ① 국제회계기준위원회의 국제회계기준을 채택하여 정한 회계처리기준 ② 그 밖에 이 법에 따라 정한 회계처리기준
3) 행위기준	회계감사기준
4) 감사의견	적정의견, 한정의견, 의견거절, 부적정의견

[제정권한 조문] 회계처리기준 vs 회계감사기준

회계처리기준	회계감사기준
제5조 [회계처리기준] ① 금융위원회는 '금융위원회의 설치 등에 관한 법률'에 따른 증권선물위원회의 심의를 거쳐 회사의 회계처리기준을 다음 각 호와 같이 구분하여 정한다. 1. 국제회계기준위원회의 국제회계기준을 채택하여 정한 회계처리기준 2. 그 밖에 이 법에 따라 정한 회계처리기준 ④ 금융위원회는 제1항에 따른 업무를 대통령령으로 정하는 바에 따라 전문성을 갖춘 민간 법인 또는 단체에 위탁할 수 있다. ⑤ 금융위원회는 이해관계인의 보호, 국제적 회계처리기준과의 합치 등을 위하여 필요하다고 인정되면 증권선물위원회의 심의를 거쳐 제4항에 따라 업무를 위탁받은 민간 법인 또는 단체("회계기준제정기관")에 회계처리기준의 내용을 수정할 것을 요구할 수 있다. 이 경우 회계기준제정기관은 정당한 사유가 없으면 이에 따라야 한다.	제16조 [회계감사기준] ② 제1항의 회계감사기준은 한국공인회계사회가 감사인의 독립성 유지와 재무제표의 신뢰성 유지에 필요한 사항 등을 포함하여 대통령령으로 정하는 바에 따라 금융위원회의 사전승인을 받아 정한다.❶

❶ 회계감사기준에 포함되어야 하는 5가지 사항은 다음과 같다.

① 감사인의 독립성을 유지하기 위한 요건
② 감사계획의 수립 방법과 감사 절차
③ 감사조서의 작성 등 감사업무의 관리
④ 감사의견의 구분 및 결정 방법
⑤ 감사결과의 보고기준

[제정기관과 심의기관] 회계처리기준 vs 회계감사기준

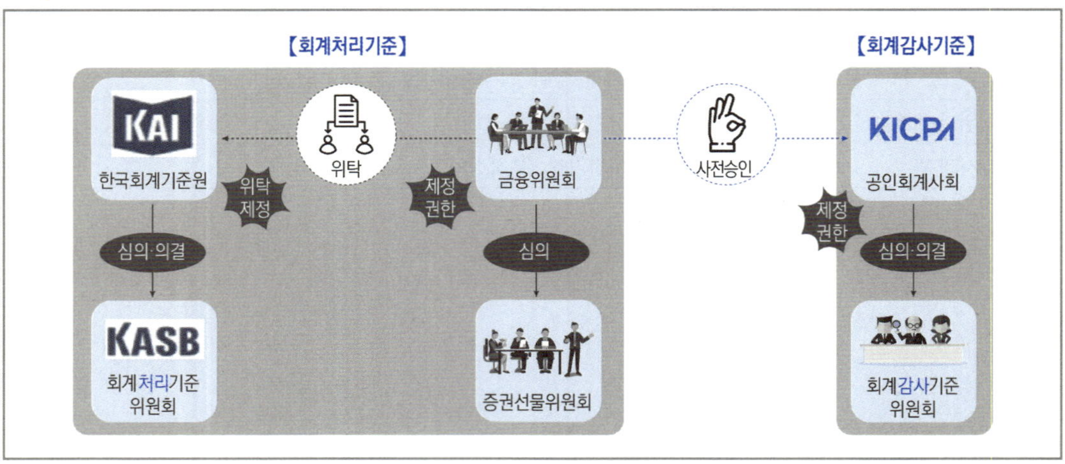

02 CHAPTER 감사대상회사와 감사인

1절 감사대상회사의 범위와 의무

1. 감사대상회사의 범위(= 외감대상)

1) 주권상장법인과 주권상장예정법인(당기 또는 차기)
2) 다음 중 하나에 해당하는 비상장회사(전기말 기준)
   ① 500억 이상 : 자산 또는 매출액
   ② 다음 중 2가지 이상에 해당하는 경우(단, 유한회사[1]의 경우 3가지 이상)
      ㉠ 120억 이상 : 자산총액
      ㉡ 100억 이상 : 매출액
      ㉢ 100명 이상 : 종업원 수
      ㉣ 70억 이상 : 부채
      ㉤ 50명 이상 : 사원 수(☞ 유한회사[1]에만 적용)

❶ 사원수 기준은 유한회사에만 적용되는 기준이지만, 사원수 기준에는 미달하더라도 나머지 4가지 기준 중 3가지 이상을 충족한다면 외부감사대상이 된다.

외감대상요건을 충족하더라도 외부감사를 받지 않아도 되는 회사(§4 ②, 령§5 ③)

구 분	해당 회사
1) 신설	① 당기에 최초로 상법상 설립등기를 한 회사[1]
2) 청산예정회사 등	② 해산 · 청산 또는 파산 사실이 등기되거나 1년 이상 휴업 중인 회사 ③ 합병절차가 진행 중인 회사로서 당기에 소멸될 회사 ④ 금융결제원으로부터 거래정지 처분을 받아 그 효력이 지속되고 있는 회사
3) 공기업 등	⑤ 주권상장법인이 아닌, 공기업 · 지방공기업 · 준정부기관
4) 특수목적회사	⑥ 투자회사, 투자유한회사, 투자목적회사(☞ 자본시장법§9) ⑦ 기업구조조정투자회사(☞ 기업구조조정투자회사법§2) ⑧ 유동화전문회사(☞ 자산유동화법§2)

❶ 전기의 재무제표가 없으므로 전기말의 규모요건을 판단할 수 없기 때문이다.

PART 2 제2장 회사·감사인

2. 감사대상회사의 의무

(1) 재무제표의 작성과 제출의무

1) 적절한 회계처리기준의 적용

한국채택국제회계기준의 의무적용대상(§5 ③, 령§6 ①, ②)

① 주권상장법인과 주권상장예정법인(당기와 차기)❶
② 특정 금융회사❷
③ 지배회사가 연결재무제표에 한국채택국제회계기준을 적용하는 경우 그 종속회사

❶ 유가증권시장과 코스닥시장을 말하며, 코넥스시장은 제외한다(령§6 ①). 이 외에도 코벡스시장 상장법인은 주기적 지정대상이 되는 주권상장법인에서 제외된다(§11 ② 2호).

❷ 은행, 금융지주회사, 투자매매업자, 투자중개업자, 집합투자업자, 신탁업자, 종합금융회사, 보험회사, 신용카드업자를 말한다(령§ ① 3호~7호).

2) 재무제표 작성의무와 지배회사의 권한

회사의 ① 대표이사와 ② 회계담당 임원(☞ 없을 경우 회계업무 집행 직원)은 재무제표를 작성할 책임이 있다. 따라서 감사인과 소속회계사는 회사의 대표이사와 회계담당 임원을 대신하여 작성하거나 재무제표 작성과 관련된 회계처리에 대한 자문에 응하는 등 다음과 같은 행위를 해서는 안되며, 회사도 그러한 행위를 요구해서는 안 된다.

회사의 재무제표 작성의무와 관련된 감사인의 세부금지행위(§6 ⑥, 령§8 ⑥)

① 회사의 재무제표를 대표이사와 회계담당 이사를 대신하여 작성하는 행위
② 회사의 재무제표 작성과 관련된 회계처리에 대한 자문에 응하는 행위
③ 회사의 재무제표 작성과 관련된 회계처리방법의 결정에 관여하는 행위
④ 회사의 재무제표 작성에 필요한 계산 또는 회계 분개를 대신하여 해주는 행위

연결재무제표를 작성해야 하는 지배회사는 연결재무제표 작성을 위하여 필요한 범위에서 종속회사(☞ 관계기업×)에 대해 다음과 같은 권한을 가진다.

지배회사의 종속회사에 대한 자료제출요구권(§7)

기본권한	추가권한
① 회계에 관한 장부와 서류를 열람 또는 복사 ② 회계에 관한 자료의 제출 요구	다음의 경우(☞ 언제든지×) 종속회사의 업무와 재산상태 조사가능 ① 연결재무제표의 작성에 필요한 자료를 입수할 수 없거나, ② 그 자료의 내용을 확인할 필요가 있을 때

3) 재무제표 제출의무

가. 감사인과 증권선물위원회에 대한 사전 제출의무와 미제출시 사유공시의무

구 분	To 감사인		To 증권선물위원회	
	제출의무	미제출시 사유공시의무	제출의무	미제출시 사유공시의무
1) 대상	모든 회사	사업보고서 제출대상	① 주권상장법인	○
			② 대형비상장주식회사	×
			③ 금융회사	×
2) 기한	정기총회 6주 전	사업보고서 공시후 14일 이내	감사인에게 제출시	제출기한의 다음 날

대형비상장주식회사(§2 5호)**와 금융회사**(§9 ① 3호)**의 범위**

대형비상장주식회사	금융회사
전기말 자산총액이 5천억원 이상인 비상장주식회사[1]	① 금융산업구조개선법의 금융기관[2] ② 농협협동조합법의 농협은행 ③ 수산업협동조합법의 수협은행

[1] ① 공정거래법상 공시대상기업집단에 속하는 국내 회사와 ② 자본시장법상 사업보고서 제출대상법인의 경우, 전기말 자산총액이 1천억원 이상이면 대형비상장주식회사에 포함된다(§2 5호, 령 §4).

[2] 은행, 중소기업은행, 투자매매업자·투자중개업자, 집합투자업자 · 투자자문업자 · 투자일임업자, 보험회사, 상호저축은행, 신탁업자, 종합금융회사, 금융지주회사, 여신전문금융업자를 말한다.

사전에 재무제표를 제출하지 못한 경우 회사와 증권선물위원회의 수행절차

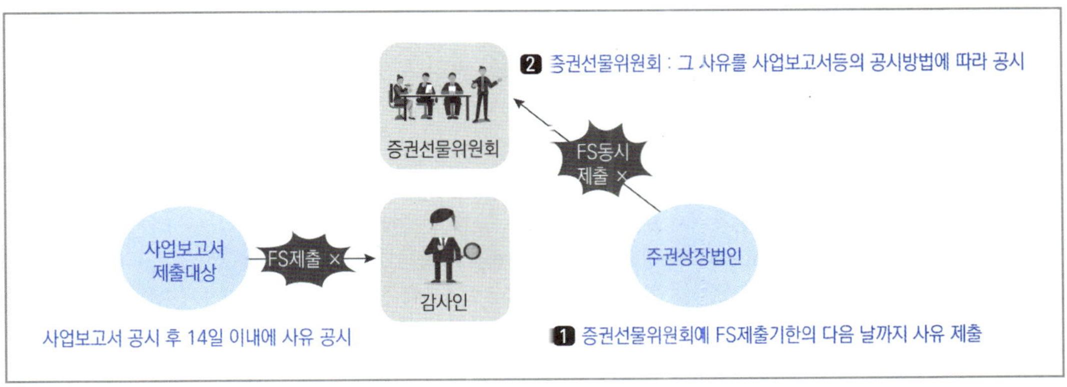

회사의 감사인에 대한 연결재무제표의 사전 제출기한(령§8 ① 2호)

구 분		제출기한
1) K-IFRS 적용		정기총회 4주 전❶
2) K-IFRS 미적용	① 전기말 자산총액 2조원 이상❷	사업연도 종료 후 70일 이내❸
	② 전기말 자산총액 2조원 미만	사업연도 종료 후 90일 이내❹

❶ 정기총회일이 3월 31일인 회사라면, 3월 3일 전에 연결재무제표를 제출하여야 한다.
❷ 사업보고서 제출대상법인 중 직전 사업연도 말 현재 자산총액이 2조원 이상인 법인을 말한다(령§27 ① 2호 나목).
❸ 결산일이 12월말인 회사의 경우, 3월 11일 이내에 연결재무제표를 제출하여야 한다.
❹ 결산일이 12월말인 회사의 경우, 3월 31일 이내에 연결재무제표를 제출하여야 한다.

나. 증권선물위원회에 대한 사후 제출의무

모든 회사는 정기총회 또는 이사회의 승인받은 재무제표를 그 승인일로부터 2주 이내에 증권선물위원회에 제출하여야 한다(§23 ③, 령§27 ⑤). 그러나, 그 재무제표가 감사인이 감사보고서에 첨부하여 제출하는 재무제표와 동일하면 제출하지 않을 수 있다(§23 ③ 단서).

(2) 내부회계관리제도의 운영과 평가의무

주권상장법인 등은 신뢰할 수 있는 회계정보의 작성과 공시를 위하여 내부회계관리제도를 마련하여야 하며, 내부회계관리제도에 의하지 않고 회계정보를 작성하거나 내부회계관리제도에 따라 작성된 회계정보를 위조 · 변조 · 훼손 · 파기해서는 안 된다(§8 ②).

1) 내부회계관리제도란?

내부회계관리제도란 ① 내부회계관리규정과 ② 이를 관리·운영하는 조직을 말한다.

내부회계관리규정에 포함되어야 하는 사항(§8 ①)

① 회계정보(거래정보 포함)의 식별 · 측정 · 분류 · 기록 및 보고 방법에 관한 사항
② 회계정보에 대한 정기적인 점검 및 조정 등 내부검증에 관한 사항
③ 회계정보의 오류를 통제하고 이를 수정하는 방법에 관한 사항
④ 회계정보를 기록 · 보관하는 장부의 관리 방법과 위조 · 변조 · 훼손 및 파기를 방지하기 위한 통제 절차에 관한 사항
⑤ 회계정보의 작성 및 공시와 관련된 임직원의 업무 분장과 책임에 관한 사항
⑥ 그 밖에 신뢰할 수 있는 회계정보의 작성과 공시를 위하여 필요한 사항으로서 대통령령으로 정하는 사항

2) 내부회계관리제도 적용대상회사의 범위

① 주권상장법인, ② 대형비상장주식회사, ③ 전기말 자산총액 1천억원 ~ 5천억원의 특정 비상장주식회사(☞ 유한회사 ×)는 내부회계관리제도를 갖추어야 하며, 구체적인 내부회계관리제도의 적용대상은 다음과 같다.

내부회계관리제도의 적용대상(§8 ①, 령§9 ①)

1) 주권상장법인❶
2) 다음을 제외한 비상장주식회사❷
   ① 전기말 자산총액이 1천억원 미만인 비상장주식회사
   ② 전기말 자산총액이 5천억원 미만인 비상장주식회사로서 다음에 해당하지 않는 회사❸
      ㉠ 전기말 기준 공시대상기업집단에 속하는 국내 회사
      ㉡ 전기말 기준 사업보고서 제출대상법인
      ㉢ 금융회사❹
   ③ 법인세법과 조세특례제한법상 특수목적회사(유동화전문회사 등)

❶ 주권상장예정법인은 해당하지 않는다.

❷ 유한회사는 내부회계관리제도 적용대상에서 제외한다.

❸ 실질적으로 이 규정에 의해, 대형비상장주식회사에 해당하지 않는 비상장주식회사는 내부회계관리제도의 적용대상에서 제외되는 것이다.

❹ 비상장주식회사인 금융회사가 전기말 자산총액이 1천억원 미만인 경우, 위의 ①에 의하여 내부회계관리제도를 설치하지 않아도 되지만, 1천억원 이상이면서 5천억원 미만인 경우에는 ①과 ②에 해당하지 않으므로 설치대상이 된다.

3) 내부회계관리제도에 대한 대표자와 감사의 책임

책임의 구분	대표자	감 사
1) 설계 · 운영	① 내부회계관리제도의 관리 · 운영 책임 ② 내부회계관리제도를 담당하는 상근이사 1명을 내부회계관리자로 지정	–
2) 평가 · 보고	① 사업연도마다 주주총회, 이사회 및 감사(위원회)에게 대면으로 내부회계관리제도의 운영실태❶를 보고 ② 회사의 대표자가 필요하다고 판단하는 경우 이사회 및 감사(위원회)에 대한 보고는 내부회계관리자가 하도록 할 수 있으며, 내부회계관리자의 보고 전에 회사의 대표자가 그 사유를 이사회 및 감사(위원회)에게 문서로 제출	① 사업연도마다 내부회계관리제도의 운영실태를 평가❷하여 이사회에 대면으로 보고 ② 그 평가보고서를 해당 회사의 본점에 5년간 비치

❶ '내부회계관리제도 운영실태보고서'를 말하며, 그 운영실태보고서에는 다음의 사항이 포함되어야 한다(령§9 ④).

① 내부회계관리제도의 운영실태를 점검한 결과 및 취약 사항에 대한 시정조치 계획

② 직전 사업연도에 보고한 시정조치 계획의 이행 결과
③ 다음의 사항을 확인하고 서명하여 보고 내용에 첨부하였다는 사실
㉠ 보고 내용이 거짓으로 기재되거나 표시되지 아니하였고, 기재하거나 표시하여야 할 사항을 빠뜨리고 있지 아니하다는 사실
㉡ 보고 내용에 중대한 오해를 일으키는 내용이 기재되거나 표시되지 아니하였다는 사실
㉢ 충분한 주의를 다하여 보고 내용의 기재 사항을 직접 확인·검토하였다는 사실

❷ '내부회계관리제도 평가보고서'를 말한다.

[내부회계관리제도에 대한 책임] 대표자 vs 감사

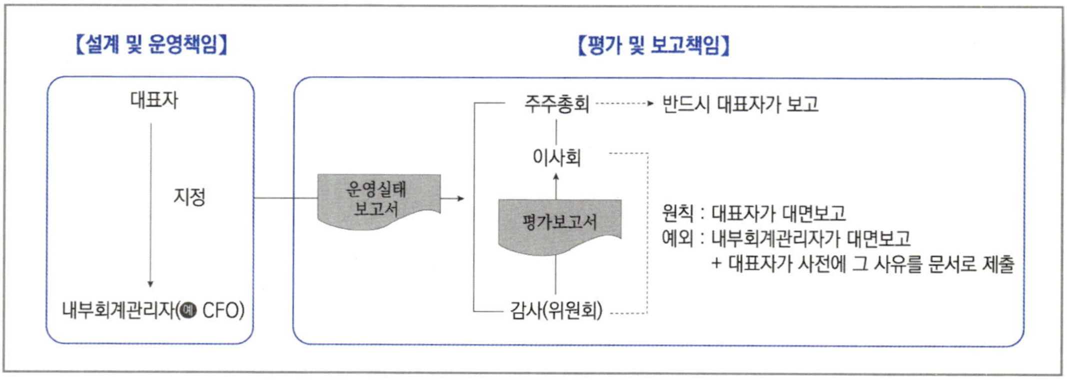

4) 내부회계관리제도에 대한 감사인의 책임

감사인은 회계감사를 실시할 때 ① 회사가 외부감사법의 내부회계관리제도 관련 사항을 준수했는지 여부와 ② 대표자의 내부회계관리제도의 운영실태에 관한 보고내용(☞ 운영실태보고서)을 감사 또는 검토하여 그 감사결과나 검토결과에 대한 종합의견을 감사보고서에 표명하여야 한다(§8 ⑥).

내부회계관리제도에 대한 감사대상 vs 검토대상

감사대상	검토대상
전기말 자산총액 1천억원 이상 주권상장법인	① 전기말 자산총액 1천억원 미만 주권상장법인 ② 내부회계관리제도 적용대상 비상장주식회사

2절 감사인의 범위와 자격제한

1. 감사인의 범위와 참여공인회계사의 자격요건

(1) 감사인의 범위

외부감사법의 경우 ① 회계법인과 ② 감사반(☞ 개업 공인회계사 수가 최소 3인 이상인 연합체)만 감사인이 될 수 있다(§2 7호). 즉, 개인공인회계사는 외부감사법상 감사인에 해당하지 않는다.

(2) 참여공인회계사의 자격요건

공인회계사가 감사인에 소속되어 감사업무를 수행하기 위해서는 실무수습기관(☞ 공인회계사법상 실무수습기관)에서 2년 이상의 실무수습을 받아야 한다(☞ 공인회계사회의 추천을 받아 금융위원회가 정하는 실무수습기관인 경우는 3년).

2. 감사반의 감사업무제한

감사반은 다음 회사에 대한 감사업무를 수행할 수 없다.

① 주권상장법인, ② 대형비상장주식회사, ③ 금융회사

3. 주권상장법인의 감사를 위한 감사인 등록제도

주권상장법인 감사인의 등록요건(§9-2 ①)

① 공인회계사법에 따라 금융위원회에 등록된 회계법인일 것
② 감사품질 확보를 위하여 금융위원회가 정하는 바에 따른 충분한 인력, 예산, 그 밖의 물적 설비를 갖출 것
③ 감사품질 관리를 위한 사후 심리체계, 보상체계, 업무방법, 그 밖에 금융위원회가 정하는 요건을 갖출 것

주권상장법인 감사인으로 등록한 회계법인은 위의 등록요건을 계속 유지하여야 하며, ① 위의 요건을 갖추지 못하게 되거나, ② 증권선물위원회의 건의로 금융위원회로부터 업무정지 수준 이상의 조치(☞ 등록취소, 업무의 전부 또는 일부 정지)를 받은 경우, 금융위원회는 해당 회계법인의 주권상장법인 감사인 등록을 취소할 수 있다(§9-2 ④, ⑤).

3절 감사인의 선임과 계약해지

1. 감사인의 선임방식과 독립성 유지제도

(1) 감사인의 선임방식

감사품질 비교

감사품질	자유수임방식	국가배정방식
1) 적격성	높음	낮음
2) 독립성	낮음	높음
3) 상대적 감사품질	비교적 높음	비교적 낮음

상대적으로 자유수임방식이 감사품질이 높고 세계적인 추세이기 때문에 우리나라도 자유수임방식을 원칙으로 하고 있다. 그러나 다음과 같은 제한이 있다.

우리나라의 자유수임방식의 제한

1) 특정 사유에 해당하는 경우 증권선물위원회가 감사인 지정
2) 주권상장법인 · 대형비상장주식회사 · 금융회사 감사에 대한 제한
   ① 감사인의 범위 제한 : 회계법인만 가능
   ② 감사계약기간 제한 : 연속하는 3개 사업연도에 대해 동일 감사인 유지

(2) 감사인의 독립성 유지제도

1) 감사인의 선임권자와 선임기한의 제한

가. 감사인 선임권자의 제한

<table>
<tr><th colspan="3">구 분</th><th>감사인 선임권자</th></tr>
<tr><td rowspan="3">주식
회사</td><td rowspan="2">(1) 주권상장법인
대형비상장주식회사
금융회사</td><td>1) 감사위원회 ○</td><td>감사위원회</td></tr>
<tr><td>2) 감사위원회 ×</td><td>① 감사인선임위원회[1]의 승인을 얻은 후
② 감사가 선임</td></tr>
<tr><td colspan="2">(2) 기타비상장주식회사</td><td>감사위원회 또는 감사</td></tr>
<tr><td rowspan="3">유한
회사</td><td colspan="2">(1) 감사 ○</td><td>감사</td></tr>
<tr><td rowspan="2">(2) 감사 ×</td><td>1) 자본금 10억 이상</td><td>사원총회</td></tr>
<tr><td>2) 자본금 10억 미만</td><td>회사</td></tr>
</table>

❶ 감사인선임위원회의 구성은 다음과 같다(령§12 ②).

① 감사 1명
② 사외이사가 있는 회사의 경우에는 그 사외이사 중 2명 이내

③ 기관투자자 중 의결권주식을 가장 많이 소유하고 있는 기관투자자의 임직원 1명(지배주주와 그 특수관계자 제외)
④ 다음의 주주를 제외한 주주 중에서, 의결권 있는 주식을 가장 많이 소유한 주주 1명
  ㉠ 지배주주와 그 특수관계자
  ㉡ 해당 회사의 임원인 주주
  ㉢ 위 ③의 기관투자자
⑤ 채권자 중 채권액이 가장 많은 금융회사의 임직원 1명(지배주주와 그 특수관계자 제외)

나. 감사인 선임기한의 제한

구 분		감사인 선임기한
원칙		매❶ 사업연도 개시일 ~ 45일 이내
예외	1) 감사위원회 설치 대상❷	매❶ 사업연도 개시일 이전
	2) 전기에 감사를 받지 않은 경우	해당 사업연도 개시일부터 ~ 4개월 이내

❶ 주권상장법인, 대형비상장주식회사 또는 금융회사는 연속하는 3개 사업연도(☞ 연도 ×)의 감사인을 동일한 감사인으로 선임하여야 한다. 따라서 연속하는 3개 사업연도 중 최초 사업연도 개시일로부터 45일 이내 또는 최초 사업연도 개시일 이전에 감사인을 선임하여야 한다.

❷ 상법 제542조의11(최근 사업연도 말 현재의 자산총액이 2조원 이상인 상장회사) 또는 금융회사의 지배구조에 관한 법률 제16조(금융회사)에 따라 감사위원회를 설치하여야 하는 회사를 말한다.

12.31이 결산일인 회사의 감사인 선임기한

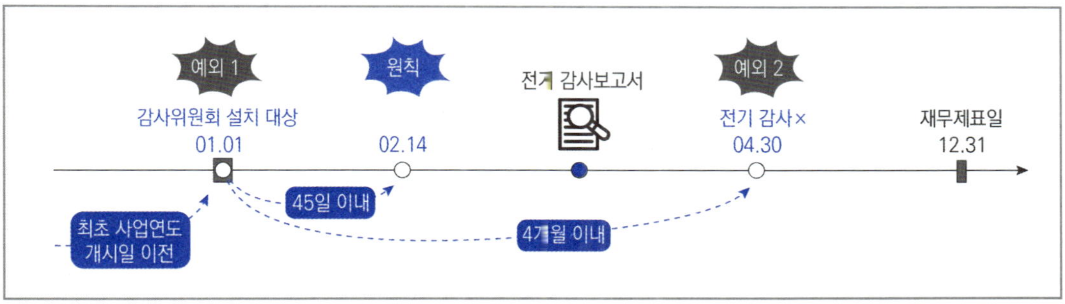

2) 주권상장법인 등의 감사인 유지

주권상장법인, 대형비상장주식회사, 금융회사는 연속하는 3개 사업연도에 대해 동일감사인(☞ 회계법인만 감사 가능)으로부터 감사를 받아야 한다(§10 ③).

PART 2 제2장 회사·감사인

3) 감사참여자의 교체

회계법인[1]이 감사인인 경우 감사참여자의 교체내용(§9 ⑤, ⑥)

구 분		감사대상회사		
		주권상장법인	대형비상장 · 금융회사	기타 비상장법인
1) 교체주기		3개 사업연도	3개 사업연도	5개 사업연도
2) 교체대상	① 이사[2]	교체	교체	교체
	② 소속공인회계사[3]	2/3 이상 교체	해당사항 없음	해당사항 없음

❶ 감사반이 감사인인 경우 대통령으로 정하는 상장법인의 경우에만 3개 사업연도마다 참여한 공인회계사의 2/3 이상을 교체하도록 하고 있어(§9 ⑦), 실질적으로 회계법인의 소속공인회계사 교체의무와 동일하다. 그러나, 감사반은 상장법인의 감사를 할 수 없으므로, 실질적으로 교체의무가 없다.

❷ 회계법인인 감사인은 동일한 이사에게 회사의 연속하는 6개 사업연도(주권상장법인인 회사, 대형비상장주식회사 또는 금융회사의 경우에는 4개 사업연도)에 대한 감사업무를 하게 할 수 없다. 다만, 주권상장법인인 회사, 대형비상장주식회사 또는 금융회사의 경우 연속하는 3개 사업연도에 대한 감사업무를 한 이사에게는 그 다음 연속하는 3개 사업연도의 모든 기간 동안 해당 회사의 감사업무를 하게 할 수 없다.

❸ 회계법인인 감사인은 동일한 소속공인회계사에게 주권상장법인인 회사의 연속하는 3개 사업연도에 대한 감사업무를 수행하게 한 경우, 그 다음 사업연도에는 그 소속공인회계사의 3분의 2 이상을 교체하여야 한다.

4) 전기감사인의 감사인선임권자에 대한 의견진술권

의견진술기회를 주어야 하는 경우	전기감사인의 의견진술시 증권선물위원회에 보고 의무
1) 전기감사인과 다른 감사인을 신규로 선임하는 경우	×
2) 주권상장법인 · 대형비상장주식회사 · 금융회사가 연속하는 3개 사업연도 중에 감사인이 직무상 의무를 위반하는 등의 사유로 연속하는 3개 사업연도 중에 감사인을 해임하는 경우[1]	○

❶ 감사위원회가 설치된 경우에는 감사위원회가 해임을 요청한 감사인을, 감사위원회가 설치되지 아니한 경우에는 감사가 감사인선임위원회의 승인을 받아 해임을 요청한 감사인을 회사가 해임하여야 한다(§13 ②).

5) 감사인 지정

가. 감사인 지정사유

주기적 지정	일반적 지정
다음의 각 회사가 연속하는 6개 사업연도에 대해서 자유롭게 감사인을 선임한 경우[1] ① 주권상장법인[2] ② 다음의 2가지 요건을 모두 충족하는 대형비상장주식회사(☞ 소유 · 경영 미분리 대형비상장주식회사) ㉠ 대주주와 그 특수관계자가 발행주식총수의 50% 이상을 소유 ㉡ 대주주 또는 그 특수관계자가 해당 회사의 대표이사	① 감사 또는 감사위원회[3]의 승인을 받아 감사인의 선임기간 내에 감사인 지정을 요청한 회사 ② 기업구조조정 촉진법에 따른 주채권은행 또는 대통령령으로 정하는 주주가 증권선물위원회에 감사인 지정을 요청하는 경우의 해당 회사 ③ 감사인의 선임기간 내에 감사인을 선임하지 아니한 회사 ④ 외부감사법에 정한 절차를 위반하여 감사인을 선임하거나 증권선물위원회가 회사의 감사인 교체 사유가 부당하다고 인정한 회사 ⑤ 외부감사법에 정한 절차를 위반하여 감사계약의 해지 또는 감사인의 해임을 하지 아니하거나 새로운 감사인을 선임하지 아니한 회사 ⑥ 증권선물위원회의 감리 결과 회계처리기준을 위반한 회사 ⑦ 외부감사법을 위반하여 회사의 재무제표를 감사인이 대신하여 작성하거나, 재무제표 작성과 관련된 회계처리에 대한 자문을 요구하거나 받은 회사 ⑧ 주권상장법인[2] 중 다음의 어느 하나에 해당하는 회사 ㉠ 3개 사업연도 연속 영업이익이 0보다 작은 회사 ㉡ 3개 사업연도 연속 영업현금흐름이 0보다 작은 회사 ㉢ 3개 사업연도 연속 이자보상배율이 1 미만인 회사 ㉣ 대통령령으로 정하는 재무기준에 해당하는 회사 ⑨ 주권상장법인[2] 중 관리종목이나 투자주의환기종목으로 지정된 회사 ⑩ 직전 사업연도를 포함하여 과거 3년간 최대주주의 변경이 2회 이상 발생하거나 대표이사의 교체가 3회 이상 발생한 주권상장법인[2] ⑪ 감사인의 감사시간이 표준감사시간보다 현저히 낮은 수준이라고 증권선물위원회가 인정한 회사 ⑫ 그 밖에 공정한 감사가 특히 필요하다고 인정되어 대통령령으로 정하는 회사(예 상장예정법인 등)

❶ 증권선물위원회는 그 다음 3개 사업연도의 감사인으로 회계법인(☞ 감사반×)을 지정할 수 있다. 다만, 과거 6년 이내에 증권선물위원회의 감리를 받은 결과 회계처리기준 위반이 발견되지 않은 경우에는 회사가 자유롭게 감사인을 선임할 수 있다(§11 ③).

❷ 주권상장법인 중 코넥스시장 상장법인은 주기적 지정대상에서 제외된다(§11 ② 1호).

❸ 감사위원회가 설치되지 않은 주권상장법인, 대형비상장주식회사 또는 금융회사의 경우는 감사인선임위원회를 말한다.

나. 감사인 지정과 관련한 기타고려사항

구 분	관련 내용
1) 지정된 감사인의 선임기한	그 지정일로부터 2개월 이내에 감사인을 선임(§10 ⑧)
2) 감사인 선임보고의무	증권선물위원회에 대한 보고의무 면제❶(§12 ②)
3) 감사인의 재지정 요청	특별한 사유❷에 해당하는 경우 감사 또는 감사위원회의 승인을 받아 증권선물위원회에 감사인의 재지정 요청가능(§11 ⑤, ⑥)
4) 지정된 감사인의 재선임	지정받은 감사인을 지정 사업연도 이후 최초로 도래하는 사업연도의 감사인으로 선임불가(§11 ⑥)

❶ 감사인 선임이후 소집되는 정기총회등의 보고의무는 면제되지 않는다(☞ [2. (2) '회사와 감사인의 감사인 선임보고'] 참조).

❷ ① 외국투자법인으로부터 법인인 외국투자자가 감사인을 한정한 경우, ② 지정된 감사인이 시행령 제16조 제2항의 지정감사인이 될 수 없는 회계법인인 경우, 및 ③ 지정된 감사인이 공인회계사법 제33조의 직무제한 규정에 해당하는 경우 등을 말한다(령§17 ①).

2. 감사인 선임시 문서화할 사항과 감사인 선임보고

(1) 감사인 선임시 문서화할 사항과 표준감사시간

1) 감사인 선임시 문서화할 3가지 사항

- 감사 또는 감사위원회는 다음의 3가지 사항을 문서로 정하고, 감사보고서를 제출받은 경우 그 3가지 사항이 준수되었는지 확인하여야 한다.
- 감사위원회가 설치되지 않은 주권상장법인 · 대형비상장주식회사 · 금융회사는 감사인선임위원회의 승인을 얻어야 한다.

감사인 선임시 감사 등이 문서화할 사항(§10 ⑤)

① 감사보수　　② 감사시간　　③ 감사에 필요한 인력

2) 표준감사시간

구 분	내 용
1) 제정목적	① 감사업무의 품질을 제고하고, ② 투자자 등 이해관계인의 보호
2) 제정주체	한국공인회계사가 정하되❶, 표준감사시간을 공정하게 정하기 위하여 한국공인회계사회 내에 표준감사시간심의위원회를 둠
3) 타당성 검토주기	3년마다 감사환경 변화 등을 고려하여 표준감사시간의 타당성 여부를 검토하고 이를 반영하고 그 결과를 공개

❶ 한국공인회계사회는 표준감사시간을 정할 때, 이해관계자(회사, 회계법인, 투자자 또는 회사의 재무제표를 분석하는 업무를 수행하는 사람 등 회계정보이용자, 및 금융감독원)의 의견을 청취하고 이를 반영하여야 한다(§16-2 ①, 령§23 ①).

(2) 회사와 감사인의 감사인 선임보고대상과 선임보고기한

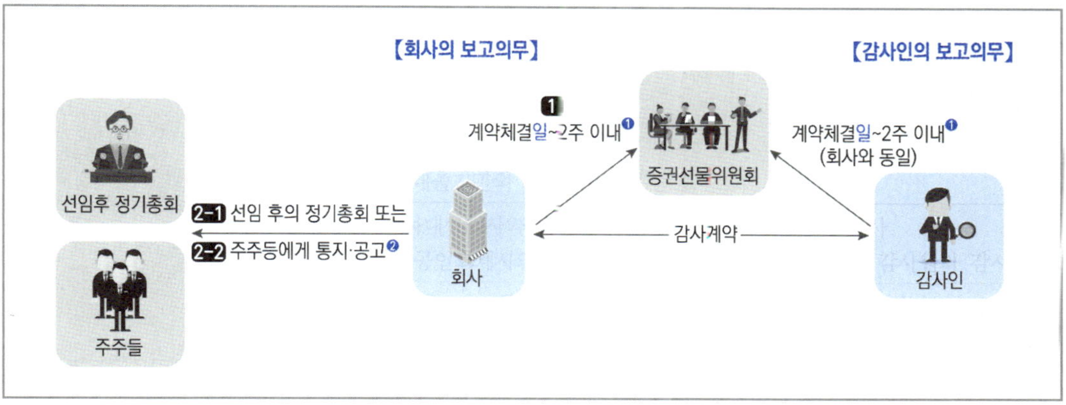

❶ 예를 들어, 결산일이 12월 31일이고 감사위원회 설치 대상이 아닌 회사의 경우, 해당(또는 최초) 사업연도의 2월 14일까지 감사계약을 체결하여야 하고, 그로부터 2주 뒤인 2월 28일까지 증권선물위원회에 보고하여야 한다.

❷ 정기총회에 대한 보고를 대신하여, 주주나 사원에게 문서로 통지하거나 인터넷 홈페이지에 선임 또는 변경선임한 감사인과의 감사계약이 종료될 때까지 공고할 수도 있다(§12 ①, 령§18 ①).

증권선물위원회에 대한 회사의 선임보고의무가 면제되는 경우(§12 ②)

① 회사의 요청에 따라 증권선물위원회가 지정한 자를 감사인으로 선임하거나, 증권선물위원회의 요구에 따라 감사인을 선임 또는 변경선임하는 경우❶

② 주권상장법인, 대형비상장주식회사 또는 금융회사가 아닌 회사가 전기감사인을 다시 선임한 경우

❶ 증권선물위원회는 이미 회사의 감사인 선임 내용을 파악하고 있기 때문이다.

3. 감사계약의 해지

(1) 감사계약의 해지사유

적용대상	구 분	회사(1+5)	감사인(5+3)
모든 회사	1) 자격요건 또는 독립성	① 공인회계사법의 직무제한 규정[2]을 위반하여 감사인 선임	① 외부감사법에 따라 회사의 감사인이 될 수 없는 경우[3] ② 회계감사기준에서 정한 감사인의 독립성이 훼손된 경우로서 증권선물위원회가 인정 ③ 직업윤리에 관한 규정에서 정한 감사인의 독립성이 훼손된 경우로서 증권선물위원회가 인정
	2) 감사보수		④ 회사가 직전·해당 사업연도 중 감사보수 미지급 ⑤ 회사의 합병·분할·사업양수도로 주요 사업부문의 성격이나 회사의 규모가 현저히 달라졌으나, 감사보수에 대한 재계약이 안 된 경우
주권상장 대형비상장 금융회사[1]	1) 상대방 귀책	② 감사인이 회사의 기밀을 누설하는 등 직무상 의무를 위반 ③ 감사인이 그 임무를 게을리하여 회사에 손해를 발생	⑥ 회사가 특별한 사유 없이 요청한 자료를 미제출하여 감사업무에 현저한 지장 발생
		④ 감사인이 회계감사와 관련하여 부당한 요구나 압력 행사	⑦ 회사관계자가 감사의견과 관련하여 부당한 요구나 압력 행사
	2) 기타	⑤ 외국투자가가 출자한 회사로서 출자조건에서 감사인을 한정 ⑥ 지배회사나 종속회사와 같은 지정 감사인 선임	⑧ 2개 사업연도 연속 내부회계관리제도의 감사의견에 발견된 중요한 취약점 내용 포함[4]

❶ 주권상장법인, 대형비상장주식회사 또는 금융회사 중 감사위원회가 설치된 경우, 감사위원회가 해임을 요청한 감사인을 해임해야 하며, 감사위원회가 설치되지 않은 경우에는, 감사가 감사인선임위원회의 승인을 받아 해임을 요청한 감사인을 해임해야 한다(§13 ②). 즉, 해당 회사가 감사인을 해임하려면 반드시 감사인선임권자가 해임을 요청해야 한다는 의미이다.

❷ 공인회계사법의 제21조[직무제한]과 제33조[직무제한]을 말한다(§13 ①).

❸ 예를 들어, 감사반이 대형비상장주식회사와 감사계약을 체결한 경우 해당 감사반은 그 감사계약을 해지할 수 있다.

❹ 참고로, 내부회계관리제도감사의 경우 중요한 취약점이 1개라도 발견되면 부적정의견이 표명된다.

감사계약의 해지기한

해지기한	회사(1+5)	감사인(3+2+3)
1) "지체없이" 또는 "사업연도 중이라도"❶	① 공인회계사법의 직무제한 규정을 위반하여 감사인 선임	① 외부감사법에 따라 회사의 감사인이 될 수 없는 경우 ② 회계감사기준에서 정한 감사인의 독립성이 훼손된 경우로서 증권선물위원회가 인정 ③ 직업윤리에 관한 규정에서 정한 감사인의 독립성이 훼손된 경우로서 증권선물위원회가 인정
2) 해당 회사의 사업연도가 시작된 후 9개월이 되는 날이 속하는 달의 초일		④ 회사가 직전·해당 사업연도 중 감사보수 미지급 ⑤ 회사의 합병·분할·사업양수도로 주요 사업부문의 성격이나 회사의 규모가 현저히 달라졌으나, 감사보수에 대한 재계약이 안 된 경우 ⑥ 회사가 특별한 사유 없이 요청한 자료를 미제출하여 감사업무에 현저한 지장 발생❷
3) 연속하는 3개 사업연도 중이라도 매 사업연도 종료후 3개월 이내❸	② 감사인이 회사의 기밀을 누설하는 등 직무상 의무를 우반 ③ 감사인이 그 임무를 게을리하여 회사에 손해를 발생 ④ 감사인이 회계감사와 관련하여 부당한 요구나 압력 행사 ⑤ 외국투자가가 출자한 회사로서 출자조건에서 감사인을 한정 ⑥ 지배회사나 종속회사와 같은 지정 감사인 선임	⑦ 회사관계자가 감사의견과 관련하여 부당한 요구나 압력 행사 ⑧ 2개 사업연도 연속 내부회계관리제도의 감사의견에 발견된 중요한 취약점 내용 포함

❶ 회사는 "지체없이" 감사계약을 해지하여야 하며, 감사인은 "사업연도 중이라도" 감사계약을 해지할 수 있다(§13 ①, §15 ①).

❷ 주권상장법인, 대형비상장주식회사, 금융회사의 감사인에게 적용되는 감사계약 해지사유이다.

❸ 해당 해지기한은 주권상장법인, 대형비상장주식회사, 금융회사에만 적용되며, 이는 감사계약이 체결된 상태에서 남아 있는 사업연도에 대한 감사계약을 해지하는 것을 의미한다(§15 ②).

(2) 감사계약 해지시 수행절차

회사가 계약을 해지하는 경우	감사인이 계약을 해지하는 경우
① 주권상장법인 · 대형비상장주식회사 · 금융회사는 그 해지사실을 증권선물위원회에 지체 없이 보고❶ ② 모든 회사는 해지 후 2개월 이내에 신규감사인 선임	모든 회사의 감사인은 그 해지사실을 증권선물위원회에 지체 없이 보고

❶ 주권상장법인 · 대형비상장주식회사 · 금융회사가 아닌 회사의 경우 증권선물위원회에 보고의무가 없다는 점에 유의하여야 한다.

4절 감사인의 의무

1. 일반적인 의무

(1) 품질관리기준의 준수의무

품질관리기준의 주요 내용(§17)

구 분	내 용
1) 정의(개념)	감사인의 업무설계 및 운영에 관한 기준❶
2) 제정자	한국공인회계사회가 금융위원회의 사전승인을 받아 정함
3) 대표자의 책임	① 품질관리기준에 따른 업무설계 및 운영에 대한 책임부담 ② 품질관리기준을 담당하는 이사❷ 지정

❶ 품질관리기준에는 감사업무의 품질관리 절차, 감사인의 독립성 유지를 위한 내부통제 등 감사업무의 품질보장을 위하여 필요한 사항이 포함되어야 한다(§17 ②).

❷ "품질관리이사(또는 심리실장)"라고 하며, 회계법인의 대표자가 품질관리이사를 지정하는 것은, 회사의 대표자가 내부회계관리자를 지정하는 것과 유사하다.

(2) 비밀유지의무

비밀유지의무의 적용대상(§20)

① 감사인
② 감사인의 소속공인회계사
③ 증권선물위원회 위원
④ 감사 또는 감리업무와 관련하여 위 ①~③의 자를 보조 · 지원하는 자
⑤ 증권선물위원회의 업무를 위탁받아 수행하는 한국공인회계사회의 관련자

(3) 회계법인의 사업보고서 제출 · 비치 · 공시의무

- 회계법인인 감사인은 매 사업연도 종료 후 3개월 이내에 다음 사항이 포함된 사업보고서를 작성하여 증권선물위원회와 한국공인회계사회에 제출하여야 한다(§25 ①).
- 주사무소와 분사무소에 3년간 비치하고 인터넷 홈페이지에 공시도 하여야 한다(령§28 ①).
- 사업보고서를 제출받은 증권선물위원회와 한국공인회계사회는 그 사업보고서를 3년 동안 일반인이 열람할 수 있도록 하고, 인터넷 홈페이지에 공시하여야 한다(령§28 ②).

회계법인인 감사인의 사업보고서에 포함할 8가지 사항(§25 ①)

구 분	포함할 사항
1) 일반사항	① 회계법인의 상호 ② 사업내용
2) 재무 관련	③ 재무에 관한 사항
3) 감사(품질) 관련	④ 감사보고서 품질관리 관련 정보 ⑤ 연차별 감사투입 인력 및 시간
4) 이사 관련	⑥ 개별 보수가 5억원 이상인 이사의 보수 ⑦ 이사의 징계내역
5) 기타	⑧ 기타 총리령으로 정하는 사항

(4) 주권상장법인 감사인의 수시보고서 제출의무

주권상장법인의 감사인인 회계법인은 그 회계법인의 경영, 재산, 감사보고서 품질관리 등에 중요한 영향을 미치는 사항이 발생한 경우 수시보고서를 작성하여 지체 없이(☞ 매 사업연도 종료 후 3개월 이내×) 증권선물위원회(☞ 한국공인회계사회 ×)에 제출하여야 한다(§25 ⑤).

모든 회계법인의 사업보고서 제출 · 비치 · 공시의무 vs 주권상장법인 감사인의 수시보고서 제출의무

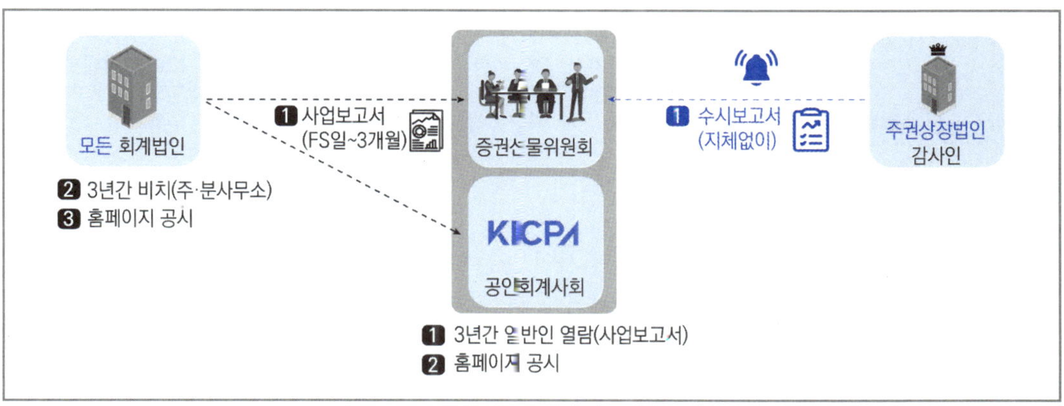

2. 감사 관련 의무

(1) 감사조서의 작성과 보관의무

감사인은 다음의 사항이 포함된 감사조서를 작성하여, 감사종료 시점부터 8년간 보존하여야 하고 (☞ 손해배상책임에 대한 소멸시효와 연계), 그 감사조서를 위조 · 변조 · 훼손 및 파기할 수 없다.

감사조서에 포함되어야 하는 사항(§19 ①)

① 감사보고서를 작성하기 위하여 적용하였던 감사절차의 내용
② 그 과정에서 입수한 정보(☞ 감사증거)
③ 정보의 분석결과(☞ 결론)

(2) 감사보고서의 작성과 제출의무

1) 감사보고서 작성의무와 관련 서류 첨부의무

감사보고서에 포함되어야 하는 3가지 사항	첨부대상 2가지 서류
① 감사범위 ② 감사의견 ③ 이해관계인의 합리적 의사결정에 유용한 정보	① 회사가 작성한 재무제표 ② 외부감사 실시내용[1]을 적은 서류

❶ 외부감사 참여 인원수, 감사내용 및 소요시간 등을 말한다(§18 ③).

2) 감사보고서의 제출의무

감사인의 감사보고서 제출기한(령§27 ①)

<table>
<tr><th colspan="3">구 분</th><th>회 사</th><th>증선위 & KICPA</th></tr>
<tr><td colspan="3">(1) FS에 대한 감사보고서</td><td rowspan="2">정기총회 1주전</td><td rowspan="2">정기총회 후 2주내</td></tr>
<tr><td rowspan="3">(2) 연결FS에 대한 감사보고서</td><td colspan="2">1) K-IFRS ○</td></tr>
<tr><td rowspan="2">2) K-IFRS ×</td><td>① 자산 2조 이상[1]</td><td colspan="2">사업연도 종료후 90일 이내</td></tr>
<tr><td>② 자산 2조 미만</td><td colspan="2">사업연도 종료후 120일 이내</td></tr>
</table>

❶ 사업보고서 제출대상법인 중 직전 사업연도 말 현재 자산총액이 2조원 이상인 법인을 말한다(령§27 ① 2호 나목).

(3) 주주총회의 출석의무

회사의 주주총회 등이 요구하면(☞ 반드시×) 감사인 또는 소속공인회계사는 주주총회 등에 출석하여 의견을 진술하거나 주주 등의 질문에 답하여야 한다(§24).

(4) 부정행위 등의 보고의무

구 분		보고의무자	
행위자	보고내용	감사인	감 사
이사	1) 부정행위[1]	감사에 통보, 주주총회 · 증권선물위원회[3]에 보고	감사인에게 통보
	2) 법령위반[2]		
	3) 정관위반[2]	감사에 통보, 주주총회에 보고	
회사	회계처리기준 위반	감사에 통보	① 통보받은 감사는 회사의 비용으로 외부 전문가를 선임하여 위반사실을 조사하게 하고, 조사결과에 따라 대표자에게 시정 등을 요구 ② 조사결과, 시정조치결과 등을 즉시 감사인과 증권선물위원회[3]에게 제출

❶ 이사의 직무수행에 관한 부정행위를 말한다.

❷ 법령이나 정관에 위반되는 중대한 사실을 말한다.

❸ 감사인은 감사로부터 이사의 부정행위, 법령위반에 대한 중대한 사실을 통보받은 경우에도 증권선물위원회에 보고하여야 한다. 따라서 회계처리기준 위반에 대한 증권선믈위원회에 대한 보고자는 감사이고, 이사의 부정행위와 법령위반에 대한 보고자는 감사인이 된다.

[부정행위 등의 보고의무] 감사인 vs 감사

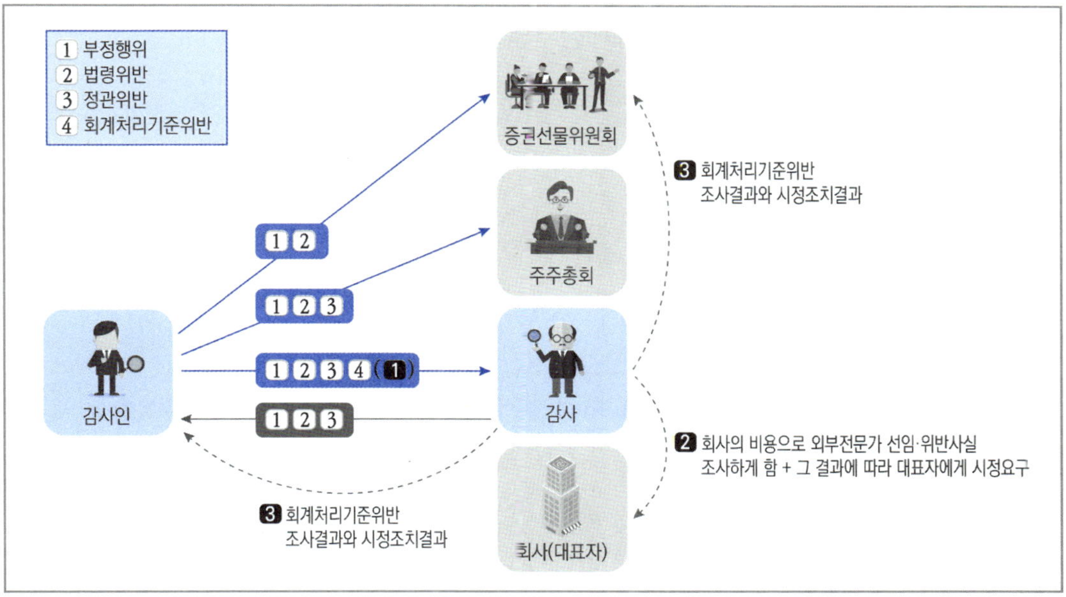

(5) 손해배상책임과 손해배상공동기금 적립의무

1) 손해배상책임

구 분	회 사	제3자
1) 책임사유	① 그 임무를 게을리하여❶ ② 회사에 손해를 발생하게 한 경우	① 중요한 사항에 관하여 감사보고서에 적지 아니하거나 거짓으로 적음으로써❷, ② 이를 믿고 이용한, ③ 제3자에게 손해를 발생하게 한 경우
2) 입증책임❸	회사	은행, 농협은행, 수협은행, 보험회사, 종합금융회사 및 상호저축은행인 제3자
3) 면책입증	-	위의 은행 등이 아닌 제3자에 대해서는 감사인이 임무를 게을리하지 않았음을 증명
4) 행사기한❹	① 청구권자가 안 날로부터 1년 이내 또는 ② 감사보고서 제출일로부터 8년	

❶ 회계감사기준을 준수하지 않은 경우 등을 말한다.

❷ 연결재무제표에 대한 감사보고서에 중요한 사항을 적지 아니하거나 거짓으로 적은 책임이 종속회사 또는 그 관계회사의 감사인에게 있는 경우에는 해당 감사인은 이를 믿고 이용한 제3자에게 손해배상책임을 부담한다(§31 ②단서).

❸ 감사인이 임무를 게을리 하였음을 증명하는 것을 말한다.

❹ 회사는 감사인을 선임할 때 그 계약으로 손해배상청구권의 행사기한을 연장할 수 있다(§31 ⑨단서).

2) 감사인과 이사 · 감사 간의 손해배상부담방법

상 황	책임의 내용
① 이사·감사도 책임이 있는 경우	연대책임
② 손해배상책임자가 고의가 없는 경우	비례책임
③ 배상능력이 없는 손해배상책임자가 있는 경우	나머지 책임자는 각자 책임비율의 50% 내에서 그 책임비율에 비례하여 추가배상
④ 손해배상청구인의 12개월간의 소득인정액이 1.5억원 이하❶인 경우	연대책임

❶ 국민기초생활보장법의 소득인정액으로서, 손해배상청구일이 속하는 달의 직전 12개월간 소득인정액을 합산한 금액을 말한다(령§37 ①).

감사인과 이사 · 감사의 손해배상부담방법

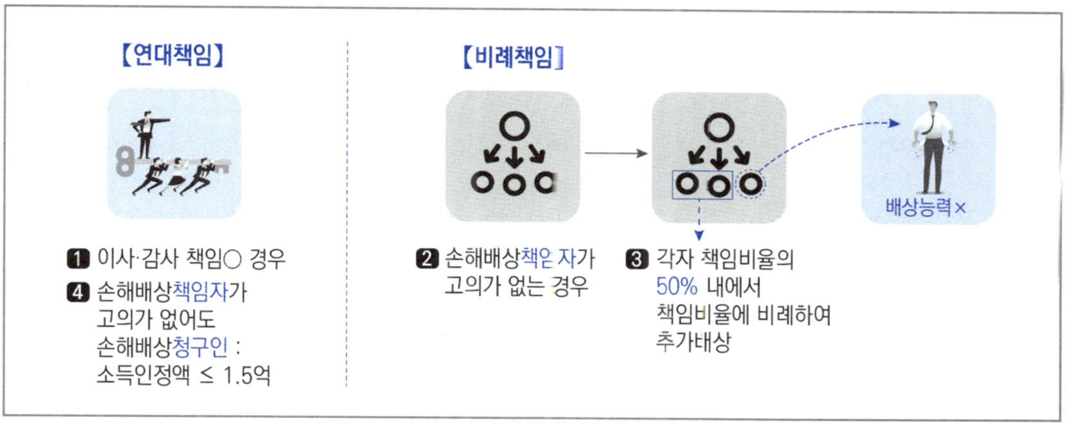

3) 손해배상공동기금의 적립의무와 양도제한

가. 손해배상공동기금의 적립의무

구 분	기본적립금	연간적립금
1) 보험대체	불가	가능[1]
2) 적립금액	① 소속CPA 수 100명 미만 : 5천만원 ② 소속CPA 수 100명 이상 : 2.5억원	당기 감사보수 × 4%
3) 적립한도[2]	최근 3년[3] 감사보수 평균 × 20%	

❶ 보험가입금액은 Max[① 소속CPA 수 × 5천만원, ② 30억]이어야 한다(령§1 ① 1호).

❷ ① 기본적립금과 ② 연간적립금의 누계액 및 ③ 그 운용수익금의 합계액의 적립한도를 말한다.

❸ 당기 사업연도와 직전 2개 사업연도를 말한다(령§39 ②).

[손해배상책임 보장제도] 개업공인회계사 vs 회계법인

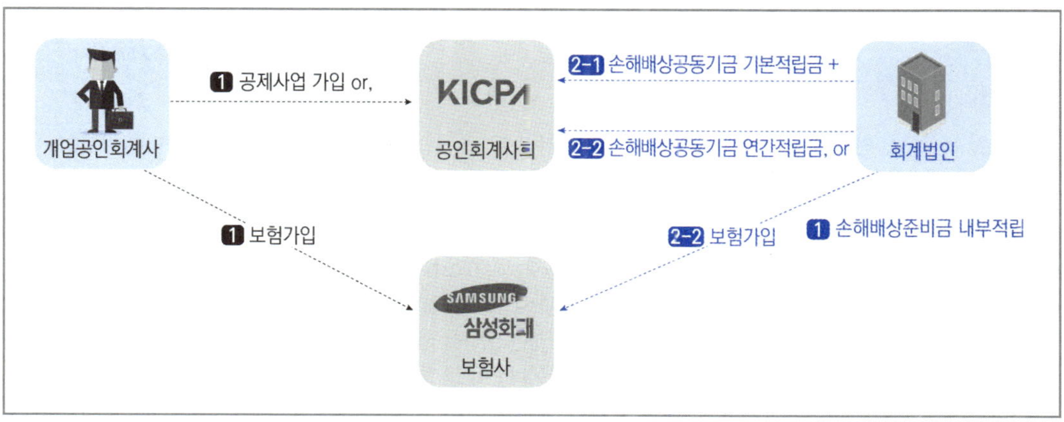

나. 손해배상공동기금의 양도 등 제한

원 칙	예 외
양도 · 담보제공 불가, 압류 · 가압류도 불가	합병 외의 사유[1]로 해산하는 경우로서 3년 경과후[2] 양도가능

❶ 합병 외의 사유란 ① 정관에 의한 사유의 발생, ② 사원총회의 결의, ③ 등록의 취소, ④ 파산, ⑤ 법원의 명령 또는 판결을 말한다(공§37 ①).

❷ 그 사유발생일로부터 3년이 지난 날(양도가능일) 이후부터 양도할 수 있으며, 만약 양도가능일에 손해배상소송이 진행 중인 경우 그 소송의 확정판결에 따른 공동기금의 지급이 종료된 날로부터 양도할 수 있다(령§41 ②).

4) 공인회계사회의 손해배상공동기금의 관리와 지급

- 공인회계사회는 공동기금을 회계법인별로 구분하여 관리하고, 다른 재산과 구분하여 회계처리하여야 하며, 금융위원회(☞ 증권선물위원회×)는 필요하다고 인정되는 경우 공인회계사회의 공동기금의 관리 등에 관하여 검사를 할 수 있다(§34).
- 공인회계사회는 회사 또는 제3자가 손해배상의 확정판결을 받은 경우, 해당 회사 또는 제3자(☞ 회계법인×)의 신청에 따라 신청자별 한도(☞ min[① 확정판결금액, ② 3천만원])와 회계법인별 한도(☞ 전기말 적립금 총액의 2배) 내에서 지급한다.
- 공인회계사회가 신청자에게 지급한 금액이 해당 회계법인이 적립한 금액을 초과할 경우 그 회계법인에 대해서 구상권을 가지며, 그 회계법인은 회계법인별 한도 내에서 연대책임을 진다. 또한 손해배상공동기금의 지급으로 해당 회계법인의 적립금 잔액이 "기본"적립금(☞ 연간적립금×)에 미달할 경우 1년 이내의 기간을 정하여 그 부족한 금액을 적립하게 할 수 있다(§33).

5절 감사인의 권한 : 자료제출요구권

구 분	감사인		[비교] 지배회사
	FS감사인	연결FS감사인	
1) 요구대상	회사 · 종속회사 · 관계기업[1] · 공동기업[2]	그 감사인	종속회사
2) 요구사항	① 언제든지 회계장부와 서류 열람 · 복사 ② 언제든지 회계자료 제출 요구 ③ 직무수행에 "특히" 필요시 업무와 재산상태 조사	직무수행에 필요시, 감사 관련 자료의 제출 등 협조 요청	FS감사인의 자료요구사항과 유사[3]

❶ 투자회사가 유의적 영향력을 보유하는 기업을 말한다(령§26 ① 2호).

❷ 둘 이상의 투자자가 공동으로 지배하는 기업을 말한다(령§26 ① 3호).

❸ 지배회사의 경우 "언제든지"가 아니라 "연결재무제표 작성을 위하여 필요한 범위에서" 종속회사의 회계에 관한 장부와 서류를 열람 또는 복사하거나 회계에 관한 자료의 제출을 요구할 수 있고, 이를 통해서도 연결재무제표 작성에 필요한 자료를 입수할 수 없거나 그 자료의 내용을 확인할 필요가 있을 때에는 종속회사의 업무와 재산상태를 조사할 수 있다(§7).

03 금융위원회와 증권선물위원회

CHAPTER

1절 금융위원회

1. 업무의 범위

구 분	업무범위
1) 기준업무	① 회계처리기준의 제정(§5 ①) ② KICPA가 정한 회계감사기준의 사전승인(§16 ②) ③ KICPA가 정한 품질관리기준의 사전승인(§17 ②)
2) 관리업무	④ 과징금의 부과(§35, §36) ⑤ 주권상장법인 감사인의 등록 및 취소(§9-2) ⑥ 필요한 경우 공인회계사회의 손해배상공동기금 관리 등에 관한 검사(§34 ③)
3) 기타업무	⑦ 증권선물위원회의 업무수행에 필요한 사항❶의 심의 · 결정(§26 ④)

❶ 외부감사법에 따른 증권선물위원회의 업무수행에 필요한 사항을 말한다.

2. 과징금 부과업무

구 분	회 사❶	감사인
1) 부과주체	금융위원회	금융위원회
2) 부과사유	고의 · 중대한 과실로 회계처리기준을 위반하여 재무제표 작성	고의 · 중대한 과실로 회계감사기준을 위반하여 감사보고서 작성
3) 부과한도	왜곡표시금액의 20%❷❸	감사보수의 5배❸
4) 부과기한	위반행위가 있었던 때 ~ 8년❹	

❶ 회사에 대한 과징금에 추가하여, 상법 제401조의2(업무집행지시자 등의 책임) 및 제635조(과태료에 처할 행위) 제1항에 규정된 자나 그 밖에 회사의 회계업무 담당자에 대해서도 회사에 부과하는 과징금의 10% 범위 내에서 과징금을 부과할 수 있다(§35 ①).

❷ 과징금을 부과할 때 ① 회사의 상장여부, ② 위반행위의 내용 · 정도, ③ 위반행위의 기간·횟수, ④ 위반행위로 인하여 취득한 이익의 규모(☞ 부당이득의 성격 고려) 등을 고려하여야 한다(§36 ①).

❸ 금융위원회는 회사 또는 감사인이 동일한 사유로 '자본시장법'에 따른 과징금을 부과받는 경우 해당 과징금이 외부감사법의 과징금보다 적으면 그 차액만을 부과한다(§36 ③).

❹ 증권선물위원회의 감리가 개시된 경우 그 제척기간은 중단된다(§35 ③단서).

PART 2 제3장 금융위·증선위

2절 증권선물위원회

1. 업무의 범위

구 분	증권선물위원회	[비교] 금융위원회
1) 기준업무	① 회계처리기준의 심의	① 회계처리기준의 제정 ② 회계감사기준의 사전승인[1] ③ 품질관리기준의 사전승인[1]
2) 관리업무	② 회사와 감사인에 대한 감리 ③ 회사와 감사인에 대한 조치	④ 과징금의 부과 ⑤ 주권상장법인 감사인의 등록 및 취소 ⑥ KICPA의 공동기금 관리 등에 관한 검사
3) 기타업무	–	⑦ 증권선물위원회의 업무수행 필요사항 심의 · 결정

[1] 공인회계사회가 금융위원회의 사전승인을 얻어 회계감사기준과 품질관리기준을 제정한다.

(1) 회계처리기준의 심의

회계처리기준은 원칙적으로 금융위원회가 정하되 증권선물위원회의 심의를 받아야 한다(§5 ①). 다만, 민간기관에 위탁할 수 있다.

(2) 감리업무

1) 감리업무의 6가지 유형

감리결과 공개대상 여부	개별		공통
	회 사	감사인	
1) 여	① 재무제표에 대한 회계처리기준의 준수 여부에 대한 감리	① 감사보고서에 대한 회계감사기준의 준수 여부에 대한 감리 ② 감사업무에 대한 품질관리기준의 준수 여부에 대한 감리[1]	
2) 부	② 내부회계관리제도의 운영에 대한 감리	③ 주권상장법인의 감사인으로 등록한 회계법인에 대한 등록요건 유지 여부에 대한 감리	① 회사 또는 감사인이 재무제표 작성대리 금지의무를 준수하는지에 대한 감리 업무

[1] 증권선물위원회는 감사인 지정 점수와 감리대상 선정 등에 활용할 목적으로 감사인의 품질관리수준에 대한 평가업무도 수행한다(§26 ① 3호).

2) 자료제출요구권

관련 업무	요구대상	추가내용
1) 감리	① 회사 ② 관계회사 ③ 감사인	① 자료의 제출, 의견의 진술 또는 보고를 요구할 수 있음 ② 금융감독원의 원장에게 회사·관계회사의 회계장부와 서류를 열람하게 하거나, 업무와 재산상태를 조사하게 할 수 있음❶
2) 감사인 지정	세무관서의 장	감사인의 선임·변경선임을 요구하는 데 필요한 법인유형, 자산총액, 부채총액, 매출액 종업원 수 등의 자료를 말함
3) 외부감사법에 따른 기타업무	① 공인회계사회 ② 관계 기관	외부감사법에 따른 업무를 수행하기 위하여 필요한 경우를 말함

❶ 감리대상회사의 방어권을 강화하기 위하여, ① 장부와 서류를 열람하거나 업무와 재산상태를 조사하는 자는 그 권한을 표시하는 증표를 지니고 관계인에게 보여주어야 하며(§27 ②), ② 업무와 재산상태의 조사는 최소한의 범위 내에서 이루어져야 한다(§27 ①).

3) 감리결과에 따른 후속조치와 공개

가. 회사의 회계처리기준 준수와 감사인의 회계감사기준 준수 여부 감리결과의 외부공개

- 증권선물위원회는 회사의 회계처리기준 준수와 감사인의 회계감사기준 준수 여부에 대한 감리결과와 조치내용을 인터넷 홈페이지에 게시하고, 거래소(☞ 이해관계자 중 주주 관련)와 금융기관(☞ 이해관계자 중 채권자 관련)에 각각 통보하여야 한다(§30 ②).
- 해당 금융기관은 증권선물위원회로부터 통보받은 내용을 신용공여(☞ 대출)의 심사 등에 반영할 수 있다(§30 ③).

나. 감사인의 품질관리 준수 여부 감리결과에 따른 개선권고와 외부공개

- 증권선물위원회는 감사인의 품질관리기준 준수 여부에 대한 감리 결과 감사업무의 품질 향상을 위하여 필요한 경우에는 1년 이내의 기한을 정하여 감사인의 업무설계 및 운영에 대하여 개선을 권고하고, 그 이행 여부를 점검할 수 있다(§29 ⑤).
- 증권선물위원회는 그 개선권고사항을 개선권고일로부터 3년 이내의 기간 동안 외부에 공개할 수 있으며, 감사인이 개선권고를 정당한 이유 없이 이행하지 아니하는 경우에도 그 미이행 사실을 확인한 날로부터 3년 이내의 기간 동안 그 미이행사실을 외부에 공개할 수 있다. 증권선물위원회는 이러한 사실을 외부에 공개하기 전에 해당 감사인의 의견을 청취하여야 한다.

감사인에 대한 품질관리기준 감리 후 후속조치내용과 외부공개사항

구 분	내 용
(1) 후속조치내용	① 1년 이내의 기간 & ② 개선권고 & ③ 이행 여부 점검
(2) 외부공개사항	① 개선권고사항 : 3년 이내❶ ② 미이행사실 : 3년 이내❶

❶ 개선권고사항은 "개선권고를 한 날"부터 기산하고, 미이행사실은 "미이행사실을 확인한 날"부터 기산한다(령§35 ②).

(3) 조치업무

1) 조치사유와 조치유형

구 분	회 사	감사인❷
1) 조치 사유❶	① 회계처리기준 준수의무 위반 ② 재무제표 작성 및 제출의무 위반 ③ 감사인 선임 규정 위반 ④ 감사인 선임보고의무 위반 ⑤ 부정행위 등의 보고의무 위반 ⑥ 감사종료후 승인받은 재무제표 제출 의무 위반 ⑦ 대형비상장주식회사의 주식소유현황 서류 제출의무 위반 ⑧ 감사인의 감사보고서 비치 · 공시의무 위반 ⑨ 감사인 지정 관련 요구사항 미이행 ⑩ 증선위의 자료제출 등의 요구 · 열람 또는 조사를 거부 · 방해 · 기피 또는 거짓 자료 제출 등 ⑪ 기타 사유	① 회계감사기준 준수의무 위반 ② 재무제표 작성대리 또는 회계처리 자문 ③ 내부회계관리제도에 대한 감사 · 검토 미수행 ④ 감사인의 자격제한 위반 ⑤ 감사참여자의 교체의무 위반 ⑥ 감사계약해지 사실 보고의무 위반 ⑦ 감사조서 보관의무 위반 ⑧ 감사조서의 위조 · 변조 · 훼손 · 파기 ⑨ 부정행위 등의 보고의무 위반 ⑩ 감사보고서 제출의무 위반 ⑪ 주주총회등 출석요구 미이행 ⑫ 손해배상공동기금 적립의무 위반 ⑬ 비밀유지의무 위반 ⑭ 사업보고서 · 수시보고서 제출의무 위반 ⑮ 사업보고서 비치 · 공시의무 위반 ⑯ 증권선물위원회의 자료제출요구에 대한 의무 위반 ⑰ 기타 사유
2) 조치 유형	① 회사 ㉠ 일정기간 증권의 발행제한 ㉡ 회계처리기준 위반사항에 대한 시정요구 ② 임원 ㉠ 해임 또는 면직 권고 ㉡ 6개월 이내의 직무정지 ③ 기타 필요한 조치	① 금융위원회에 등록취소 건의 ② 금융위원회에 일정기간의 전부 · 일부 업무정지를 명할 것을 건의 ③ 손해배상공동기금 추가적립 명령❷ ④ 특정 회사❸에 대한 감사업무 제한❷ ⑤ 경고 ⑥ 주의 ⑦ 기타 필요한 조치

❶ 회사의 징계조치사유는 제29조에 규정하고 있으나, 감사인과 감사인에 소속된 공인회계사의 징계조치사유는 각각 별표1과 별표2에서 규정하고 있다.

❷ 증권선물위원회는 감사인에 소속된 공인회계사가 외부감사법을 위반한 경우에도 징계를 할 수 있으며, 그 징계의 유형은 감사인과 거의 유사하다(§29 ④). 다만, 위의 징계조치 유형 중 ③ "손해배상공동기금의 추가적립"은 그 성격상 적용되지 않으며, ④ "특정회사에 대한 감사업무 제한"은 경우 그 특정회사의 범위가 "감사인 지정" 뿐만 아니라 "주권상장법인"과 "대형비상장주식회사"가 포함된다는 점에서 조금 더 넓다(§29 ④ 3호).

❸ 증권선물위원회가 감사인을 지정하는 회사나, 그 밖에 증권선물위원회가 정하는 특정회사를 말한다(§29 ③ 4호).

회계법인(감사인)에 대한 조치주체와 조치유형

구 분	외부감사법	[비교] 공인회계사법
1) 조치주체	증권선물위원회	금융위원회
2) 조치유형	① 금융위원회에 등록취소 건의 ② 금융위원회에 일정기간의 전부 · 일부 업무정지를 명할 것을 건의 ③ 손해배상공동기금 추가적립 명령 ④ 특정 회사에 대한 감사업무 제한 ⑤ 경고 ⑥ 주의 ⑦ 기타 필요한 조치	① 등록취소 ② 1년 이내의 전부 · 일부 업무정지

2) 위반행위의 외부공개

회사와 감사인이 다음의 어느 사유에 해당하는 경우, 증권선물위원회는 금융위원회가 정하는 바에 따라 그 위반사실이 확정된 날로부터 3년 이내의 기간 동안 해당 위반사실을 공시할 수 있다.

외부공개대상이 되는 위반행위(§30 ①)

4가지 위반행위	대상자
① 회계처리기준을 위반하여 재무제표를 작성한 경우 ② 재무제표를 사전에 제출하지 않은 경우	회사
③ 감사보고서에 적어야 할 사항을 적지 않거나 거짓으로 적은 경우	감사인
④ 외부감사법 또는 금융실명법 등 대통령령으로 정하는 금융 관련 법령❶을 위반한 경우	회사, 감사인

❶ 시행령 제36조에서는 은행법, 농업협동조합법, 수산업협동조합법 등 11가지를 규정하고 있다.

3) 부정행위신고자에 대한 징계조치의 감면과 포상금의 지급

- 회사의 회계정보와 관련하여 다음의 부정행위를 알게 된 자가 그 사실을 증권선물위원회에 신고하거나 해당 회사의 감사인이나 감사에게 고지한 경우, 증권선물위원회는 그 신고자등(☞ 회사 · 감사인 ×)에 대한 징계조치를 감면할 수 있고(§28 ①), 그 신고가 부정행위를 적발하거나 징계조치를 하는 데 도움이 되었다고 인정하면 포상금을 지급할 수 있다(§28 ④).

PART 2 제3장 금융위·증선위

징계조치가 감면되는 신고대상 부정행위의 4가지 유형(§28 ①)

구 분	징계조치가 감면되는 부정행위의 유형
1) 재무제표 관련	① 회사가 회계처리기준을 위반하여 재무제표를 작성한 사실 ② 회사가 내부회계관리제도에 의하지 않고 회계정보를 작성하거나, 내부회계관리제도에 따라 작성된 회계정보를 위조 · 변조 · 훼손 · 파기한 사실 ③ 회사, 감사인, 감사인의 소속공인회계사가 대표이사와 회계담당 임원의 재무제표 작성의무를 위반한 사실
2) 감사보고서 관련	④ 감사인이 회계감사기준에 따라 감사를 실시하지 않거나 거짓으로 감사보고서를 작성한 사실

- 신고나 고지를 받은 증권선물위원회, 감사인 및 감사는 신고자등의 신분 등에 관한 비밀을 유지하여야 한다(§28 ②).
- 해당 회사와 그 임직원은 그 신고 또는 고지와 관련하여 직접적이거나 간접적인 방법으로 신고자등에게 부당한 대우를 해서는 안 되며, 만약 부당한 대우를 한 경우 그 회사와 해당 임직원은 그 신고자등에 대해 연대하여 손해배상책임을 진다(§28 ③, ④).

2. 업무의 위탁

구 분	외부감사법	[비교] 공인회계사법
1) 주관 정부부처	증권선물위원회	금융위원회
2) 위탁가능기관	① 증권선물위원회위원장 ② 금융감독원장❶ ③ 공인회계사회❷ ④ 거래소❸	① 금융감독원장 ② 공인회계사회 ③ 국세청장

❶ 사전 재무제표(주권상장법인 제외) 접수업무, 주권상장법인의 감사인 등록업무, 교체된 감사인의 의견진술서 보고수령업무, 감사인 지정업무, 감사계약 해지시 보고수령업무, 사후 재무제표 · 감사보고서 · 사업보고서 접수업무, 주권상장법인의 감사보고서 · 대규모감사인에 대한 감리업무 등등 가장 많은 업무를 위탁하고 있다.

❷ 비상장법인의 감사보고서 감리와 소규모감사인에 대한 감리업무를 위탁하고 있으며, 이를 위해 공인회계사회는 '위탁감리위원회'를 설치하여야 한다.

❸ 주권상장법인의 재무제표 접수업무를 위탁하고 있다.

도 정 환

서강대학교 경제학과 졸업(학사)
성균관대학교 경영대학원 졸업(석사)
삼일회계법인 감사본부 및 조세본부
웅지세무대학교 국제회계과 학과장
現) 한서회계법인 이사

2026 더 파이널 기업법

초판 발행 • 2025년 5월 2일

지은이 • 도 정 환
펴낸이 • 김 다 명
펴낸곳 • 나우퍼블리셔
등록번호 • 2020년 1월 20일 (제2020-000005호)
주소 • 서울특별시 성동구 한림말5길 11 덕성빌딩
전화 • 010-9133-5272 | 팩스 02-6305-3639
전자우편 • nowpublisher@daum.net
홈페이지 • www.nowpublisher.co.kr
ISBN • 979-11-7102-119-2 (93360)
가격 • 22,000원